LES FRANÇAIS ET L'ARGENT

6 nouvelles questions d'économie contemporaine

Sous la direction de
Daniel Cohen et Claudia Senik

LES FRANÇAIS ET L'ARGENT

6 nouvelles questions d'économie contemporaine

Économiques 5
Albin Michel

La collection Économiques
est dirigée par Alexandre Wickham

La version complète des textes repris dans cet ouvrage, à l'exception de « L'argent du football », est disponible dans la série « Opuscules du Cepremap », aux Éditions Rue d'Ulm.

www.presses.ens.fr

Sommaire

Liste des auteurs

Yann Algan est doyen de l'École d'affaires publiques et professeur d'économie à Sciences Po. Il est membre du conseil scientifique de l'Observatoire du bien-être du Cepremap. Ses recherches portent sur l'économie numérique et collaborative, le capital social et le bien-être. En 2009, il a reçu le prix du meilleur jeune économiste français. Ses livres sur la confiance et la société française ont reçu les prix du meilleur essai (LIRE) en 2007 et du meilleur livre d'économie en 2008 (*La Société de défiance*, Rue d'Ulm), ainsi que le prix lycéen du meilleur livre d'économie en 2012 (*La Fabrique de la défiance*, Albin Michel). Il est membre de l'Institut universitaire de France, Senior Editor de la revue *Economic Policy* et membre du Conseil d'analyse économique.

Luc Arrondel est chercheur au CNRS et membre de l'École d'économie de Paris. Il organise avec R. Duhautois le séminaire « Football et sciences sociales » (PSE-CNAM).

Elizabeth Beasley est conseillère scientifique à l'Observatoire du bien-être du Cepremap. Ses recherches portent sur le bien-être, l'évaluation des politiques publiques, l'économie comportementale, l'éducation et le développement du capital humain et social.

Richard Duhautois est économiste, chercheur au Conservatoire national des arts et métiers (CNAM), membre du Laboratoire interdisciplinaire de recherches en sciences de l'action et du Centre d'études de l'emploi et du travail. Il a notamment publié, avec Bastien Drut, deux ouvrages sur le football : *20 questions* *improbables sur le foot* (De Boeck supérieur, 2014) et *Sciences sociales football club* (De Boeck supérieur, 2015).

Gabrielle Fack est professeure d'économie à l'université Paris-Dauphine. Elle mène des recherches en économie publique sur le financement public des biens privés, comme le logement et l'éducation, et sur le financement privé de biens publics *via* la philanthropie. Avec Camille Landais, elles ont travaillé sur les incitations fiscales à la charité privée.

Nicolas Jacquemet est professeur à l'université Paris 1 Panthéon-Sorbonne et à l'École d'économie de Paris, où il dirige le Master Économie et Psychologie.

Camille Landais est professeur d'économie à la London School of Economics. Ses travaux portent sur les transferts sociaux, la fiscalité et les inégalités.

Stéphane Luchini est chargé de recherche CNRS à l'École d'économie d'Aix-Marseille (AMSE).

Antoine Malézieux est professeur assistant au CEREN (EA 7477), Burgundy School of Business, Université Bourgogne Franche-Comté.

Nicolas Moreau est professeur d'économie à l'Université de La Réunion et membre de la fédération Travail, Emploi et Politiques Publiques. Ses travaux de recherche concernent l'économie de la famille.

Alix Myczkowski est élève à l'École normale supérieure de Paris-Saclay.

Ariell Reshef est directeur de recherche au CNRS en économie (université Paris 1 Panthéon-Sorbonne) et associé à l'École d'économie de Paris. Il est également conseiller scientifique au CEPII. Il étudie les facteurs de changement dans la répartition des revenus : évolution technologique, mondialisation et déréglementation des marchés financiers.

Claudia Senik est professeure à Sorbonne Université et à l'École d'économie de Paris. Directrice scientifique de l'Observatoire du bien-être du Cepremap, membre de l'Institut universitaire de France, elle est également chercheuse associée à l'IZA (Institute for the Study of Labor, Bonn). Ses travaux portent sur l'économie du bien-être subjectif, et en particulier sur le lien entre revenu, croissance, inégalités et bonheur. Elle travaille aussi sur les attitudes politiques ainsi que sur le lien entre institutions et normes de genre. Elle est l'auteur de nombreuses publications dans des revues internationales, de *L'Économie du bonheur* (Le Seuil, 2014, coll. « La République des idées ») et de *Bien-être au travail : ce qui compte* (Presses de Sciences Po, 2020). Elle a également dirigé l'ouvrage collectif *Crises de confiance ?* (La Découverte, 2020).

Elena Stancanelli est directrice de recherche CNRS, et professeure associée à l'École d'économie de Paris. Ses thèmes de recherche portent sur la micro-économie appliquée et l'économie de la famille.

Farid Toubal est professeur d'économie à l'École normale supérieure de Paris-Saclay, conseiller scientifique au CEPII et membre du Conseil d'analyse économique. Ses recherches concernent l'impact de la mondialisation sur les marchés du travail, l'évolution technologique et l'activité des entreprises multinationales. Avec Ariell Reshef, il travaille sur les questions de changements structurel et technologique et de mondialisation en France.

Les directeurs de programme du Cepremap, Philippe Askenazy, Maya Bacache, Luc Behaghel, Antoine Bozio, Brigitte Dormont, Sylvie Lambert, Miren Lafourcade, Dominique Meurs, Mathieu Perona et Katheline Schubert ont participé à la rédaction de cet ouvrage.

Introduction

Ce volume reprend quelques-uns des travaux les plus récents du Centre pour la recherche économique et ses applications (le Cepremap), réunis à partir d'un fil conducteur : les Français et l'argent. Ce thème nous amène à des questions essentielles qui gouvernent la vie sociale. Le bonheur des Français est-il indexé sur leur revenu monétaire ? Comment se comparent leurs actions caritatives avec celles des autres pays, les États-Unis notamment ? Quel est leur consentement à l'impôt ? Comment le passage à la retraite, et la perte de revenu qui l'accompagne, réorganise-t-il la vie du couple ? Comment l'argent a-t-il pris possession du football, sport populaire s'il en est ? Et enfin, question clé, comment et pourquoi la classe moyenne a-t-elle été progressivement essorée par le renouvellement du marché de l'emploi au cours des trente dernières années ?

Chacun des chapitres qui composent cet ouvrage dessine le portrait d'une France qui est très dépendante de l'argent, alors qu'elle se pense elle-même éloignée du modèle anglo-saxon où la réussite des individus se résume souvent à leur patrimoine. L'argent n'achète pourtant pas le bonheur. C'est ce que les économistes appellent le paradoxe d'Easterlin. La France est ainsi deux fois plus riche qu'il y a cinquante ans, mais elle n'est pas plus heureuse. En revanche, et c'est là que tout se joue, être plus riche que ses collègues ou ses voisins rend plus heureux que les autres, à proportion de l'envie, de la rivalité que la société entretient entre ses membres… Quelle est la situation de la France, dans ce domaine, par rapport aux autres pays ? Le premier chapitre, signé par Yann Algan, Elizabeth Beasley et Claudia Senik, dévoile cette formidable exception française : c'est en France que la corrélation entre bonheur individuel et argent est la plus forte ! La satisfaction des Français dépend fortement de leur revenu, et ceci pour tous les domaines de la vie, économiques ou non, y compris la santé, la sécurité et le temps libre. Ce résultat n'est pas sans rapport avec la difficulté intrinsèque des Français à être heureux. L'argent est le dernier refuge d'une société où la vie avec les autres est difficile.

Comparés aux Anglo-Saxons, les Français riches donnent peu aux associations caritatives. Exploitant un ensemble de données fiscales inédites, le second chapitre, rédigé par Gabrielle Fack, Camille Landais et Alix Myczkowski, analyse les différences de la philanthropie des contribuables dans divers pays développés. Les Français se situent très bas dans cette échelle. En moyenne, le total des dons du top 10 % des contribuables français les plus riches oscille entre 0,2 % et 0,4 % de leur revenu. C'est huit à dix fois moins que les Américains riches, cinq fois moins que les Canadiens, deux fois moins que les Anglais ! Les dons plus importants dans les pays anglo-saxons ne sont pas liés au fait que les inégalités y soient plus importantes ou que la dépense publique y soit plus faible : ces pays ont toujours encouragé la générosité publique alors même que leur situation était très similaire à celle de la France. Ce n'est pas non plus une simple question d'incitations fiscales : celles-ci sont aujourd'hui significativement plus fortes en France que partout ailleurs dans le monde ! Faut-il cependant copier à tout prix le modèle américain qui autorise un foisonnement de fondations et une régulation minimale du secteur ? Sans doute pas. L'expérience anglo-saxonne montre qu'il est indispensable de maintenir une forme de contrôle (démocratique) sur la définition de ce que constitue un bien public et des droits auxquels son financement donne accès.

Malgré son importance sur le plan économique, la fraude fiscale est paradoxalement un sujet qui se dérobe aux outils de l'analyse économique traditionnelle. Contrairement à une idée largement répandue, les bénéfices de cette fraude sont tellement élevés, et le risque de sanction tellement faible, qu'elle est finalement étonnamment limitée dans l'ensemble des économies développées. Plutôt que la fraude fiscale qui en est le pendant, c'est donc la « soumission fiscale », la disposition à payer l'impôt, qu'il convient d'expliquer pour en comprendre les déterminants. Tel est le point de départ du chapitre 3, rédigé par Nicolas Jacquemet, Stéphane Luchini et Antoine Malézieux. Les résultats présentés montrent que l'appel au sens moral n'est pas un levier efficace de lutte contre la fraude fiscale. Les auteurs suggèrent une autre piste : les contribuables devraient s'engager personnellement à déclarer « sincèrement » leur revenu. Les expériences montrent que cela augmente considérablement le montant de ce qu'ils déclarent. Cet engagement ne joue certes aucun rôle auprès des contribuables dont la détermination à échapper à l'impôt est la plus forte. Il est en revanche particulièrement significatif sur les contribuables dont la fraude traduit une forme d'hésitation quant à la décision appropriée.

Le départ à la retraite de l'un des conjoints, dans un couple, pose d'autres questions. L'une d'elles concerne la question de savoir si le conjoint, s'il travaille encore, doit à son tour interrompre son activité. Les conjoints cherchent-ils à aligner leurs comportements pour passer davantage de temps ensemble ? Le chapitre 4, rédigé par Nicolas Moreau et Elena Stancanelli, présente une étude quantitative inédite concernant la France, qui conclut sur un nouveau résultat inattendu. Les couples français ne tentent nullement de coordonner leur départ à la retraite… Chacun pour soi ! Ce qui est différent de ce qui s'observe dans les autres pays, notamment aux États-Unis, où les conjoints essayent d'harmoniser leurs départs à la retraite. Il ne s'agit pas d'un simple artefact institutionnel (chacun étant contraint en ce domaine par la réglementation). Une fois à la retraite, un grand nombre d'activités se font chacun de son côté. Unis et solitaires à la fois, les couples français ne sont pas épargnés par l'individualisme contemporain.

S'il est un domaine où les Français s'accommodent de l'argent fou, c'est bien celui du football. Mais cela affecte-t-il le « beau jeu », dans ce sport favori des Français ? Telle est la question posée par Luc Arrondel et Richard Duhautois dans leur chapitre consacré à l'argent du football. Depuis plusieurs années, le montant des transferts des stars du ballon rond atteint chaque saison de nouveaux records : le feuilleton de l'été 2017 autour du transfert de Neymar (222 millions d'euros du FC Barcelone au PSG) en est une illustration plus récente. Cette inflation des transactions suscite beaucoup d'interrogations et d'inquiétudes parmi les amateurs. Dans les années 1970, les ressources des clubs de football professionnel dépendaient principalement des recettes aux guichets, auxquelles s'ajoutaient les subventions municipales et la publicité. Aujourd'hui, cet univers est essentiellement financé par les droits de retransmission TV qui ont considérablement augmenté ces dernières années, notamment en Premier League (championnat d'Angleterre de football). Afin de gagner des titres, les grands clubs européens utilisent cette manne financière pour acheter les meilleurs joueurs en les payant de plus en plus cher : en conséquence, et de manière paradoxale, les meilleurs clubs du point de vue des résultats sportifs ne sont pas les plus rentables, les joueurs étant les véritables gagnants de cette inflation salariale ! Il reste que les championnats nationaux en Europe sont largement dominés par quelques clubs et une Ligue des champions dont les prestations finales sont réservées à une petite élite européenne. Quel est l'avenir du « *beautiful game* » sur le vieux continent dans une économie globalisée et financiarisée ?

L'essor des nouvelles technologies et l'élargissement de la mondialisation ont produit, au cours des dernières décennies, d'importants changements structurels dans les économies développées. Tel est le thème abordé par Ariell Reshef et Farid Toubal. Ces évolutions se sont traduites par une modification en profondeur de la structure de l'emploi en France, caractérisée par une augmentation de la proportion des emplois à bas ou hauts salaires au détriment des emplois à salaires intermédiaires. Conséquence logique, les emplois de la classe moyenne se sont raréfiés ou ont même, pour certains, disparu, contribuant fortement au sentiment d'un déclassement irréversible. Si elle entraîne de vives tensions économiques en accroissant les inégalités salariales, la polarisation de l'emploi se traduit aussi par une opposition sociale et politique accrue. C'est ce phénomène crucial qui est analysé dans le dernier chapitre de cet ouvrage, et qui fait boucle avec le premier. Puisque l'argent est le nerf de la rivalité sociale, qu'adviendra-t-il de notre société si la classe moyenne perd les moyens de s'imposer comme référence des compromis sociaux ?

D.C. et C.S.

1.

Les Français, le bonheur et l'argent

Bonheur, satisfaction dans la vie, confiance et optimisme : où en sont les Français ? Ce texte esquisse un tableau du bonheur dans la France actuelle, à l'aide de plusieurs enquêtes françaises et internationales. Ce portrait fait apparaître divers paradoxes concernant le bonheur des Français.

Le premier paradoxe est un mal-être spécifique à la France. La mondialisation et l'accélération des changements technologiques affectent tous les pays développés et génèrent, partout, une certaine anxiété. Pourtant, même lorsqu'ils vivent dans des conditions objectives similaires, les Français se déclarent beaucoup moins heureux que les autres Européens. Ce déficit de bonheur français s'inscrit dans une tendance longue : la France est le seul pays qui reste systématiquement en dessous de son potentiel de bonheur, étant donné son niveau de richesse, depuis les années 1970. Notre pays connaît ainsi le niveau de bonheur déclaré le plus faible au sein des pays européens comparables depuis maintenant trois décennies. À l'inverse, les pays nordiques connaissent les niveaux de bonheur les plus élevés.

Le deuxième paradoxe est celui d'un malheur collectif auquel s'oppose un bonheur privé. La France est particulièrement inquiète quant à son destin collectif. Les Français expriment un fort pessimisme et voient l'avenir de leur pays bien plus sombre que le présent. La grande majorité estiment que la vie de la prochaine génération en France sera moins bonne que la leur. En revanche, les Français se disent beaucoup plus satisfaits de leur vie personnelle et de leurs relations avec leurs proches et leur cercle privé.

Cette dissociation est le symptôme d'un sentiment de déclin collectif auquel chacun tente de s'ajuster au mieux. À la distinction entre malheur collectif et bonheur privé s'ajoute le même écart entre confiance privée et défiance publique.

Troisième paradoxe, malgré l'importance du principe d'égalité et une hiérarchie des valeurs généralement partagée privilégiant les sphères non marchandes – songeons à « l'exception culturelle française » par exemple –, le mal-être et le pessimisme français concernent avant tout les questions économiques. Niveau de vie, équipements, logement : c'est là que les perspectives semblent généralement le moins engageantes, au point que les Français déclarent majoritairement désirer davantage de pouvoir d'achat plutôt que davantage de temps libre. Une nouvelle exception française se fait jour : c'est en France que l'association statistique entre bonheur et argent est la plus forte. La satisfaction des Français dépend fortement de leur revenu et de leur diplôme, et ceci pour tous les domaines de la vie, économiques ou non, y compris la santé, la sécurité et le temps libre. Bien plus qu'ailleurs, le revenu influence la confiance dans les autres et dans les institutions, ainsi que la qualité et la densité des relations sociales en dehors du cercle familial. Il s'agit de l'un des résultats les plus inattendus de notre enquête : une France où l'argent joue un rôle plus important sur le bien-être et les relations sociales que dans d'autres pays. Les Français sont d'ailleurs conscients de cet état de fait : plus ils appartiennent à un groupe de revenu élevé, plus ils ont le sentiment d'être relativement plus heureux que leurs concitoyens. Aussi la carte géographique du bonheur des Français concorde-t-elle avec celle des différences de niveau de vie. Enfin le bien-être des Français s'est dégradé au cours des dernières décennies, en particulier parmi les bas revenus et les non-diplômés. Si le pessimisme des Français est antérieur à la crise de 2008 et ne se réduit pas aux seuls facteurs économiques, la grande récession a accéléré la divergence des niveaux de bien-être selon le revenu et le diplôme.

L'ensemble de ces faits stylisés dessine un tableau où le pessimisme des Français concernant leur avenir collectif les renvoie au confort de la sphère privée dont ils élaborent une représentation beaucoup plus favorable. Dans le contexte d'une grande inquiétude concernant l'économie du pays, les ressources financières propres à chaque ménage constitueraient ainsi le garant de la possibilité pour chacun d'échapper au déclin du pays.

Ces traits de pessimisme et de manque de confiance qui traversent la société française ont une contrepartie dans les opinions politiques. Ils nourrissent notamment la montée de l'extrême droite qui attire les plus insatisfaits et les plus pessimistes. Les enquêtes disponibles révèlent deux phénomènes marquants : d'une part, les extrêmes du spectre politique, et surtout l'extrême droite, se distinguent par un niveau de mal-être et de pessimisme particulièrement fort, et qui ne s'explique pas entièrement par les caractéristiques sociales de cet électorat ; d'autre part, la différence entre électeurs d'extrême gauche et électeurs d'extrême droite a évolué, surtout depuis le début des années 2010 : les électeurs les plus malheureux et pessimistes se situent désormais plus souvent à l'extrême droite qu'à l'extrême gauche. C'est sur cette toile de fond que se sont jouées les dernières élections présidentielles, où les intentions de vote traduisaient clairement le poids du degré de pessimisme ou d'optimisme des électeurs. Le mouvement d'Emmanuel Macron a explicitement voulu incarner la promesse d'un choc politique ou de croissance. Les statistiques font effectivement apparaître un sursaut d'optimisme au mois de juin 2017 chez l'ensemble des Français, témoignant de la possibilité d'inverser cette culture française du pessimisme.

Une vision pessimiste du monde à venir

L'exception du mal-être français

Enquête après enquête, année après année, la même observation s'impose : les Français connaissent un niveau de bonheur et de satisfaction dans la vie systématiquement inférieur à ceux de leurs voisins européens, même à revenu par habitant identique[1]. Autrement dit, compte tenu du niveau de revenu des Français, ces derniers devraient être beaucoup plus heureux.

1. Voir sur ce thème : C. Senik, « Why are the French so unhappy ? The cultural dimension of happiness », 2014, ou encore : C. Senik, *L'Économie du bonheur,* 2014, chap. 11.

Sur la période 2002-2014, le fait de vivre en France procure le niveau de bonheur le plus faible au sein des pays européens (Figure 1), même lorsque l'on tient compte de l'influence des conditions de vie (âge, sexe, statut d'emploi, statut marital). Sur le graphique, le Portugal est pris comme niveau de référence ; ce sont les pays nordiques qui connaissent les niveaux de bonheur les plus élevés.

Figure 1. Contribution de chaque pays au bonheur en comparaison avec le moins heureux

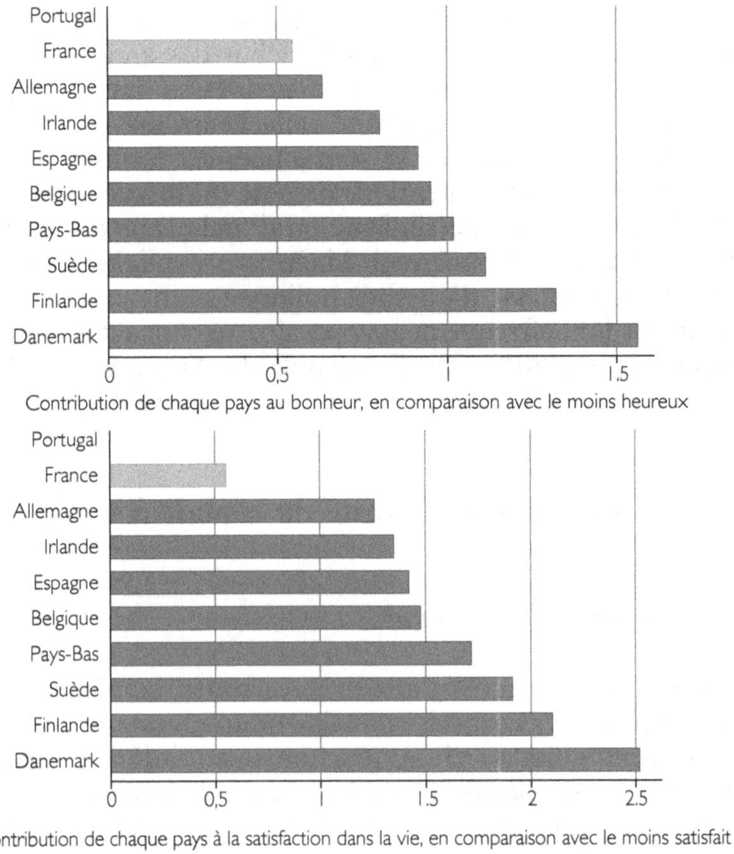

Source : European Social Survey, vagues 1-7. Les barres représentent la taille d'effet fixe du pays dans une régression OLS contrôlant pour : âge, sexe, statut marital, statut d'emploi, décile de revenu, statut d'immigration, et année de l'enquête. (« Sur une échelle allant de 0 à 10, quelle note donneriez-vous à votre niveau de bonheur ? », échantillon d'environ 24 000 individus). Référence : Portugal.

Certes, plus les pays sont riches, plus leurs habitants sont heureux en moyenne. Mais au-delà de cette relation générale, et à des degrés divers selon les années, la France et l'Allemagne se situent en dessous du niveau de bonheur que leur niveau de richesse devrait théoriquement procurer (la ligne en pointillés sur la Figure 2). Il en va de même du niveau de « satisfaction dans la vie » déclaré

Figure 2. Niveau de bonheur et PIB par habitant

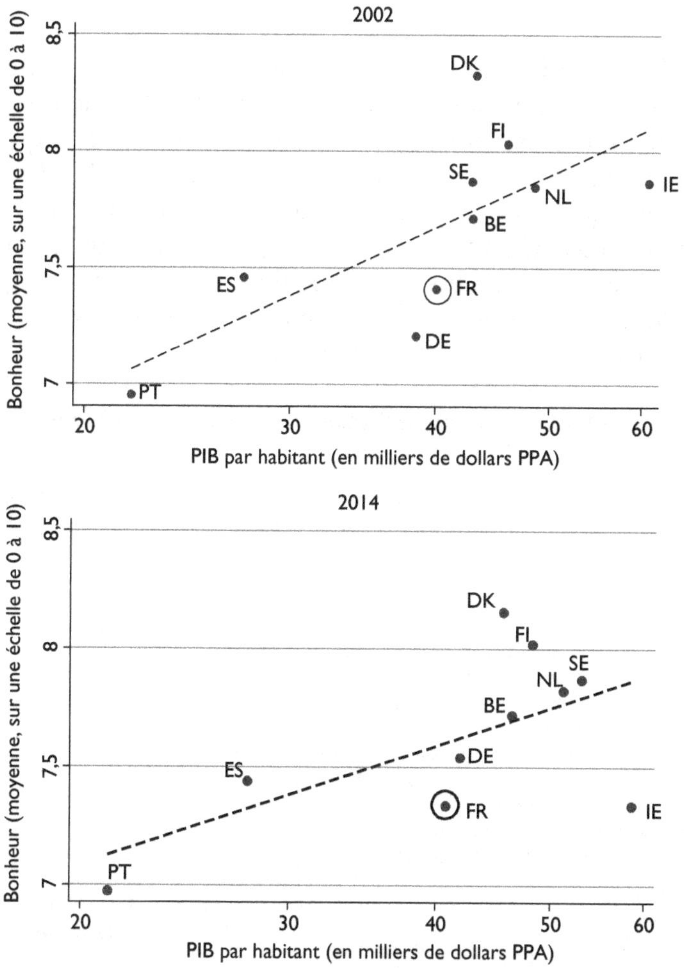

Source : European Social Survey, vagues 1 et 7 pour le bonheur (moyenne pondérée par pays) et World Wealth and Income Database pour le PIB par habitant.

par les personnes. La France est le seul pays qui reste systématiquement largement en dessous de son potentiel tout au long de la période étudiée. L'Allemagne part d'un niveau de bien-être plus faible, puis passe au-dessus de celui de la France au milieu des années 2000, puis remonte continuellement. Seul notre pays connaît un niveau de bonheur systématiquement plus faible que les autres.

Malheur public / bonheur privé

Ce déficit de bonheur français repose sur un très grand pessimisme vis-à-vis du monde à venir et sur la nostalgie d'un passé ou d'un modèle perdu. C'est ce que révèle notre enquête trimestrielle en partenariat avec l'Insee, sur la période 2016-2017. Toutes les questions qui ont trait au futur attirent des réponses beaucoup plus négatives que celles qui concernent la situation présente (Figure 3). Plus de deux tiers des personnes qui ont répondu à cette enquête estiment que la vie de la prochaine génération en France sera moins bonne que la nôtre. Ce pessimisme

Figure 3. L'avenir est plus sombre que le présent

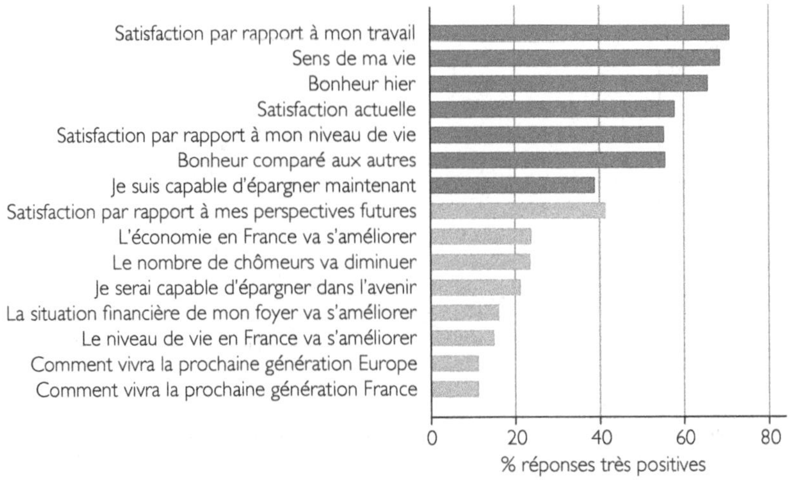

Source : Plateforme « Bien-être » de l'enquête conjoncture auprès des ménages, Insee/Cepremap. Les données présentées ci-dessus proviennent de cinq enquêtes réalisées entre juin 2016 et juin 2017 et reflètent la proportion pondérée de réponses très positives.

Figure 4. Perspectives personnelles et collectives

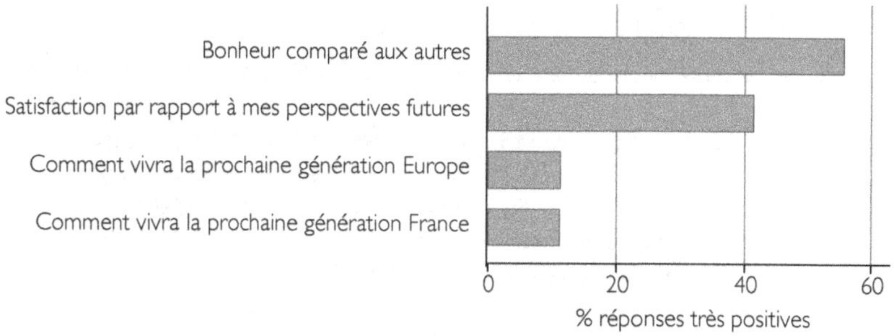

Source : Plateforme « Bien-être » de l'enquête conjoncture auprès des ménages, Insee/Cepremap. Les données présentées ci-dessus proviennent de cinq enquêtes réalisées entre juin 2016 et juin 2017 et reflètent la proportion pondérée de réponses très positives.

concerne particulièrement l'avenir de notre pays, davantage que celui de l'Europe en général. Il ne s'agit donc pas simplement d'un pessimisme en général, mais d'une véritable inquiétude quant à l'avenir de la France.

En revanche les Français se montrent relativement plus confiants et satisfaits en ce qui concerne leur vie personnelle et leur propre situation. Deux Français sur trois se disent ainsi très satisfaits de leur travail et du sens de leur vie. Plus de la moitié se déclarent très satisfaits de leur niveau de vie. Un tiers d'entre eux se déclare très satisfaits de leurs perspectives futures personnelles, contre moins de 10 % concernant les perspectives de la prochaine génération en France (Figure 4). La moitié des Français ont l'impression d'être bien plus heureux que les autres.

Montée du stress économique

C'est dans le domaine économique que les Français sont le plus pessimistes (Figure 3). Là encore, c'est avant tout la perspective globale de la situation du pays qui est perçue comme sombre. Si une minorité de Français considèrent que leur propre niveau de vie s'est amélioré, plus de la moitié se disent très satisfaits de leur niveau de vie actuel. En revanche, moins d'un Français sur dix considère que la situation globale de l'économie et le niveau de vie se sont améliorés en France.

Figure 5. Une insatisfaction particulière dans le domaine économique

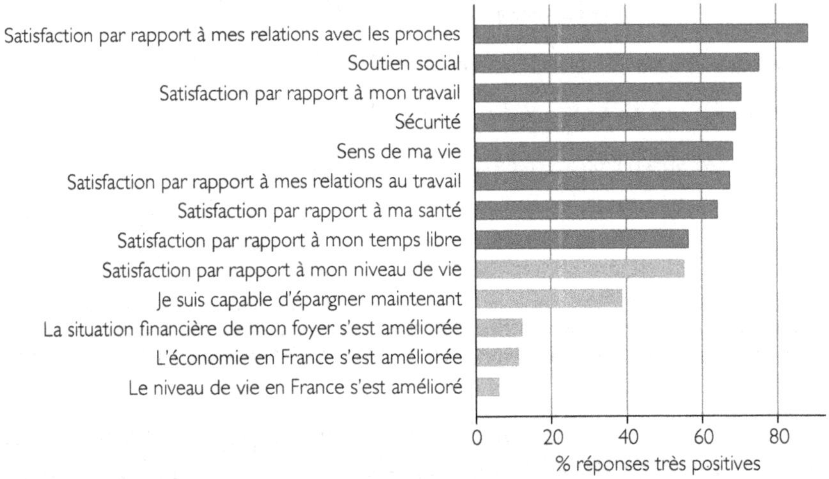

Source : Plateforme « Bien-être » de l'enquête conjoncture auprès des ménages, Insee/Cepremap. Les données présentées ci-dessus proviennent de cinq enquêtes réalisées entre juin 2016 et juin 2017 et reflètent la proportion pondérée de réponses très positives.

Figure 6. Une tendance à la dégradation du bien-être depuis 2006

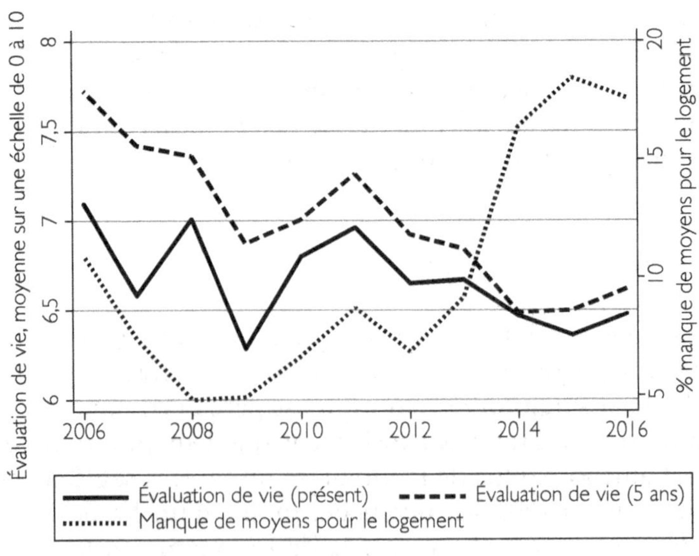

Source : Gallup World Poll, Gallup Analytics, données pour la France.

Sans surprise, la satisfaction des Français est très sensible au cycle des affaires. Elle a été marquée en particulier par la grande récession de 2008 (Figure 6). L'inquiétude économique croissante est illustrée par la montée du logement comme motif de préoccupation majeur depuis la grande crise.

Au-delà des fluctuations conjoncturelles, le bien-être et la vision de l'avenir des Français se sont continuellement dégradés depuis le milieu des années 2000. Moins volatils que la satisfaction concernant le domaine économique, ils n'ont cessé de décroître pendant cette période, de manière relativement déconnectée de la situation économique personnelle des individus.

La nostalgie du passé

Le pessimisme des Français pourrait être lié à la nostalgie d'une époque révolue, peut-être celle d'un plus grand rayonnement de la France. Pour évaluer ce rapport au passé et à l'avenir, l'enquête trimestrielle Insee/Cepremap demande aux personnes de désigner la période à laquelle elles aimeraient vivre : dans les années 1950, 60, 70, 80, 90, aujourd'hui, dans une autre époque passée, ou dans le futur.

La proportion de gens qui déclarent avoir envie de vivre dans une époque à venir est extrêmement faible (Figure 6). Les plus jeunes (moins de 36 ans) sont un peu plus nombreux à le souhaiter, mais leur proportion reste inférieure à 5 %. À l'inverse, la majorité des enquêtés (plus de 70 % d'entre eux) souhaiteraient vivre dans une époque révolue. La plupart désignent les années 1980 comme leur époque idéale ; seuls les plus âgés (65 ans et plus) choisissent les années 1970. Entre 25 % et 30 % des personnes interrogées choisissent l'époque actuelle. Ce rapport au passé et à l'avenir est cohérent avec le pessimisme affiché des Français.

S'agit-il réellement d'une nostalgie du passé, ou bien est-ce une nostalgie de leur jeunesse que les gens expriment ? De fait, ceux qui choisissent le passé désignent comme époque idéale celle où ils avaient 18 ou 19 ans. Il se pourrait aussi que les années qui ont suivi aient déçu leurs espoirs. Parmi ceux qui auraient aimé vivre dans le passé, l'époque des années 1980 est la plus citée, surtout par les moins de 50 ans. Les années 1980 étaient peut-être une époque d'optimisme vis-à-vis de l'entreprise et du marché,

Figure 7. Nostalgie par catégorie d'âge

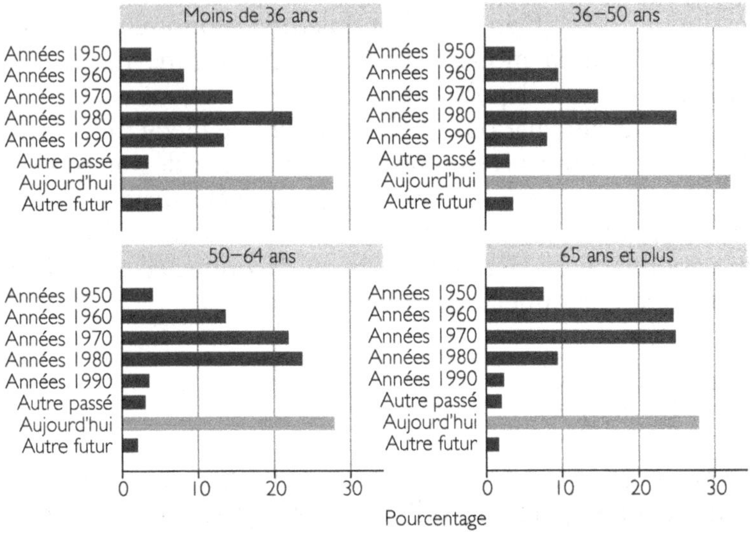

Source : Plateforme « Bien-être » de l'enquête conjoncture auprès des ménages, Insee/Cepremap. Les données présentées ci-dessus proviennent de cinq enquêtes réalisées entre juin 2016 et juin 2017, et reflètent la proportion des enquêtés, au sein de chaque groupe, choisissant chaque époque. Réponses à la question suivante : « Certaines personnes aimeraient bien vivre à une autre époque en France. Si vous aviez le choix, laquelle choisiriez-vous ? »

et de leur contribution au progrès social, une époque où les effets douloureux de la mondialisation ne se faisaient pas encore sentir.

Notons cependant que les personnes les plus éduquées, ainsi que celles qui jouissent d'un niveau de vie élevé, sont moins tournées vers le passé (Figure 8). Ainsi, plus d'un tiers des personnes ayant suivi des études supérieures déclarent vouloir vivre à l'époque présente ou à venir, contre un quart des diplômés du secondaire ou moins. La catégorie socioprofessionnelle joue aussi : les cadres et professions intermédiaires sont plus nombreux à choisir le présent ou l'avenir que les employés et les ouvriers.

Malgré tout, il est fascinant de constater la sur-valorisation du passé et le peu d'appétence pour l'avenir des personnes interrogées.

Figure 8. Proportion de personnes déclarant vouloir vivre à l'époque présente ou dans une époque future

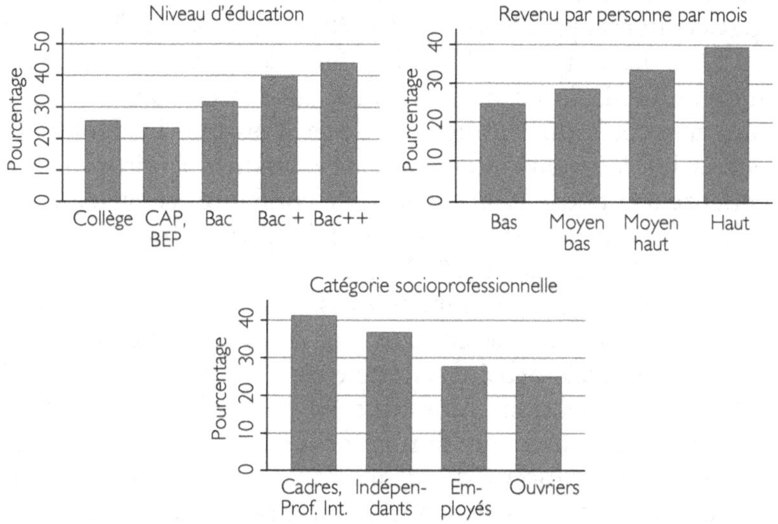

Source : Plateforme « Bien-être » de l'enquête conjoncture auprès des ménages, Insee/Cepremap. Les données présentées ci-dessus proviennent de cinq enquêtes réalisées entre juin 2016 et juin 2017. Les barres représentent la proportion des enquêtés, au sein de chaque groupe, qui ont répondu « Aujourd'hui » ou « Dans le futur » à la question « Certaines personnes aimeraient bien vivre dans une autre époque en France. Si vous aviez le choix, laquelle choisiriez-vous ? ». La catégorie « Collège » inclut les personnes titulaires d'un brevet des collèges ou d'un diplôme de niveau inférieur. La catégorie « Bac ++ » inclut les titulaires d'un diplôme de niveau Bac+5 ou équivalent, grandes écoles, ou doctorat. Revenu du ménage ajusté pour le nombre des personnes dans le ménage (y compris les enfants). La catégorie « Indépendants » comprend les agriculteurs, artisans, commerçants, chefs d'entreprise et professions libérales.

Défiance et mal-être

Miroir de l'opposition bonheur privé/malheur public, la confiance des Français est aussi élevée quand il s'agit de leurs proches qu'elle est faible vis-à-vis de cercles plus larges, en particulier vis-à-vis des institutions. En réponse à la question de l'enquête World Values Survey : « D'une manière générale, peut-on faire confiance à la plupart des gens ou bien n'est-on jamais assez prudent quand on a affaire aux autres ? », ils se montrent particulièrement méfiants. Les recherches en sciences humaines sur le « capital social » utilisent cette question dans le but de mesurer la confiance interpersonnelle dans une société, c'est-à-dire la confiance en dehors du cercle familial et des proches[1]. La France se classe au 58e rang sur l'échelle de la confiance, au sein des 97 pays couverts par l'enquête. En 2014 (enquête la plus récente), seuls 22 % des Français déclaraient faire confiance aux autres. Au sein de l'OCDE, la France connaît le niveau de confiance le plus faible, aux côtés du Portugal et de la Turquie. La Norvège, la Suède et le Danemark affichent une confiance environ trois fois supérieure à la nôtre. Notre niveau de confiance est également très inférieur à celui des États-Unis, de l'Angleterre, de l'Allemagne, et même de l'Espagne et de l'Italie.

Cependant, une forte opposition se fait jour entre la défiance envers ceux que l'on ne connaît pas, et la confiance envers ses proches, son cercle privé. L'enquête du Cevipof de janvier 2017 révèle cette distinction. Alors que 94 % des Français déclarent avoir confiance dans leur famille et les gens qu'ils connaissent personnellement, moins de la moitié déclarent avoir confiance dans les gens rencontrés pour la première fois et seuls 26 % pensent que l'on peut faire confiance à la plupart des gens. Pourtant c'est bien la capacité à coopérer avec les autres citoyens qui distingue une société ouverte regroupant tous les citoyens d'une société repliée sur elle-même[2]. Comme le résume le sociologue Olivier Galland[3] : « Non seulement les Français sont nombreux à ne rien attendre des autres, mais ils adoptent eux-mêmes cette philosophie individualiste pour leur conduite personnelle. Ce comportement semble d'ailleurs logique : si l'on suppose que les autres sont indifférents à votre égard, pourquoi devrait-on tenir compte de leurs opinions ou de leurs actions dans la conduite de sa vie personnelle ? La défiance par indifférence réciproque s'entretient ainsi elle-même. »

1. Sur ce point, voir notamment les travaux de l'un des pères fondateurs de la théorie du capital social, B. Putnam, *Bowling Alone*, 2000, ou l'enquête de Y. Algan et P. Cahuc, « Trust, growth and happiness : new evidence and policy implications », 2013, et enfin Y. Algan, P. Cahuc et A. Zylberberg, *La Fabrique de la défiance : comment en sortir*, 2013.

2. Sur la distinction entre confiance interpersonnelle et confiance de proximité restreinte à la famille, voir les travaux sur l'amoralisme familial d'E. Banfield (*The Moral Basis of a Backward Society*, 1958), et ceux sur les liens faibles/liens forts de J. Coleman (*Foundations of Social Theory*, 1990).

3. O. Galland, « La confiance dans les autres », 2008.

Les Français sont tout aussi critiques envers leurs institutions publiques, à savoir la démocratie représentative, les élus et les partis politiques. Selon l'enquête European Social Survey, sur la période 2002-2014, 71 % des Français disent avoir faiblement confiance dans le Parlement, contre 58 % en moyenne dans 18 autres pays d'Europe. 82 % des Français déclarent avoir une faible confiance dans les personnalités politiques, et 87 % affirment ne pas faire confiance aux partis politiques. Encore plus surprenant, près de deux Français sur trois déclarent se méfier de la justice, soit le niveau de défiance le plus élevé parmi les pays d'Europe de l'Ouest, après l'Espagne et le Portugal. Près des deux tiers des Français se déclarent insatisfaits du fonctionnement de leur démocratie et ils sont autant à penser que « les élus et les dirigeants politiques » sont corrompus[1]. C'est surtout la collusion entre les milieux politiques et les milieux d'affaires qui est sanctionnée. Nous faisons également peu confiance à nos syndicats et moins encore à nos entreprises et surtout à nos banques.

Figure 9. Évolution de la satisfaction et de la confiance vis-à-vis des institutions

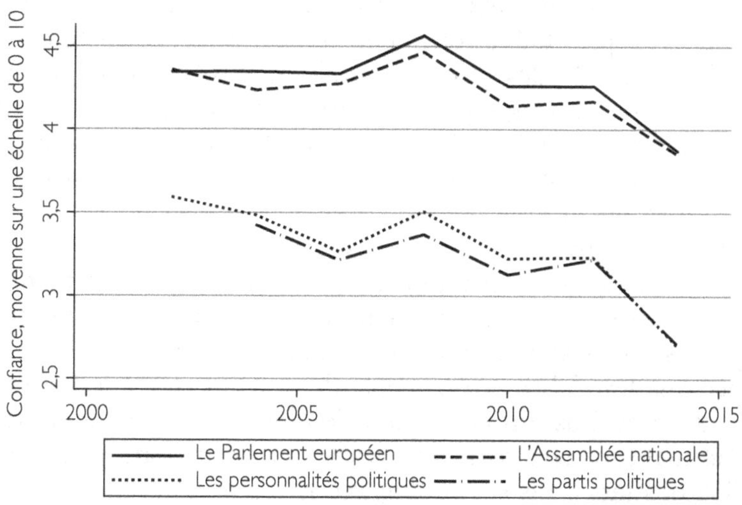

Source : European Social Survey, vagues 1 à 7, Norwegian Centre for Research.

1. P. Lascournes, *Une démocratie corruptible*, 2010.

Quant à la confiance dans les institutions politiques, elle s'est fortement détériorée en France au cours de la dernière décennie, en particulier depuis la crise financière (Figure 9).

Les Français ne se défient cependant pas de toutes leurs institutions. Ils font confiance aux institutions locales, proches, mais pas aux institutions plus éloignées d'eux. Selon la dernière vague du Baromètre sur la confiance politique du Cevipof en 2017, 64 % des Français ont confiance dans leur maire, et 49 % dans leur conseiller régional. De même, la confiance dans certains services publics est très élevée : 83 % des Français ont confiance dans les hôpitaux, 78 % dans la police et 67 % dans les associations.

Yann Algan, Pierre Cahuc et André Zylberberg attribuent cette défiance générale au fait que les Français, plus que les citoyens des autres pays développés, perçoivent leur société comme très hiérarchique et marquée par des relations sociales distantes et conflictuelles. Interrogés sur la stratification de leur société, deux Français sur trois se la représentent comme étant organisée de façon pyramidale avec une petite élite au sommet, une classe moyenne peu nombreuse et la majorité des citoyens en bas de l'échelle sociale. Cette représentation est beaucoup moins répandue non seulement dans les pays nordiques, où les inégalités de revenus sont plus faibles que chez nous, mais aussi en Allemagne et en Espagne où elles sont comparables, et même aux États-Unis où elles sont pourtant plus importantes[1]. Ainsi, au-delà de la perception des inégalités de revenus, les Français ont l'impression de vivre dans une société hiérarchisée selon des statuts. Dans la majorité des autres pays occidentaux, c'est surtout la vision d'une société principalement composée de « classes moyennes » qui prédomine. La sensation de vivre dans une société hiérarchique s'accompagne du sentiment que la concurrence est déloyale et que les règles sont systématiquement contournées. Ainsi, nous suspectons les riches et nos élites de ne respecter aucune règle : 52 % des Français estiment que « de nos jours on ne peut arriver au sommet sans être corrompu » alors que cette part n'excède pas 20 % aux États-Unis ou en Angleterre.

1. Ces résultats sont issus de l'enquête International Social Survey Program de 2009 consacrée aux inégalités. On les retrouve dans le rapport de France Stratégie (2016) : *Lignes de faille. Une société à réunifier.*

Le mal-être et le pessimisme des Français vont de pair avec leur défiance envers les institutions. Les recherches récentes en sciences sociales et en médecine montrent que le bien-être des citoyens dépend de la qualité des relations sociales et de la confiance, et non du seul revenu. La défiance envers les autres et envers les institutions peut ainsi expliquer une grande partie du mal-être français. Comme l'ont illustré Yann Algan, Pierre Cahuc et André Zylberberg dans *La Fabrique de la défiance*, les personnes qui font confiance aux autres et aux institutions sont nettement plus heureuses. Ainsi, une personne qui estime n'avoir aucune chance de retrouver un portefeuille égaré contenant 150 euros et ses papiers d'identité se déclare généralement nettement moins satisfaite de sa vie qu'une personne qui penserait avoir de grandes chances de le retrouver. John Helliwell et Shun Wang évaluent à deux tiers l'accroissement de revenu qui serait nécessaire pour compenser la perte de bien-être associée au fait d'estimer que personne ne rapporterait votre portefeuille et vos papiers[1]. Ce chiffre mesure l'influence du sentiment de vivre dans un environnement coopératif sur le bien-être. John Helliwell estime ainsi que l'écart entre les niveaux de bien-être danois et français s'explique principalement par le plus faible niveau de confiance dont font preuve les Français[2].

La confiance dans les institutions contribue également à expliquer le mal-être français. Alors qu'autrefois, les risques mortels tels que la sécheresse ou les épidémies pouvaient être perçus comme relevant de la responsabilité des dieux, dans nos sociétés modernes, les principaux risques tant économiques (crise financière, fermetures d'entreprises) qu'environnementaux (réchauffement climatique) et sanitaires sont majoritairement le fait des hommes. C'est pourquoi la confiance dans les institutions et dans leur capacité à réguler ces risques joue un rôle si grand dans le bien-être, ou *a contrario* dans le pessimisme et l'angoisse des citoyens.

1. J. Helliwell et S. Wang, « Trust and well-being », 2010.
2. J. Helliwell, « Well-being and social capital : does suicide pose a puzzle ? », *Social Indicators Research*, 2007, 81, p. 455-496.

Figure 10. Le revenu est plus important pour la satisfaction de vie en France que dans d'autres pays

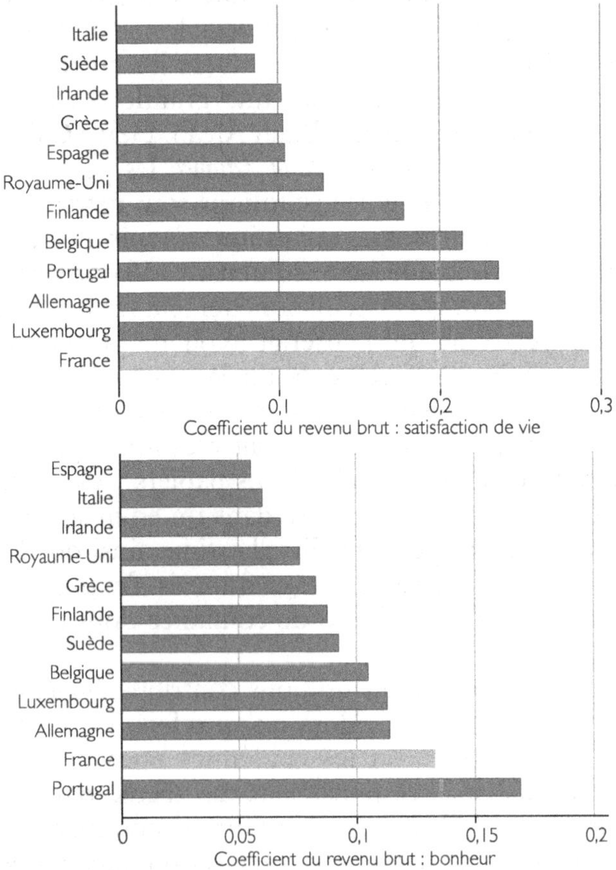

Source : EU-SILC, 2013. Les barres représentent les coefficients sur revenu du ménage (log) pour chaque pays dans une régression MCO contrôlant pour sexe, âge, enfants, statut d'emploi, éducation, statut marital, origine géographique et urbain/rural[1].

1. Les barres représentent les coefficients associés à certaines caractéristiques individuelles dans l'estimation des variables de bien-être ou de confiance. Ces coefficients sont obtenus par des régressions séparées sur chaque pays, utilisant la base des données EU-SILC, après standardisation des variables dépendantes et indépendantes de manière à permettre la comparaison des coefficients. Les variables indépendantes de contrôle sont les suivantes : sexe, âge, enfants, revenu du ménage, statut d'emploi, statut marital, statut d'immigration, éducation et urbain/rural. On compare ainsi l'association entre une grandeur (le revenu par exemple) et le bien-être selon les pays. Nous reprendrons cette méthode dans plusieurs figures ci-dessous.

Le rôle de l'argent en France

La principale conséquence de l'incapacité de nos institutions à organiser une vie collective est le repli des Français vers leur cercle privé… et l'argent. Une autre différence marquante entre la France et les autres pays d'Europe concerne en effet l'importance du pouvoir d'achat. De manière surprenante, l'argent joue un rôle particulièrement important dans la satisfaction générale et le bonheur des Français. Il compte d'ailleurs davantage dans la « satisfaction », notion qui recouvre la qualité de vie et la liberté de choix, que dans le « bonheur », notion certainement plus hédonique.

Ainsi, lorsque l'on mesure la contribution du revenu individuel au bonheur déclaré par les personnes, on découvre que la France est le pays européen dans lequel l'association statistique entre revenu et satisfaction générale est la plus forte (Figure 10).

Par rapport aux autres pays d'Europe, la France est également l'un des pays où le revenu influence le plus la satisfaction concernant les conditions de vie (Figure 11, haut). Ceci ne concerne pas uniquement les biens privés et marchands, mais aussi les biens publics, tels que les espaces verts (Figure 11, bas).

Le niveau de revenu influence la satisfaction des Français surtout dans les domaines liés à l'économie. La Figure 12 illustre les différences de niveau de bien-être des Français selon leur revenu, en 2016-2017. Les plus riches sont les plus satisfaits dans différentes dimensions de l'existence et il s'agit d'un phénomène conscient : les individus qui appartiennent à un groupe de revenu plus élevé, surtout les 25 % les plus riches, ont le sentiment d'être plus heureux que leurs concitoyens. Cependant, le niveau de vie influence peu la satisfaction relative aux relations de travail, à l'équilibre vie-travail ou encore aux relations familiales et amicales, dont les Français sont particulièrement satisfaits (Figure 12 et Figure 13). Enfin, la confiance envers les autres, surtout en dehors du cercle privé, est elle aussi sensible au niveau de revenu, notamment la confiance envers les institutions (Figure 14).

Figure 11. Le revenu est plus important pour les conditions de vie en France que dans d'autres pays

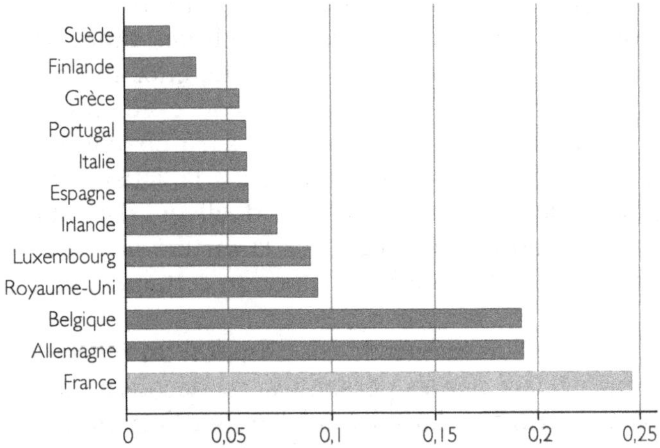

Coefficient du revenu brut : satisfaction vis-à-vis de ses conditions de vie

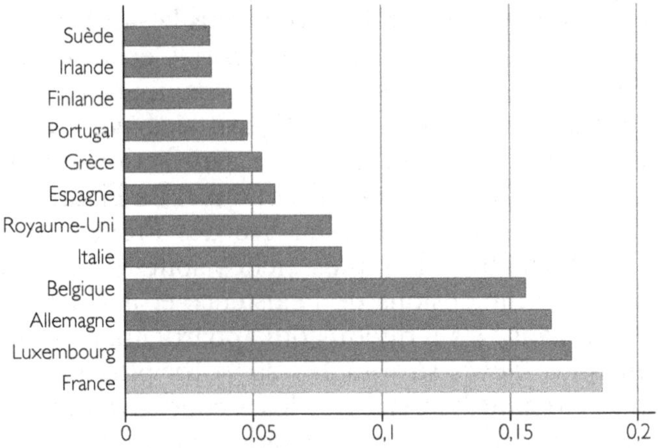

Coefficient du revenu brut : satisfaction vis-à-vis des espaces verts

Source : EU-SILC, 2013. Les barres représentent les coefficients sur le revenu du ménage (log) pour chaque pays dans une régression MCO contrôlant pour sexe, âge, enfants, statut d'emploi, éducation, statut marital, origine géographique et urbain/rural.

Figure 12. Satisfaction des Français selon leur niveau de revenu

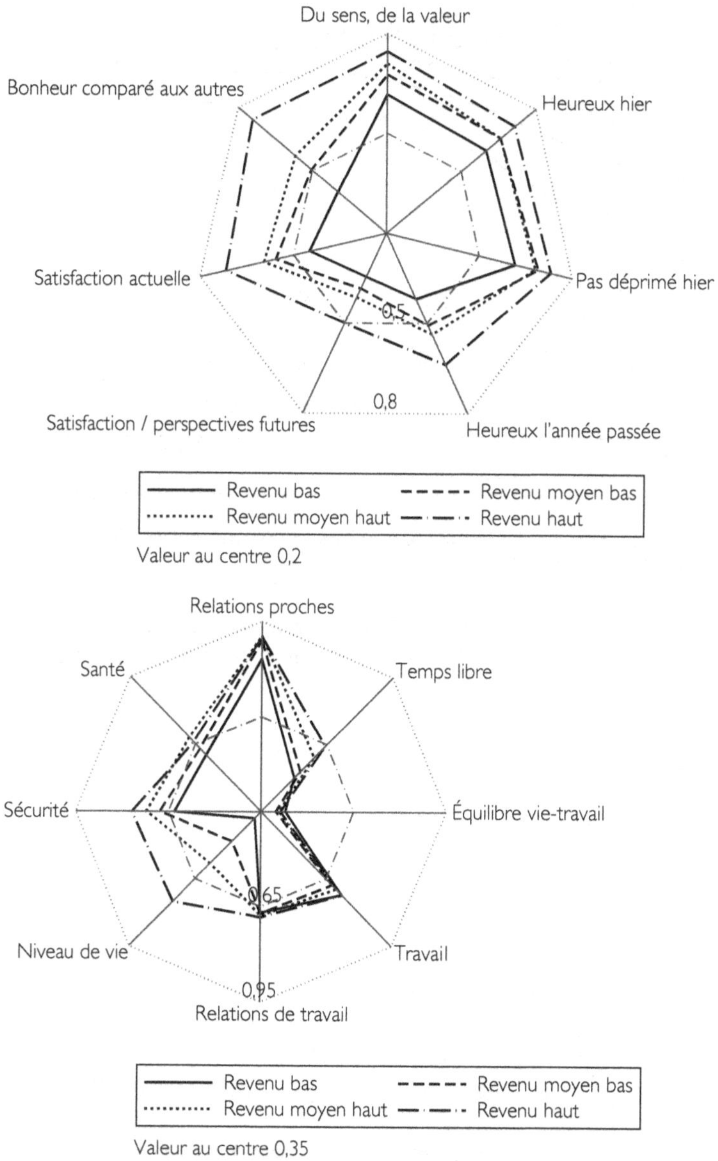

Source : Plateforme « Bien-être » de l'enquête conjoncture auprès des ménages, Insee/Cepremap. Les données présentées ci-dessus proviennent de cinq enquêtes réalisées entre juin 2016 et juin 2017, et reflètent la proportion pondérée de réponses très positives.

Figure 13. Satisfaction des Français selon leur niveau de revenu

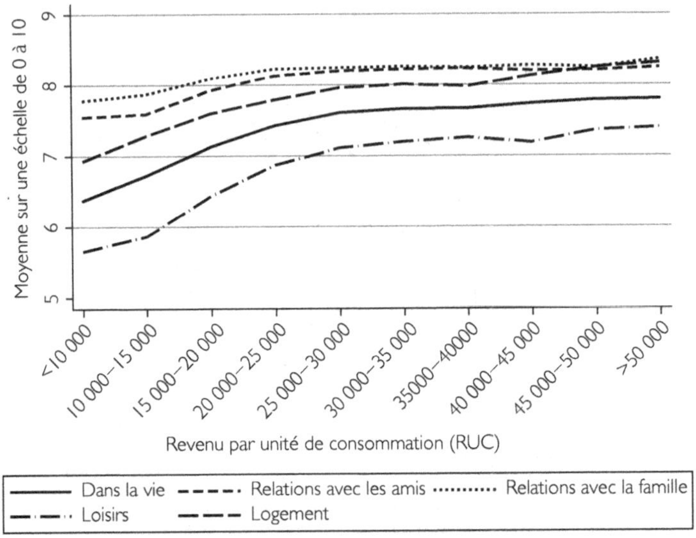

Source : Statistiques sur les ressources et les conditions de vie, Insee (producteur), ADISP-CMH (diffuseur), 2010-2014.

Figure 14. Confiance dans les autres et dans les institutions en fonction du niveau de vie

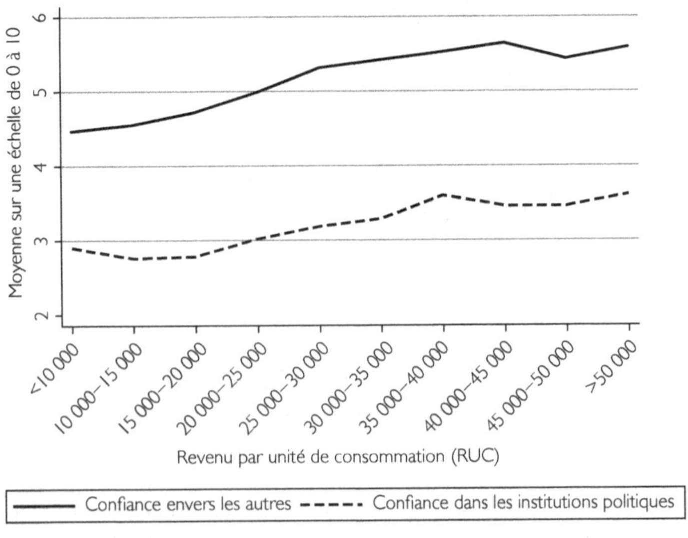

Source : Statistiques sur les ressources et les conditions de vie, Insee (producteur), ADISP-CMH (diffuseur), 2013.

Malheur public, bonheur privé et importance de l'argent

Se dessine ainsi le portrait d'une France marquée par un profond pessimisme concernant l'avenir, particulièrement sur les questions économiques, plus que d'autres pays. Une majorité de Français semblent penser que la situation du pays et de l'Europe se dégrade, mais que la leur et celle de leurs proches sont relativement bonnes par rapport au reste de la population. Nostalgie du passé et crainte du futur, sous-tendues par un manque de confiance dans les institutions, caractérisent ainsi la vision des Français. Enfin, le revenu apparaît comme un déterminant majeur de la satisfaction dans la vie, conditionnant bien plus que dans les autres pays européens le bien-être déclaré.

Comment expliquer cette importance de l'argent dans le bien-être des Français ? Serait-elle due aux incertitudes portées par l'accélération des changements technologiques, la globalisation et la récente crise financière ? Ces mutations ont certainement de quoi dérouter et force est de constater que l'insécurité économique des Français s'est accrue pendant la crise, en particulier concernant la question du logement. Après soixante-dix ans de croissance, la France vient de connaître une décennie sans croissance du revenu par habitant. Mais cette stagnation n'est pas spécifique à la France ; elle a même été plus sévère dans de nombreux autres pays européens dont les citoyens se disent pourtant plus heureux. La pauvreté touche 14 % des Français contre 22 % des Espagnols, mais la crainte de devenir pauvre est plus répandue chez nous que chez nos voisins. La classe moyenne rassemble deux Français sur trois contre un Américain sur deux, mais nous nous représentons la société comme plus pyramidale que ne le font les Américains[1]. Et les citoyens des autres nations comparables et qui font face aux mêmes incertitudes n'expriment pas le même sentiment de mal-être.

Est-ce plutôt la perception d'un risque de déclin qui magnifie l'importance des ressources financières nécessaires pour faire face à toute éventualité, pour compenser toute mauvaise

1. France Stratégie, *Lignes de faille*, *op. cit.*

conjoncture ? Ne pouvant plus compter sur leurs institutions pour organiser une destinée collective, les Français se replieraient sur la sphère privée, que l'on contrôle davantage et où les relations avec les proches et le revenu jouent le rôle essentiel. L'importance de l'argent aux yeux des Français ferait ainsi partie des arrangements pris par ces derniers pour essayer de s'assurer une certaine stabilité. De même que les diverses protections légales, notamment dans le domaine du travail et de l'assurance professionnelle, souvent désignés sous le terme de « statut », protègent les acquis des individus, de même, le revenu jouerait davantage qu'autrefois le rôle d'un mécanisme amortisseur face aux chocs inévitables que l'État et les institutions sociales ne prennent plus en charge.

Ajoutons pour finir que, tout comme le revenu, le diplôme influence fortement le bonheur des individus, ainsi que leur satisfaction relativement à leur niveau de vie, mais aussi à leur santé et à leur sécurité, domaines pour lesquels l'État garantit pourtant en principe un service universel à tous les citoyens. Du niveau de diplôme dépend également beaucoup le sentiment de mener une vie qui a du sens et de la valeur (Figure 15).

On peut formuler l'hypothèse que le diplôme constitue, lui aussi, une protection contre les aléas de la vie et les crises économiques. À cet égard, il est frappant d'observer l'évolution de la satisfaction dans la vie et de l'optimisme depuis 2008 : ces derniers ont chuté pour les personnes n'ayant pas atteint un niveau d'éducation supérieur, alors qu'ils restaient stables pour les plus éduqués (Figure 16). Nous verrons dans la suite de ce texte que ces attitudes ont des répercussions profondes sur le comportement électoral des Français.

Figure 15. Les écarts par niveau de diplôme

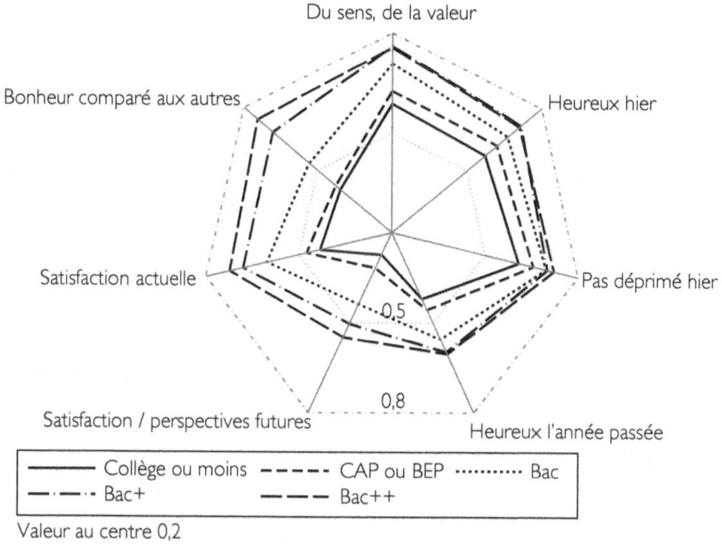

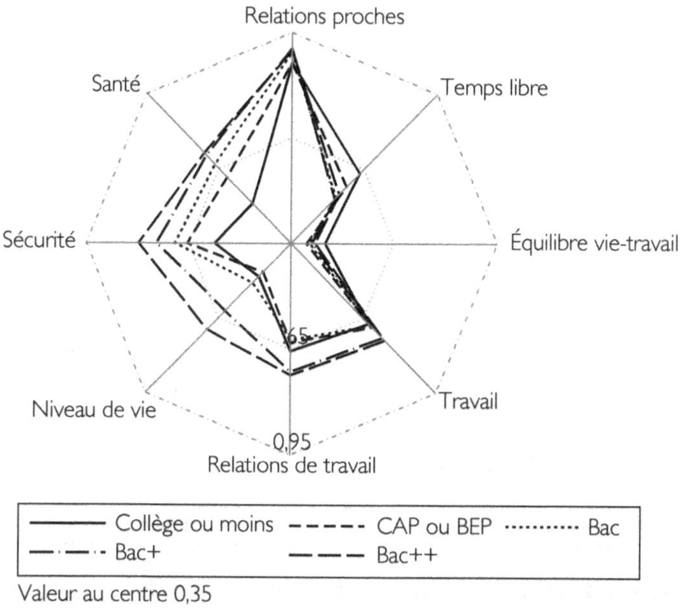

Source : Plateforme « Bien-être » de l'enquête conjoncture auprès des ménages, Insee/Cepremap. Les données présentées ci-dessus proviennent de cinq enquêtes réalisées entre juin 2016 et juin 2017, et reflètent la proportion pondérée de réponses très positives.

Figure 16. Avec la crise, le fossé se creuse entre les diplômés du supérieur et les autres

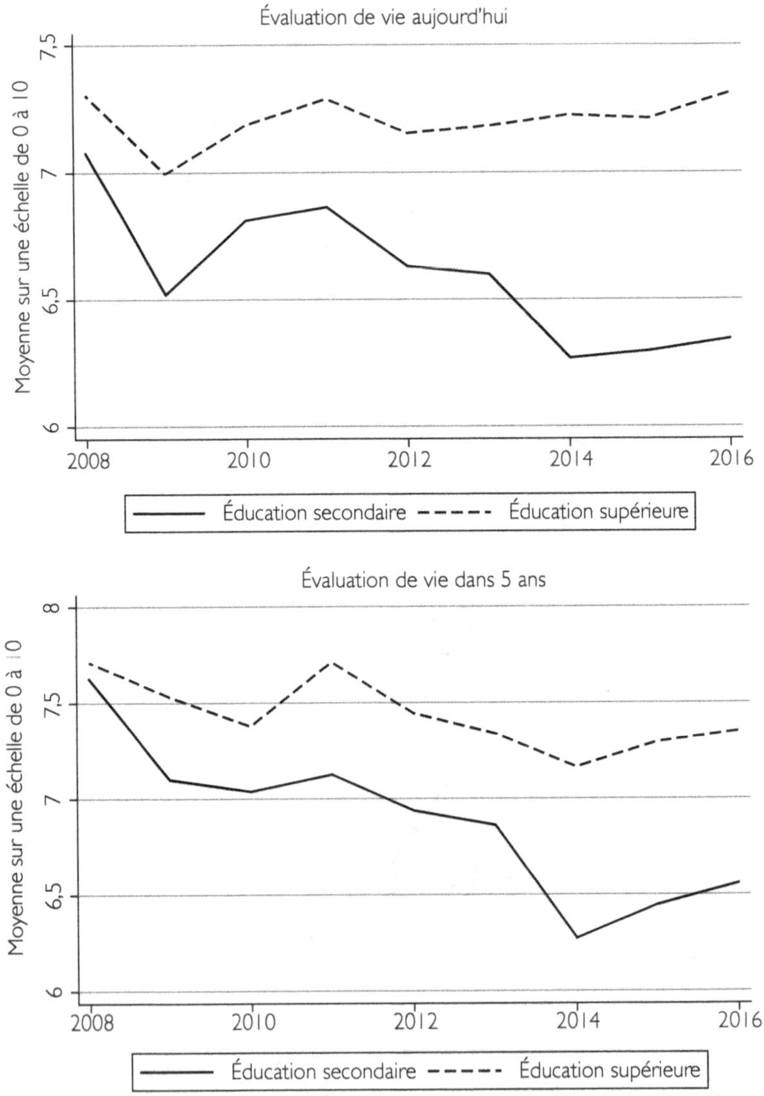

Source : Gallup World Poll, Gallup Analytics, données pour la France.

Du mal-être au vote extrême : le choc des années 2000

Le pessimisme des Français se traduit par une évolution des attitudes politiques, notamment par la montée des extrêmes. Il existe un lien fort entre le niveau de bonheur et d'optimisme des individus et leur positionnement sur le spectre politique. Les enquêtes disponibles révèlent deux phénomènes marquants : d'une part, les extrêmes du spectre politique, et surtout l'extrême droite, se distinguent par un niveau de mal-être et de pessimisme particulièrement élevé, et qui ne s'explique pas entièrement par les caractéristiques sociales de cet électorat ; d'autre part, la différence de bonheur entre électeurs d'extrême gauche et électeurs d'extrême droite a évolué, surtout depuis le début des années 2010 : les électeurs les plus malheureux se situent désormais plus souvent à l'extrême droite qu'à l'extrême gauche.

Mal-être et vote extrême

La relation entre bonheur et positionnement politique est claire : le mal-être est à son comble aux extrémités du spectre politique. La Figure 17 illustre le pourcentage d'individus se déclarant « pas du tout satisfaits » de leur vie selon leur orientation politique sur la période 1973-2016 (enquête Eurobaromètre). L'orientation politique est mesurée par le positionnement subjectif des individus sur une échelle « gauche-droite » graduée de 1 à 10. Les individus se situant aux extrêmes sont beaucoup plus nombreux à déclarer un niveau d'insatisfaction élevé – près de 14 % des enquêtés d'extrême gauche et 11 % d'extrême droite contre 5 % des autres enquêtés en moyenne.

La polarisation progressive vers les votes extrêmes est un trait marquant des dynamiques politiques à l'œuvre en France depuis le début des années 2000 (Figure 18). Entre les périodes 2005-2009 et 2010-2016, le nombre de personnes interrogées se déclarant aux extrêmes a significativement augmenté. Parallèlement,

Figure 17. Pourcentage moyen d'individus se déclarant très insatisfaits de leur vie par orientation politique en France (1973-2016)

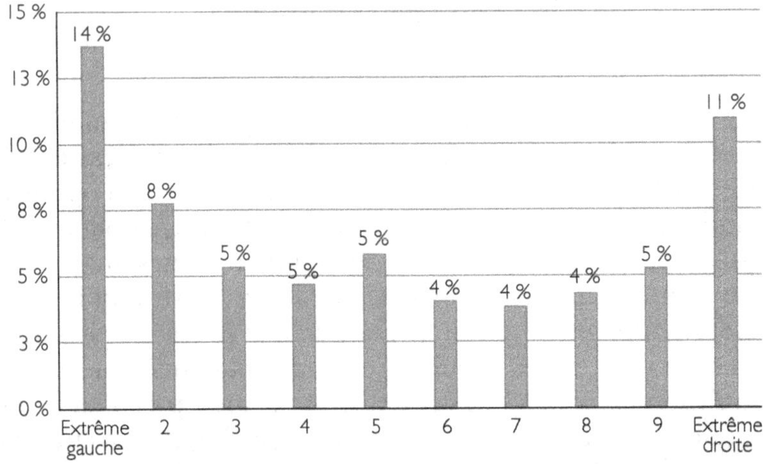

Source : Eurobaromètre. Lecture : sur la période 1973-2016, 13,7 % des individus se déclarant à l'extrême gauche (1 sur une échelle de 1 à 10) se sont également déclarés très insatisfaits de leur vie en moyenne.

les partis traditionnels s'effondrent, avec une baisse notable pour le « centre-gauche ». Ces transformations reflètent la tripolarisation de l'espace politique français depuis la crise. (Notons également l'augmentation des personnes choisissant la graduation focale 5 qui, située exactement au milieu de l'échelle, exprime certainement une indétermination).

Pour l'expliquer, l'attention particulière se porte généralement sur les déterminants économiques, historiques, géographiques et sociodémographiques du vote extrême. Pourtant ces déterminants traditionnels du vote s'avèrent insuffisants pour rendre compte de la forte pénétration du vote frontiste à des couches de la population aussi disparates que les jeunes, la classe moyenne ou la France périphérique et périurbaine. Leur point commun : le mal-être et le pessimisme.

Figure 18. Évolution de la répartition des préférences politiques en France entre 2005-2009 et 2010-2016

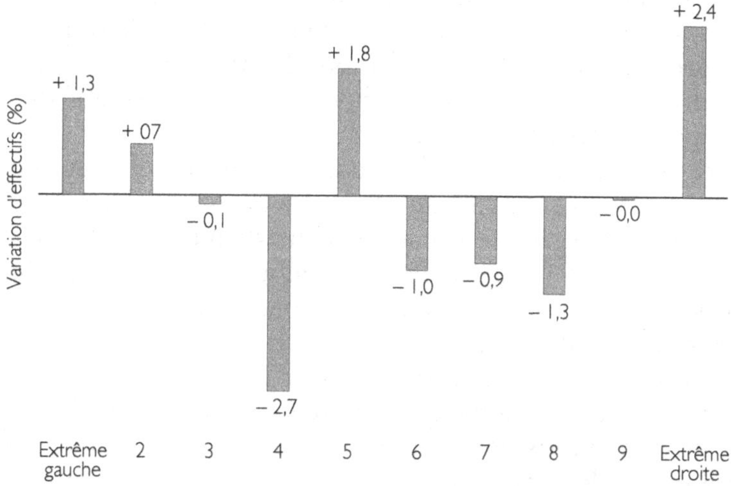

Source : Eurobaromètre. Lecture : entre les périodes 2005-2009 et 2010-2016, les individus se déclarant au centre du spectre politique (5 sur une échelle de 1 à 5) ont été de 1,8 % point de pourcentage plus nombreux.

Divergence de bien-être entre extrême gauche et extrême droite[1]

Alors que le spectre politique français se déforme au profit des extrêmes, notamment l'extrême droite, une restructuration politique du bien-être s'opère depuis le début des années 2000.

Traditionnellement, les électeurs de gauche déclarent un niveau de bonheur et de satisfaction dans la vie plus faible que les électeurs de droite. Cette différence s'observe bien dans les années 1970, comme le montre le graphique ci-dessous : les individus se déclarant à droite (7-8 sur une échelle de 1 à 10) déclarent en moyenne près d'un demi-point de bonheur de plus que ceux d'extrême gauche (3-4 sur la même échelle). Il n'y a là rien d'étonnant si l'on admet que la droite est globalement

1. Cette section s'appuie beaucoup sur le texte d'A. Gethin et T. Jemmama, « Du mal-être au vote extrême », 2017.

plus conservatrice et la gauche transformatrice ou révolutionnaire : les électeurs de droite, socialement plus favorisés, sont plus satisfaits du monde tel qu'il est, et, partant, plus attachés à le conserver en l'état, tandis que les électeurs de gauche, qui en sont moins heureux, ont davantage la volonté de le transformer. Une précédente étude a ainsi montré, au niveau mondial, que les individus heureux avaient davantage tendance à s'identifier à des partis conservateurs[1].

Si ce schéma décrit bien la situation française, il s'est pourtant considérablement modifié au cours des dernières décennies. Une première convergence entre les niveaux de bien-être des électeurs de gauche et de droite s'opère au début des années 1980, puis le processus s'accélère fortement à partir de la crise de 2008. Alors même que le niveau de satisfaction dans la vie augmente en moyenne en France, il stagne pour les individus se déclarant à l'extrême droite, tandis que l'extrême gauche accueille de plus en plus d'individus heureux relativement au reste de la société, tout au long de la période.

Ces changements dans la structure du bien-être mettent en évidence l'existence d'une double recomposition électorale. D'une part, l'extrême gauche capte de plus en plus d'individus satisfaits de leur vie, à tel point qu'en 2015-2016, elle comble l'écart qui la sépare de la droite traditionnelle pour atteindre le même niveau de bonheur. D'autre part, l'extrême droite décroche au début des années 2010, de telle sorte qu'elle affiche une satisfaction moyenne inférieure aux autres partis sur les deux dernières années.

Ce phénomène apparaît clairement sur la Figure 19. Entre les deux périodes allant de 2000 à 2008 et de 2009 et 2016, le bien-être en France augmente de façon relativement homogène pour les personnes se déclarant près du centre de l'échelle politique. Mais en ce qui concerne les extrêmes, on observe une forte hausse du bien-être de l'extrême gauche alors que le niveau de satisfaction de l'extrême droite reste le même entre les deux périodes.

Ce décrochage de l'extrême droite peut potentiellement s'interpréter au regard des transformations qu'a subies le Front national

1. P. Flavin et A. Pacek, « Life satisfaction and political preferences : An international analysis », 2014.

Figure 19. Satisfaction dans la vie selon l'orientation politique : 2000-2008 vs. 2009-2016

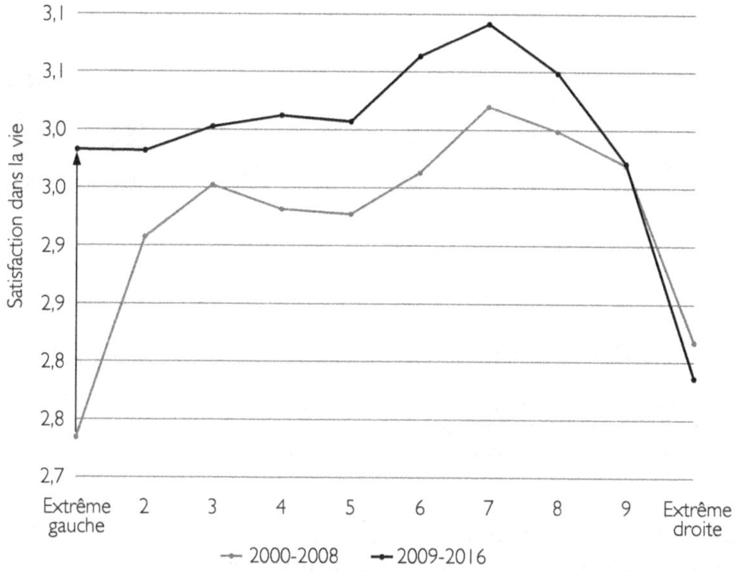

Source : Eurobaromètre. Lecture : entre les périodes 2000-2008 et 2009-2016, la satisfaction dans la vie moyenne (échelle de 1 à 4) des individus se déclarant d'extrême gauche (1 ou 2 sur une échelle de 1 à 10) est passée de 2,73 à 2,98.

au cours des dix dernières années[1,2]. En effet, le Front national combine désormais un discours nationaliste à une critique ouverte du système capitaliste, ce qui lui permet d'élargir son électorat en attirant chômeurs, travailleurs précaires et « insatisfaits du système[3] ».

Cette différenciation progressive de la base électorale de l'extrême droite et de l'extrême gauche en termes de bien-être se retrouve aussi dans les différences de niveau d'optimisme et de pessimisme. Avant la crise, ceux qui se positionnaient à l'extrême gauche du spectre politique étaient beaucoup plus pessimistes

1. M. Golder, « Explaining variation in the success of extreme right parties in Western Europe », 2003.

2. K. Arzheimer, « Contextual factors and the extreme right vote in Western Europe, 1980–2002 », 2009.

3. A. Benveniste et É. Pingaud, « Far-right movements in France : The principal role of Front national and the rise of islamophobia », 2016.

Figure 20. Part d'individus anticipant que les douze prochains mois seront pires en termes de...

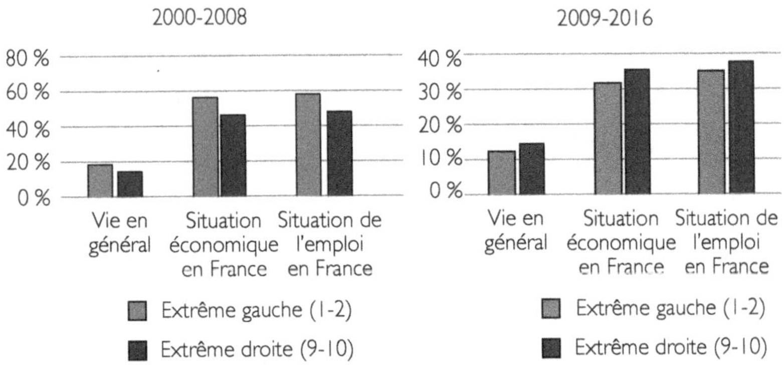

Source : Eurobaromètre. Lecture : sur la période 2000-2008, 56 % des individus se déclarant d'extrême gauche (1 ou 2 sur une échelle de 1 à 10) anticipaient une dégradation de la situation économique en France dans les douze prochains mois.

quant à l'avenir, et une majorité d'entre eux anticipaient une dégradation de la situation économique en France (Figure 20). En 2016, les anticipations économiques sont généralement plus positives en moyenne en ce qui concerne l'économie française et l'emploi en général, mais ce sont les électeurs d'extrême droite qui sont le plus inquiets pour l'avenir.

Certes, cette évolution est associée à une modification de la composition sociale des électorats extrêmes. Ainsi, au cours de la période des années 2010, davantage de jeunes de 15 à 25 ans, de personnes moins diplômées et plus pauvres se déclarent à l'extrême droite. Dans le même temps, les classes moyennes (cinquième et sixième quintile) représentent une part bien plus importante de l'électorat d'extrême gauche et on observe une gentrification (ou « boboïsation ») de l'électorat d'extrême gauche, qui attire des personnes plus éduquées. Plus précisément, l'extrême gauche présente une importante hétérogénéité en termes de bonheur (Figure 21) dans la mesure où, d'une part, elle rassemble la part d'individus très satisfaits de leur vie la plus importante relativement aux autres orientations politiques (23 %), mais d'autre part, plus de 19 % des enquêtés se situant à l'extrême gauche se déclarent « plutôt pas satisfaits » ou « pas du tout satisfaits » de leur vie. Cette diversification de l'électorat modifie la relation entre vote et bien-être.

Figure 21. Répartition de la satisfaction dans la vie par orientation politique en France (2009-2016)

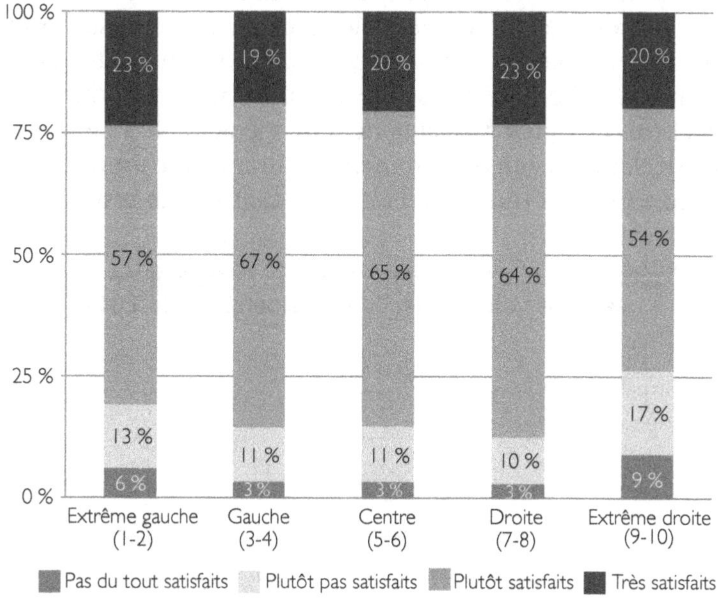

Source : Eurobaromètre. Données agrégées sur l'ensemble des années disponibles entre 2009 et 2016. Lecture : sur la période 2009-2016, 9 % des individus se déclarant à l'extrême droite (9 ou 10 sur une échelle de 1 à 10) se déclaraient également « pas du tout satisfaits ».

Une double évolution contribue donc au décrochage de l'extrême droite en termes de bien-être : le déplacement d'individus heureux vers l'extrême gauche, et le déplacement d'individus malheureux vers l'extrême droite.

Ce tableau général constitue la toile de fond de la relation entre bonheur, pessimisme et vote en 2017.

L'effet pur du pessimisme sur le vote

Le mal-être et le pessimisme constituent une clé d'explication du vote extrême, comme l'ont montré les dernières élections présidentielles de 2017. Considérons les données d'enquête électorale du Cevipof. En juillet 2016, plusieurs questions sur le bien-être ont été ajoutées à cette enquête, qui a interrogé plus de

17 000 personnes tous les mois jusqu'en mars 2017. Les sondés étaient invités à indiquer leur niveau de satisfaction sur une échelle croissante de 0 à 10. Il apparaît clairement que les individus les moins satisfaits de leur vie actuelle et les plus pessimistes pour leur avenir avaient majoritairement pour intention de voter en faveur de Marine Le Pen, et dans une moindre mesure pour Jean-Luc Mélenchon. Les plus satisfaits de leur vie actuelle et les plus optimistes déclaraient majoritairement vouloir voter pour Emmanuel Macron, suivi de François Fillon et de Benoît Hamon (Figure 22).

Figure 22. Satisfaction dans la vie et perspectives futures selon le vote à l'élection présidentielle de 2017

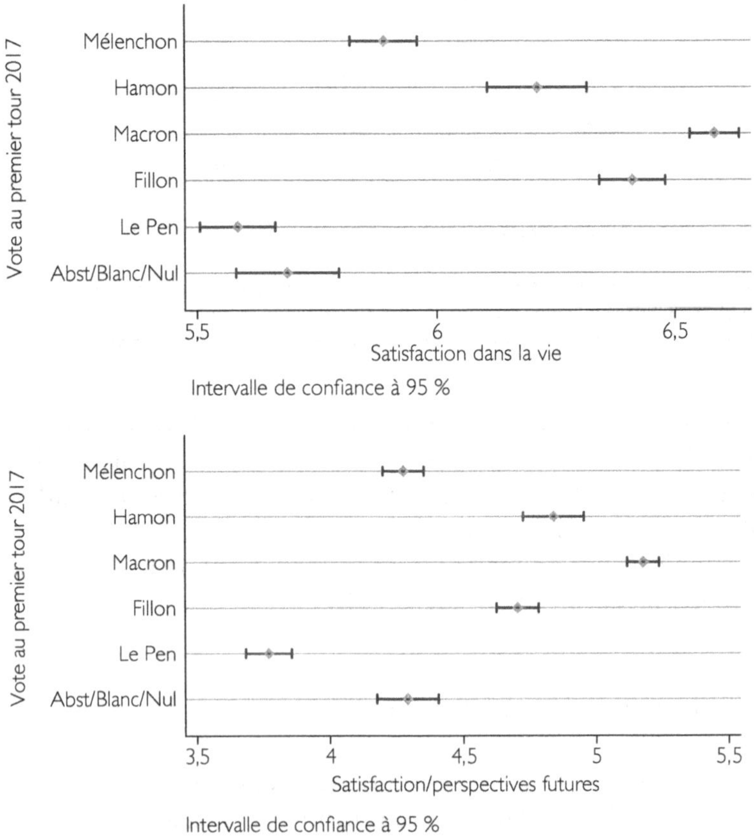

Source : Enquête électorale Cevipof. Lecture : les enquêtés prévoyant de voter pour Marine Le Pen déclarent une satisfaction moyenne dans la vie de 5,6 sur une échelle de 1 à 10.

On découvre ainsi un véritable clivage entre une France pessimiste, qui a voté Marine Le Pen, et une France optimiste, incarnée par le vote Emmanuel Macron.

La Figure 23 montre clairement que le rôle du bien-être et de l'optimisme dans le comportement électoral ne se réduit pas aux conditions de vie objectives des personnes. Elle représente la relation entre la probabilité subjective de voter, sur une échelle de 0 à 10, en faveur du Front national et le revenu des personnes interrogées. Il s'agit de probabilités déclarées par les personnes interrogées.

Parmi les Français les plus pessimistes, la probabilité de voter en faveur du Front national est très élevée, de l'ordre de 45 %, et ce quel que soit leur niveau de revenu. Plus généralement, que l'on dispose d'un revenu élevé ou faible, que l'on soit employé, chômeur ou retraité, que l'on soit ouvrier, employé ou cadre moyen, la probabilité de voter en faveur de Marine Le Pen est de même ordre de grandeur et augmente avec le niveau de pessimisme.

La relation entre mal-être et vote frontiste s'explique principalement par la crise des aspirations. Après dix ans de croissance

Figure 23. Probabilité de voter Front national selon le niveau de revenu et de pessimisme

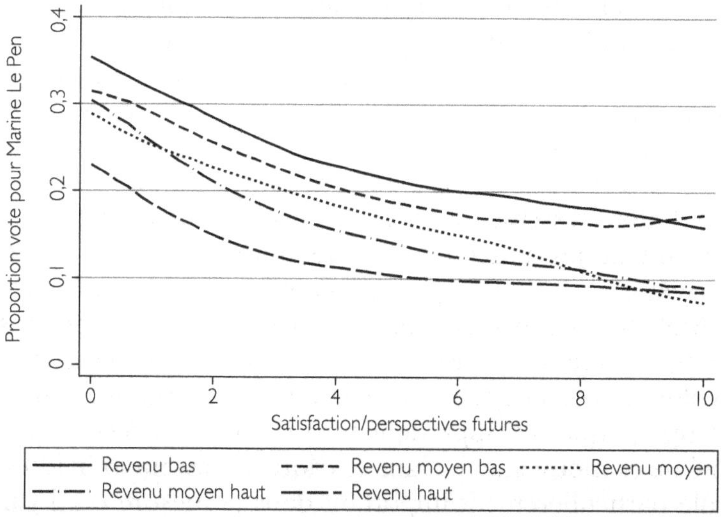

Source : Enquête électorale Cevipof. Lecture : les individus très pessimistes (0 sur l'échelle de 0 à 10) et à revenu moyen ont une probabilité de voter Front national de 40 %.

en berne, l'électorat du Front national est celui qui a perdu espoir dans son avenir et dans celui de ses enfants. On l'a vu, le pessimisme des Français se rattache principalement aux perspectives économiques du pays. La crise des aspirations gagne des électorats très divers, bien au-delà des classes populaires et des classes moyennes. Le vote FN n'est plus celui des classes populaires, mais des classes malheureuses et pessimistes.

Conclusion

Ce chapitre a mis en lumière la spécificité française en matière de bien-être subjectif. Il a fait apparaître le niveau généralement faible de la satisfaction des Français par rapport aux autres Européens vivant dans des conditions similaires. Le pessimisme français a pu se nourrir de la moindre croissance de la France, en moyenne, depuis les années 1970, par rapport à nombre de ses voisins européens, sans parler des nouveaux concurrents de taille qui émergent dans un monde de plus en plus intégré. Cette perte de terrain est de nature à exercer des effets négatifs sur le moral des Français. C'est en effet surtout dans les domaines qui échappent à leur contrôle que les Français expriment la plus grande insatisfaction et la plus grande inquiétude : économie, avenir collectif, institutions. Plus qu'ailleurs, les Français doutent de la capacité de leurs institutions politiques, économiques et sociales – école, entreprises et État – de les protéger contre les principaux risques en termes d'emploi, de logement, de santé, etc. Les risques de la vie sont alors ressentis de façon beaucoup plus anxiogène.

Cependant, les domaines de la vie qui touchent davantage à la vie privée et sociale échappent à ce paradoxe du malheur français. Malheur public mais bonheur privé semblent caractériser le ressenti des Français, dissociation typique des situations où les individus perçoivent clairement la tendance négative qui affecte le groupe auquel ils appartiennent mais tentent d'échapper à la fatalité de ce mouvement. Dans ce cadre, le revenu individuel joue un rôle particulièrement important dans la mesure où il garantit la capacité des individus de se protéger contre les risques et de les amortir, le cas échéant. C'est pourquoi l'une des observations les plus étonnantes de ce bilan des enquêtes disponibles en France est le rôle majeur joué par l'argent dans la satisfaction des Français, plus que pour d'autres Européens.

Le mal-être des Français et leur défiance envers leurs institutions se traduit enfin par un processus de polarisation politique, notamment avec la montée de l'extrême droite qui attire les plus insatisfaits et pessimistes ainsi que les plus démunis. Revenu et attitude à l'égard de l'avenir jouent tous deux, mais de manière non confondue, sur les dispositions politiques et le vote des Français. Lors des dernières élections présidentielles, le critère principal du vote en faveur d'Emmanuel Macron ou de Marine Le Pen était le niveau d'optimisme. Il est donc important de savoir s'il est possible d'inverser le pessimisme à l'égard des perspectives économiques du pays qui caractérise les Français.

Le pessimisme des Français est-il un trait culturel irréversible ? Les enquêtes au long cours analysées dans cet ouvrage le laissent penser. Ce pessimisme concerne surtout l'économie et semble s'être cristallisé au fil des années. Contre cette inertie, un choc peut-il permettre de modifier les anticipations et les croyances négatives relatives au destin collectif des Français ? Plusieurs événements suggèrent en effet que l'état d'esprit des Français peut se modifier à la suite d'un choc important : l'élection présidentielle de 2017, la crise des Gilets jaunes et la crise du Covid-19. Notre enquête jointe avec l'Insee permet de suivre l'évolution des attitudes trimestre après trimestre, au cours de ces épisodes. Concernant l'élection de juin 2017, les données montrent une forte amélioration de la confiance dans l'avenir de la France entre mars 2017 et juin 2017. La comparaison entre juin 2016 et juin 2017 conduit au même tableau. Les évolutions sont frappantes, tant par leur ampleur que par leur homogénéité. Si tous les Français ne se sont pas mis à voir la vie en rose, une grande partie du camp des pessimistes a basculé dans celui des optimistes. C'est relativement à l'avenir général de la France, qu'il s'agisse des perspectives économiques du pays ou plus généralement des prochaines générations en France, que l'optimisme a le plus progressé, au lendemain de l'élection présidentielle. Même l'avenir de l'Europe, pourtant assombri au cours de l'année par le Brexit, semblait alors plus prometteur. Cependant, ce sursaut d'optimisme a été de courte durée. Trois mois après l'élection, le bien-être et l'optimisme des Français étaient retournés à leur tendance pré-électorale sans toutefois redescendre à leur niveau antérieur. Choc inverse, la période de protestation des Gilets jaunes entamée en novembre 2019 a coïncidé avec un pic de pessimisme et de dégradation de la satisfaction des Français. Plus récemment encore, la crise du Covid-19 semble avoir rassemblé les Français dans un sursaut de confiance renouvelé, peut-être scellé par la conscience d'un péril commun. Au total, ces fortes fluctuations montrent que la confiance et l'optimisme des Français ne sont pas introuvables, malgré une tendance pessimiste au long cours.

Satisfaction de vie

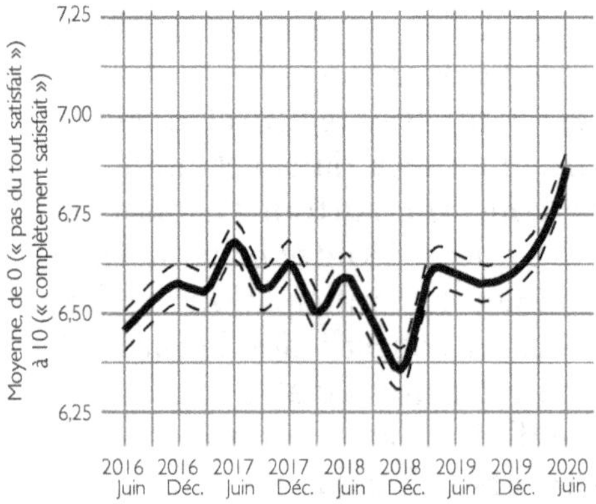

Source : Plateforme « Bien-être » de l'enquête conjoncture auprès des ménages, Insee/Cepremap

Bonheur

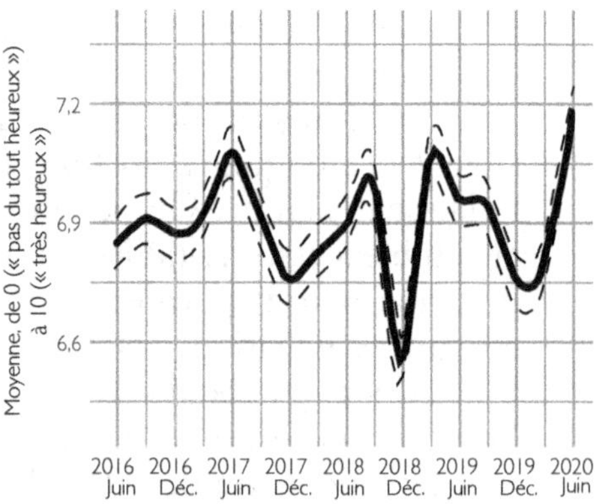

Source : Plateforme « Bien-être » de l'enquête conjoncture auprès des ménages, Insee/Cepremap

Vie future

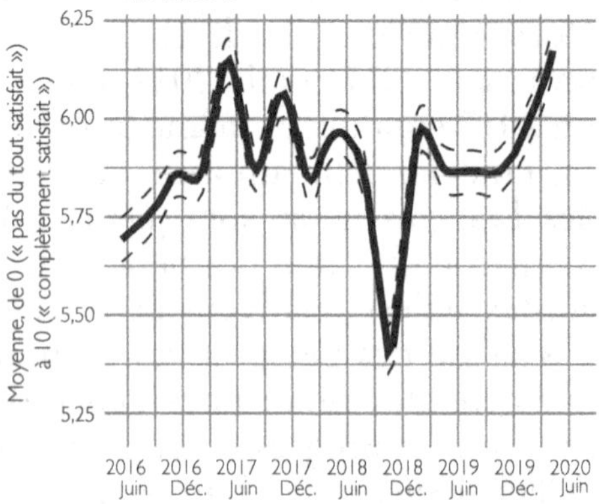

Source : Plateforme « Bien-être » de l'enquête conjoncture auprès des ménages, Insee/Cepremap

Annexe. Enquêtes utilisées

Pour mener l'analyse nous utilisons des enquêtes de grande envergure menées par différents instituts spécialisés. Une liste des questions utilisées dans ces analyses est disponible en ligne à l'adresse http://www.cepremap.fr/observatoire-bien-etre.

Enquête trimestrielle Insee/Cepremap

L'enquête Camme est réalisée chaque mois par l'Insee (Institut national de la statistique et des études économiques). Depuis juin 2016 un ensemble de questions, dit « module Bien-être » a été ajouté à l'enquête Camme. Le questionnaire est administré trimestriellement (en mars, juin, septembre et décembre) à 2 000 ménages résidant en France métropolitaine et par téléphone. Les questions portent sur le niveau de satisfaction actuel et les perspectives futures, dans plusieurs dimensions de l'existence. Il s'agit de la source d'information la plus récente en matière de bien-être en France : les vagues d'enquête disponibles à ce jour ont eu lieu en juin, septembre et décembre 2016.

Enquête Conditions de vie et aspirations des Français du Credoc

L'enquête Conditions de vie et aspirations des Français est réalisée par le Credoc (Centre de recherche pour l'étude et l'observation des conditions de vie) chaque année depuis janvier 1979 sur un échantillon de 2 000 personnes âgées d'au moins 18 ans, résidant en France métropolitaine. Les personnes sont interrogées en face à face sur plusieurs thématiques allant de « habitat et logement » à « discrimination et intégration » en passant par « valeur » ou « mode de vie ». Ces données présentent l'avantage d'être suivies dans le temps, ce qui permet de tracer l'évolution de l'opinion des Français au cours des dernières décennies sur des questions bien précises.

Enquête Statistiques sur les ressources et les conditions de vie de l'Insee

Le dispositif SRCV (Statistiques sur les ressources et les conditions de vie) est une enquête menée par l'Insee. Il correspond à la partie française de l'enquête communautaire EU-SILC (European Union Statistics on Income and Living Conditions) succédant en 2004 à l'ancien Panel européen (European Community Households Panel, ECHP). Cette enquête est réalisée chaque année par l'Insee sur un échantillon d'environ 12 000 ménages français parmi lesquels environ 10 000 ont déjà été enquêtés l'année précédente. Depuis 2010 l'enquête contient des questions qui permettent de mesurer le bien-être subjectif. Les modules de base concernant la situation financière, les revenus, les conditions de vie des ménages sont présents dans l'enquête depuis 2004. Les modules concernant les rapports sociaux (familiaux et professionnels) sont inclus depuis 2008. L'enquête SRCV a pour avantage d'être effectuée sur un vaste échantillon, ce qui permet une analyse statistique robuste que l'on peut ventiler par sous-catégories de la population.

Enquête EU-SILC (European Union Statistics on Income and Living Conditions)

L'enquête EU-SILC est le fruit d'un accord conclu entre 6 pays membres (Belgique, Danemark, Grèce, Irlande, Luxembourg et Autriche) et la Norvège. Il s'agit d'un instrument permettant de constituer une base statistique au niveau européen sur les conditions de vie en Europe. Depuis 2004, elle est menée chaque année dans 15 pays membres, et depuis 2007 dans les 27 pays de l'Union européenne. Les échantillons varient en fonction des pays, avec environ 15 000 individus enquêtés par pays. La collecte des données EU-SILC est coordonnée par Eurostat sur la base des données recueillies au niveau national (SRCV en France). EU-SILC a pour principal avantage de permettre des comparaisons entre les pays européens sur la base de grands échantillons. Cette étude est basée sur les données d'Eurostat, Statistiques de l'Union européenne sur le revenu et les conditions de vie de 2013. La responsabilité de toutes les conclusions tirées des données relève entièrement de l'auteur.

Enquête sociale européenne (European Social Survey : ESS)

L'enquête ESS est née d'une initiative de la Fondation européenne des sciences (European Science Foundation). Elle mesure les attitudes, opinions et modes de comportement des populations de plus de 30 pays principalement en Europe mais comprend aussi des pays comme la Russie et Israël. La collecte des données est organisée depuis 2001 tous les deux ans sur un échantillon d'environ 2 000 individus. ESS contient des modules de questions sur le bien-être subjectif et la confiance.

Gallup World Poll

Les données sont collectées par l'entreprise privée Gallup dans plus de 160 pays dans le monde, chaque année depuis 2005, au moyen d'entretiens en face à face ou par téléphone. Les sujets abordés dans ces questionnaires sont très divers : confiance, satisfaction, accès à la nourriture, corruption, religion, etc. Gallup est la seule enquête suivant un aussi grand nombre de pays à une fréquence annuelle et comportant des questions relatives au bien-être subjectif.

2.

Biens publics, charité privée

Dans un contexte de crise des finances publiques, les financements de nombreux secteurs sont sous haute tension : éducation, santé, recherche, institutions culturelles, etc. Comment continuer à financer nos biens publics et à en garantir une qualité élevée ? Peut-on diminuer la dépense publique dans ces secteurs, tout en maintenant un niveau adéquat de fourniture de ces biens publics ? En France comme en Europe, les gouvernements cherchent à encourager des financements volontaires alternatifs à la taxation. L'objectif est de financer les biens publics, comme la recherche ou la culture, à moindre coût pour le budget de l'État et des collectivités locales et avec une plus forte implication directe des financements privés.

Un modèle paraît de ce point de vue attirer tous les regards, celui des États-Unis, où se développe un véritable charity business, et qui semblent connaître un nouvel âge de la philanthropie[1]. Ainsi, alors qu'au début des années 1960 les foyers appartenant au top 1 % des contribuables les plus riches aux États-Unis versaient chaque année à des associations et à des fondations caritatives des dons représentant environ 40 % du revenu moyen d'un foyer américain, aujourd'hui, leurs dons moyens annuels équivalent à plus de 80 % de ce revenu moyen. Comment expliquer un tel foisonnement de l'activité philanthropique ? Faut-il y voir la trace d'un niveau de dépense publique et d'imposition des hauts revenus relativement plus faible que dans la plupart des autres

1. Voir par exemple « Doing well and doing good. Why a new golden age of philanthropy may be dawning », *The Economist*, 29 juillet 2004.

pays développés ? Ou est-ce plutôt une conséquence de l'explosion des inégalités de richesse aux États-Unis ? Et si, après tout, le modèle américain, avec son niveau d'imposition plus faible des plus hauts revenus, son niveau d'inégalité plus grand et son plus faible niveau de dépense publique, était finalement équilibré par un haut niveau de fourniture de biens publics, largement financé et organisé par des initiatives privées ?

La France, de son côté, pays historiquement réticent à l'intervention privée dans la fourniture des biens publics, est devenue en vingt ans le pays le plus incitatif au monde en termes de subventions publiques aux dons privés, grâce au développement de politiques fiscales extrêmement généreuses. Mais la faiblesse des dons des contribuables français par rapport à leurs homologues américains jette le doute sur l'efficacité de ces politiques.

On peut donc se demander s'il est possible et souhaitable de répliquer le modèle américain dans les pays européens et, en particulier, en France. Est-il possible, d'une part, de mettre en œuvre des politiques publiques fiscales pour favoriser la philanthropie ? Est-il souhaitable, d'autre part, de donner une place plus importante au financement privé pour la fourniture des biens publics ?

L'objet de ce chapitre est donc de répondre à une question simple : quelle place donner au financement privé dans la fourniture des biens publics ? Par biens publics, nous entendons non pas les biens produits par l'État ou les pouvoirs publics, mais des biens dont la consommation procure une externalité positive à la communauté : il s'agira donc aussi bien de l'éducation que de la culture, de la recherche contre le cancer que des soupes populaires. Dans le contexte français, par exemple, différentes notions juridiques et économiques qualifient la nature plus ou moins publique des biens auxquels nous ferons référence tout au long de ce chapitre : la reconnaissance d'intérêt général ou d'utilité publique, mais aussi la notion d'utilité sociale ou solidaire. Du point de vue économique, le caractère non lucratif d'une activité peut aussi souvent être un marqueur de la nature publique du bien ou du service produit. Notons toutefois que le fait de définir ce qui produit une externalité positive est aussi et surtout un choix de société, et le rôle de la collectivité dans la définition de ce qui constitue un bien public est indispensable : la tenue d'un vrai débat sur ces questions est évidemment cruciale.

S'interroger sur la place de l'intervention privée dans la fourniture des biens publics, c'est évidemment poser en filigrane la question de la place à donner à l'intervention publique. Initiative privée et interventions publiques interagissent, inévitablement. Une augmentation du financement public peut conduire à un désengagement du secteur philanthropique pour la fourniture de biens publics, et inversement. Cependant, le lien entre financements publics et privés n'est pas forcément négatif, certaines interventions publiques pouvant favoriser, plutôt que décourager, les comportements altruistes des individus et leur implication dans la fourniture de biens publics. Quelles sont ces politiques publiques qui permettraient d'inciter les individus à donner ?

Ce travail entend d'abord établir les faits. Quelle est vraiment la part des financements privés des biens publics dans les différents pays, et comment a-t-elle évolué au cours du temps ? Il est surprenant de voir à quel point nos connaissances sur le sujet sont limitées, en partie parce que les données sont incroyablement parcellaires. La première partie de ce travail contribue à enrichir nos connaissances en exploitant de manière systématique de nouvelles sources fiscales, portant sur l'évolution historique des financements privés aux biens publics dans différents pays. Ces données révèlent de très fortes variations, entre les pays et au fil du temps, du niveau de financement privé des biens publics, qui ne semblent pas s'expliquer par les variations de la dépense publique. Au sein de chaque pays, les contribuables les plus fortunés contribuent significativement plus en pourcentage de leur revenu que les autres individus. Néanmoins, leurs contributions privées sont extrêmement volatiles au cours du temps, et très différentes entre les pays. Cette volatilité semble en grande partie due aux institutions et aux incitations auxquelles sont confrontés les ménages à très hauts revenus. S'appuyant sur ces constats, la seconde partie de ce chapitre pose la question de l'intervention publique. Examinant les forces et les limites respectives des modes de financements public et privé des biens publics, cette partie établit d'emblée qu'un système qui évacuerait totalement l'un ou l'autre n'est ni viable ni désirable. Il faut donc se résoudre à un système hybride, et il est légitime de chercher à favoriser, par les politiques publiques, les financements privés des biens publics. La question est : comment et dans quelle mesure ?

La réponse traditionnelle est de s'en remettre aux incitations. À partir d'un ensemble de travaux académiques que nous avons réalisés au cours des dix dernières années, nous identifions une série de problèmes qui affectent le fonctionnement actuel des incitations fiscales aux dons. Le premier tient à la forte hétérogénéité des réponses à ces incitations : seuls les ménages les plus riches semblent réactifs aux incitations fiscales. Ils le sont très fortement, cependant cette réactivité a souvent été associée à d'importants comportements d'optimisation ou d'évasion fiscale. Il est donc impératif que de fortes incitations s'accompagnent de mesures de contrôle destinées à garantir la nature véritablement publique des biens financés. Il faut également prendre en compte que les incitations monétaires peuvent se révéler contre-productives dans certains cas, en particulier pour des activités qui reposent largement sur la motivation prosociale intrinsèque des donateurs, telles que le don du sang ou le fait d'être écologiquement responsable.

Au terme de cette analyse, la principale conclusion de cette partie est que les incitations fiscales en France ont aujourd'hui une efficacité limitée. Il faut donc envisager de recourir à d'autres outils d'intervention pour encourager l'initiative privée dans la fourniture de nos biens publics. De ce point de vue, la puissance publique a un rôle majeur à jouer dans la structuration du secteur à but non lucratif et dans la définition du cadre juridique des financements privés.

Comment mesurer la philanthropie ?

Si les différences entre pays en matière de philanthropie sont indéniables, elles sont cependant remarquablement peu documentées. Deux raisons peuvent expliquer ces lacunes. D'une part, il n'existe pas de définition claire de ce que sont les biens publics ou les activités d'intérêt général financés par la philanthropie, ce qui complique la mesure du rôle que celle-ci joue dans l'économie. D'autre part, le don à une association ou à une fondation est un acte privé qui n'a pas nécessairement vocation à être rendu public, ce qui ne facilite ni la mesure du montant des dons récoltés dans l'ensemble de la société, ni la comparaison entre les pays.

Il est cependant nécessaire de comparer précisément la réalité du financement privé des biens publics, entre pays et au cours du temps, afin de mieux comprendre ses déterminants. Pour ce faire, nous nous appuyons dans ce chapitre sur des sources fiscales[1] inédites. Malgré leurs spécificités, les données fiscales, dont la collecte est directement influencée par le type d'incitation fiscale existant dans chaque pays, constituent une source d'information beaucoup plus fiable que les données d'enquête, en particulier pour l'étude des évolutions de la philanthropie au cours du temps. En premier lieu, parce que la délimitation des catégories de « biens publics » financés par le secteur associatif est floue et fluctuante – au cours du temps et entre les pays – dans les questions posées aux individus sondés lors des enquêtes, ce qui engendre des biais de réponse significatifs, en fonction des spécificités culturelles dans la manière de comprendre et de répondre aux sondages. De surcroît, la petite taille des échantillons d'enquête exacerbe les biais de réponse, liés en particulier aux erreurs propres à l'autodéclaration. Enfin, ces petits échantillons capturent mal les comportements des ménages situés au sommet de la distribution des revenus, alors que leurs contributions sont centrales et varient de manière importante au cours du temps et entre les pays. Les données fiscales permettent, pour leur part, de bien mieux capturer les comportements de don des ménages les plus aisés. Les premières analyses descriptives issues de l'exploitation des sources fiscales permettent de réfléchir au rôle joué par le revenu et par les inégalités entre ménages sur le niveau de philanthropie, par rapport aux institutions et aux politiques publiques visant à favoriser le financement privé des biens publics.

Un problème de définition du secteur de la philanthropie

La comparaison du niveau de financement privé des biens publics entre pays se heurte à une première difficulté, qui tient à la définition de ce que constitue un bien public. Une première

1. Voir la version complète de l'ouvrage pour une analyse complémentaire à partir de données d'enquête et une discussion sur leurs limites : G. Fack, C. Landais et A. Myczkowski, *Biens publics, charité privée : comment l'État peut-il réguler le charity business ?* Éditions Rue d'Ulm. Cepremap, 48, 2018.

approximation utile consiste à considérer que les biens publics financés par la philanthropie correspondent à l'ensemble des biens fournis par le secteur dit « à but non lucratif ». Malheureusement, les données disponibles sur le fonctionnement et le financement du secteur à but non lucratif sont très imparfaites. Ainsi, en France, il n'existe pas de définition statistique précise de ce secteur, ni de nomenclature qui lui soit spécifiquement dédiée en comptabilité nationale. La représentation des organisations caritatives ou sociales est éclatée entre deux catégories d'« institutions à but non lucratif au service des ménages » – les « associations marchandes » ou « non marchandes[1] ». L'apport de ces organisations au produit intérieur brut (PIB) est mesuré dans le cas des associations « marchandes » de la même manière que pour une entreprise privée, et dans le cas des associations « non marchandes », selon la méthode utilisée pour les productions de l'administration publique. Les caractéristiques de leur objet et de leur fonctionnement ne sont donc pas prises en compte dans la mesure de leur apport à l'économie nationale. Il n'existe par conséquent pas de données agrégées, facilement disponibles et homogènes entre pays et au cours du temps, qui permettraient à la fois de se représenter précisément la taille du secteur non lucratif et ses variations dans le temps et selon les pays et, *a fortiori*, de comprendre son fonctionnement et ses modes de financement.

La difficile mesure du niveau de philanthropie entre les pays

Données fiscales

Depuis plusieurs décennies, la plupart des pays développés mettent en œuvre des politiques d'incitation fiscale aux dons privés en direction d'institutions fournissant des biens publics (fondations d'utilité publique, associations d'intérêt général, etc.). Dans ce cadre, les administrations fiscales ont collecté des informations sur les contributions privées aux biens publics. Ces données ont notamment été réunies, dans certains pays, sous la forme de

1. Ph. Frémeaux, *L'Évaluation de l'apport de l'économie sociale et solidaire*, 2013 ; M. Hély, *Les Métamorphoses du monde associatif*, 2009.

séries annuelles agrégées par niveau de revenu, indiquant pour chaque catégorie la composition du revenu et le montant total des déductions fiscales ou des crédits d'impôt, ce qui permet de déduire le montant annuel total des contributions privées par niveau de revenu. Les administrations fiscales ont par ailleurs produit des documents qui compilent le contenu des déclarations individuelles de revenu pour des échantillons représentatifs d'individus. La combinaison de ces deux types de sources a permis de produire une base de données comparative unique sur l'évolution des contributions privées financières aux biens publics au cours de la seconde moitié du XXe siècle pour six pays développés, représentatifs de systèmes sociaux et fiscaux variés : le Canada, le Danemark, l'Espagne, les États-Unis, la France et le Royaume-Uni[1].

L'utilisation de données fiscales présente plusieurs intérêts. En premier lieu, l'étendue de leur couverture temporelle et sociale est supérieure à celle des grandes enquêtes de valeurs : ces données sont collectées depuis la première moitié du XXe siècle aux États-Unis et au Canada, depuis les années 1970 en France et depuis la fin des années 1990 au Danemark, en Espagne et au Royaume-Uni. Les échantillons sont très larges, voire exhaustifs (dans le cas des séries annuelles agrégées par niveau de revenu), et permettent de suivre l'évolution des comportements de dons au cours du temps. Ces données offrent, en outre, la possibilité de mieux capturer le rôle des ménages les plus fortunés que les données d'enquête. Enfin, la définition du don mesuré par les autorités fiscales, si elle se limite aux dons financiers, est néanmoins plus homogène au cours du temps que celle retenue dans les enquêtes. Les données fiscales semblent donc globalement plus fiables que les sondages pour appréhender les évolutions et les différences internationales des niveaux de philanthropie.

Les données fiscales présentent cependant plusieurs limites qu'il ne faut pas non plus négliger. Elles peuvent notamment être affectées par les variations temporelles et géographiques des consignes de déclaration des dons. Même dans les pays

1. Nous tenons à remercier chaleureusement Miguel Almunia et Clara Martinez-Toledano pour leur aide précieuse avec les données britanniques et espagnoles.

où ces politiques fiscales existent depuis la première moitié du XXe siècle, la majorité de la population ne remplit systématiquement une déclaration de revenu que depuis les années 1950. Les variations sont particulièrement importantes pour les petites contributions, car ces dernières ne font pas toujours l'objet d'un avantage fiscal et ne sont donc pas déclarées le cas échéant[1]. Par ailleurs certains pays proposent ou ont proposé aux contribuables le choix entre une déduction fiscale standard ou calculée exactement en fonction de leurs déclarations. Ce choix fausse les contributions enregistrées, et ce biais n'est pas identiquement distribué au sein de la population ou au cours du temps puisque le choix de la déduction standard est endogène du montant des dons. Le montant nominal des contributions ayant tendance à diminuer avec le revenu, les données ne sont alors représentatives que des ménages à revenu moyen ou faible les plus généreux. Cette marge d'erreur non négligeable dans le report des petites contributions peut avoir un impact significatif sur les données agrégées.

Les données fiscales sont également sensibles aux conditions de mise en œuvre des politiques d'incitation fiscale, notamment à la sévérité du contrôle des déclarations, qui présentent d'importantes variations au cours du temps et entre les pays étudiés, un sujet que nous explorerons dans la seconde partie.

Néanmoins, ces biais restent limités pour les ménages les plus aisés, qui sont présents dans les fichiers fiscaux depuis la mise en place de l'impôt sur le revenu dans les différents pays et dont les contributions, tendanciellement plus élevées, sont moins sujettes aux sous-déclarations. Lorsqu'elles se concentrent sur les contribuables aux revenus les plus élevés, les sources fiscales sont donc beaucoup plus fiables que les données d'enquête et offrent un panorama très intéressant de la philanthropie. Nous avons pu constituer des séries longues sur les dons des ménages les plus riches aux États-Unis et au Canada, deux pays dont la comparaison est instructive. Pour la période récente, nous pouvons comparer également les dons du top 10 % des contribuables les plus riches en France, au Royaume-Uni et en

1. Ainsi, aux États-Unis, toutes les contributions sont aujourd'hui déductibles, alors qu'au Danemark seuls le sont les dons supérieurs à 500 couronnes danoises (soit environ 70 euros).

Espagne, bien que, pour ce dernier pays, certains dons puissent être sous-estimés, du fait du plafonnement des déductions.

Évolution des dons privés dans les données fiscales

Avant d'analyser plus précisément le don des ménages les plus riches, nous pouvons étudier l'évolution des dons totaux, en part du revenu déclaré, pour l'ensemble des contribuables – en gardant en tête que certaines variations peuvent être liées aux spécificités des réformes fiscales[1]. La couverture historique des données est également très variable : les séries américaines et canadiennes commencent avant la Seconde Guerre mondiale (mais s'arrêtent en 1997 pour le Canada), alors que les données françaises ou danoises ne sont disponibles que pour une période plus récente. La Figure 1 montre que les dons connaissent d'importantes variations selon les pays, en termes de niveau et d'évolution. La hiérarchie des pays reste en revanche à peu près constante : la part de ces dons dans le revenu total a toujours été plus importante aux États-Unis que dans les autres pays.

Le niveau et la croissance des contributions, mesurés en pourcentage du revenu, sont très similaires aux États-Unis et au Canada de 1940 à 1955 (ces contributions passent de 0,6 % à 1,8 % du revenu). À partir de 1956, les contributions canadiennes diminuent jusqu'à atteindre 0,4 % du revenu au début des années 1980. Ce déclin est plus précoce, plus important et plus durable qu'aux États-Unis, où les dons continuent d'augmenter jusqu'au début des années 1960, puis diminuent plus modestement pour atteindre un niveau plancher de 1,5 % du revenu en 1977. Les dons américains reprennent leur croissance à partir des années 1980 jusqu'à dépasser 2,5 % du revenu en 2005, malgré une nouvelle chute durant la deuxième moitié des années 1980. Cette croissance est beaucoup plus timide au Canada : les contributions y augmentent de nouveau à partir de 1982, mais elles restent égales à environ un tiers des contributions américaines depuis les années 1970 jusqu'à la fin des années 1990.

1. Pour l'Espagne et le Royaume-Uni, en raison des modalités de déclaration de dons, il ne nous a pas été possible de reconstruire le don des contribuables du bas de la distribution des revenus, et nous ne pouvons donc pas produire de séries crédibles pour le don total déclaré.

Figure 1. Part dans le revenu total des dons reportés dans les déclarations de revenu

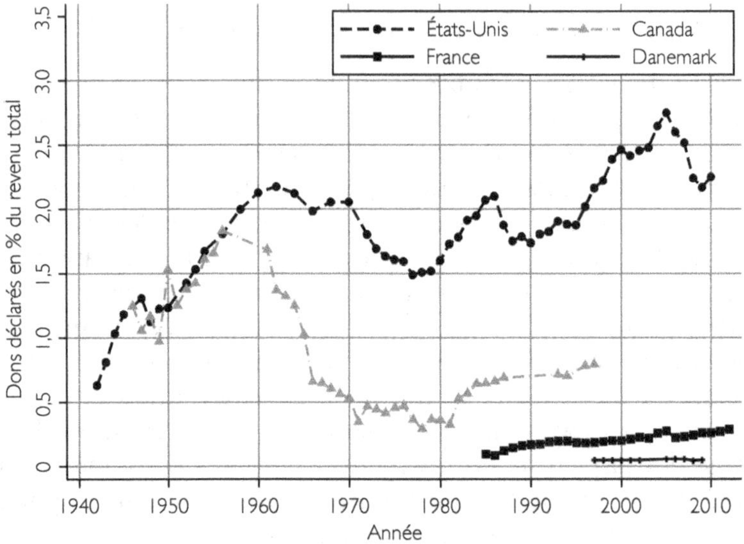

Note : Ce graphique représente l'évolution au cours du temps du montant annuel total des dons reportés dans les déclarations de revenu, en proportion du revenu total annuel déclaré, au Canada, au Danemark, aux États-Unis et en France. Les contributions sont extrapolées à partir des données fiscales.
Lecture : En 1985, les foyers fiscaux américains donnaient environ 2 % de leur revenu à des associations ou à des fondations, les foyers canadiens, 0,65 % et les foyers français, 0,1 %.
Source : Données administratives fiscales américaines, canadiennes, danoises et françaises.

En France, au début des années 1980, les dons sont proches de 0,1 % du revenu et connaissent une hausse très lente jusqu'au niveau actuel d'environ 0,3 % du revenu. Au Danemark, les contributions sont stables depuis la fin des années 1990 et inférieures à celles des autres pays (moins de 0,1 % du revenu). Ainsi, au milieu des années 2000, les dons en France et au Danemark sont 10 à 25 fois plus faibles qu'aux États-Unis.

Qu'en est-il du don des ménages les plus riches ? Les Figures 2, 3 et 4 comparent, depuis 1970, les dons en pourcentage du revenu des 10 %, 1 % et 0,01 % des ménages les plus aisés aux États-Unis, au Canada, en France, en Espagne et au Royaume-Uni. Ces trois figures montrent que les fortes différences de niveau de philanthropie entre pays se retrouvent au niveau des ménages les

Figure 2. Comparaison de la part des dons déclarés dans le revenu des ménages du top 10 %

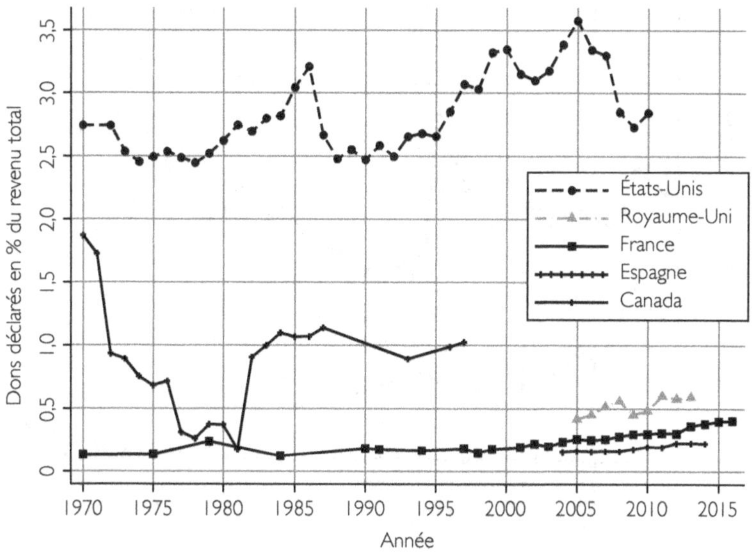

Note : Ce graphique représente l'évolution au cours du temps du montant annuel total de dons déclarés par les 10 % des foyers fiscaux français, canadiens, anglais, espagnols et américains les plus riches, en proportion de leur revenu total annuel. Les contributions sont extrapolées à partir des données fiscales. Du fait de la qualité des données espagnoles, les séries espagnoles sous-estiment sans doute significativement le don total des contribuables espagnols les plus riches. Pour la France, les dons du groupe top 1 % incluent l'imputation des dons ISF. Nous procédons à l'imputation de ces dons en ventilant le montant total des dons déclarés au titre de l'ISF, donné par les voies et moyens chaque année, au sein du dernier percentile de la distribution des revenus.
Lecture : En 1970, le groupe du top 10 % des ménages canadiens les plus riches donnait un montant équivalent à 1,9 % du revenu total de ce groupe.
Source : Données administratives fiscales canadiennes, françaises, espagnoles, anglaises et américaines.

plus aisés. Les Américains les plus fortunés reportent significativement plus de dons que les ménages les plus fortunés des autres pays développés. Au cours de la période étudiée, les dons du top 10 % des ménages américains les plus riches oscillent entre 2,5 % et 3,5 % de leur revenu.

Un aspect frappant des Figures 2, 3 et 4 est la relative faiblesse des dons des ménages français les plus aisés. En moyenne, les dons du top 10 % des contribuables français les plus riches oscillent entre 0,2 % et 0,4 % de leur revenu. C'est huit à dix fois moins que les riches Américains, cinq fois moins que les Canadiens,

Figure 3. Comparaison de la part des dons déclarés dans le revenu des ménages du top 1 %

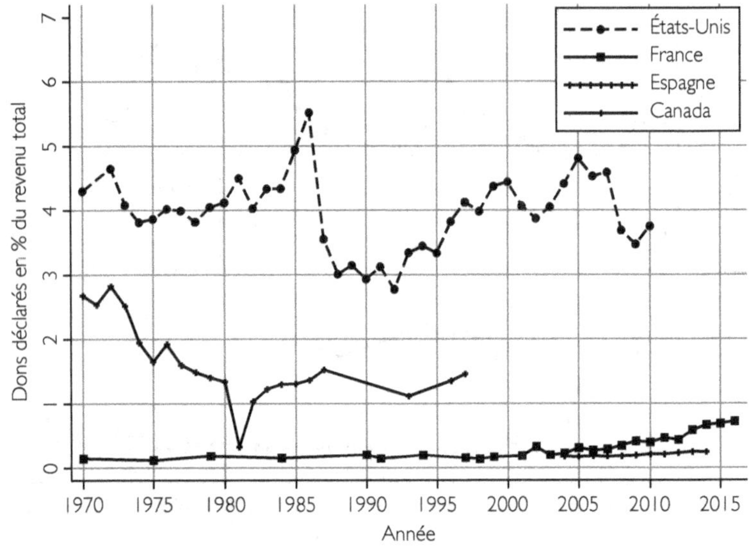

Note : Ce graphique représente l'évolution au cours du temps du montant annuel total de dons déclarés par le top 1 % des foyers fiscaux les plus riches, en proportion de leur revenu total annuel. Les contributions sont extrapolées à partir des données fiscales. Du fait de la qualité des données espagnoles, les séries espagnoles sous-estiment sans doute significativement le don total des contribuables espagnols les plus riches. Pour la France, les dons du groupe top 1 % incluent l'imputation des dons ISF. Nous procédons à l'imputation de ces dons en ventilant le montant total des dons déclarés au titre de l'ISF, donné par les voies et moyens chaque année, au sein du dernier percentile de la distribution des revenus.
Lecture : En 1970, le groupe du top 1 % des ménages canadiens les plus riches donnait un montant équivalent à 2,9 % du revenu total de ce groupe.
Source : Données administratives fiscales françaises, espagnoles, canadiennes et américaines.

deux fois moins que les Anglais… et un peu plus que ce qui apparaît dans les sources fiscales pour les Espagnols[1]. On retrouve une hiérarchie similaire lorsque l'on se focalise sur le top 0,01 % des ménages les plus riches (Figure 4). En dépit

1. Notons néanmoins que, du fait de la qualité des données espagnoles, les séries espagnoles sous-estiment sans doute significativement le don total des contribuables espagnols les plus riches. En effet, les dons ne sont enregistrés que dans la limite d'un plafond, qui varie entre 10 % et 15 % de la base imposable.

d'une augmentation récente de leurs dons, essentiellement liée à la croissance des dons reportés au titre de l'ISF, les super-riches français donnent également significativement moins que les super-riches canadiens, britanniques ou américains. Comment expliquer de telles différences ? Est-ce une affaire de niveaux d'inégalité, les super-riches américains étant significativement plus riches que les super-riches français ? Ou une affaire d'incitations ? Ou encore d'institutions ?

Figure 4. Comparaison de la part des dons déclarés dans le revenu des ménages du top 0,01 %

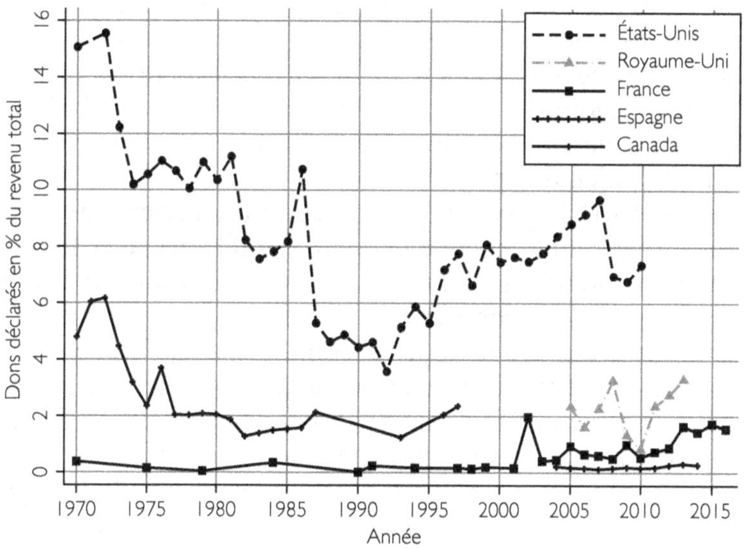

Note : Ce graphique représente l'évolution au cours du temps du montant annuel total de dons déclarés par le top 0,01 % des foyers fiscaux les plus riches, en proportion de leur revenu total annuel. Pour la France, les dons du groupe top 1 % incluent l'imputation des dons ISF. Nous procédons à l'imputation de ces dons en ventilant le montant total des dons déclarés au titre de l'ISF, donné par les voies et moyens chaque année, au sein du dernier percentile de la distribution des revenus. Du fait de la qualité des données espagnoles, les séries espagnoles sous-estiment sans doute significativement le don total des contribuables espagnols les plus riches.
Lecture : En 1970, le groupe du top 0,01 % des ménages canadiens les plus riches donnait un montant équivalent à 5 % du revenu total de ce groupe.
Source : Données administratives fiscales françaises, espagnoles, anglaises, canadiennes et américaines.

Rôle des inégalités de revenu : un nouvel âge de la philanthropie des super-riches ?

Il est souvent suggéré que les États-Unis sont entrés dans un nouvel âge de la philanthropie : l'augmentation drastique des inégalités de revenu aux États-Unis aurait engendré la constitution d'une classe de super-riches donateurs, dont les contributions privées à la fourniture de biens publics transformeraient en profondeur l'organisation du secteur à but non lucratif. Les médias soulignent depuis plusieurs années une tendance croissante chez les ménages les plus riches à investir une part importante de leur fortune dans des fondations caritatives[1], ainsi que les évolutions substantielles de leur manière de gérer ces fondations, de plus en plus interventionniste et entrepreneuriale[2]. Mais quel rôle joue vraiment l'augmentation des inégalités de revenu dans les évolutions de la philanthropie ?

Quel que soit le pays, la part du revenu consacrée aux contributions privées augmente de manière significative avec le revenu. Comme le montre la Figure 5, les contributions des 0,01 % ménages ayant le revenu le plus élevé aux États-Unis sont toujours, en pourcentage de leur revenu, au moins deux à trois fois supérieures à celles des foyers du reste du décile supérieur. On retrouve une hiérarchie similaire des dons en fonction du niveau de revenu dans les autres pays, même si la différence entre les différents groupes de ménages est en général plus faible qu'aux États-Unis (voir la Figure 6 pour le Canada ou la Figure 7 pour la France).

Avec l'augmentation brutale des inégalités de revenu aux États-Unis au cours des trente dernières années, la part du top 0,01 % des contribuables les plus riches dans le revenu total a augmenté très fortement, entraînant une hausse mécanique des dons totaux et du don en pourcentage du revenu total. L'augmentation

1. Par exemple : « The business of giving », *The Economist*, 23 février 2006 ; « The new normal. Mega donors and fewer recipients », The Huffington Post (blog), 7 août 2015.

2. Voir : « Doing well and doing good. Why a new golden age of philanthropy may be dawning », *The Economist*, 29 juillet 2004 ; ou encore : « Welcome to the new age of philanthropy-philanthropreneurship », The Guardian (website), 8 décembre 2014.

Figure 5. Part des dons déclarés dans le revenu total des ménages à hauts et très hauts revenus aux États-Unis

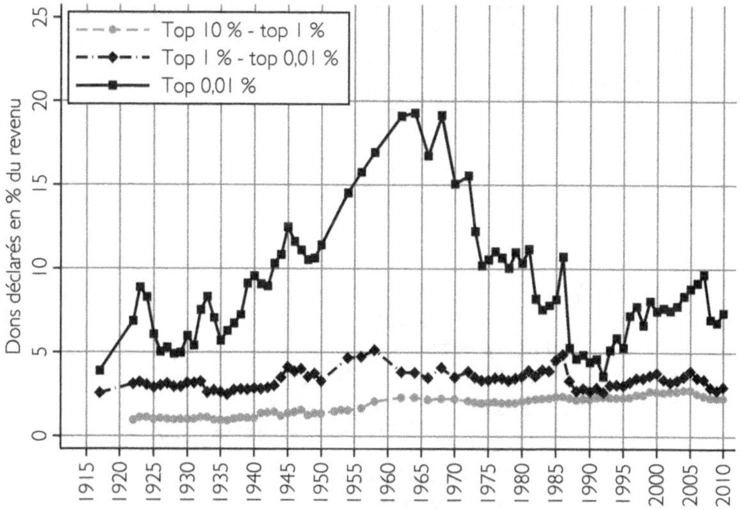

Note : Ce graphique représente l'évolution au cours du temps du montant annuel total donné par différentes catégories de ménages américains à des organisations caritatives, en proportion du revenu total annuel de chaque catégorie. Ce montant est représenté séparément pour les ménages situés dans les centiles 90 à 99 de la distribution des revenus, pour ceux du dernier centile à l'exception des 0,01 % les plus riches, ainsi que pour les 0,01 % contribuables ayant les revenus les plus élevés.
Lecture : En 1970, le top 0,01 % des contribuables américains donnait un montant équivalent à 15 % du revenu total de ce groupe.
Source : Données administratives fiscales américaines.

des inégalités de revenu entraîne également mécaniquement une augmentation de la concentration des dons, les plus riches contribuables représentant une part croissante des dons totaux. En France, durant la période 1984-1998 et d'après nos calculs, les dons des ménages du dernier décile de revenu représentaient entre 45 % et 50 % du total des dons déclarés, contre 50 % à 60 % aux États-Unis. Et les dons du dernier centile des revenus représentent aujourd'hui environ 15 % du total des dons en France, contre 20 % à 30 % aux États-Unis. En ce sens, l'augmentation des inégalités exerce mécaniquement un effet significatif sur l'évolution du financement privé des biens publics.

Néanmoins, le rôle de l'augmentation des inégalités doit être fortement nuancé. Premièrement parce que l'augmentation des

Figure 6. Part des dons déclarés dans le revenu total des ménages à hauts et très hauts revenus au Canada

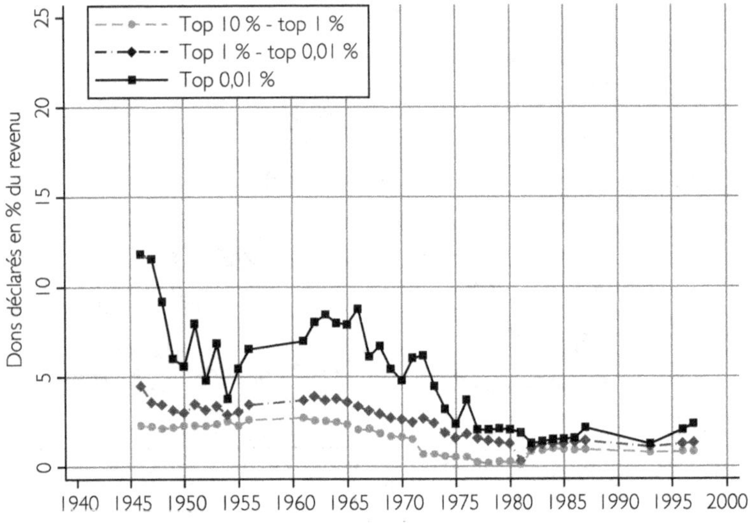

Note : Ce graphique représente l'évolution au cours du temps du montant annuel total donné par différentes catégories de ménages canadiens à des organisations caritatives, en proportion du revenu total annuel de chaque catégorie. Ce montant est représenté séparément pour les ménages situés dans les centiles 90 à 99 de la distribution des revenus, pour ceux du dernier centile à l'exception des 0,01 % les plus riches, ainsi que pour les 0,01 % contribuables ayant les revenus les plus élevés.
Lecture : En 1970, le top 0,01 % des ménages canadiens les plus riches donnait un montant équivalent à 5 % du revenu total de ce groupe.
Source : Données administratives fiscales canadiennes.

inégalités de revenu a été quasiment identique aux États-Unis, au Canada[1] ou au Royaume-Uni. Or, l'augmentation des dons a été bien plus modeste au Canada et au Royaume-Uni qu'aux États-Unis (voir Figure 2). En outre, comme le montre la Figure 5, en pourcentage de leur revenu, les contributions des ménages les plus riches sont aujourd'hui bien inférieures à ce qu'elles étaient il y a soixante ans. En d'autres termes, la part des dons dans le revenu du top 0,01 % des ménages les plus fortunés a atteint son sommet entre les années 1950 et 1960, au moment justement où la part de leur revenu dans le revenu national était au plus bas.

1. E. Saez et M. Veall, « The evolution of high incomes in Northern America. Lessons from Canadian evidence », 2005.

Figure 7. Part des dons déclarés dans le revenu total des ménages à hauts et très hauts revenus en France

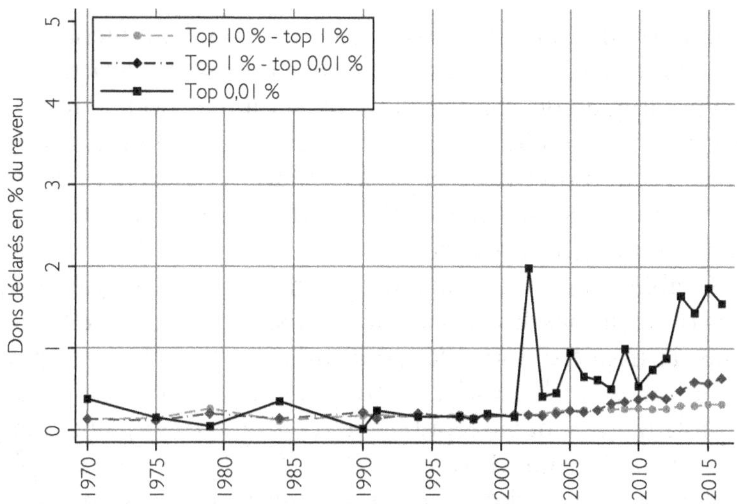

Note : Ce graphique représente l'évolution au cours du temps du montant annuel total donné par différentes catégories de ménages français à des organisations caritatives, en proportion du revenu total annuel de chaque catégorie. Ce montant est représenté séparément pour les ménages situés dans les centiles 90 à 99 de la distribution des revenus, pour ceux du dernier centile à l'exception des 0,01 % les plus riches, ainsi que pour le top 0,01 % des contribuables ayant les revenus les plus élevés. Les dons du groupe top 1 % incluent l'imputation des dons ISF. Nous procédons à l'imputation de ces dons en ventilant le montant total des dons déclarés au titre de l'ISF, donné par les voies et moyens chaque année, au sein du dernier percentile de la distribution des revenus.
Lecture : En 1970, le top 0,01 % des ménages français les plus riches donnait un montant équivalent à 0,4 % du revenu total de ce groupe.
Source : Données administratives fiscales françaises (ERF 1970-1990, états 1921, données fiscales CASD).

Plus généralement, l'aspect le plus remarquable des Figures 5 et 6 concerne l'extrême volatilité dans le temps des dons privés des 0,01 % des contribuables les plus fortunés. Ainsi les contributions du top 0,01 % des ménages les plus fortunés connaissent une forte augmentation aux États-Unis de la fin des années 1940 au milieu des années 1960, passant de 4 % à plus de 20 % du revenu, puis déclinent pour revenir à 6 % du revenu en 2005. Au Canada, elles diminuent dès l'après-guerre et passent de 12 % à 3 % du revenu entre 1945 et 1997. Les contributions du reste du dernier décile évoluent quant à elles de manière très faible et très progressive au cours du temps.

Rôle de la politique d'incitation fiscale

Même si elles jouent un rôle indéniable, ni l'augmentation des inégalités, ni les différences culturelles ou autres caractéristiques idiosyncratiques de chaque pays ne semblent donc suffire pour expliquer les évolutions des comportements de dons au cours du temps au sein d'un même pays ou les larges différences de contributions entre certains pays très proches culturellement, comme les États-Unis et le Canada.

Il semble donc nécessaire d'étudier le rôle joué par les politiques d'incitations fiscales sur les dons. La structure de ces incitations, la manière dont elles sont mises en œuvre, ainsi que leur articulation avec le système social, fiscal et politique dans son ensemble paraissent susceptibles d'avoir des conséquences importantes sur la décision de donner. Aux États-Unis par exemple, les ménages les plus riches ont connu une forte croissance de leur taux marginal d'imposition durant les années 1940 et 1950, qui a coïncidé avec l'augmentation de leurs contributions privées. Ce taux était d'ailleurs inférieur de 20 points pour les ménages canadiens qui se trouvaient dans une situation similaire pendant les années 1950 et qui pourtant donnaient beaucoup moins. Par ailleurs, les États-Unis sont également un bon exemple du rôle de la régulation du secteur à but non lucratif dans l'évolution des contributions privées aux biens publics, car l'administration fiscale américaine a toujours été moins sévère dans le contrôle des contributions privées que l'administration canadienne. En France, le don des ménages les plus aisés semble avoir augmenté au cours des années les plus récentes, et on peut se demander quel a été l'impact de la déduction au titre de l'impôt sur la fortune, introduite en 2007, sur cette augmentation. D'un point de vue de politique publique, il est important de déterminer si les incitations fiscales ont un impact réel sur le niveau de philanthropie ou si elles constituent essentiellement des niches fiscales supplémentaires, sans effet durable sur le niveau de financement des biens publics.

Plus généralement, une telle diversité de trajectoires, entre des pays au niveau de développement similaire, invite à examiner précisément le rôle des politiques publiques, et les articulations possibles entre financements privé et public des biens publics.

Charité et politiques publiques : quel rôle pour les politiques publiques ?

Pourquoi les gens donnent-ils ?[1]

Pour comprendre les enjeux soulevés par la fourniture de biens publics, il faut tenir compte de ce qui les distingue des biens privés, ainsi que de la multiplicité des motivations qui peuvent sous-tendre les dons. Les biens publics ont deux caractéristiques spécifiques. Premièrement, il est souvent impossible d'empêcher un individu de consommer un bien public, même s'il n'a pas participé à son financement. À ce titre, les biens publics sont dits « non exclusifs ». Deuxièmement, ils sont souvent « non rivaux », c'est-à-dire que la consommation de ces biens par un individu n'entrave pas leur consommation par d'autres individus. En termes économiques, une fois que le coût de production du bien a été supporté pour un individu, le coût supplémentaire de fourniture de ce bien à d'autres individus est nul. L'éclairage public est un exemple de bien à la fois non rival et non exclusif, tout comme les programmes diffusés par les radios. La plupart des biens publics présentent l'une, l'autre ou ces deux caractéristiques à différents degrés.

Ainsi, il peut être tout à fait possible de profiter d'un bien public sans avoir contribué à le produire et sans s'inquiéter de son renouvellement, à condition que tout le monde n'agisse pas de cette manière. Les individus peuvent donc être tentés de minimiser leur contribution à la production du bien public, en escomptant que les autres n'agiront pas ainsi. C'est le phénomène du « passager clandestin » (ou *free rider*).

Selon le modèle standard d'analyse économique du don, les individus contribuent au secteur caritatif essentiellement parce qu'ils en profitent, directement ou indirectement : ils retirent une utilité de l'ensemble des biens publics produits. Les individus

1. Voir la version complète de ce travail pour une revue de la littérature économique sur les déterminants du don plus développée.

s'intéressent donc avant tout à la quantité totale de biens publics produite dans la société, indépendamment de la manière dont celle-ci est financée. Ils sont ainsi rationnellement tentés d'agir en « passager clandestin », et de laisser les autres financer l'essentiel des biens publics. En outre, si l'État augmente sa contribution au financement d'un bien public, ce modèle prédit qu'un individu peut réduire la sienne d'autant, car la quantité du bien public, et donc son utilité resteront identiques : c'est l'effet d'éviction.

Le modèle standard conduit cependant à des prédictions peu réalistes sur les comportements de don : en présence d'individus qui se comportent rationnellement en passagers clandestins, les contributions privées aux biens publics devraient être plus limitées qu'elles ne le sont en réalité. D'autre part, si la plupart des études empiriques confirment l'existence d'un effet d'éviction, celui-ci reste partiel, et dans certains cas très limité[1].

Les recherches en psychologie et en économie expérimentale ont permis de nuancer ce modèle d'analyse standard, en montrant que les individus sont souvent prêts à contribuer pour le simple « plaisir de donner » (ou *warm glow* en anglais), la satisfaction intrinsèque que le fait même de donner procure[2]. Cette motivation implique que les dons peuvent être influencés par une multiplicité de considérations subjectives et psychologiques[3]. La sociologie a également mis en évidence le caractère éminemment social du don[4], qui est un vecteur de l'image de soi, en particulier lorsqu'il est public, et à ce titre peut être fortement influencé par un ensemble de normes sociales, comme l'ont montré un certain nombre d'études empiriques[5].

1. D. M. Hungerman, « Are church and state substitutes ? Evidence from the 1996 welfare reform », 2005 ; J. Gruber et D. M. Hungerman, « Faith-based charity and crowd out during the Great Depression », 2006.

2. E. Dunn, L. Akninet, M. Norton, « Spending money on others promotes happiness », 2008 ; W. T. Harbaugh, U. Mayr et D. R. Burghart, « Neural responses to taxation and volontary giving reveal motives for charitable donations », 2007.

3. A. Falk, « Gift exchange in the field », 2007 ; C. M. Fong et E. F. Luttmer, « What determines giving to hurricane Katrina victims ? Experimental evidence on racial group loyalty », 2009.

4. M. Mauss, *Essai sur le don. Forme et raison de l'échange dans les sociétés archaïques*, 2012 [1925].

5. W. T. Harbaugh, « What do donations buy ? », 1998 ; D. Karlan et M. A. McConnell, « Hey look at me. The effect of giving circles on giving », 2014 ;

La diversité des motivations derrière la décision de donner permet de comprendre pourquoi la sévérité du problème du passager clandestin varie fortement selon le type de bien considéré et le contexte. Cependant, le plus souvent, le problème est assez important pour que l'intervention publique se révèle nécessaire afin d'assurer la fourniture du bien public. Mais que faut-il attendre de l'intervention de l'État ? Peut-il instaurer la quantité idéale de bien public ?

L'impossible système idéal

Il faut s'entendre d'abord sur ce que serait cette quantité idéale. Les économistes ont une méthode pour déterminer en théorie la quantité idéale d'un bien public pour une communauté. C'est la fameuse règle de Samuelson qui établit que la quantité idéale d'un bien public est telle que le coût marginal de production du bien est égal à la somme des disponibilités marginales à payer pour ce même bien[1]. En d'autres termes, lorsque l'on atteint la quantité idéale, le coût de production pour la société d'une unité supplémentaire du bien doit être égal au bénéfice pour la société de cette unité supplémentaire. Quel est ce bénéfice ? Sachant que le bien est public et donc que tout le monde peut le consommer, la valeur pour la société d'une unité supplémentaire du bien est la somme, pour tous les individus de la communauté, du bien-être individuel que leur procure la consommation de cette unité de bien public. Et ce bien-être supplémentaire, pour chaque individu, correspond au montant qu'il serait en théorie prêt à payer pour consommer le bien.

En théorie, on pourrait donc atteindre cette quantité idéale définie par la règle de Samuelson. Si l'État possède toute l'information nécessaire, il peut fournir directement la quantité de bien public désirée et la financer par un système d'imposition forfaitaire. En pratique, cette solution théorique est impossible à

S. DellaVigna, J. A. List et U. Malmendier, « Testing for altruism and social pressure in charitable giving », 2012 ; J. Andreoni, J. Rao et H. Trachtman, « Avoiding the ask. A field experiment on altruism, empathy, and charitable giving », 2017.

1. P. A. Samuelson, « The pure theory of public expenditure », 1954.

appliquer, car l'État n'a aucun moyen d'obtenir une information fiable sur le montant que chaque individu serait prêt à payer pour bénéficier du bien public.

Pour connaître ce montant, la solution à première vue la plus simple est de demander directement à chaque individu sa propension à payer pour le bien public. Par exemple, il est tout à fait envisageable, en amont d'un projet d'infrastructure ou d'aménagement du territoire d'utilité publique, de demander aux personnes affectées combien elles seraient prêtes à payer pour le projet[1]. Mais cette approche a ses limites. Tout d'abord, les individus n'ont pas forcément intérêt à révéler vraiment ce qu'ils sont prêts à payer. En déclarant une somme inférieure, ils pourront toujours bénéficier du bien public, tout en payant moins pour son financement. Si le paiement dépend du bénéfice déclaré, le problème du passager clandestin s'applique de nouveau, et les individus ont donc intérêt à sous-déclarer leur disponibilité à payer pour le bien public. De manière plus préoccupante, de nombreux travaux montrent que les réponses des individus à ces enquêtes sont extrêmement sensibles à des modifications, apparemment non pertinentes, du contexte dans lequel la question est posée. Les individus sont ainsi prêts à payer beaucoup plus pour sauver les ours polaires si on leur montre une photo d'un ours polaire juste avant qu'ils répondent[2]. Cela suggère que les individus ne savent pas nécessairement quelle valeur attribuer aux différents biens publics. Dans ce cas, la règle de Samuelson ne peut plus s'appliquer, car la valeur sociale d'un bien public ne peut plus simplement découler des préférences révélées des individus.

Si demander directement à chacun la valeur qu'il attribue au bien public ne permet pas de déterminer le niveau optimal de bien public, peut-on s'en remettre à la voie démocratique, qui consiste à demander aux individus de s'exprimer par le vote ?

1. Cette possibilité est d'ailleurs prévue par la loi française, même si elle est en pratique rarement utilisée, la consultation publique se faisant bien trop souvent en aval des projets. Voir https://www.cnce.fr/uploads/documents/reforme-enquete-publique-mise-oeuvre-principe-participation.pdf

2. Pour une discussion complète des limites des enquêtes visant à éliciter des individus la valeur qu'ils attribuent aux biens publics, voir P. A. Diamond et J. A. Hausman, « Contingent valuation. Is some number better than no number ? », 1994.

A priori, le vote ne produit pas de meilleurs résultats que l'enquête, car il combine les mêmes limites et ne donne accès qu'à une information encore plus parcellaire. L'enquête permet de recevoir de chacun une valeur précise, alors que, sauf à voter sur toutes les valeurs possibles, le vote majoritaire ne fournit que des bornes. Le vote sur la construction d'un aéroport nous renseigne uniquement sur la fraction de la population qui considère que le bénéfice de ce nouvel équipement est supérieur au coût supporté, et il ne serait pas envisageable de demander de se prononcer sur toutes les capacités possibles d'un aéroport. La démocratie présente néanmoins un avantage important par rapport aux autres méthodes, car elle incite les individus à s'informer. Si ceux-ci ont du mal à se faire une idée du bénéfice social d'un bien public, le débat entourant un référendum ou une élection leur donne la possibilité de se renseigner. Notons néanmoins que le vote démocratique peut également avoir l'effet inverse si l'élection incite certains groupes de pression ou groupes d'intérêt à investir dans des stratégies de persuasion ou de désinformation pour modifier les perceptions des individus.

Il n'existe donc pas de méthode optimale pour déterminer le niveau idéal de fourniture des biens publics par l'État. Les analyses précédentes montrent qu'il n'est pas possible d'atteindre un niveau idéal de production des biens publics, qu'ils soient intégralement financés par l'initiative privée ou par un système entièrement public. Il faut se résoudre à un système hybride, qui laisse la place à l'initiative des individus dans le financement et la fourniture directe des biens publics, tout en gardant une forme d'intervention publique et un contrôle démocratique. L'intervention publique permet de régler les problèmes de passager clandestin et d'obtenir de l'information utile sur la valeur à attribuer aux différents biens publics, par le débat démocratique et par le vote. Mais les contributions privées à la fourniture des biens publics procurent également de l'information utile sur les biens publics que les individus souhaitent financer. L'initiative privée permet de plus de remédier aux défaillances potentielles de l'intervention publique. Ces défaillances peuvent prendre par exemple la forme d'une capture politique de l'intervention publique, lorsque le système démocratique est en partie dominé par des intérêts particuliers.

Quels outils d'intervention publique ?

Dans un tel système hybride, les outils à la disposition de la puissance publique pour réguler le financement des biens publics sont de plusieurs ordres : le financement direct ; les incitations au financement privé ; l'organisation et le contrôle du secteur produisant les biens publics.

Financement direct

Tout d'abord, l'intervention de l'État peut prendre la forme d'un financement direct de certains biens publics. L'État peut ainsi en contrôler directement la quantité totale disponible. Cette solution est souhaitable lorsqu'un bien public est manifestement produit en quantité insuffisante par les initiatives privées ou lorsque la mise en place et la coordination des financements privés pourraient être dilatoires ou coûteuses. C'est par exemple le cas de la solidarité aux victimes de catastrophes naturelles quand un financement rapide et coordonné est nécessaire.

Dans de nombreux pays, certains biens publics sont exclusivement financés par l'État : ce sont les biens publics dont la nature est fondamentalement régalienne, comme la justice ou la défense et la sécurité, intérieures et extérieures. À l'inverse, le financement direct de certains biens publics par l'État est parfois interdit par la loi. De nombreux pays reconnaissent ainsi le caractère d'utilité publique des Églises, tout en restreignant la possibilité ouverte à la puissance publique de les financer directement.

Le financement direct des biens publics par l'État n'implique pas nécessairement la production publique de ces biens. En d'autres termes, la question « doit-on financer les biens publics, et qui doit le faire ? » et la question « qui doit produire les biens publics ? » sont en partie indépendantes. La question du financement consiste à déterminer le niveau optimal de bien public qu'il faudrait produire, afin de collecter les sommes nécessaires. La question de la production en découle logiquement et peut être pensée comme un problème d'agence classique. Si la collectivité veut produire un certain niveau de bien public, vaut-il mieux que l'autorité publique se charge directement de produire ce bien ou qu'elle passe un contrat avec des agents privés pour que ceux-ci produisent le bien pour elle ? Hart, Shleifer et Vishny soulignent que, comme dans tout problème d'incitation, la réponse dépend de la possibilité d'écrire ou non un contrat « complet », c'est-à-dire un contrat qui couvre toutes les contingences possibles[1]. Dans un monde où les contrats sont fondamentalement incomplets, le fait de donner le contrôle de la production du bien public à des agents privés peut inciter ceux-ci à innover et à produire le bien public plus efficacement que la puissance publique. Dans le même temps, la recherche d'une diminution des coûts peut se faire au détriment de la qualité du bien public produit lorsque cette qualité n'est pas facilement observable et contrôlable par l'autorité publique.

Incitations au financement privé

La deuxième catégorie d'outils d'intervention publique regroupe toutes les formes d'incitations au financement privé des biens publics. De nos jours, les incitations prennent essentiellement la forme de subventions financières aux dons effectués à des associations ou à des fondations dédiées à la fourniture d'œuvres d'intérêt général, qui ont souvent un caractère de bien public. Elles revêtent fréquemment la forme de réductions d'impôt, soit de l'impôt sur le revenu, comme c'est le cas dans la plupart des pays développés, soit de l'impôt sur le patrimoine. En France, par exemple, des dispositifs de réduction d'impôt pour dons existent dans le cadre de l'impôt sur le bénéfice des sociétés (IS), de l'impôt sur le revenu (IR), de l'impôt sur la fortune (ISF) ainsi que des droits de mutation (successions). S'agissant de l'impôt sur les sociétés, les dons ouvrent droit à une réduction d'impôt de 60 % du montant du don dans la limite de 5 ‰ du chiffre d'affaires annuel. Pour l'impôt sur le revenu, les dons ouvrent droit à une réduction égale à 66 % du don, dans la limite de 20 % du revenu imposable[2]. Certains dons ouvrent le bénéfice à une réduction d'impôt sur la fortune de 75 % du montant du don, remplacée

1. O. Hart, A. Shleifer et R. Vishny, « The proper scope of government. Theory and an application to prisons », 1997.

2. En cas de dépassement du plafond, un report est possible sur les cinq années suivantes. Un taux de 75 % est également appliqué pour les dons aux organismes d'aide aux personnes en difficulté (dans la limite de 552 euros pour les revenus de 2020).

depuis 2018 par une réduction similaire à l'impôt sur la fortune immobilière (IFI), la réduction étant plafonnée à 50 000 euros par an[1].

Quel que soit l'impôt auquel il s'applique, le taux de la subvention varie selon que la réduction d'impôt est organisée en tant que crédit d'impôt ou en tant que déduction du revenu – ou de la base – imposable. Lorsque la mesure fiscale fonctionne comme une déduction de la base imposable, le taux de subvention du don dépend du taux marginal d'imposition et donc, du niveau de revenu ou de patrimoine du contribuable. Comme les taux marginaux tendent à augmenter avec le revenu ou le patrimoine dans la plupart des systèmes fiscaux, cela veut dire que le taux de subvention est plus élevé pour les contribuables aux revenus ou aux patrimoines élevés. C'est le système actuellement en vigueur aux États-Unis, et qui était également applicable en France jusqu'en 1989, date à laquelle la déduction du revenu imposable a été remplacée par un crédit d'impôt. À l'inverse, le crédit d'impôt a un taux de subvention unique, équivalent pour tous les foyers imposables.

Petite histoire comparative des incitations fiscales aux dons

Dresser l'histoire des incitations fiscales à la charité privée permet de mettre en évidence d'intéressantes différences et évolutions dans la perception du rôle et de la mission à donner à l'initiative privée dans la fourniture des biens publics. Les pays développés continuent aujourd'hui à offrir des incitations fiscales aux dons très différentes les unes des autres, en termes à la fois de générosité de la subvention (Tableau 1) et d'administration et de contrôle du système d'incitations fiscales. Les États-Unis, on l'a dit, offrent un système de déduction des dons du revenu imposable, avec des taux de subvention qui augmentent en fonction du revenu. D'autres éléments importants caractérisent le système américain : un plafond de déduction très élevé (50 % du revenu) et un contrôle relativement lâche des déductions reportées par les contribuables dans leur déclaration de revenu. Le système français se caractérise par des crédits d'impôt

1. Les dons éligibles pour les crédits d'impôt sur la fortune sont ceux effectués au profit des fondations reconnues d'utilité publique et des établissements de recherche ou d'enseignement.

considérablement plus élevés que dans l'ensemble des autres pays développés (66 % à l'impôt sur le revenu, 75 % à l'ISF puis à l'IFI, 60 % à l'IS). Certains pays, comme le Royaume-Uni, ont instauré des systèmes plus sophistiqués, comme le Gift Aid, qui permet aux associations de réclamer directement la réduction d'impôt octroyée au titre du don effectué par les contribuables.

Tableau 1. Panorama des incitations fiscales aux dons dans différents pays en 2015

Déduction du revenu imposable		Réduction d'impôt	Pas d'incitation
Allemagne Autriche Australie Belgique Danemark États-Unis Grèce Irlande Japon	Pays-Bas Norvège Royaume-Uni Suède (depuis 2012) Suisse	Canada (29 %) France (66 %) Italie (26 %) Nouvelle-Zélande (33 %) Portugal (25 %) Espagne (25 %)	Finlande

Source : Données rassemblées par les auteurs à partir de D. Roodman et S. Stanley, « Tax policies to promote private charitable giving in DAC countries », 2006, et des profils pays établis par Transnational Giving in Europe (http://www.transnationalgiving.eu/)

L'histoire révèle aussi que les incitations aux dons privés ont varié significativement au cours du temps au sein de chaque pays.

Aux États-Unis, la déduction du revenu imposable pour les dons effectués à des organismes d'intérêt général existe depuis 1917, soit quatre ans après la création de l'impôt fédéral sur le revenu. De manière intéressante, au cours des années 1930, alors que le mouvement isolationniste prenait de l'importance, la crainte que le système subventionne des dons américains à des associations visant à soutenir des actions charitables sur le sol européen incita le Congrès, en 1938, à restreindre l'accès à la déduction fiscale aux seuls dons destinés à des organisations caritatives domestiques. Mais ce sont surtout les larges variations des taux marginaux supérieurs de l'impôt fédéral sur le revenu qui caractérisent la fascinante évolution des incitations fiscales aux dons aux États-Unis. Comme le montre la Figure 8, au sortir de la Seconde Guerre mondiale, les taux marginaux supérieurs atteignaient des niveaux extrêmement élevés, de sorte que la subvention implicite aux dons des contribuables les plus aisés dépassait 80 %. Ces taux ont ensuite connu une baisse historique entre le début des années 1970 et la fin des années 1980, sous l'impulsion des réformes fiscales engagées par l'administration Reagan, qui ont fait chuter la subvention aux dons en deçà de 30 %. La Figure 8 suggère que l'évolution des dons des contribuables les plus riches a suivi de près celle des incitations qui leur étaient offertes. Nous y reviendrons.

La France offre, au contraire, le tableau d'un pays qui a historiquement visé à limiter le développement de l'intervention privée dans la fourniture des biens publics. Même si une déduction pour les contributions à des organisations d'utilité publique existe dans

Figure 8. Taux marginal supérieur et dons déclarés (en fraction du revenu total) des 0,01 % des contribuables ayant les revenus les plus élevés aux États-Unis

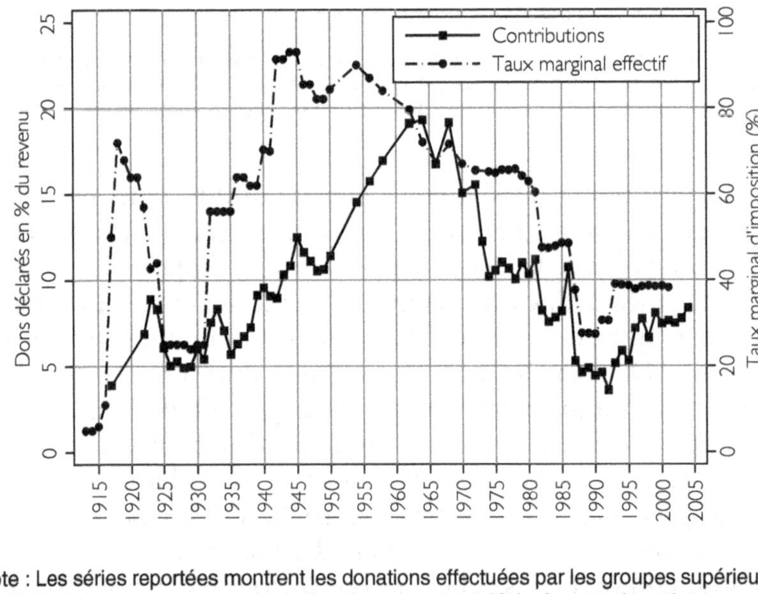

Note : Les séries reportées montrent les donations effectuées par les groupes supérieurs de la distribution des revenus en proportion du revenu total déclaré, en excluant les revenus du capital. Les séries de taux de taxation marginaux sont issues des simulations des auteurs, utilisant un simulateur historique pour les années antérieures à 1960 et le simulateur NBER TAXSIM pour les années à partir de 1960.
Source : G. Fack et C. Landais (éd.), *Charitable Giving and Tax Policy. A Historical and Comparative Perspective*, 2016.

le Code des impôts depuis 1954, son application a initialement été restreinte par la mise en place d'un plafond très bas, la déduction ne pouvant excéder 0,5 % du revenu imposable. Mais à partir du début des années 1970, alors que le rôle du secteur à but non lucratif commençait à être mieux reconnu, les gouvernements ont cherché à augmenter de façon très volontariste les incitations fiscales aux dons privés (Figure 9). Tout d'abord, le plafond des déductions a été augmenté, puis le type d'associations et de fondations pouvant bénéficier de ces dons défiscalisés a également été largement étendu. Finalement, en 1989, la déduction figurant dans le cadre de l'impôt sur le revenu a été remplacée par un crédit d'impôt, dont le taux a été continuellement augmenté depuis les années 1990, pour atteindre 66 % aujourd'hui, soit le taux de subvention le plus élevé de tous les pays développés. Le système français est également unique en ce sens qu'il n'oblige pas les associations à s'enregistrer pour pouvoir bénéficier de dons défiscalisés. Toute association est en effet *a priori* éligible au bénéfice de ces dons, dès lors que son action sert une forme d'« intérêt général » défini dans un sens très large.

Figure 9. Évolution des réductions d'impôt en France depuis 1984

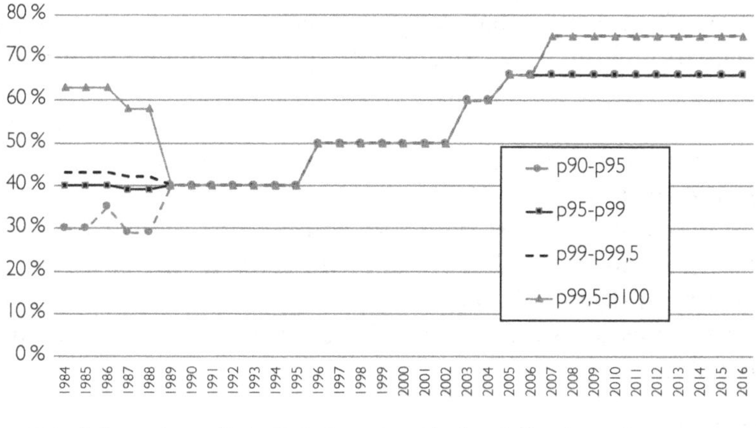

Note : Calcul des auteurs. Il s'agit du taux de réduction à l'impôt sur le revenu, pour le premier euro de don effectué. Les dons au profit des organismes d'aide aux personnes en difficulté sont éligibles à un taux légèrement supérieur (« dons Coluche ») de 75 % en 2017 dans la limite d'un plafond réduit. À partir de 2007, le taux de réduction pour les contribuables du dernier percentile de revenu prend en compte le fait que les dons effectués au titre de l'ISF sont éligibles à une réduction de 75 %.

Plus récemment, c'est le développement de la philanthropie des ménages les plus aisés qui a été mis en avant en France, alors que ce type de financement avait été jusque-là beaucoup moins favorisé qu'aux États-Unis, avec un contrôle beaucoup plus important des fondations reconnues d'utilité publique, dont la création est soumise à une approbation par le Conseil d'État. Ainsi, le crédit d'impôt pour les dons dans le cadre de l'impôt sur la fortune a été introduit en 2007[1]. Parallèlement, la législation sur les fondations a été assouplie avec, par exemple, la création en 2008 des fonds de dotation qui permettent de mener des actions semblables à celles des fondations, mais avec des formalités de création beaucoup plus simples[2].

En 2016, la France a dépensé plus de 2,2 milliards d'euros en réduction d'impôt pour les dons privés : 1,3 milliard au titre de l'impôt sur le revenu des personnes physiques, 750 millions au titre de l'impôt sur les sociétés, plus de 150 millions au titre de l'ISF et quelques millions supplémentaires au titre des droits de mutation, bien que, faute de données, les réductions à ce dernier titre soient difficiles à chiffrer[3].

Jusqu'à quel point faut-il subventionner les dons ?

La France est devenue le pays le plus incitatif à la générosité privée et investit désormais des sommes considérables dans ce type de politique par rapport aux autres pays développés. Est-ce trop ? Pour répondre à cette question, il faut savoir si les individus réagissent fortement ou faiblement à ces incitations, c'est-à-dire estimer l'élasticité-prix du don, qui mesure l'augmentation des dons, en pourcentage, lorsque le prix du don diminue de 1 %.

Le prix d'un don est défini ici comme « un moins le taux de subvention du don ». Plus le taux de subvention est élevé, plus le prix d'un don est faible, car le coût pour l'individu en termes de ressources personnelles pour faire un euro de don est d'autant plus faible.

1. Loi dite TEPA, n° 2007-1223, article 16. Le crédit d'impôt reste valide pour l'IFI.

2. Loi de modernisation de l'économie, n° 2008-776, article 140.

3. Source : https://www. performance-publique.budget.gouv.fr/sites/performance_publique/ files/farandole/ressources/2016/pap/pdf/VMT2-2016.pdf

Quel rôle joue l'élasticité-prix des dons dans la détermination du taux de subvention approprié ? L'analyse économique nous enseigne que la subvention optimale sera d'autant plus élevée que les dons réagissent fortement au prix. Dans le modèle le plus simple, le niveau optimal d'incitation est caractérisé par une élasticité-prix du don égale à un. Cette « règle d'or de l'élasticité unitaire », largement utilisée dans la littérature, est un peu simpliste car elle part implicitement de l'hypothèse que l'objectif du législateur serait de maximiser les dons privés. Si l'élasticité est inférieure à un, cela veut dire qu'en augmentant la subvention de 1 %, le coût des dépenses fiscales supplémentaires est supérieur aux nouveaux dons engendrés. La subvention est donc trop élevée. Si au contraire l'élasticité est supérieure à un, augmenter la subvention crée plus de nouveaux dons qu'elle ne coûte à la collectivité en termes de dépenses fiscales supplémentaires.

La règle de l'élasticité unitaire ignore cependant les spécificités des contributions privées par rapport au financement public. Elle revient, en effet, à supposer que les financements privés et publics sont parfaitement substituables et que, quel que soit le niveau des financements privés, l'État peut contrôler la fourniture effective des biens publics en ajustant ses financements publics directs. Or, nous avons vu qu'il existe un effet d'éviction, certes partiel, mais néanmoins significatif entre le financement public et le financement privé des biens publics. Cette « règle d'or » ignore aussi la question de la valeur sociale de la redistribution opérée par la subvention. Si les ménages à hauts revenus sont ceux qui donnent le plus, comme c'est le cas dans la plupart des pays, la subvention opère implicitement une redistribution vers ces ménages, redistribution dont la valeur sociale devrait être prise en compte dans le calcul de la subvention optimale[1].

Cette règle de l'élasticité unitaire demeure néanmoins un guide utile pour les politiques, car elle ne nécessite de connaître que l'élasticité-prix du don. Si cette dernière est supérieure à un, alors le taux de subvention doit être augmenté. Si cette

1. Pour une discussion plus générale sur les règles optimales de fixation des subventions aux dons, voir E. Saez, « The optimal treatment of tax expenditures », 2004.

élasticité est inférieure à un, le taux de subvention est trop élevé, et il faut le réduire.

Les dons privés répondent-ils aux incitations ?

Effet du prix

Une vaste littérature empirique s'est donc naturellement concentrée sur l'estimation de l'élasticité-prix du don, en cherchant à savoir si celle-ci est supérieure ou inférieure à un[1]. Les premières études empiriques, à la fin des années 1970, utilisant des données en coupe américaines, suggéraient une élasticité relativement forte, entre 1 et 1,5[2].

Les études plus récentes, menées depuis le début des années 1990, ont largement remis en cause ces résultats, grâce à l'utilisation de données administratives plus détaillées et possédant une dimension longitudinale dite de panel. Les données de panel ou de pseudo-panel donnent la possibilité de suivre des individus ou des groupes d'individus au fil du temps et permettent mieux que les données en coupe d'identifier l'impact des incitations fiscales sur les dons : elles fournissent le moyen de contrôler les caractéristiques individuelles qui affectent le comportement de don, comme le revenu, et dont l'effet ne peut pas être mesuré séparément des effets des incitations fiscales dans les données en coupe. En observant les mêmes individus au cours du temps, sujets à des incitations différentes, les chercheurs sont donc capables de mesurer de manière plus précise l'impact des incitations sur les comportements de don.

Ces études plus récentes remettent en cause, tout d'abord, le consensus sur une très forte élasticité des ménages aux incitations fiscales, en particulier pour la France. Pour les États-Unis, les élasticités estimées avec des méthodes les plus récentes varient entre 0,5 et 1. En particulier, Randolph trouve une élasticité pour l'ensemble de la population de l'ordre de 0,5 à 0,7, et Fack et Landais trouvent une élasticité de long terme pour le décile supérieur

1. Pour une revue de littérature, J. Andreoni et A. Payne, « Charitable giving », 2013.

2. M. Feldstein et A. Taylor, « The income tax and charitable contributions », 1976.

proche de 0,6[1]. Pour la France, Fack et Landais trouvent une élasticité beaucoup plus faible, de l'ordre de 0,2 à 0,5[2]. La Figure 10 donne une preuve assez directe de cette faible réponse des dons aux incitations : alors que celles-ci ont été augmentées fortement en 2003, puis en 2005, passant de 50 à 66 %, le montant total des dons ne semble pas dévier significativement de sa tendance. Le nombre de donateurs paraît croître en 2004 et en 2005, avant de retomber : il s'agit là de l'effet du tsunami de décembre 2004, qui a donné lieu à la plus grande collecte de dons jamais enregistrée. La conclusion générale de nos travaux suggère que le niveau des subventions aux dons privés, dans le système français d'impôt sur le revenu, est trop élevé si l'élasticité du don reste aussi faible que celle que nous avons pu mesurer au cours des années 2000.

Figure 10. Évolution du montant des dons et du pourcentage de donateurs, France, 1998-2006

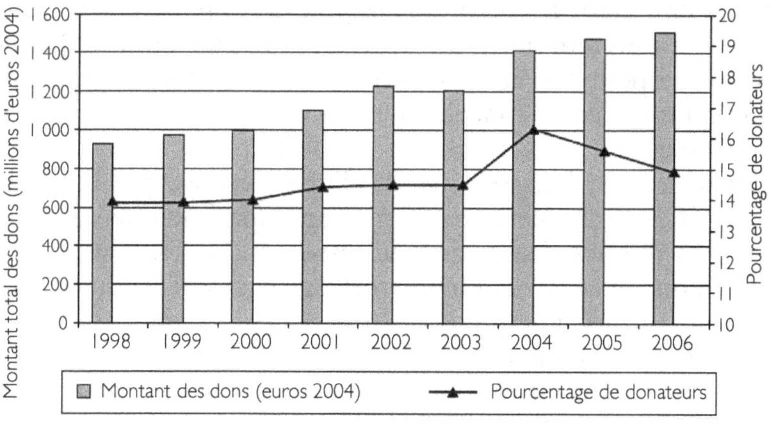

Lecture : En 2006, environ 15 % des foyers fiscaux reportent un don positif dans leur déclaration de revenu pour un total de près de 1,5 milliard d'euros.
Champ : Ensemble des foyers fiscaux français.
Source : Statistiques calculées à partir des échantillons lourds DGI.

1. Voir en particulier : W. Randolph, « Dynamic income, progressive taxes, and the timing of charitable contributions », 1995 ; J. Bakija et B. Heim, « How does charitable giving respond to incentives and income ? New estimates from panel data », 2011 ; G. Fack et C. Landais, « Philanthropy, tax policy and tax cheating. A long-run perspective on US data », 2016.
2. G. Fack et C. Landais, « Les incitations fiscales aux dons sont-elles efficaces ? », 2009.

Les études récentes montrent également que la réponse des comportements de don aux incitations est incroyablement hétérogène. Une des dimensions les plus frappantes est que cette élasticité dépend très fortement du contexte.

Importance de la présentation

En particulier, la façon dont la réduction du coût du don est présentée au contribuable exerce un impact significatif sur le niveau des contributions. Les politiques d'incitation à donner sont le plus souvent présentées comme des réductions d'impôt, mais elles pourraient également être envisagées comme un versement de l'État complémentaire au don des particuliers. Ainsi, au lieu d'offrir un crédit d'impôt de 66 % des dons dans le cadre de l'impôt sur le revenu, l'État pourrait proposer, pour chaque euro de don effectué par les individus, 2 euros supplémentaires en complément, sous forme de subvention publique à l'association (un match). Dans les deux cas, le prix du don est exactement le même pour les individus, de même que l'impact pour les finances publiques : pour 100 euros de dons reçus par l'association, il n'en coûte qu'un tiers au contribuable (34 euros) et les deux tiers restants (66 euros) sont supportés par l'État, sous la forme d'une dépense fiscale dans un cas ou d'une dépense publique dans l'autre. Les recherches en économie expérimentale suggèrent que, bien que les deux types de présentation soient exactement équivalents en termes de coût réel, les individus donnent significativement plus lorsque la réduction du prix du don prend la forme d'un versement complémentaire de l'État venant abonder les contributions des individus, que lorsqu'elle est présentée comme une réduction d'impôt. Eckel et Grossman montrent, dans le cadre d'une expérience en laboratoire, que les individus donnent entre 1,2 et 2 fois plus[1]. Une enquête auprès des contribuables anglais, réalisée par Scharf et Smith, suggère de plus que les contributions totales réagissent plus à une baisse du prix du don lorsqu'elle consiste en un abondement de l'État plutôt qu'en une augmentation des réductions d'impôt[2]. En effet, lorsque l'État

1. C. Eckel et P. Grossman, « Rebates versus matching. Does how we subsidize charitable contributions matter ? », 2003.

2. K. Scharf et S. Smith, « Charitable donations and tax relief in the UK », 2016.

augmente les réductions d'impôt pour les dons, on s'attend à ce que les individus ajustent à la hausse leurs contributions, mais cela nécessite qu'ils soient informés du changement de législation. Or, les contribuables ne font pas toujours attention à ces changements fiscaux et ne réagissent donc pas forcément à ces baisses du prix du don. En revanche, si l'État augmente le montant des versements complémentaires aux associations, la somme totale reçue par les associations croît de façon mécanique. La visibilité des réductions et leur présentation ont donc une influence significative sur les comportements de don.

Des réponses hétérogènes

Les réponses des individus diffèrent également de façon significative au sein d'un même système d'incitation. Certains individus sont très sensibles aux réductions du prix du don, d'autres le sont moins, pour des raisons qui ne sont souvent pas directement observables par le chercheur ou par le politique. Les causes de cette hétérogénéité n'étant pas toujours identifiables, il est difficile de les prendre en compte pour guider la mise en place des incitations fiscales. Néanmoins quelques caractéristiques observables semblent corrélées à l'élasticité du don. Premièrement, le niveau de don lui-même : les dons les plus élevés semblent plus sensibles aux incitations que les petits dons[1]. Mais le niveau de revenu reste la caractéristique observable la plus évidente et, sans doute, la plus importante pour expliquer ces différences en termes d'élasticité. Pour s'en convaincre, il suffit de regarder de nouveau la Figure 8 qui compare l'évolution des dons du top 0,01 % des contribuables les plus riches aux États-Unis et celle de leur taux marginal effectif d'imposition qui, dans le système américain, détermine le prix du don pour chaque contribuable. Comme nous l'avons noté précédemment, ce graphique suggère que les dons des contribuables les plus riches répondent très fortement au cours de ce temps long aux fortes variations des incitations fiscales à donner. Fack et Landais estiment que l'élasticité-prix du don des

1. Sur ce point, voir G. Fack et C. Landais, « Les incitations fiscales aux dons sont-elles efficaces ? », où nous analysons la réponse de toute la distribution des dons (et pas seulement le don moyen) au changement d'incitations. Les résultats montrent que ce sont les catégories de dons les plus élevées qui répondent le plus fortement aux incitations.

ménages se situant dans le top 1 % des ménages les plus riches aux États-Unis est très proche de 1 à long terme[1]. En revanche, les réactions aux incitations sont très différentes pour les autres ménages, en dehors du top 1 % des revenus. La Figure 11 reproduit l'évolution des contributions et des taux marginaux pour les contribuables se situant entre le top 5 % et le top 1 % des contribuables les plus riches aux États-Unis, depuis 1917. Leurs

Figure 11. Taux marginal et dons déclarés (en proportion du revenu total) des 5 % des contribuables ayant les revenus les plus élevés aux États-Unis, à l'exclusion du top 1 %

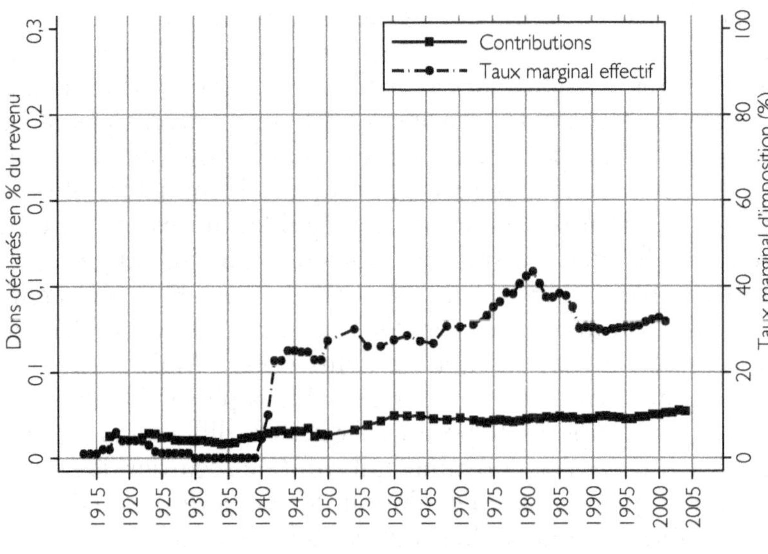

Note : Les données antérieures à 1960 sont construites grâce à une simulation propre aux auteurs. Les données postérieures à 1960 sont calculées en utilisant TaxSim9. Les taux marginaux (*marginal tax rates* ou MTR) sont les taux fédéraux de taxation sur le revenu net, pour la principale source de revenu du ménage. Pour les années antérieures à 1960, les taux marginaux sont calculés pour un couple renseignant une déclaration commune, avec deux enfants, gagnant le salaire moyen brut de leur groupe de revenu. Tous les ajustements et déductions sont pris en compte et calculés comme les ajustements et déductions moyens du groupe de revenu, interpolé à partir des tabulations SOI. Les crédits d'impôt ne sont pas pris en compte.
Source : G. Fack et C. Landais (éd.), *Charitable Giving and Tax Policy. A Historical and Comparative Perspective*, 2016.

1. G. Fack et C. Landais, « Philanthropy, tax policy and tax cheating. A long-run perspective on US data », 2016.

incitations ont également considérablement évolué au cours du temps. En particulier, elles ont fortement augmenté au début des années 1940, puis de nouveau au cours des années 1970 avant de diminuer brusquement durant les années 1980. Mais leurs dons, eux, sont restés incroyablement stables, ce qui correspond à une élasticité-prix très faible.

En termes d'incitations fiscales aux dons, il y a donc deux mondes clairement distincts. D'un côté, une frange assez étroite, environ 1 % de la population, représentant les contribuables les plus aisés, dont les dons aux œuvres semblent répondre très fortement aux incitations fiscales. Et de l'autre, le reste de la population, dont les dons sont beaucoup moins sensibles aux incitations fiscales. À première vue, cela laisse penser qu'un système optimal devrait prévoir des subventions beaucoup plus fortes pour les contribuables aisés que pour les autres, ce que le système américain fait de manière implicite avec un taux de subvention égal au taux marginal d'imposition. Mais avant de mettre en place des incitations très différentes entre groupes de revenus, il convient de s'interroger sur la source de ces variations comportementales entre les contribuables les plus riches et le reste de la population.

Rôle de l'administration et du contrôle fiscal

Comment expliquer une telle variation de l'élasticité du don entre les contribuables les plus riches et le reste de la population ? Cette différence de comportement est d'autant plus remarquable qu'elle est assez systématique : les contribuables du haut de la distribution des revenus ont tendance à réagir beaucoup plus fortement à toutes les formes d'incitations fiscales, que ce soit pour les dons ou pour tout autre type de déduction fiscale. Sont-ils donc plus sensibles aux incitations ou, simplement, plus à même d'exploiter les incitations offertes par le système en termes d'optimisation fiscale ? La réponse est sans doute « un peu des deux ». Mais une large part de la différence d'élasticité semble provenir de la plus grande propension des contribuables du haut de la distribution des revenus à utiliser les incitations aux dons à des fins d'optimisation et même d'évasion fiscale et ce, d'autant plus que l'administration et le contrôle de ces dons sont laxistes.

Les preuves de l'utilisation des déductions pour dons à des fins d'optimisation fiscale sont désormais assez nombreuses[1]. On se contentera d'exposer le cas assez emblématique aux États-Unis, analysé par Yermack, concernant les dons d'actions effectués par les dirigeants de sociétés et par les membres de conseils d'administration. Aux États-Unis, les contribuables peuvent donner directement à des fondations des actions ou tout autre type d'actifs, et ces dons sont éligibles à la déduction du revenu imposable dans le cadre de l'impôt fédéral sur le revenu. Ces dons, contrairement aux autres formes d'échanges, achats ou ventes d'actions, ne sont pas soumis aux règles encadrant les délits d'initiés. Yermack montre qu'en comparaison de toutes les autres formes de transactions portant sur des actions, les dons d'actions de leur propre entreprise par des dirigeants et par des membres de conseils d'administration surviennent systématiquement juste avant de fortes baisses du prix de ces actions. Ces pratiques s'observent encore plus souvent pour les dons effectués par les intéressés à leurs propres fondations privées. La pratique la plus courante consiste à dater les dons *ex post* de manière à maximiser la réduction d'impôt, tout en conservant via la fondation privée les droits de vote liés aux actions ayant fait l'objet du don.

Une élasticité élevée peut donc correspondre à deux situations bien différentes. Soit les comportements de don « réels » réagissent fortement aux incitations fiscales, et il serait optimal d'augmenter les subventions. Soit le contrôle et l'administration de la réduction d'impôt sont trop légers et favorisent une forte élasticité du don reporté, mais pas nécessairement du financement réel des biens publics. Dans ce second cas, le meilleur outil n'est pas le taux de subvention, mais un meilleur contrôle des règles afférentes à l'utilisation de la subvention.

Lorsque les réactions des individus aux réductions d'impôt en faveur des dons reflètent une exploitation des niches fiscales à des fins d'optimisation, de petites variations du dispositif réglementaire visant à mieux encadrer les réductions d'impôt peuvent conduire à de fortes variations du don reporté ainsi

1. D. Yermack, « Deductio ad absurdum : CEOs donating their own stock to their own family foundations », 2009 ; D. Ackerman et G. Auten, « Tax expenditures for noncash charitable contributions », 2011 ; G. Fack et C. Landais, « Philanthropy, tax policy and tax cheating. A long-run perspective on US data », 2016.

que de l'élasticité-prix des dons déclarés. Une telle situation s'est présentée en France au début des années 1980. Avant 1983, les contribuables n'avaient pas l'obligation de fournir systématiquement des preuves de leurs contributions pour bénéficier de la réduction pour dons aux œuvres dans le cadre de l'impôt sur le revenu. Ils étaient légalement tenus d'obtenir des reçus de la part des associations ou des fondations auxquelles ils avaient fait un don et de les conserver en vue d'un éventuel contrôle fiscal, mais n'avaient pas à les joindre à leurs déclarations fiscales. En 1983, l'administration fiscale a imposé l'obligation de joindre tous les reçus aux déclarations de revenu pour bénéficier de la réduction d'impôt.

Figure 12. Contributions reportées dans les déclarations de revenu en France et contributions reçues par la Fondation de France, 1976-2000

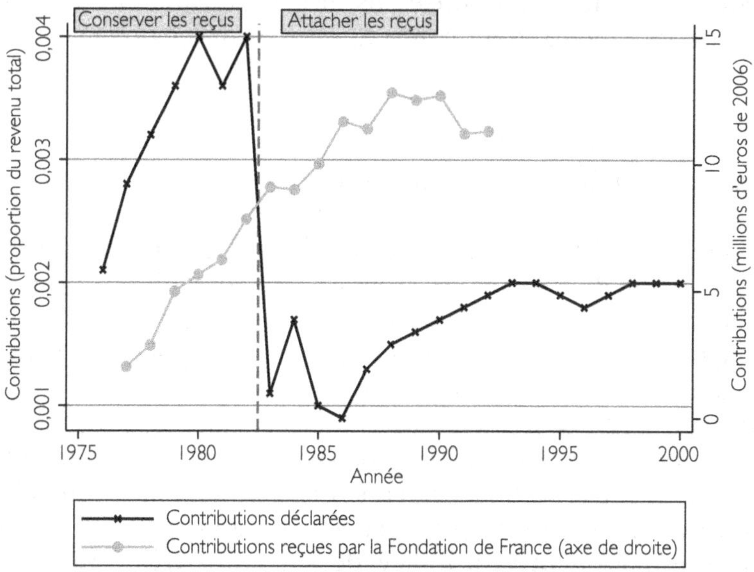

Note : Les contributions reportées dans les déclarations de revenu sont calculées à partir des déclarations exhaustives publiées par l'administration fiscale française (états 21). Le revenu total est le revenu total déclaré avant ajustements. Avant 1983, les contribuables devaient conserver les reçus de toutes les contributions reportées dans leurs déclarations fiscales. En 1983, une réforme exigeant que les reçus et les preuves de dons soient attachés à la déclaration fiscale pour recevoir le crédit d'impôt a été introduite. Après 1983, les contributions représentées sur le graphique sont donc les contributions effectivement justifiées par un reçu. Sources : G. Fack et C. Landais, « The effect of tax enforcement on tax elasticities. Evidence from charitable contributions in France », 2016.

Comme le montre la Figure 12, cette simple obligation a provoqué une chute massive – 75 % – des dons reportés à l'administration fiscale. Des sources extérieures, comme celles des dons reçus par la Fondation de France, également reportées sur la Figure 12, montrent que les dons effectivement reçus par les associations et par les fondations n'ont nullement été affectés par une telle chute durant la même période. L'analyse de cette expérience naturelle montre que l'élasticité des dons reportés était très élevée, supérieure à 1 avant 1983, et qu'elle a fortement diminué à partir de 1984[1]. De fait, avant la réforme, un nombre significatif de contribuables reportait un montant de dons exactement égal au plafond d'éligibilité, de façon à maximiser la déduction, alors qu'après la réforme, ce type de comportement a été divisé par cinq. Ces analyses soulignent non seulement que les outils de contrôle sont importants pour s'assurer que les incitations fiscales bénéficient vraiment au secteur associatif, mais également que l'élasticité-prix mesurée à partir des données fiscales peut varier fortement en fonction de l'intensité du contrôle exercé sur les dons.

Dons privés et financements publics ne sont pas parfaitement substituables

L'exemple discuté plus haut des dons d'actions effectués par les dirigeants de sociétés au profit de leur fondation privée et les différents motifs de dons évoqués dans le chapitre précédent nous rappellent qu'un don privé et un financement public ne sont pas parfaitement substituables. Dès lors que les individus retirent un bénéfice direct de leurs propres dons et quelles que soient les motivations qui poussent à la générosité, les financements publics par l'impôt et par les financements privés ne sont plus équivalents. Un euro de don privé peut acheter au donateur des « biens » – consommation privée, image de soi, etc. – très différents de ce qu'un euro d'argent public destiné au financement d'un bien public peut procurer à ce même donateur. Dons privés et financements publics ne finançant pas les mêmes biens n'ont pas les mêmes effets. Cela entre évidemment en ligne de compte pour

1. G. Fack et C. Landais, « The effect of tax enforcement on tax elasticities. Evidence from charitable contributions in France », 2016.

déterminer le juste équilibre entre financement public et dons privés et donc, pour déterminer le niveau optimal de soutien aux dons privés.

Le don comme consommation privée

Les dons peuvent financer en partie de la consommation privée ou viser à obtenir un bénéfice, lorsque le don est effectué en contrepartie d'un bien ou d'un service. Une réduction d'impôt pour les dons privés n'a pas pour objectif de subventionner de la consommation privée, mais au contraire de favoriser la fourniture d'un bien public. C'est pourquoi l'administration fiscale demande habituellement aux donateurs de déduire de la valeur du don l'ensemble des biens et des services personnels retirés de ce don. Un contribuable ne pourra ainsi pas déduire l'intégralité du prix d'un dîner de charité auquel il a assisté, mais seulement la différence entre le prix du ticket et le prix effectif du repas. L'estimation du prix effectif des biens et des services privés reçus en échange d'un don peut se révéler difficile.

En l'absence de contrôle, les abus sont malheureusement faciles. Au cours des années 1950 et 1960, aux États-Unis, les taux marginaux des contribuables les plus riches étant très élevés, leurs dons reportés à l'administration fiscale ont explosé, atteignant jusqu'à 20 % de leur revenu annuel, comme le montre la Figure 8. La plupart de ces dons étaient destinés à des fondations privées, instituées par les donateurs eux-mêmes. Or, dans la plupart des cas, ni l'objet ni les activités de ces fondations privées n'étaient soumis à un quelconque contrôle visant à vérifier qu'elles finançaient effectivement des biens publics ou des œuvres d'intérêt général. Les fondations privées devinrent ainsi un moyen pour les plus riches d'éviter l'impôt et de financer de la consommation privée. Au fur et à mesure, ces abus furent identifiés dans une série de rapports, commissionnés par le Congrès et le Département du Trésor américain[1], qui montrèrent que la plupart de ces fondations ne faisaient que collecter de l'argent sans financer d'activités d'intérêt public. Le Congrès fut donc obligé d'agir,

1. Plusieurs rapports – Cox Committee Report (1952), Reece Report (1954), US Treasury Department Report (1965), Peterson Report (1970) – documentent tous des abus et des fraudes massifs via l'utilisation des fondations privées.

Figure 13. Nombre de fondations créées et liquidées aux États-Unis, 1960-1972

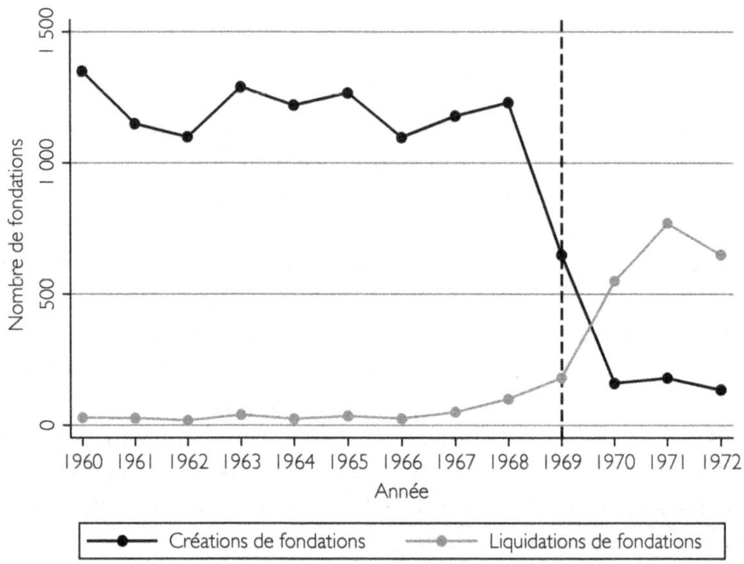

Note : Reproduction du document de travail sponsorisé par la Commission sur la philanthropie privée et les besoins publics, vol. 3, p. 1638, Figure B-13.
Source : Caplin et Drysdale et The Foundation Center.

et en 1969, il instaura une régulation un peu plus ferme des fondations privées. Celles-ci furent interdites de *self-dealing* – c'est-à-dire de poursuivre des activités qui bénéficiaient explicitement aux gestionnaires de ces fondations – et obligées de dépenser un minimum annuel pour le financement effectif de biens ou de services d'intérêt général. La Figure 13 montre l'effet immédiat de la réforme de 1969 : le nombre de créations de fondations s'effondra et nombre d'entre elles furent immédiatement liquidées par leurs créateurs.

La question du contrôle sur le type de biens publics produits

Les dons privés diffèrent également des financements publics en ce sens que les individus choisissent eux-mêmes le bien à financer. Comme nous l'expliquons plus bas, cela peut présenter de vrais avantages. Mais le financement privé pose la question du contrôle exercé par les donateurs sur le type de bien produit. En effet, chacun peut avoir des préférences différentes quant à l'utilisation des dons, en particulier lorsque ceux-ci résultent de considérations plus subjectives ou d'une recherche de reconnaissance sociale. La mise en évidence par Fong et Luttmer de ce qu'ils appellent une « loyauté raciale subjective », à savoir le fait que les individus qui se déclarent proches d'un groupe ethnique ont plus tendance à donner lorsqu'ils pensent que leurs dons vont bénéficier à une certaine catégorie de personnes desquelles ils se sentent proches, est significative à cet égard[1].

Clotfelter souligne également, à propos des États-Unis, l'importance de la fonction sociale du don qui constitue un véritable marqueur d'appartenance à l'élite sociale pour les donateurs les plus riches[2]. Il est donc envisageable que de telles considérations orientent les donateurs vers certains types de dons plus visibles ou plus rentables en termes de reconnaissance.

De telles préférences ont deux principales conséquences. Premièrement, cette possibilité qu'offre le don d'orienter sa contribution en fonction de ses préférences constitue une différence supplémentaire avec le financement public, puisque les contribuables ne participent pas directement à l'allocation des ressources issues de leurs impôts. Cela confirme l'idée selon laquelle le don et l'impôt ne sont pas équivalents pour les individus ; on ne peut donc pas les considérer comme parfaitement substituables. Deuxièmement, ces préférences posent la question de l'efficacité des contributions privées pour le financement des biens publics, puisque ces contributions sont orientées par les choix des donateurs.

Clotfelter note d'ailleurs, à propos des États-Unis, que les préférences en matière de destinataires des dons sont fortement influencées par le niveau de revenu : les ménages aux revenus modestes préfèrent les organisations religieuses, alors que ceux dont les revenus sont les plus élevés orientent plutôt leurs dons vers l'éducation, la santé et les arts. Or, aux États-Unis, les ménages les plus riches sont ceux pour qui les dons sont les moins coûteux, du fait des déductions fiscales dont ils bénéficient par la suite : leurs contributions sont en fait les mieux financées

1. C. M. Fong et E. F. Luttmer, « What determines giving to hurricane Katrina victims ? Experimental evidence on racial group loyalty », 2009.

2. C.T. Clotfelter, « Charitable giving and tax policy in the US », 2016.

par le secteur public. Ils disposent par ailleurs de moyens renforcés pour contrôler l'utilisation de leurs contributions, au moyen de la création de leurs propres fondations. Par conséquent, ce sont bien les ménages aux revenus les plus élevés qui ont le plus d'influence sur l'allocation de l'argent public, au travers des subventions dont leurs dons bénéficient. Leurs préférences n'étant pas représentatives de celles du reste de la population, on peut s'interroger sur l'efficacité d'un tel mode de financement. Clotfelter constate qu'une partie seulement de ces contributions exerce un effet véritablement redistributif : ainsi, seuls 7,5 % du total des contributions sont entièrement destinés à la satisfaction de besoins élémentaires, tandis que des dons servant à soutenir les clubs sportifs des universités peuvent de manière équivalente être subventionnés par de l'argent public.

De plus, lorsque les dons des plus fortunés deviennent une source majeure de financement d'un bien public déterminé, il existe un risque de capture de ce bien au profit des intérêts privés du donateur, puisque ce dernier acquiert alors un certain contrôle, implicite ou explicite, sur ce bien. C'est notamment ce que met en évidence Cagé à propos des médias, au vu des rachats récents de titres notoires par certains hommes d'affaires influents[1]. L'auteure rappelle que l'information est un bien essentiel au fonctionnement d'une société démocratique[2]. Or, le financement majoritaire de certains titres par un donateur unique peut mettre en danger l'indépendance des journalistes, même si le contributeur ne s'immisce pas volontairement de manière franche dans la production de l'information.

La décentralisation de la fourniture des biens publics

Dans le même temps, il serait naïf de croire que le financement public est systématiquement plus efficace que le financement privé des biens publics. Le financement public est également sujet à des défaillances, plus ou moins sévères, comparé aux dons privés. Il est en particulier sujet à toutes les limitations

1. J. Cagé, *Sauver les médias. Capitalisme, financement participatif et démocratie*, 2015.

2. Depuis 2015, la souscription au capital d'entreprises de presse donne droit à une réduction d'impôt de 30 % à 50 %, dans la limite de 1 000 euros pour les célibataires et de 2 000 euros pour les couples.

induites par les inefficacités potentielles du processus politique et n'est donc pas à l'abri, par exemple, d'une capture par certains groupes d'intérêt.

Mais la difficulté la plus fondamentale du financement des biens publics tient au fait que la mise en place d'un système de financement collectif est coûteuse et nécessite l'acquisition de nombreuses informations. Imaginons deux associations réclamant un financement pour un budget public limité : quelles règles suivre pour déterminer qui doit recevoir quoi ? Sur la base de quelle information ? Comme nous l'avons vu au début de ce chapitre, il n'existe pas de procédure politique simple susceptible de révéler toute l'information nécessaire, c'est-à-dire la valeur sociale d'un bien public, la valeur que les membres de la communauté attribuent aux différents biens publics. L'avantage des dons privés est qu'ils révèlent, par leur existence même, de l'information utile sur les biens publics que les individus valorisent. L'initiative privée peut également garantir une meilleure incitation et une meilleure capacité à identifier les besoins de financement. Les dons privés, en mettant en concurrence les différents producteurs de biens publics, peuvent également exercer un effet bénéfique sur la qualité de la fourniture des biens publics. Ainsi, le développement des *charters schools* aux États-Unis, initialement aidé par des fondations, a pu conduire à l'amélioration de la qualité de l'éducation dans les quartiers les plus démunis des grandes villes américaines[1]. Besley et Malcomson mettent cependant en garde contre les limites de cette concurrence, lorsque les individus ne perçoivent pas certaines dimensions importantes de la qualité du service, par exemple quand le choix d'un hôpital est guidé par le confort des chambres plus que par la qualité des soins, plus difficile à percevoir[2].

1. A. Abdulkadiroglu, J. Angrist, S. Dynarski, T. Kane et P. Pathak, « Accountability and flexibility in public schools. Evidence from Boston's charters and pilots », 2011.

2. T. Besley et J. Malcomson, « Choice and competition in public service provision », 2016.

Faut-il subventionner tous les dons ? Quand les incitations deviennent contre-productives...

Nous avons vu que la réaction aux incitations financières est très hétérogène et dépend de multiples dimensions. Dans certains cas, cette réaction peut même être négative : la mise en place d'incitations financières peut affecter négativement la fourniture de biens publics et se révéler contre-productive.

Cette possibilité a été d'abord avancée par Titmuss en ce qui concerne le don du sang, qui évoque la possibilité que les rémunérations financières puissent, au lieu d'augmenter la collecte, faire baisser le nombre de volontaires[1]. Les psychologues fondent cette explication sur le fait que les motivations intrinsèques des individus pour faire une bonne action, comme donner aux œuvres, peuvent diminuer lorsque des incitations financières sont mises en place.

Les situations où les incitations financières ne sont pas suffisantes pour encourager les individus à adopter des comportements prosociaux et ont même parfois des effets contre-productifs sont désormais bien documentées. Un exemple célèbre concerne l'expérience menée en Israël auprès de crèches par Gneezy et Rustichini, afin de faire respecter l'horaire pour déposer et récupérer ses enfants[2]. À la suite de l'instauration d'une faible amende en cas de retard, le nombre de parents en retard a augmenté au lieu de diminuer. Pour comprendre les ressorts de ce type de comportements, rappelons que les individus ne contribuent pas aux biens publics seulement pour des motivations financières – appelées motivations extrinsèques par les psychologues. Les individus sont également animés d'une volonté de faire le bien, d'agir prosocialement et de coopérer : c'est la motivation dite intrinsèque qui fait de nous, *sapiens*, des animaux sociaux, comme de nombreuses autres espèces. Nous nous soucions donc également de l'image que nous avons de nous-mêmes ou que nous donnons aux autres, et qui se construit via nos actions publiques, observables par nos congénères. Dans de nombreux

1. R. Titmuss, *The Gift Relationship. From Human Blood to Social Policy*, 1970.
2. U. Gneezy et A. Rustichini, « Pay enough or don't pay at all », 2000 ; voir également U. Gneezy et A. Rustichini, « A fine is a price », 2000.

contextes, être perçu comme altruiste et préoccupé par le bien commun participe positivement à l'image de soi. Au contraire, être motivé par les gains financiers personnels est souvent perçu comme négatif par la communauté[1].

La mise en place d'incitations monétaires affecte la capacité de se signaler comme altruiste : on ne veut pas apparaître comme donnant son sang pour de l'argent par exemple. Les incitations financières peuvent donc encourager la motivation extrinsèque, mais ce faisant, évincer la motivation intrinsèque. Et dans certains cas, le résultat est négatif : l'éviction des comportements purement altruistes devient simplement trop élevée[2]. De manière intéressante, le mécanisme principal de cet effet d'éviction tient en grande partie à la publicité donnée à nos actions, par lesquelles nous construisons notre image sociale auprès des autres. Que se passerait-il si nos comportements restaient privés ? Pour étudier cette question, Ariely, Bracha et Meier comparent, dans le cadre d'une expérience, la mise en place d'incitations financières à la contribution d'un bien public où, dans un cas, les contributions individuelles au bien public sont visibles par tous et, dans l'autre, elles demeurent privées[3]. Dans le cas où les contributions sont publiques, la mise en place d'incitations financières est contre-productive. Dans l'autre cas, à l'inverse, les incitations financières n'évincent pas la motivation intrinsèque, et les contributions totales au bien public augmentent.

Déterminer le bon niveau de subventions à la fourniture de biens publics nécessite donc de prendre en compte cet effet d'éviction des incitations financières sur la motivation intrinsèque des individus à se comporter prosocialement. En marquant les actions altruistes du sceau de la poursuite d'un intérêt privé, elles diminuent la valeur sociale de la distinction apportée par de telles actions. Dans certains cas, de petites incitations sont alors pires que pas d'incitation du tout. De plus, l'introduction d'incitations monétaires peut contribuer à modifier de façon durable les perceptions, en affaiblissant la norme qui prévaut pour certains comportements

1. U. Gneezy, S. Meier et P. Rey-Biel, « When and why incentives (don't) work to modify behavior », 2011.

2. Voir le modèle théorique de R. Bénabou et J. Tirole, « Incentives and prosocial behavior », 2006.

3. D. Ariely, A. Bracha et S. Meier, « Doing good or doing well ? Image motivation and monetary incentives in behaving prosocially », 2009.

prosociaux. Ainsi, Meier montre, dans le cadre d'une expérience pour les dons aux œuvres universitaires à l'université de Zurich, que des réductions temporaires du prix du don ont certes un effet positif à court terme sur les contributions, mais un effet négatif à long terme, après la suppression des incitations financières[1]. Plus généralement, le bon niveau de subvention doit permettre d'arbitrer entre les conséquences sur la fourniture du bien public au travers de la motivation extrinsèque et les externalités négatives sur la motivation intrinsèque.

Notons cependant que le jugement précédent est fondamentalement ancré dans une morale utilitariste, à savoir que ce qui compte est le bien-être total de la communauté. Dans le but de maximiser ce bien-être, il faut simplement équilibrer l'effet des motivations intrinsèque et extrinsèque. Mais d'un point de vue moral, motivations intrinsèque et extrinsèque ont la même valeur. Certains opposeront volontiers à cette approche des arguments moraux plus « kantiens » et tout aussi recevables : que les incitations détruisent un principe moral supérieur, celui de faire le bien pour faire le bien.

Au-delà des incitations, une gamme d'interventions plus large

Une des contributions de l'économie comportementale et de la psychologie est d'avoir montré comment les comportements altruistes dépendent de l'image publique que l'on entend donner de soi. Et cette image de soi dépend en premier lieu de ce que font les autres et de la norme sociale. Cela ouvre tout naturellement un nouvel arsenal d'interventions : en affectant la norme, ou la perception de la norme de ce qu'il « convient » de faire, on peut affecter les comportements sociaux. De telles interventions ne sont pas nouvelles : des manuels de savoir-vivre distribués aux écoliers de la Troisième République[2] jusqu'aux campagnes pour la sécurité routière, personne n'a attendu les économistes pour se

1. S. Meier, « Do subsidies increase charitable giving in the long run ? Matching donations in a field experiment », 2007.
2. R. Fisher, « La pédagogie de la politesse dans l'école laïque de la Troisième République », 1997, http://www.persee.fr/doc/roman_0048-8593_1997_num_27_96_3205

rendre compte que les comportements étaient très sensibles à l'image sociale qui leur est attachée !

Si la nature potentiellement « paternaliste » de telles politiques pose souvent problème aux économistes, pour qui *de gustibus non est disputendum*, l'idée d'un paternalisme éclairé est défendue à nouveau par certains économistes. Après tout, comme nous le rappelions plus haut, les individus ne sont souvent pas parfaitement conscients des bénéfices associés à certains comportements prosociaux (réduction de leur consommation d'énergie, sécurité routière, etc.) et peuvent donc accueillir favorablement (*ex ante*, lorsqu'on leur en expose les avantages, ou *ex post* au vu des résultats) certaines interventions paternalistes et ce, même si pour changer la norme efficacement, une régulation contraignante temporaire peut parfois être nécessaire.

Thaler et Sunstein identifient ainsi les contextes où il est possible d'appliquer un « paternalisme libertarien », en utilisant les outils de la psychologie pour inciter les individus à prendre les bonnes décisions, sans les contraindre[1]. Pour favoriser les comportements altruistes et la fourniture de biens publics, on peut faire appel à des interventions, comme les « *nudges* », à savoir des suggestions indirectes, comme la mise en avant de certains choix de façon saillante, qui peuvent inciter les individus à faire les choix qui sont bénéfiques pour la société. Dans la mesure où le législateur doit informer les individus sur les politiques publiques, pourquoi ne pas présenter l'information d'une façon qui incite chacun à prendre la décision optimale ? Il a été montré, par exemple, que rendre public le comportement moyen, pour établir une norme de bonne conduite dans le cas des économies d'énergie, a un impact significatif sur la réduction de la consommation d'énergie, alors que la consommation d'énergie par les ménages est assez peu sensible aux signaux de prix[2]. La gamme de ces interventions est large, et leurs effets sont souvent très hétérogènes. Mais notons que, parmi eux, le rôle des « options par défaut » reste le mieux établi, le plus important et le plus régulier. On peut ainsi imaginer des systèmes de « dons par défaut » pour la fourniture

1. R. Thaler et C. Sunstein, *Nudge. Improving Decisions about Health, Wealth and Happiness*, 2008 ; R. Thaler et C. Sunstein, *Nudge. La méthode douce pour inspirer la bonne décision*, 2010.

2. H. Alcott, « Social norms and energy conservation », 2011.

de certains biens publics, dont les individus seraient libres de se dégager. Ils constituent des outils prometteurs pour favoriser les comportements prosociaux au-delà des incitations financières.

Conclusion.
Jusqu'à quel point faut-il subventionner les dons ?

Au terme de notre enquête, mobilisant des sources fiscales inédites pour mieux comprendre l'évolution et les déterminants des dons privés au cours du temps et entre les pays, un premier message fondamental émerge. L'idée que l'État pourrait simplement se désengager de la fourniture des biens publics et que, via les baisses d'impôt engendrées, la hausse de la fourniture directe de biens publics par les acteurs privés viendrait plus que compenser ce désengagement, est irréaliste. Le modèle américain de *charity business* est partiellement un mirage, dans la mesure où la contribution relative des Américains les plus riches aux biens publics a baissé et non pas augmenté au cours des quarante dernières années. En effet, les incitations à donner de ces ménages ont baissé en même temps que leur niveau d'imposition depuis les années 1960, entraînant une diminution conjointe de leurs dons et de leurs contributions via l'impôt, de sorte que leur participation au financement des biens publics a drastiquement baissé. Les Américains les plus riches participent moins aux biens publics en pourcentage de leur revenu qu'ils le faisaient il y a cinquante ans et ce, en dépit de l'augmentation récente du montant absolu de leurs dons.

Mais on aurait tort de conclure que l'initiative privée n'a pas un rôle fondamentalement bénéfique à jouer dans la fourniture des biens publics, bien au contraire. Elle doit être encouragée, en particulier dans un pays comme la France où de nombreux biens publics comme l'éducation, la recherche, la culture se sont historiquement développés, au cours des cinquante dernières années, quasi exclusivement sous le contrôle de financements publics directs.

La question est donc : jusqu'où faut-il encourager les dons privés aux biens publics, et comment ? Nos travaux suggèrent que la France a sans doute utilisé de façon excessive les incitations fiscales, qui sont très élevées aujourd'hui. Leur efficacité a sans doute été limitée par un contrôle initial fort de la puissance publique sur la structuration du secteur à but non lucratif, comme le montre, par exemple, l'obligation d'approbation de la création d'une fondation reconnue d'utilité publique par un décret en Conseil d'État. Il faut donc envisager de recourir à d'autres outils d'intervention publique pour encourager les contributions et l'initiative privée dans la fourniture de nos biens publics. De ce point de vue, la puissance publique doit occuper une position centrale pour la structuration du secteur à but non lucratif et pour la définition du cadre juridique des financements privés, à la fois pour aider au développement du mécénat des acteurs publics et pour favoriser l'initiative privée dans les domaines d'intérêt général. À quoi cela sert-il d'avoir de fortes incitations aux dons si les acteurs qui produisent ces biens publics ne sont pas organisés pour faire appel aux dons, ou encore si les dons ne peuvent favoriser l'émergence de nouveaux acteurs susceptibles de produire ces biens et ces services à forte utilité sociale ?

Les institutions publiques, comme les universités ou les hôpitaux, faisaient encore, jusque très récemment, peu appel à la générosité, alors même qu'elles ont toujours été habilitées à recevoir des dons et des legs, et qu'elles y ont eu recours durant les siècles précédents. Une des raisons de leur faible financement actuel par les dons privés tient bien sûr à l'implication massive de l'État dans ces domaines depuis la Seconde Guerre mondiale, mais la comparaison entre les secteurs hospitaliers français et québécois montre que l'appel à la générosité privée est devenu beaucoup plus faible en France que dans des régions qui ont connu une évolution similaire[1]. Le secteur public français se distinguait encore récemment par l'absence de structures spécifiques dédiées à la collecte des dons dans les institutions comme les universités et les hôpitaux. De fait, la difficulté juridique de créer des structures adaptées semble avoir été un frein important au développement du mécénat en France. Des efforts récents pour mieux définir le cadre juridique permettant aux acteurs publics de recourir

1. F. Busson-Villa, K. Gallopel-Morvan et M. Le Gall-Ely, « La collecte de fonds dans les établissements de santé. Facteurs clefs d'efficacité », 2016.

efficacement au financement privé ont été faits par le législateur dans ce domaine. Le statut spécifique de fondation universitaire, qui peut être constituée par simple délibération du conseil d'établissement, a ainsi été créé en 2007[1], et les fondations hospitalières ont été lancées en 2014, avec des statuts directement approuvés par le ministère de la Santé, et non en Conseil d'État[2]. Les deux types de fondations permettent aux institutions publiques concernées de développer de façon autonome leur effort de collecte de dons, en fixant des objectifs précis et en établissant clairement les règles et les contrôles sur l'utilisation des fonds, qui peuvent être vérifiés par l'État.

De même, la puissance publique a longtemps eu du mal à accompagner les initiatives privées, comme en témoignent les nombreux artistes et mécènes, par exemple Helmut Newton, Frieder Burda ou encore François Pinault, qui ont établi leurs fondations ailleurs en Europe, après avoir vainement tenté de le faire en France. Là encore, la législation a évolué récemment afin de favoriser le développement du mécénat, avec en particulier la création du statut de « fonds de dotation » en 2008, qui peut avoir des fonctions similaires à celles des fondations, mais dont le mode de création est largement simplifié[3]. Les chiffres sont édifiants : il s'est créé en dix ans près de 2 500 fonds de dotation, alors que le nombre total de fondations reconnues d'utilité publique stagne à un peu moins de 650[4]. De même, l'État a rendu le financement privé de la presse éligible à des déductions fiscales en 2015, reconnaissant enfin l'utilité sociale de ce secteur[5].

Il est encore trop tôt pour évaluer l'impact de ces innovations juridiques sur le financement global des biens et des services à forte utilité sociale. De plus, il reste à trouver un équilibre entre l'encouragement au développement de l'initiative privée dans les domaines reconnus d'utilité publique et le nécessaire

1. Statut créé par la loi du 10 août 2007 relative aux libertés et responsabilités des universités (LRU).

2. Décret n° 2014-956 du 21 août 2014 relatif aux fondations hospitalières.

3. Art. 140 de la loi du 4 août 2008 de modernisation de l'économie.

4. Statistiques produites par l'Observatoire de la philanthropie-Fondation de France, https://www.centre-francais-fondations.org/fondations-fonds-de-dotation/le-secteur/les-derniers-chiffres-sur-les-fonds-et-fondations-en-france

5. Art. 19 de la loi du 17 avril 2015 portant diverses dispositions tendant à la modernisation du secteur de la presse.

contrôle sur ces structures, qui bénéficient d'un régime fiscal privilégié, pour éviter qu'elles ne deviennent des outils d'évasion fiscale.

Le rôle de la puissance publique doit être, avant tout, de faciliter le financement privé de certaines activités (éducation, recherche, santé, culture, etc.) dans un cadre où la collectivité définit clairement la nature « publique », c'est-à-dire l'utilité sociale des biens et des services produits. Avant de mettre en place des subventions élevées aux dons privés, on ne peut faire l'économie ni d'un débat public de fond sur la définition et sur la certification de ce qui constitue un bien public éligible à ces subventions, ni sur le degré de contrôle que les dons privés peuvent commander sur le bien public qu'ils financent.

Bibliographie

Abdulkadiroglu, Atila, Angrist, Joshua, Dynarski, Susan, Kane, Thomas et Pathak, Parag, « Accountability and flexibility in public schools. Evidence from Boston's charters and pilots », *The Quarterly Journal of Economics*, 126 (2), 2011, p. 699-748.

Ackerman, Deena et Auten, Gerald, « Tax expenditures for noncash charitable contributions », *National Tax Journal*, 64 (2), 2011, p. 651-688.

Alcott, Hunt, « Social norms and energy conservation », *Journal of Public Economics*, 95 (9), 2011, p. 1082-1095.

Andreoni, James et Payne, A. Abigail, « Charitable giving », in *Handbook of Public Economics*, vol. 5, Amsterdam, Elsevier, 2013.

–, Rao, Justin et Trachtman, Hannah, « Avoiding the ask. A field experiment on altruism, empathy, and charitable giving », *Journal of Political Economy*, 125 (3), 2017, p. 625-653.

Ariely, Dan, Bracha, Anat et Meier, Stephan, « Doing good or doing well ? Image motivation and monetary incentives in behaving prosocially », *American Economic Review*, 99 (1), 2009, p. 544-555.

Bakija, Jon et Heim, Bradley, « How does charitable giving respond to incentives and income ? New estimates from panel data », *National Tax Journal*, 64 (2), 2011, p. 615-650.

Bénabou, Roland et Tirole, Jean, « Incentives and prosocial behavior », *American Economic Review*, 96 (5), 2006, p. 1652-1678.

Besley, Timothy et Malcomson, James, « Choice and competition in public service provision », Centre for Economic Policy Research Working Paper, 2016.

Busson-Villa, Florence, Gallopel-Morvan, Karine et Le Gall-Ely, Marine, « La collecte de fonds dans les établissements de santé. Facteurs clefs d'efficacité », *Management international*, 20 (3), 2016, p. 122-133.

Cagé, Julia, *Sauver les médias. Capitalisme, financement participatif et démocratie*, Paris, Le Seuil, 2015.

Clotfelter, Charles, « Charitable giving and tax policy in the US », in Gabrielle Fack et Camille Landais (éd.), *Charitable Giving and Tax Policy*, Oxford, Oxford University Press, 2016.

DellaVigna, Stefano, List, John A. et Malmendier, Ulrike, « Testing for altruism and social pressure in charitable giving », *Quarterly Journal of Economics*, 127, 2012, p. 156.

Diamond, Peter A. et Hausman, Jerry A., « Contingent valuation. Is some number better than no number ? », *The Journal of Economic Perspectives*, 8 (4), 1994, p. 45-64.

Dunn, Elizabeth, Aknin, Lara et Norton, Michael, « Spending money on others promotes happiness », *Science*, 319, 2008, p. 1687-1688.

Eckel, Catherine et Grossman, Philip, « Rebates versus matching. Does how we subsidize charitable contributions matter ? », *Journal of Public Economics*, 87 (3-4), 2003, p. 681-701.

Fack, Gabrielle et Landais, Camille, « Les incitations fiscales aux dons sont-elles efficaces ? », *Économie et statistique*, 427-428, 2009, p. 101-126.

– (éd.), *Charitable Giving and Tax Policy. A Historical and Comparative Perspective*, Oxford, Oxford University Press, 2016.

–, « Philanthropy, tax policy and tax cheating. A long-run perspective on US data », in Gabrielle Fack et Camille Landais (éd.), *Charitable Giving and Tax Policy*, Oxford, Oxford University Press, 2016.

–, « The effect of tax enforcement on tax elasticities. Evidence from charitable contributions in France », *Journal of Public Economics*, 133, 2016, p. 23-40.

Falk, Armin, « Gift exchange in the field », *Econometrica*, 75, 2007, p. 1501-1511.

Feldstein, Martin et Taylor, Amy, « The income tax and charitable contributions », *Econometrica*, 44 (6), 1976, p. 1201-1222.

Fisher, Rosalie, « La pédagogie de la politesse dans l'école laïque de la Troisième République », *Romantisme*, 96, 1997, p. 41-49.

Fong, Christina M. et Luttmer, Erzo F., « What determines giving to hurricane Katrina victims ? Experimental evidence on racial group loyalty », *American Economic Journal : Applied Economics*, 1 (2), 2009, p. 64-87.

Frémeaux, Philippe, *L'Évaluation de l'apport de l'économie sociale et solidaire*, Rapport de mission à Monsieur Benoît Hamon, ministre délégué en charge de l'Économie sociale et solidaire et de la Consommation, septembre 2013.

Gneezy, Uri, Meier, Stephan et Rey-Biel, Pedro, « When and why incentives (don't) work to modify behavior », *Journal of Economic Perspectives*, 25 (4), 2011, p. 191-210.

– et Rustichini, Aldo, « Pay enough or don't pay at all », *Quarterly Journal of Economics*, 115 (3), 2000, p. 791-810.

– et Rustichini, Aldo, « A fine is a price », *Journal of Legal Studies*, 29 (1), 2000, p. 1-17.

Gruber, Jonathan et Hungerman, Daniel M., « Faith-based charity and crowd out during the Great Depression », *Journal of Public Economics*, 91, 2006, p. 1043-1069.

Harbaugh, William T., « What do donations buy ? », *Journal of Public Economics*, 67 (2), 1998, p. 269-284.

–, Mayr, Ulrich et Burghart, Dan R., « Neural responses to taxation and volontary giving reveal motives for charitable donations », *Science*, 316, 2007, p. 1622-1625.

Hart, Oliver, Shleifer, Andrei et Vishny, Robert, « The proper scope of government. Theory and an application to prisons », *The Quarterly Journal of Economics*, 112 (4), 1997, p. 1127-1161.

Hély, Matthieu, *Les Métamorphoses du monde associatif*, Paris, PUF, 2009.

Hungerman, Daniel M., « Are church and state substitutes ? Evidence from the 1996 welfare reform », *Journal of Public Economics*, 89, 2005, p. 2245-2267.

Karlan, Dean et McConnell, Margaret A., « Hey look at me. The effect of giving circles on giving », *Journal of Economic Behavior & Organization*, 106, 2014, p. 402-412.

Lacetera, Nicola, Macis, Mario et Slonim, Robert, « Economic rewards to motivate blood donations », *Science*, 340, 2013, p. 927-928.

Mauss, Marcel, *Essai sur le don. Forme et raison de l'échange dans les sociétés archaïques*, Paris, PUF, 2012 [1925].

Meier, Stephan, « Do subsidies increase charitable giving in the long run ? Matching donations in a field experiment », *Journal of the European Economic Association*, 5 (6), 2007, p. 1203-1222.

Randolph, William, « Dynamic income, progressive taxes, and the timing of charitable contributions », *Journal of Political Economy*, 103 (4), 1995, p. 709-738.

Roodman, David et Stanley, Scott, « Tax policies to promote private charitable giving in DAC countries », Center for Global Development Working Paper, 82, 2006.

Saez, Emmanuel, « The optimal treatment of tax expenditures », *Journal of Public Economics*, 88 (12), 2004, p. 2657-2684.

– et Veall, Michael, « The evolution of high incomes in Northern America. Lessons from Canadian evidence », *American Economic Review*, 95 (3), 2005, p. 831-849.

Samuelson, Paul A., « The pure theory of public expenditure », *The Review of Economics and Statistics*, 36 (4), 1954, p. 387-389.

Scharf, Kimberley et Smith, Sarah, « Charitable donations and tax relief in the UK », in Gabrielle Fack et Camille Landais (éd.), *Charitable Giving and Tax Policy*, Oxford, Oxford University Press, 2016.

Thaler, Richard et Sunstein, Cass, *Nudge. Improving Decisions about Health, Wealth and Happiness*, New Haven (Conn.), Yale University Press, 2008.

–, *Nudge. La méthode douce pour inspirer la bonne décision*, trad. fr. de M. F. Pavillet, Paris, Vuibert, 2010.

Titmuss, Richard, *The Gift Relationship. From Human Blood to Social Policy*, Crows Nest, Allen & Unwin, 1970.

Yermack, David, « Deductio ad absurdum : CEOs donating their own stock to their own family foundations », *Journal of Financial Economics*, 94 (1), 2009, p. 107-123.

3.

Comment lutter contre la fraude fiscale ?

Les enseignements de l'économie comportementale

> « The sad truth is [...] that most evil is done by people who never make up their minds to be good or evil."
>
> Hannah Arendt,
> *The life of the mind*, p. 180.

D'après le rapport 2013 du syndicat Solidaires finances publiques – principal syndicat de représentation des salariés des finances publiques –, la fraude fiscale représentait un manque à gagner de 60 à 80 milliards d'euros pour les finances publiques françaises en 2012. Ce montant a encore augmenté en 2017, pour atteindre 80 à 100 milliards d'euros[1]. Une étude récente, fondée sur des données macroéconomiques, estimait le montant des avoirs détenus par les contribuables français dans les paradis fiscaux à 300 milliards d'euros en 2007, soit environ 15,4 % du PIB français à l'époque[2].

En France, la fraude fiscale arrive ainsi loin devant la fraude

1. Solidaires finances publiques, *Évasion et fraudes fiscales, contrôle fiscal 2013*, http://archives.solidairesfinancespubliques.fr/gen/cp/dp/dp2013/120122_Rapport_fraude_evasionfiscale.pdf ; Solidaires finances publiques, *Quand la baisse des moyens du contrôle fiscal entraîne une baisse de sa présence...* 2018 https://solidairesfinancespubliques.org/le-syndicat/nos-publications/999-rapport-quand-la-baisse-des-moyens-du-controle-fiscal-entraine-une-baisse-de-sa-presence-chute-inquietante-de-la-couverture-du-tissu-economique-et-fiscal/download.html

2. A. Alstadsæter, N. Johannesen et G. Zucman, « Who owns the wealth in tax havens ? Macro evidence and implications for global inequality », *Journal of Public Economics*, 162, 2018, p. 89-100.

aux prestations sociales parmi les manques à gagner pour le budget de l'État. L'introduction récente du prélèvement à la source est de nature à limiter le phénomène, puisque les revenus autodéclarés sont communiqués directement aux autorités. Cette procédure renforce, par un prélèvement automatique des montants dus, la réduction des possibilités de fraude qui allait de pair avec l'instauration des déclarations pré-remplies en 2006. Parmi les nombreuses formes possibles de revenus, seuls les revenus salariaux ou de remplacement (tels que les pensions de retraite ou les indemnités de chômage) se prêtent cependant facilement au prélèvement à la source car ils sont perçus mensuellement, sont stables et sont versés par une organisation tierce facilement identifiable. La possibilité de prélever l'impôt à la source sur les autres formes de revenus, tels que les revenus du capital (contrats obligataires, portefeuille d'actions, etc.), les revenus des indépendants, ou les revenus fonciers est beaucoup plus limitée.

D'après le Conseil des prélèvements obligatoires[1], en 2010, seuls 40 % des contribuables percevaient l'intégralité de leur revenu sous une forme qui se prête facilement au prélèvement à la source. Pour cette partie de la population, on peut s'attendre à une hausse de satisfaction vis-à-vis du système fiscal avec le passage au prélèvement à la source, qui pourrait se traduire par une baisse de leur propension à frauder[2]. Une part importante des revenus perçus par les contribuables français reste néanmoins soumise à la déclaration volontaire des contribuables, et susceptible d'échapper à l'impôt.

Les conséquences de la fraude fiscale resteraient néanmoins assez superficielles si elles se traduisaient uniquement par une diminution des recettes de l'État. Il suffirait en effet de tenir compte de la fraude dans la détermination des taux de taxe pour suppléer à de telles conséquences purement budgétaires. Outre qu'une telle hausse des taux de taxe peut affecter les comportements économiques (car la taxation tend à affaiblir

1. Conseil des prélèvements obligatoires, *Synthèse du rapport Prélèvements à la source et impôt sur le revenu*, 2012.

https://www.ccomptes.fr/sites/default/files/EzPublish/Synthese_rapport_prelevement_a_la_source_et_impot_sur_le_revenu_0.pdf

2. R. Vranceanu, A. Sutan, D. Dubart, « Discontent with taxes and the timing of taxation : experimental evidence », *Revue économique*, 2019.

les incitations liées à la rémunération des activités productives), la fraude fiscale soulève cependant de réelles difficultés en matière de politiques publiques dès lors qu'elle est pratiquée inégalement soit dans la population, car elle se traduit alors par une subvention des contribuables honnêtes au profit de ceux qui se soustraient à leurs obligations fiscales ; soit en fonction des secteurs d'activité ou des caractéristiques individuelles des contribuables, car elle contrarie alors les objectifs qui président à l'élaboration du système de taxation en termes notamment de redistribution (si, par exemple, la fraude est inégalement pratiquée en fonction du niveau de revenu[1]) et de réallocation des activités de production (si un secteur est fortement taxé afin de contenir son expansion, mais se prête facilement à la fraude).

Malgré son importance sur le plan économique, la fraude fiscale est paradoxalement un sujet qui se dérobe aux outils de l'analyse économique traditionnelle. D'une part, comme toute activité illégale, la fraude fiscale échappe à l'observation du chercheur en même temps qu'elle se dissimule aux autorités : l'analyse empirique de son ampleur, de ses déterminants et de la manière dont différents dispositifs l'affectent est très limitée, car seuls sont observés les comportements de fraude qui sont détectés. Sur le plan théorique, d'autre part, l'application simple du calcul coût-bénéfice auquel est supposé se livrer le contribuable « rationnel » conduit à un paradoxe : contrairement à une idée largement répandue, les bénéfices de la fraude fiscale sont tellement élevés, et le risque de sanction est tellement faible, que la fraude fiscale est étonnamment limitée dans l'ensemble des économies développées. Plutôt que la fraude fiscale qui en constitue le pendant, c'est donc la « soumission fiscale », la disposition à payer l'impôt, qu'il convient d'expliquer pour en comprendre les déterminants.

Ce double défi que posent les décisions de fraude fiscale à l'analyse économique n'a pu être relevé que très récemment, grâce à

1. C'est la conclusion qui émerge, par exemple, des travaux de A. Alstadsæter, N. Johannesen et G. Zucman, « Tax Evasion and Inequality », *American Economic Review*, 109 (6), 2019, p. 2073-2103, portant sur la fraude fiscale observée dans un large échantillon de pays développés. Selon les résultats de cette étude, les 0,01 % des ménages les plus aisés échappent à 25 % de leurs impôts, un taux très supérieur à toutes les autres catégories de revenu.

l'émergence conjointe au cours des vingt dernières années d'une nouvelle approche, l'économie comportementale, qui s'appuie sur la psychologie pour mieux comprendre les comportements économiques ; et d'une nouvelle méthode, l'économie expérimentale, qui permet d'étudier empiriquement les comportements économiques au sujet desquels il est difficile de collecter des données convaincantes.

Afin de comprendre les raisons pour lesquelles la fraude fiscale est si limitée, ces travaux se sont d'abord tournés vers la psychologie de la moralité, et confirment que certaines caractéristiques sociodémographiques, telles que l'âge ou le sexe, ou personnelles, telles que mesurées par les échelles développées en psychologie afin de décrire les traits de personnalité, recouvrent bien une part de l'hétérogénéité dans les déclarations fiscales observées dans le laboratoire. Une large part de cette hétérogénéité reste cependant inexpliquée. Il se peut bien sûr que les caractéristiques individuelles observées et les échelles psychologiques ne capturent que partiellement le « sens moral » de la population. Mais quoi qu'il en soit, influence des caractéristiques individuelles ne signifie pas déterminisme : de nombreuses expériences en psychologie sociale montrent en effet que l'adoption de comportements moraux dépend non seulement des caractéristiques individuelles et de la moralité intrinsèque, mais aussi du contexte dans lequel les décisions sont prises.

Une modification simple du contexte consiste par exemple à rendre saillants les traits de personnalité qui favorisent le comportement souhaité. À l'issue d'une leçon sur l'ordre et la propreté destinée à amener des élèves de primaire à ne pas jeter des papiers de bonbons par terre, Richard L. Miller, Philip Brickman et Diana Bolen[1] comparent par exemple deux situations qui illustrent la force d'engagement du contexte des décisions. Auprès d'un premier groupe d'élèves, l'enseignant insiste sur l'importance de la responsabilité individuelle en la matière et exhorte les enfants à se conformer à cette exigence. En d'autres termes, il tente de les persuader d'adopter un comportement

1. R. L. Miller, P. Brickman et D. Bolen, « Attribution versus persuasion as a means for modifying behavior », *Journal of Personality and Social Psychology*, 31 (3), 1975, p. 430-441.

civique. Dans un second groupe, l'enseignant se contente simplement de conclure la séance en rappelant aux enfants combien ils sont propres et ordonnés. Un peu plus tard, tous les enfants reçoivent des sucreries emballées, et l'état de la cour de récréation est soigneusement scruté : si 15 % des emballages finissaient dans une poubelle avant la leçon, ce taux passe à 45 % dans le premier groupe (et à 25 % parmi les enfants qui ont suivi la leçon sans autre intervention à l'issue de celle-ci), mais il atteint 80 % dans le second. Le résultat le plus remarquable est que lorsque cette distribution de sucreries intervient un certain temps après la leçon (deux semaines plus tard), le comportement des enfants du premier groupe retombe à un niveau très proche de celui des enfants qui n'ont été exposés qu'à la leçon (30 % environ des déchets sont mis à la poubelle), tandis que le comportement des élèves du second groupe, loin de subir la même inflexion, s'améliore même légèrement et atteint 85 %. Contrairement à la persuasion à laquelle a été confronté le premier groupe, qui fait appel à des motivations externes du comportement, les enfants du second groupe sont amenés à s'identifier aux motivations internes qui leur sont suggérées, conduisant à mettre en cohérence leur comportement avec ce trait devenu saillant grâce à l'intervention.

Ce processus n'est pas seulement un outil classique des méthodes d'éducation, mais s'applique également, de la même manière, à des populations d'adultes. En matière d'attention à l'autre, par exemple, une étude célèbre s'intéresse à des groupes d'adultes auxquels un test de personnalité est proposé[1]. À l'issue du test, certains participants sont informés que les résultats indiquent une très grande intelligence, tandis qu'on indique à d'autres que leurs réponses sont celles d'une personne vraiment gentille et bienveillante (bien évidemment, ces étiquettes sont indépendantes des véritables résultats du test, et sont donc attribuées à des personnes qui ne se distinguent en aucune manière les unes des autres). Un troisième groupe, enfin, termine le test sans autre indication sur les résultats. En quittant la séance, les participants se trouvent confrontés (par hasard en apparence) à une personne inconnue qui laisse échapper devant eux un

1. A. Strenta et W. Dejong, « The effect of a prosocial label on helping behavior », *Social Psychology Quarterly*, 44 (2), 1981, p. 142-147.

paquet de cartes : les personnes qui ont été identifiées à des caractéristiques prosociales ont été nettement plus nombreuses à apporter leur aide que celles qui n'avaient reçu aucune information sur le test.

Un second aspect important du contexte des décisions mis en évidence par la psychologie sociale est la séquence d'action dans laquelle se situent les décisions : il suffit parfois de demander l'heure avant de solliciter un service pour que la générosité et l'empathie remplacent subitement l'indifférence. L'une des expériences les plus frappantes de ce courant de recherche en psychologie sociale met en scène un expérimentateur posté à un coin de rue, et qui demande aux passants de le dépanner d'un euro pour pouvoir prendre le bus[1]. Environ un tiers des personnes acceptent de donner de l'argent à ce parfait inconnu. Lorsque la même expérience est conduite dans les mêmes conditions, mais que l'expérimentateur demande l'heure qu'il est avant de présenter sa requête, la quasi-totalité des passants acceptent de rendre ce petit service anodin. Et la proportion d'entre eux qui acceptent de lui donner un euro est ensuite multipliée par deux, pour atteindre environ deux tiers des répondants. La leçon générale qui se dégage de cet exemple est que les actes, même lorsqu'ils n'ont que de faibles conséquences (comme le fait de donner l'heure à inconnu), peuvent « engager » les personnes qui prennent ces décisions, les lier aux actions qu'elles accomplissent, et les conduire par là à adopter ultérieurement des comportements qu'elles n'auraient pas choisis sinon. Selon ce courant de recherche, une manière simple d'encourager l'adoption de comportements cibles (aider les autres, faire preuve de civisme, ou payer ses impôts) ne recourt ni à la persuasion, qui consiste à modifier les attitudes pour modifier les comportements, ni à des menaces ou à des récompenses externes, qui correspondent aux outils traditionnels de l'intervention publique en économie, mais consiste simplement à induire des comportements préliminaires pour modifier les attitudes et les comportements ultérieurs.

Comme nombre de décisions qui font intervenir une dimension morale, la fraude fiscale échappe en partie au cadre

1. M. B. Harris « The effects of performing one altruistic act on the likelihood of performing another », *Journal of Social Psychology*, 88 (1), 1972, p. 65-73.

classique de l'analyse coût-bénéfice en économie. Les résultats présentés dans ce chapitre vont montrer que ce comportement ne saurait se réduire à une grille d'analyse fondée sur la simple moralité des contribuables. Comme le rappelle la citation présentée en épigraphe, la moralité intrinsèque des personnes qui s'y livrent n'est pas toujours décisive dans l'adoption de comportements moraux. Les nombreuses expériences de psychologie sociale consacrées à cette question montrent qu'une même personne peut être amenée à prendre des décisions qui servent ou desservent le bien commun suivant le contexte dans lequel cette décision est prise. Faire appel à la moralité des contribuables, leur rappeler les conséquences sociétales désastreuses de la fraude fiscale, et invoquer leur sens des responsabilités peut n'être que de peu d'effet sur une décision qui, pour une large frange de la population, est susceptible de basculer vers des comportements de fraude pour des raisons externes.

Ce constat ouvre de nouvelles perspectives quant aux outils d'intervention disponibles pour influencer les comportements économiques dans une direction conforme à l'intérêt général. Les résultats présentés dans ce chapitre vont montrer en particulier que l'engagement (dont l'effet est observé grâce à une procédure expérimentale de serment à dire la vérité) constitue un levier efficace de lutte contre la fraude : les contribuables exposés à la possibilité de s'engager personnellement à déclarer sincèrement leur revenu augmentent considérablement le montant de revenu qu'ils déclarent. Cet effet ne joue pas auprès des contribuables dont la décision de fraude traduit une forte détermination à échapper à l'impôt. Il est en revanche particulièrement fort sur les contribuables dont la fraude traduit une forme d'hésitation quant à la décision appropriée.

Les différentes formes de « fraude fiscale » des particuliers

La fraude fiscale se distingue des nombreuses autres manières d'échapper à l'impôt en ce qu'elle est délibérée et illégale. Ces propriétés distinguent la fraude des autres formes de fraude fiscale, qui recouvre non seulement des erreurs ou simples oublis, mais aussi l'optimisation fiscale qui relève de « pratiques utilisant les moyens légaux [...] dont on peut certes contester la légitimité ou l'efficacité, mais qui n'en demeurent pas moins prévus par la loi[1] ».

Ce problème de recouvrement de l'impôt est aussi ancien que l'impôt lui-même, et on en retrouve des manifestations jusque dans l'empire de Babylone[2]. Il existe de très nombreuses façons de se soustraire à ses obligations fiscales, loin de l'image d'Épinal du fraudeur cachant des valises de billets à l'étranger. Cela passe, par exemple, par le fait de décocher la case concernant la possession d'un téléviseur pour ne pas payer la Contribution à l'audiovisuel public, de ne pas déclarer une activité commerciale pour un étudiant donnant des cours particuliers à domicile ou un serrurier faisant une intervention « au noir », jusqu'aux manœuvres manifestes telles que les fraudes à la TVA ou les montages opaques de fraude de l'impôt vers les paradis fiscaux. Ce problème protéiforme touche également tous les types d'impôts, comme l'illustre le Tableau 1.

Tableau 1. Pertes fiscales par impôt en 2012

	IMPÔT SUR LE REVENU	TVA	IMPÔT SUR LES SOCIÉTÉS	IMPÔT SUR LE PATRIMOINE	AUTRES	TOTAL
Estimation basse	15	15	23	4	3	60
Estimation haute	19	19	32	6	4	80

Source : Solidaires finances publiques, *Évasion et fraudes fiscales, contrôle fiscal*, 2013. Le tableau présente les pertes d'impôts estimées (estimations basses et hautes) des différents types d'impôts, en milliards d'euros. La colonne « Autres » correspond notamment aux impôts locaux.

1. Solidaires finances publiques, 2013, *op. cit.*, p. 5.
2. Carolyn Weber et Aaron Wildavsky, 1986, *A History of Taxation and Expenditure in the Western World*, Simon & Schuster, New York.

Comprendre les décisions de fraude fiscale : la nécessité d'une approche comportementale

L'analyse économique des décisions de fraude fiscale prend ses racines dans ce que l'on appelle l'économie du crime, qui a été développée à la fin des années 1960 par Gary S. Becker[1]. Cette représentation des comportements criminels met l'accent sur les arbitrages individuels qui président au choix de se livrer à une activité illégale et conduit à s'interroger sur ses conséquences suivant les différents états du monde possibles (être capturé puis condamné, ou s'en sortir indemne et bénéficier des fruits de son forfait), la probabilité de ces différents états du monde, et la décision qui est individuellement la meilleure compte tenu de ces éléments de contexte.

La transposition de ce cadre à la décision de fraude fiscale est due à Michael G. Allingham et Agnar Sandmo[2], qui cherchent à représenter la décision d'un contribuable au moment où celui-ci remplit sa déclaration de revenu et doit décider quelle part de son revenu sera dissimulée aux autorités fiscales. Les conséquences de cette décision (qui correspondent à « l'utilité » du contribuable) varient suivant les deux états du monde possibles, selon que la déclaration fait ou non l'objet d'un contrôle. L'arbitrage coût-bénéfice qui préside à cette décision pondère ces conséquences par la probabilité de leur réalisation : la décision de fraude prédite par ce modèle revient ainsi à un choix de loterie ; une décision face à des conséquences risquées. Si ce modèle est évidemment simpliste (et délibérément réducteur), il a le mérite de capturer le lien entre les décisions de fraude et les principaux outils de la politique fiscale : le taux de taxe, qui

1. Gary S. Becker est le lauréat 1992 du prix de la Banque de Suède en sciences économiques en mémoire d'Alfred Nobel, en particulier pour son article fondateur de l'analyse économique du crime datant de 1968, « Crime and punishment. An economic approach », *Journal of Political Economy*, 76 (2), p. 169-217.

2. M. G. Allingham et A. Sandmo, « Income tax evasion. A theoretical analysis », *Journal of Public Economics*, 1 (3-4), 1972, p. 323-338.

détermine les bénéfices de la fraude mais également le coût de la fraude lorsque, comme c'est souvent le cas, les pénalités en cas de contrôle sont proportionnelles aux impôts dissimulés ; la fréquence des contrôles, qui détermine la probabilité d'être sujet à un audit ; et leur efficacité, qui détermine la probabilité d'être condamné. Outre les caractéristiques objectives de la politique fiscale, la décision dépend également de l'attitude des contribuables vis-à-vis du risque : puisque la décision de ne pas frauder a des conséquences certaines, tandis que celles de la fraude dépendent de l'occurrence d'un contrôle, les contribuables sont d'autant moins enclins à se livrer à la fraude qu'ils craignent le risque.

Paradoxes et mystères de la fraude fiscale

Cette représentation des comportements de fraude prédit que la fraude fiscale réagit (évidemment) négativement aux instruments de la politique fiscale (la fréquence des contrôles, leur efficacité et la lourdeur des amendes). Elle permet également, de manière moins triviale, d'expliquer pourquoi différents contribuables, même s'ils se trouvaient dans une situation strictement identique, sont susceptibles de prendre des décisions de fraude différentes : une première raison est la différence d'attitude vis-à-vis du risque (une « aversion » au risque différente), une seconde est liée au niveau de revenu de ces contribuables, étant donné qu'un revenu plus élevé conduit à accepter plus facilement de prendre des risques. La fraude fiscale devrait donc, selon cette modélisation, être plus répandue parmi les ménages qui se situent au sommet de la distribution de revenu.

Une dernière prédiction importante de ce modèle, connue sous le nom de « paradoxe de Yitzhaki », est que le niveau du taux de taxe est paradoxalement un instrument de lutte contre la fraude si les pénalités en cas de contrôle sont proportionnelles au montant d'impôt dissimulé, sous l'hypothèse classique que la volonté de se protéger du risque est d'autant plus forte que le revenu est faible[1]. Lorsque le taux de taxe augmente, le revenu

1. S. Yitzhaki, « Income tax evasion. A theoretical analysis », *Journal of Public Economics*, 3 (2), 1974, p. 201-202.

après impôt diminue. Si la volonté de se protéger du risque est d'autant plus grande que le revenu est faible, une augmentation du taux de taxe augmente le poids de la menace que constituent les sanctions en cas de détection, poussant la fraude à la baisse. Cette conclusion est non seulement paradoxale et contre-intuitive, mais elle tend aussi à être rejetée par les études empiriques sur le sujet (comme le confirment les résultats présentés plus bas).

Cette contradiction constitue un premier indice de la difficulté de cette approche à rendre compte des décisions de fraude. S'y ajoute une difficulté plus fondamentale encore : la probabilité objective de subir un contrôle comme la sanction encourue en cas de contrôle sont tellement faibles dans la plupart des économies développées que les bénéfices de la fraude devraient dominer largement l'arbitrage coût-bénéfice des contribuables.

La situation française est très représentative de ce constat. Le *Cahier statistique* 2015 de la Direction générale des finances publiques (DGFiP) indique par exemple que parmi les 17 millions de foyers fiscaux français imposables (qui ont acquitté plus de 75 milliards d'euros d'impôt sur le revenu en 2015), 7 millions ont fait l'objet de « lettres de relance » ou de « mises en demeure de payer », et plus de 5 millions ont fait l'objet d'un « avis à tiers titulaire[1] ». Ces démarches d'alerte concernent une large proportion des contribuables, mais elles ne donnent que très rarement lieu à des procédures de redressement : l'année 2015 a par exemple connu 25 « actions en reconstitution de patrimoine », 326 « saisies immobilières » et 98 « assignations en liquidation judiciaire ». Les actions en justice concernant les impôts des particuliers sont tout aussi rares : 1 033 litiges civils, 371 litiges commerciaux et 304 litiges administratifs.

De la même manière, l'intensité des contrôles fiscaux, comme celle des sanctions, est assez modérée. La fraude fiscale découverte à l'issue des contrôles, tous impôts confondus, représentait en 2015 plus de 16 milliards d'euros, qui ont donné lieu à des amendes qui s'élevaient à 5 milliards d'euros (soit un

1. Direction générale des finances publiques (2015), *Cahier statistique*, 2015. https://www.economie.gouv.fr/files/files/directions_services/dnlf/cahier_statistiques_DGFIP_2015.pdf

taux d'amende effective de 31,46 % du montant évadé). Dans ce contexte de contrôles rares, et de sanctions modérées, la DGFiP n'en estime pas moins le taux d'usagers particuliers respectant leurs obligations déclaratives à 98,26 % des ménages imposables, et le taux de paiement des impôts des particuliers à 98,14 %[1].

D'après le modèle d'arbitrage coût-bénéfice, ce niveau très faible de fraude s'explique par l'attitude des contribuables vis-à-vis du risque : malgré la faiblesse des contrôles, la fraude peut rester très limitée si les contribuables ont une très forte aversion au risque. La littérature scientifique a cependant montré que les niveaux d'aversion au risque nécessaires pour prédire les taux observés de fraude fiscale sont hors de proportion : certains auteurs estiment que l'aversion au risque devrait être 10 fois, voire 14 fois, supérieure à ce qui est généralement considéré comme plausible[2]. Ce « mystère de la fraude fiscale » conduit donc à remettre en cause l'idée que les décisions de fraude se résument à de simples choix de loterie. C'est d'ailleurs l'observation que faisait Jonathan C. Baldry dès 1986[3] dans un article fondateur qui repose sur un exercice très simple : un échantillon de personnes se voit proposer soit un choix de loterie qui réplique la décision de fraude, soit ce même choix de loterie mais cette fois en indiquant explicitement que le choix fait référence à une simulation fiscale. Les résultats montrent que tous les répondants ont choisi au moins une fois l'option risquée lorsque des choix de loterie leur sont proposés, tandis que ce choix n'est jamais observé lorsque l'exercice de simulation fiscale est explicite.

1. Selon les indicateurs de la performance publique (https://www.performance-publique.budget.gouv.fr/sites/performance_publique/files/farandole/ressources/2017/pap/html/DBGPGMOBJINDPGM156.htm).

2. La première estimation est due à J. G. Eisenhauer, « Ethical preferences, risk aversion, and taxpayer behavior », *Journal of Socio-Economics*, 37 (1), 2008, p. 45-63 ; la seconde à J. Skinner et J. Slemrod, « An economic perspective on tax evasion », *National Tax Journal*, 38, 1985, p. 345-353.

3. J. C. Baldry, « Tax evasion is not a gamble. A report on two experiments », *Economics Letters*, 22 (4), 1986, p. 333-335.

Dépasser les considérations monétaires : la « morale » fiscale

Si l'approche traditionnelle a le mérite de formaliser les canaux de transmission des outils classiques de lutte contre la fraude, elle ne saurait donc suffire pour comprendre les déterminants de ce type de décision. Le constat qui s'impose est que, si fine et élaborée que soit la modélisation, les décisions des contribuables ne sont pas réductibles aux conséquences financières objectives de la fraude. Afin de lever le mystère de la fraude fiscale, l'analyse s'est donc tournée vers les composantes non monétaires de la décision des contribuables, regroupées sous le terme de « morale fiscale ».

Dans les termes de Günter Schmölders[1], la morale fiscale correspond à « l'attitude d'un groupe ou d'une population de contribuables en ce qui concerne la question de l'accomplissement ou de l'abandon de leurs obligations fiscales ; elle est ancrée dans la mentalité fiscale des citoyens et dans leur conscience d'être des citoyens, qui est la base de leur acceptation intrinsèque de leurs obligations fiscales et de leur reconnaissance de la souveraineté de l'État ». Sur le plan théorique, la prise en compte de la morale fiscale se traduit par une reformulation des préférences des contribuables, sous la forme par exemple d'une préférence intrinsèque pour l'honnêteté individuelle, d'un sentiment de culpabilité ou de honte associé à la fraude, ou encore plus généralement à un coût psychique de la fraude[2].

Le contenu de la morale fiscale reste cependant largement une question empirique. Un certain nombre de travaux se sont efforcés de mettre en évidence son rôle sur la base d'enquêtes déclaratives qui permettent de mettre en regard l'attitude des répondants vis-à-vis de la fraude fiscale et un certain nombre de

1. G. Schmölders, *Das Irrationale in der öffentlichen Finanzwirtschaft*, Frankfurt am Main, Suhrkamp, 1960, p. 97-98, cité par Erich Kirchler, *The Economic Psychology of Tax Behaviour*, Cambridge University Press 2007.

2. Voir par exemple les revues de littérature proposées par N. Hashimzade, G. D. Myles et B. Tran-Nam, « Applications of behavioural economics to tax evasion », *Journal of Economic Surveys*, 27 (5), 2013, p. 941-977 et E. F. P. Luttmer et M. Singhal, « Tax morale », *Journal of Economic Perspectives*, 28 (4) 2014, p. 149-68.

Figure 1. Corrélation entre la morale fiscale et la taille de l'économie informelle

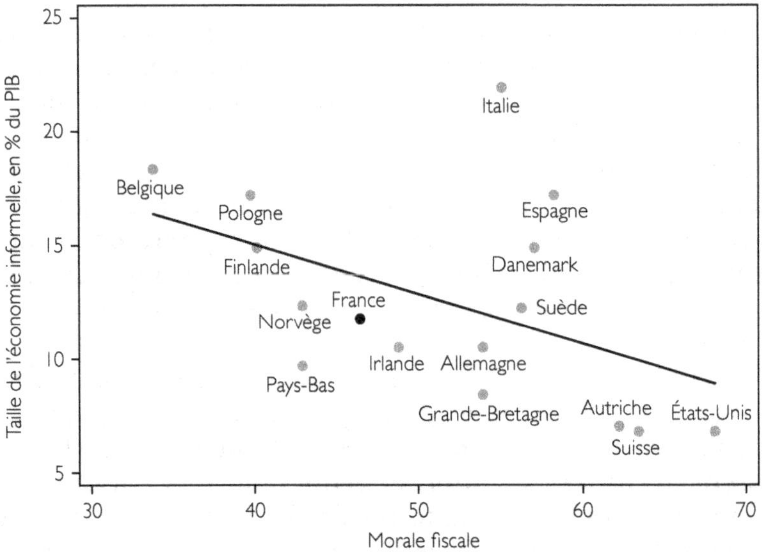

Source : J. Alm et B. Torgler, « Culture differences and tax morale in the United States and in Europe », *Journal of Economic Psychology*, 27 (2) 2006, pp. 224-246. Le graphique représente le lien observé entre le niveau de morale fiscale (mesuré comme le pourcentage d'individus désignant la fraude fiscale comme jamais justifiée) et la taille de l'économie informelle (mesurée en % du PIB) dans chacun des pays du panel.

mesures attitudinales liées à la moralité. La plupart des travaux utilisent pour ce faire les données du World Value Survey, un projet international formé d'enquêtes permettant de suivre l'évolution des valeurs et des croyances dans de nombreux pays autour du globe.

Cette enquête comprend notamment une question qui renseigne sur le degré de moralité fiscale : « Dans quelle mesure trouvez-vous justifié de ne pas payer ses impôts lorsque cela est possible ? » Les données montrent une forte corrélation négative entre cette mesure de la morale fiscale et la taille de l'économie informelle. Cette relation est illustrée dans la Figure 1, qui traduit en moyenne une corrélation négative qui s'élève à – 0,460 (coefficient de corrélation de Bravais Pearson).

La Figure 2 (graphique page suivante) décrit le niveau de morale fiscale observé en moyenne dans différents pays entre 1990

Figure 2. Mesures attitudinales des composantes de la morale fiscale dans les pays de l'OCDE

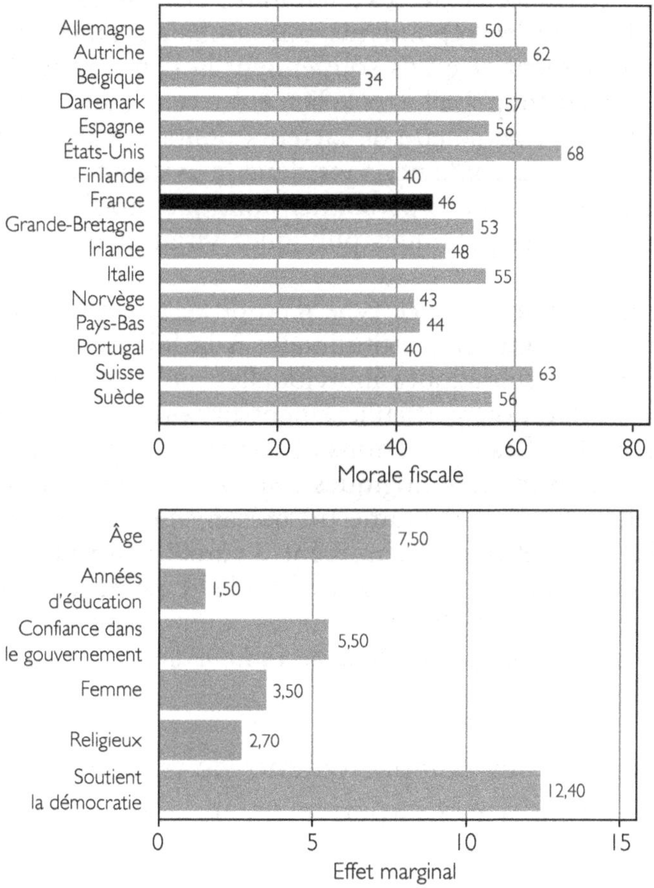

Source : Graphique du haut : J. Alm et B. Torgler, art. cit. Le graphique représente le niveau de morale fiscale (mesuré comme le pourcentage d'individus désignant la fraude fiscale comme jamais justifiée), observé dans un panel de pays de l'OCDE. Graphique du bas : OCDE, *What drives tax morale ?* 2013. Ce graphique représente l'effet de différentes mesures socio-économiques et institutionnelles sur le fait de trouver justifié d'exploiter les possibilités de fraude (effet marginal calculé à partir d'un modèle Probit). Par exemple, le fait de soutenir la démocratie diminue de 12,4 % la probabilité de justifier la fraude.

et 1993. L'histogramme rend compte du pourcentage de répondants qui considèrent qu'il n'est jamais justifié d'échapper à l'impôt. Ces variations observées semblent corrélées tant aux attitudes culturelles qu'à des caractéristiques sociodémographiques.

Comme le montre la Figure 2 (graphique du bas), la morale fiscale est d'autant plus forte que les répondants sont âgés, éduqués, religieux et de sexe féminin ; elle est également plus grande lorsque les répondants ont confiance dans les actions du gouvernement et qu'ils soutiennent la démocratie. D'autres études confirment par ailleurs le lien entre cette mesure de morale fiscale et une large palette de facteurs politico-économiques tels que le niveau de confiance tant dans le système judiciaire que dans le Parlement et le personnel politique, ainsi que le degré d'accord avec les politiques publiques visant à réduire les inégalités[1].

La limite évidente de ce type d'étude reste cependant qu'elle repose sur des mesures attitudinales à la fois de la morale fiscale et des caractéristiques individuelles, qui sont sujettes à des biais de déclaration particulièrement importants sur des sujets aussi sensibles. Les corrélations observées sont par ailleurs dans une large mesure tautologiques : si, par exemple, la taxation du revenu est perçue comme un mécanisme de redistribution, il semble naturel que le sentiment d'équité contribue à rendre compte des comportements de fraude. Une telle corrélation n'apporte que peu d'éléments sur les composantes de la morale fiscale, et les outils permettant de l'intensifier.

Observer les comportements de fraude fiscale : l'apport des expériences en laboratoire

Une compréhension fine de la fraude fiscale nécessite de pouvoir mesurer son ampleur, mais aussi de pouvoir observer empiriquement comment les décisions de fraude varient en fonction des caractéristiques des contribuables (par exemple, leur niveau de revenu, leur situation sociodémographique, etc.). Or l'étude empirique de la fraude fiscale se heurte aux difficultés d'observation propres à toutes les activités illégales : elles sont par nature délibérément dissimulées, et donc inobservables.

1. I. Lago-Peñas et S. Lago-Peñas, « The determinants of tax morale in comparative perspective. Evidence from European countries », *European Journal of Political Economy*, 26 (4), 2010, p. 441-453.

Différentes approches ont été développées afin de mesurer l'ampleur de la fraude fiscale (et ont été appliquées pour produire les évaluations présentées en introduction Tableau 1). Les deux plus convaincantes sont les approches dites « indirectes », qui déduisent l'ampleur de l'économie dissimulée des indicateurs macroéconomiques disponibles ; et les approches « directes », qui s'appuient sur des évaluations microéconomiques à partir de données d'enquêtes ou d'audits fiscaux. L'approche indirecte la plus populaire s'appuie par exemple sur la comptabilité nationale et compare les dépenses des ménages (qui constituent une mesure indirecte du montant de revenu disponible dans l'économie) aux revenus déclarés : cet écart entre la consommation effective et les montants de revenu déclarés fournit une mesure des montants dissimulés à l'administration fiscale. Des versions plus élaborées de ces méthodes se livrent au même exercice mais prédisent le revenu disponible à partir d'indicateurs macroéconomiques plus fiables que la consommation.

Ces méthodes reposent sur des hypothèses fortes (de stabilité des processus permettant de prédire le niveau attendu du revenu, notamment) et leur application conduit en général à des résultats très sensibles aux variables utilisées. Les méthodes directes tentent de pallier ces difficultés. La méthode directe la plus simple consiste à interroger un échantillon représentatif de la population à propos de sa participation à la fraude fiscale. La validité de cette mesure repose sur l'hypothèse (très forte) que les répondants font sincèrement état de leur comportement. Un second type de mesure directe consiste à s'appuyer sur une extrapolation statistique à l'ensemble de la population des redressements effectués par les services fiscaux. Cette approche dépend des caractéristiques des contribuables dont le comportement de fraude est découvert : la mesure est très sensible à toute différence, à la fois en termes de comportements frauduleux et de caractéristiques sociodémographiques, entre ce sous-groupe et l'ensemble de la population.

La fraude fiscale en laboratoire

Afin de comprendre non seulement les composantes de la morale fiscale, mais aussi, et peut-être surtout, d'étudier empiriquement l'efficacité de différents outils de lutte contre la fraude, il est nécessaire d'observer les décisions de fraude qui sont effectivement choisies selon différents contextes. Les conséquences financières de cette décision, bien qu'elles ne semblent pas suffisantes à expliquer les comportements de fraude fiscale, en restent une composante centrale. Les enquêtes déclaratives, en particulier, qui recueillent les intentions des contribuables mais sans leur demander d'acquitter l'impôt correspondant, ne permettent pas de prendre en compte cette dimension. Afin de se concentrer sur les comportements de fraude plutôt que sur les intentions de fraude, il convient donc de confronter les contribuables aux conséquences financières effectives de leur décision de déclaration, à travers une réduction de leur revenu disponible.

Les expériences en laboratoire permettent de satisfaire cette condition. Elles consistent concrètement à réunir un échantillon de personnes dans une salle informatique, à leur décrire les règles du jeu auquel elles participent (qui incluent notamment une description détaillée de toutes les décisions possibles et de leurs conséquences) et à leur demander de prendre une décision. À l'issue de l'expérience, les participants sont rémunérés : le montant monétaire qui leur est remis correspond au résultat de leurs décisions, en application des règles qui ont été préalablement annoncées. Appliquée à la fraude fiscale, cette méthode se traduit par un protocole connu sous le nom de « jeu de fraude fiscale » et qui a servi de base à un très grand nombre d'études empiriques[1].

L'expérience consiste à verser un revenu aux participants, à leur annoncer le taux de taxation qui s'applique à ce revenu, puis à leur demander quelle part de leur revenu ils souhaitent déclarer – part sur laquelle ils devront payer l'impôt annoncé. La référence à un exercice de simulation fiscale est souvent explicite,

1. Voir, par exemple, N. Jacquemet, F. Le Lec et O. L'Haridon, *Précis d'économie expérimentale*, Economica, collection « ENSAE » 2019, pour une introduction à l'économie expérimentale.

afin d'activer les déterminants du comportement spécifiques à cette décision. Dans certaines expériences, la fraude est associée à un contrôle dont la probabilité et le montant de l'amende infligée sont connus d'avance ; afin de centrer l'analyse sur la morale fiscale (les déterminants non monétaires des décisions de fraude), il est également possible d'éliminer cet aspect des situations réelles de fraude et de ne pas introduire de contrôle fiscal : la décision prise par les participants de l'expérience a dans ce cas pour seule conséquence financière de réduire leur revenu du montant de l'impôt, et seuls des déterminants non monétaires du comportement peuvent donc expliquer que la fraude ne soit pas de 100 % du revenu.

Ce protocole fournit une mesure empirique directe des décisions de fraude, qui correspondent au ratio entre le revenu dont dispose un participant et le montant déclaré. Il permet non seulement de relier les caractéristiques individuelles des participants à leurs décisions, mais aussi de faire varier l'environnement dans lequel les décisions sont prises. Ces variations permettent de tester différentes hypothèses sur les déterminants des comportements de fraude (par exemple, modifier l'information disponible sur le comportement de fraude des autres participants, afin de tester l'hypothèse que les normes sociales jouent un rôle dans les décisions de fraude[1]). Les variations du protocole de l'expérience permettent également de tester l'effet sur les décisions effectives de fraude de différents outils de politique fiscale. Pour mesurer les conséquences de la variation du taux de taxe sur les comportements de fraude de l'ensemble des contribuables, il suffit par exemple de comparer les résultats de deux versions de

1. B. Fortin, G. Lacroix et M.-C. Villeval, « Tax evasion and social interactions », *Journal of Public Economics*, 91 (11-12), 2007, p. 2089-2112, présentent les résultats d'une expérience destinée à tester cette hypothèse, et montrent que la conformité sociale a un impact inattendu : la fraude fiscale d'un contribuable diminue lorsque la fraude de son groupe de référence augmente. Les résultats de M. Lefebvre, P. Pestieau, A. Riedl et M.-C. Villeval, « Tax evasion and social information. An experiment in Belgium, France, and the Netherlands », *International Tax and Public Finance*, 22 (3), 2015, p. 401-425, apportent des éléments d'explication à ce résultat : leur expérience met en évidence un effet asymétrique des comparaisons sociales. La fraude tend à augmenter lorsque les participants sont exposés à un mauvais exemple (un nombre important de fraudeurs) mais reste inchangée lorsqu'ils sont exposés à un exemple positif (un nombre faible de fraudeurs).

l'expérience qui sont en tout point identiques à l'exception du montant du revenu déclaré qui est prélevé de la rémunération des participants.

Un avantage notable de ces comparaisons est qu'elles fournissent une mesure crédible de l'effet attendu de tels outils d'intervention publique. Les données issues de la mise en œuvre effective de ces outils (outre les difficultés d'observation évoquées précédemment) sont en effet sujettes à caution en raison des motivations qui président aux changements observés de la politique fiscale. Prenons l'exemple de l'effet de la probabilité de contrôle sur les décisions de fraude, et imaginons que la fraude soit parfaitement observable. Même dans des conditions aussi favorables, il n'y a aucune raison de penser que les autorités fiscales sont naïves et ignorent l'effet de leurs décisions sur celles des contribuables : leur objectif est d'utiliser au mieux les moyens dont ils disposent, et donc par exemple de concentrer les ressources consacrées au contrôle sur les contribuables qui sont les plus susceptibles de réagir à ce risque. Dans ce contexte, les données produites par une augmentation de la probabilité de contrôle dans le secteur de la restauration, par exemple, ne fournissent que peu d'informations quant à l'effet du contrôle sur la fraude : la réaction observée des contribuables qui subissent une probabilité de contrôle plus élevée s'explique par l'efficacité du ciblage des contrôles, mais ne permet pas par exemple de nourrir la réflexion sur l'effet attendu d'une augmentation des ressources consacrées au contrôle portant sur l'ensemble des contribuables.

Ces avantages méthodologiques se font au prix d'un environnement fortement déconnecté de la réalité économique que l'on cherche à étudier, et soulèvent la question évidente de ce que nous apprennent réellement les décisions de fraude fiscale observées dans le cadre d'un tel jeu expérimental sur les décisions de fraude effectives des contribuables en dehors du laboratoire. De nombreuses études empiriques cherchent à répondre à cette question en mettant en regard les comportements de fraude observés dans un jeu de fraude fiscale et les comportements de fraude des participants en dehors du laboratoire[1]. James Alm,

1. Voir, par exemple, B. Torgler, « Speaking to theorists and searching for facts. Tax morale and tax compliance in experiments », *Journal of Economic*

Michael McKee et Kim Bloomquist comparent par exemple les décisions expérimentales de fraude d'un échantillon de participants américains aux résultats d'une opération de contrôle aléatoire réalisée par l'Internal Revenue Service en 2001 sur un échantillon de contribuables américains[1]. Les résultats montrent que les taux d'observance fiscale moyens, ainsi que les distributions des déclarations fiscales, sont très similaires. Zhixin Dai, Fabio Galeotti et Marie-Claire Villeval arrivent à la même conclusion sur la base d'une expérience dont les participants sont recrutés à la sortie du tramway d'une grande métropole. Le protocole de l'expérience permet d'observer le comportement de fraude des participants en leur demandant de se présenter à l'expérience avec le titre de transport qui leur a permis de voyager (afin d'en obtenir le remboursement). Les résultats montrent une très forte corrélation entre la malhonnêteté dans le laboratoire, et cette mesure de fraude portant sur une décision prise à l'extérieur du laboratoire[2]. La conclusion d'ensemble qui se dégage de ces travaux est que les décisions expérimentales de fraude sont très informatives sur les comportements en dehors du laboratoire[3].

Décisions expérimentales de fraude

À titre d'illustration, la Figure 3 présente les décisions de fraude adoptées par les 63 participants d'une expérience de ce type[4].

Surveys, 16 (5), 2002, p. 657-683, pour une synthèse détaillée des travaux consacrés à cette « validité externe » des décisions expérimentales de fraude fiscale.

1. J. Alm, K. M. Bloomquist et M. McKee, « On the external validity of laboratory tax compliance experiments », *Economic Inquiry*, 53 (2), 2015, p. 1170-1186.

2. Z. Dai, F. Galeotti et M.-C. Villeval, « Cheating in the lab predicts fraud in the field. An experiment in public transportation », *Management Science*, 64 (3), 2018, p. 1081-1100.

3. Cette conclusion est valide dans une très large mesure bien au-delà de la seule question de la fraude fiscale ; voir, à ce sujet, N. Jacquemet et O. L'Haridon, *Experimental Economics. Method and Applications*, Cambridge University Press (2018, chap. 8).

4. Ces résultats sont issus de l'expérience de N. Jacquemet, S. Luchini, A. Malézieux et J. F. Shogren, « La fraude fiscale est-elle un trait de personna-

Figure 3. Hétérogénéité des décisions expérimentales de fraude

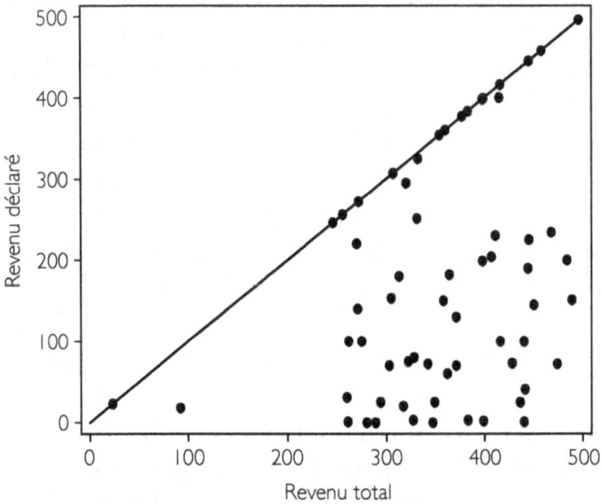

Source : N. Jacquemet, S. Luchini, A. Malézieux et J. F. Shogren, « La fraude fiscale est-elle un trait de personnalité ? », *Revue économique*, 68 (5), 2017, p. 809-828. Ce graphique présente le niveau de revenu déclaré par chaque participant de l'expérience en fonction du revenu obtenu à l'issue de la phase préliminaire.

Dans cette expérience, le montant de revenu dont disposent les participants, et sur lequel porte la déclaration, est gagné à l'issue d'une étape préliminaire sans lien avec l'exercice de simulation fiscale. Ce choix de protocole fait en sorte à la fois que le revenu corresponde effectivement à une rémunération dans l'expérience, mais aussi que le niveau de revenu soit différent entre les participants. Le graphique présente les niveaux de revenu déclarés en fonction du revenu perçu dans l'expérience : la bissectrice correspond aux décisions que l'on observerait en l'absence de fraude fiscale (tandis que toutes les décisions seraient alignées horizontalement en bas du graphique, le long de l'axe des abscisses, si tous les participants suivaient leur strict intérêt financier et choisissaient de déclarer un revenu nul).

Seuls un quart des participants déclarent effectivement l'intégralité de leur revenu. Dans l'ensemble, la fraude fiscale est à

lité ? », *Revue économique*, 68 (5), (2017), p. 809-828, dont le protocole est décrit en annexe.

la fois répandue et intense (le taux de déclaration moyen est de 49 %). Les décisions de fraude sont également très hétérogènes entre les participants. Si environ 5 % des participants déclarent un revenu nul (pour un niveau de revenu effectivement gagné compris entre 250 et 450 unités monétaires), 25 % d'entre eux déclarent moins de 17 % de leur revenu et 50 % déclarent moins de 42 %. Ces résultats montrent également une corrélation très faible entre le niveau de revenu et le taux de déclaration (égale – 0,023, et statistiquement non différente de 0). Il ne semble pas ici que la décision de fraude soit reliée à un effet de richesse ou puisse être interprétée comme l'effet du mérite tel que mesuré par la performance à la tâche préliminaire, qui détermine le revenu.

Ces résultats sont représentatifs des comportements qui sont généralement observés dans les très nombreuses expériences similaires qui ont été réalisées jusqu'à présent (à la fois sur la base d'échantillons variés et dans différents pays occidentaux, comme le montrent les résultats présentés dans la prochaine partie). Ils conduisent à s'interroger non seulement sur la morale fiscale (rappelons que, dans cette expérience, renoncer à la fraude se traduit par une perte financière nette, sans aucun bénéfice monétaire) mais aussi, et surtout, sur les caractéristiques qui expliquent son hétérogénéité entre contribuables.

Déterminants individuels de la fraude fiscale : des monstres et des saints[1] ?

Afin de résumer les leçons essentielles qui émergent des études expérimentales portant sur les comportements de fraude fiscale, les résultats présentés ici s'appuient sur les résultats conjoints de plus de 70 études dont les protocoles sont suffisamment proches les uns des autres pour que les résultats soient comparables[2].

1. Le titre de cette section et celui de la suivante sont empruntés à la remarquable introduction à la philosophie morale expérimentale de R. Ogien, *L'Influence de l'odeur des croissants chauds sur la bonté humaine*, Grasset, 2011.

2. Voir J. Alm et A. Malézieux (2021), « 40 years of tax evasion games. A meta-analysis », *Experimental Economics*, à paraître.

Ces études permettent notamment d'évaluer l'effet des outils traditionnels de la politique fiscale, et d'isoler les caractéristiques sociodémographiques qui sont liées aux comportements de fraude.

L'effet dissuasif des outils traditionnels de la politique fiscale

Ces expériences font notamment varier le taux de taxation (entre 0 et 80 % des montants déclarés) et son degré de progressivité (la taxation est proportionnelle dans certaines expériences, de sorte que chaque unité de revenu est toujours taxée au même taux, et progressive dans d'autres, avec un niveau de taxation de chaque unité de revenu qui s'accroît avec le montant de revenu déclaré) ainsi que la probabilité de détection de la fraude (entre 0 et 90 %) et l'ampleur de l'amende imposée en cas de détection (entre 0 et 10 fois le montant des impôts qui étaient dus) : ces variations permettent de mesurer de manière précise l'effet de ces outils traditionnels de la politique fiscale sur les décisions de fraude (mesurées comme le ratio entre le revenu déclaré et le revenu perçu, et prenant donc ses valeurs entre 0 et 100).

La Figure 4 présente les estimations des effets sur la fraude fiscale moyenne de la variation de deux variables clés de la politique fiscale : le taux de taxe et la probabilité d'audit. Le taux de taxe, d'abord, a un effet important sur les décisions de fraude : en contradiction avec le paradoxe d'Yitzhaki (voir page 122), plus le taux de taxe augmente, plus la fraude augmente. Par exemple, si le taux de taxe de référence est compris entre 0 et 10 % et augmente pour s'établir entre 10 et 20 %, alors la fraude fiscale moyenne augmente de 12 points. Si le taux de taxe atteint un niveau compris entre 50 et 60 %, la fraude fiscale moyenne sera de 27,5 points plus élevée que pour un taux de taxe compris entre 0 et 10 %. Les données montrent également que la progressivité de la taxation a un impact significatif sur l'ampleur et l'intensité de la fraude fiscale : en comparaison d'un impôt proportionnel, un impôt progressif conduit en moyenne à une diminution de 10 % des montants dissimulés.

Figure 4. Effet sur la fraude moyenne des outils traditionnels de la politique fiscale

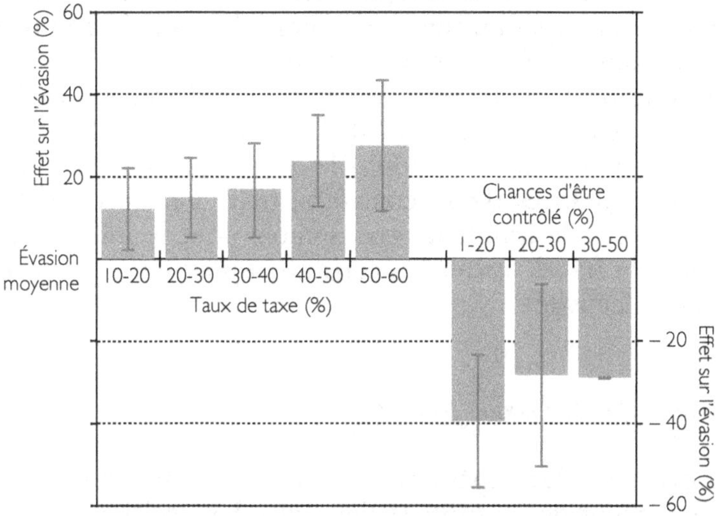

Source : J. Alm et A. Malézieux (2019), art. cit. Le graphique présente la variation du niveau moyen de fraude en fonction des variations de la sévérité de l'amende (moitié gauche) et de la probabilité de contrôle (moitié droite).

Les outils de répression de la politique fiscale ont également une efficacité avérée, mais plus subtile que ne le laisse penser un raisonnement coût-bénéfice simpliste. D'abord, comme le montre la Figure 4, la présence d'un contrôle fiscal a un impact important sur la fraude. En comparaison d'une situation sans contrôle fiscal, la présence d'un contrôle fiscal diminue la fraude de 30 à 40 points. Les résultats montrent en revanche que le niveau de la probabilité de contrôle n'affecte que très peu les décisions de fraude[1].

Enfin, la sévérité de l'amende a également un impact important sur l'intensité de la fraude. Si l'amende s'accroît en passant d'une fois le montant des impôts dissimulés à deux fois ce montant, on

1. Ce résultat est cohérent avec les travaux de théorie de la décision qui montrent une tendance forte à sur-réagir aux probabilités dont le niveau est faible. Voir par exemple C. F. Camerer et H. Unreuther « Decision processes for low probability events. Policy implications », *Journal of Policy Analysis and Management*, 8 (4), 1989, p. 565-592.

observe une baisse de 10 % de la fraude. Si cet accroissement fait passer l'amende à quatre fois le montant d'impôt dissimulé, on observe une baisse de 16 % supplémentaire de la fraude. Les outils de répression apparaissent ainsi comme des outils complémentaires qui doivent être combinés efficacement : la présence d'un mécanisme de détection est de nature à contenir le nombre de fraudeurs, tandis que la sévérité de l'amende diminue les montants dissimulés. Un système de contrôle dans lequel les contribuables ont peu de chances d'être contrôlés, mais sont fortement sanctionnés en cas de fraude avérée, semble donc le mieux à même de limiter la fraude fiscale (et constitue un système peu coûteux pour la collectivité).

Un profil type de l'évadé fiscal ?

La diversité des expériences de fraude fiscale existantes permet également de mesurer le lien entre les décisions de fraude et les caractéristiques sociodémographiques des participants. Compte tenu de la composition des échantillons de participants aux expériences, il est possible en particulier d'observer le lien avec l'âge (qui varie de 13 à 85 ans dans les études recensées), avec le fait d'être un homme ou une femme (53 % de femmes) ainsi qu'avec le niveau de revenu expérimental sur lequel porte l'exercice de simulation fiscale (qui varie de 0 à environ 43 euros, et correspond suivant les expériences soit à un montant distribué directement aux participants au début de l'expérience, soit, comme dans l'expérience présentée en détail plus haut, à une récompense gagnée à l'issue d'une tâche préliminaire)[1].

Le lien observé avec le niveau de revenu (expérimental), d'abord, est positif : une augmentation de revenu d'un euro (en euros actualisés 2019) induit une augmentation de la fraude fiscale

1. Les expériences dont les résultats sont regroupés ici expriment les revenus soit directement soit indirectement (par l'intermédiaire d'une devise expérimentale convertie à la fin de l'expérience) en devise nationale du pays où l'expérience a été conduite. Afin de rendre ces expériences comparables entre elles, les revenus ont été convertis en euros selon le taux de change en vigueur à la date de réalisation de l'expérience, puis redressés afin d'être exprimés en euros constants de 2019.

moyenne de 3 points[1]. Les caractéristiques observables sont plus fortement reliées aux décisions de fraude. L'âge notamment a un impact positif et très significatif sur la probabilité d'être un contribuable honnête. L'impact est cependant très faible : chaque année passée augmente la probabilité d'être honnête de 0,2 %. Les hommes ont une probabilité moindre de 6 % de ne pas être complètement honnêtes en comparaison des femmes. Des différences de genre apparaissent également en termes d'intensité de la fraude : les montants dissimulés par les hommes sont en moyenne plus élevés de 12 %. Ces résultats sont résumés dans la Figure 5 où les taux de soumission fiscale apparaissent comme croissants avec l'âge du participant, et plus élevés à âge donné pour les femmes que pour les hommes.

Le pouvoir explicatif des caractéristiques sociodémographiques reste cependant très limité : il recouvre une partie de l'hétérogénéité des comportements de fraude, mais une partie infime et qui est loin de suffire à en isoler les déterminants. Les expériences en

Figure 5. Corrélation observée entre fraude, genre et âge

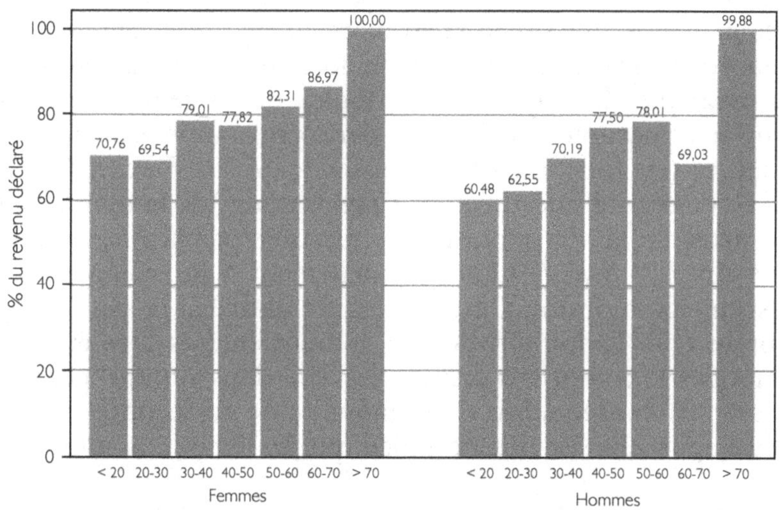

Source : J. Alm et A. Malézieux (2019), art. cit. Ce graphique présente les taux de soumission fiscale observés dans l'ensemble des expériences en laboratoire collectées, par genre et par classe d'âge.

1. Cette observation est cohérente avec les résultats obtenus par A. Alstadsæter, N. Johannesen et G. Zucman, art. cit.

laboratoire permettent d'aller bien au-delà de la mesure des caractéristiques sociodémographiques. Elles ont permis notamment de répondre à la question soulevée par ces observations : existe-t-il un raisonnement moral différent entre contribuables et qui se traduit par des décisions de fraude différentes ?

Les groupes sociodémographiques constituent une mesure très approximative des déterminants individuels du comportement. Pour isoler les composantes de la morale fiscale qui distinguent les contribuables les uns des autres et conduisent à des décisions de fraude différentes, la psychologie (et plus particulièrement la psychologie différentielle, qui s'efforce de comprendre et de documenter les différences interpersonnelles dans les déterminants psychologiques du comportement) fournit un ensemble d'outils de mesure beaucoup plus fin et précis sous la forme de questionnaires de personnalité. Ces questionnaires sont développés afin de mesurer différents traits qui distinguent les individus les uns des autres, et constituent autant d'aspects de la personnalité.

La psychologie morale distingue deux dimensions fondamentales de l'adoption de comportements moraux. Pour pouvoir reconnaître qu'une situation est moralement problématique, il est d'abord indispensable de pouvoir formuler un jugement moral au préalable. La capacité à formuler des jugements moraux peut être mesurée notamment par l'orientation des principes éthiques (en fonction des réponses à l'*Ethics Position Questionnaire*), l'intégrité (mesurée par l'*Integrity Scale*) et la moralisation des actes de la vie quotidienne (mesurée par la *Moralization of Everyday Life Scale*)[1]. Conditionnellement à la reconnaissance des enjeux moraux d'une situation donnée, la psychologie morale relie l'adoption de tels comportements aux émotions « morales », comprises comme les émotions qu'une personne ressent en conséquence de la moralité de ses propres actions. Cette approche est née de l'idée que les émotions morales se

1. L'*Ethics Position Questionnaire* a été développé par D. R. Forsyth, « A taxonomy of ethical ideologies », *Journal of Personality and Social Psychology*, 39 (1), 1980, p. 175-184 ; l'*Integrity Scale* par B. R. Schlenker, « Integrity and character. Implications of principled and expedient ethical ideologies », *Journal of Social and Clinical Psychology*, 27 (10), 2008, p. 1078-1125 ; et la *Moralization of Everyday Life Scale* par B. J. Lovett, A. H. Jordan et S. S. Wiltermuth, « Individual differences in the moralization of everyday life », *Ethics & Behavior*, 22 (4), 2012, p. 248-257.

sont développées au cours de l'évolution afin de faciliter l'adoption des comportements les meilleurs dans le cadre des interactions sociales. En ce sens, les émotions morales « servent la raison[1] ». Trois types d'émotions morales sont habituellement distinguées : les émotions prosociales (l'empathie, la sympathie, l'inquiétude et la compassion, mesurées par le *Questionnaire of Cognitive and Affective Empathy*), les émotions négatives dirigées vers soi-même (la culpabilité et la honte, mesurées par le questionnaire *Guilt and Shame Proneness*) et, enfin, la propension à se soumettre à la norme, mesurée par le questionnaire *Concern for Appropriateness*[2].

Dans le cadre d'une expérience en laboratoire, il suffit de demander aux participants d'un jeu de fraude fiscale de répondre à ces questionnaires puis de comparer le score individuel obtenu à chacun des questionnaires au montant de revenu déclaré pour obtenir une mesure empirique du lien entre les décisions de fraude fiscale et les traits de personnalité reliés à la moralité.

La Figure 6 présente les résultats d'une telle analyse en matière de jugements moraux. Chaque graphique relie les décisions observées de fraude (en ordonnée) aux scores obtenus aux questionnaires. Chacun de ces questionnaires est décomposé selon les traits de personnalité mesurés par chacune des sous-échelles qui les composent : ces questionnaires permettent ainsi de mesurer l'idéalisme (l'intensité de l'adhésion à des règles éthiques), le relativisme (le rejet de règles morales absolues), l'intégrité morale (l'attachement aux principes éthiques) ainsi que le poids moral associé à des comportements de la vie de tous les jours tels que par exemple la tromperie ou la violation des normes.

1. R. H. Frank, *Passions within reason. The strategic role of the emotions*, WW Norton & Company, 1988.

2. Le *Questionnaire of Cognitive and Affective Empathy* a été développé par R. L. E. P. Reniers, R. Corcoran, R. Drake, N. M. Shryane et B. A. Völlm, « The QCAE. A questionnaire of cognitive and affective empathy », *Journal of Personality Assessment*, 93 (1), 2011, p. 84-95 ; le questionnaire *Guilt and Shame Proneness* est dû à T. R. Cohen, S. T. Wolf, A. T. Panter et C. A. Insko, « Introducing the GASP scale. A new measure of guilt and shame proneness », *Journal of Personality and Social Psychology*, 100 (5), (2011) p. 947-966 ; et le questionnaire *Concern for Appropriateness* à R. D. Lennox et R. N. Wolfe, « Revision of the Self-Monitoring Scale », *Journal of Personality and Social Psychology*, 46 (6), 1984, p. 1349-1364.

Figure 6. Corrélations observées entre émotions morales et fraude

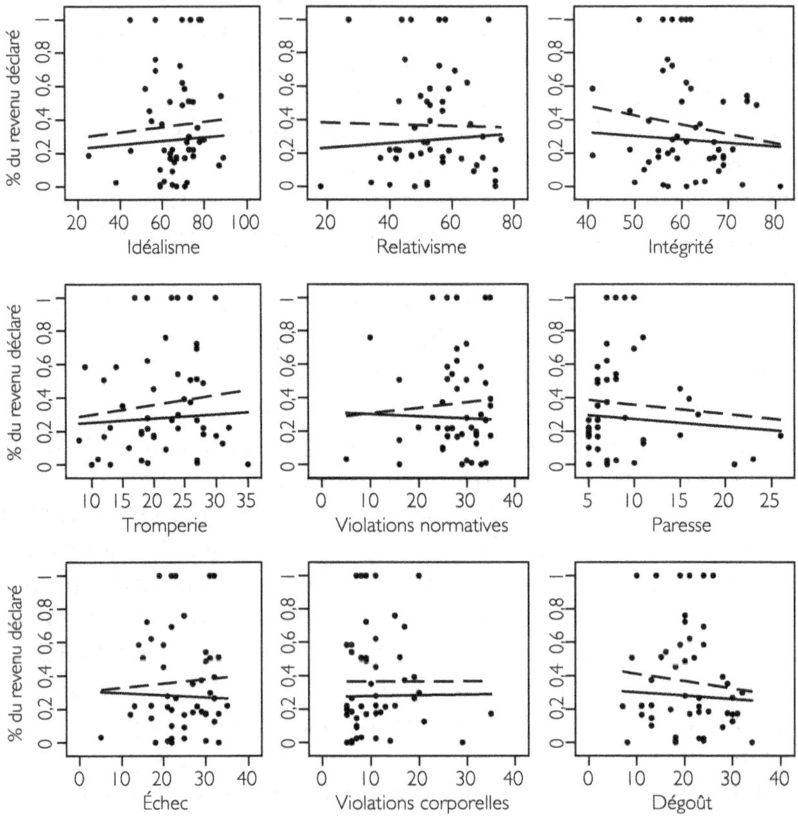

Source : N. Jacquemet, S. Luchini, A. Malézieux et J. F. Shogren, art. cit. Ce graphique représente la corrélation entre les scores de personnalité (en abscisse) et le pourcentage du revenu déclaré (en ordonnée). Les droites correspondent à l'ajustement linéaire estimé à partir du nuage de points de la fraude moyenne (en trait plein) et du montant de revenu dissimulé en cas de fraude (en pointillé).

Pour l'ensemble de ces traits de personnalité, les résultats montrent une très grande dispersion tant de la fraude fiscale que de la personnalité mesurée par ces échelles, mais suggèrent également un lien très faible entre ces variables. Les droites représentées dans chaque graphique confirment ce diagnostic : tant la fraude moyenne (en trait plein) que le montant de revenu dissimulé en cas de fraude (en pointillé) suggèrent une relation linéaire au mieux infime entre capacité à formuler des jugements moraux et décisions de fraude.

La Figure 7 propose un exercice similaire, appliqué cette fois aux émotions morales : la soumission à la norme, l'empathie cognitive et affective, la honte et enfin la culpabilité. Dans l'ensemble, la conclusion qui s'impose est similaire à la précédente : les traits de personnalité liés aux émotions morales (tels que mesurés par ces questionnaires psychométriques) sont au mieux faiblement associés à la décision d'échapper à l'impôt. Quelques traits de personnalité se distinguent cependant des autres et semblent avoir un lien plus net avec les décisions de fraude.

Figure 7. Corrélations observées entre jugements moraux et fraude

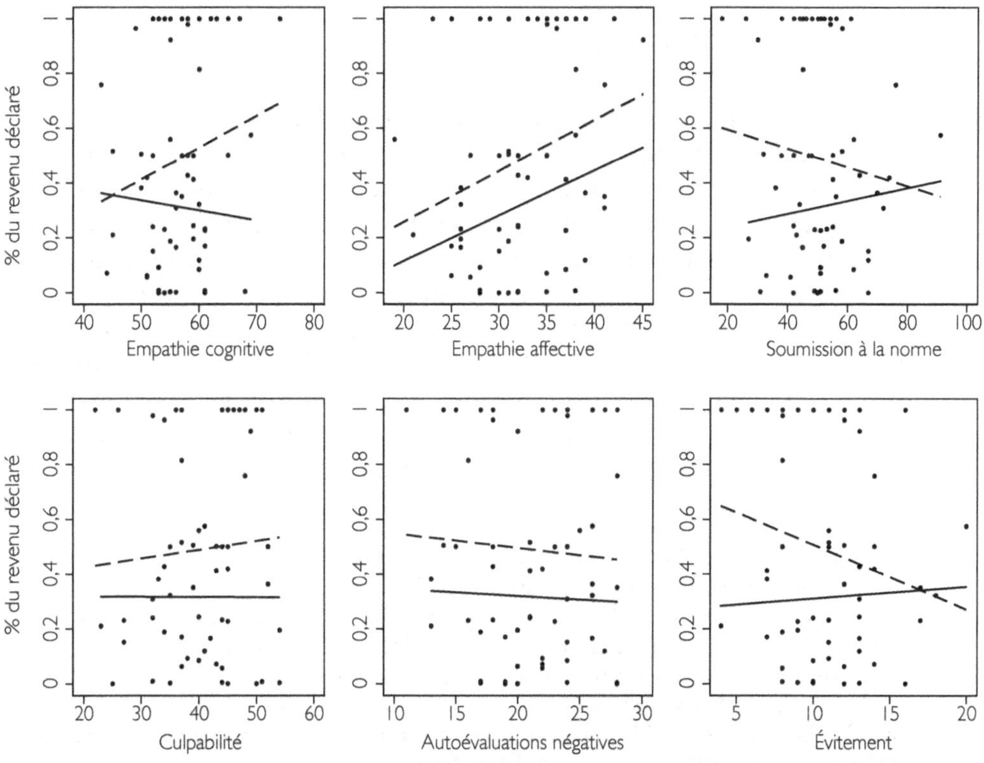

Source : N. Jacquemet, S. Luchini, A. Malézieux et J. F. Shogren, art. cit. Ce graphique représente la corrélation entre les scores de personnalité (en abscisse) et le pourcentage du revenu déclaré (en ordonnée).

Ces traits de personnalité sont tous liés au rapport à l'autre. L'empathie cognitive est en particulier corrélée à la décision de se livrer à la fraude fiscale, de telle sorte qu'une plus grande capacité à comprendre les états émotionnels des autres semble conduire à renoncer à la fraude fiscale. Dans le même esprit, une plus grande empathie affective, qui mesure la capacité à être sensible aux émotions d'autrui, est associée à une déclaration plus honnête.

Même s'il existe une relation entre certaines caractéristiques individuelles et les comportements de fraude, aucune de ces relations ne permet de dresser un profil type de l'évadé fiscal. Lorsque l'ensemble des caractéristiques disponibles sont prises en compte, elles n'expliquent notamment jamais plus de 20 % de la dispersion observée des décisions de fraude fiscale.

Les motivations de la fraude : ni monstres, ni saints

Ces résultats expérimentaux confirment dans un environnement contrôlé, et sur la base de mesures individuelles à la fois riches et très précises, les faits stylisés observés régulièrement sur le terrain[1]. La conclusion générale qui s'en dégage est que la moralité intrinsèque n'a que peu à voir avec l'adoption de comportements moraux[2]. L'explication souvent avancée d'une telle absence de déterminisme de la personnalité sur les comportements est que la personnalité et l'identité individuelle affectent principalement l'intention d'adopter un comportement particulier. Mais cette intention ne se transforme pas nécessairement en action[3] : l'un des médiateurs cruciaux de cette transformation

1. H. J. Kleven, M. B. Knudsen, C. T. Kreiner, S. Pedersen et E. Saez, « Unwilling or unable to cheat ? Evidence from a tax audit experiment in Denmark », *Econometrica*, 79 (3), 2011, p. 651-692, ont par exemple montré dans le cadre d'une expérience de terrain que les caractéristiques personnelles et socio-économiques des participants affectent peu leur attitude fiscale.

2. M. Terestchenko, *Un si fragile vernis d'humanité. Banalité du mal, banalité du bien*, La Découverte, 2005, présente une synthèse des très nombreux travaux de psychologie sociale consacrés à cette question.

3. Voir notamment I. Ajzen, « From intentions to actions. A theory of planned behavior », in J. Kuhl et J. Beckmann (éd.), *Action control*, Berlin Heidelberg, Springer, 1985, p. 11-39, et V. Braithwaite, « Dancing with tax authorities.

des intentions en action est le contexte dans lequel les décisions sont prises, qui peut conduire des « saints » à se comporter comme des « monstres », et des « monstres » à se conduire en « saints ».

Une expérience célèbre en psychologie sociale met par exemple en scène une personne qui utilise une cabine téléphonique pour passer un appel. Au moment où cette personne sort de la cabine, un passant (complice de l'expérience) trébuche et répand devant elle les documents qu'il portait. L'attitude moralement appropriée dans de telles circonstances est bien évidemment d'aider ce passant à rassembler les documents qu'il a éparpillés. Selon une approche purement comportementaliste de cette situation, la question qui se poserait est de savoir de quelles informations il faudrait disposer pour pouvoir prédire le comportement de cette personne : est-il suffisant de connaître son âge, son genre, sa profession, de disposer de mesures psychométriques de sa personnalité, etc. ? La réponse sans ambiguïté des nombreuses expériences portant sur ce scénario est qu'une même personne se comportera très différemment dans cette situation selon le contexte dans lequel elle survient[1]. L'une de ces expériences consistait par exemple à déposer une pièce de monnaie dans la cabine avant que la personne dont on étudie le comportement n'y entre. Parmi les gens qui n'avaient pas trouvé de pièce de monnaie avant de sortir de la cabine, 4 % prennent la peine d'aider le pauvre inconnu dont les documents sont éparpillés. Parmi ceux qui ont eu la bonne surprise de trouver par hasard cette pièce de monnaie avant d'être confrontés à la même situation, cette proportion s'élève à 87,5 % : l'attitude positive qui préside à des actes généreux est ainsi sensible à des détails aussi futiles qu'un simple coup de chance.

Cette approche situationniste de l'adoption de comportements moraux suggère donc que les propriétés de la situation comptent au moins autant que les caractéristiques de la personne qui s'y trouve confrontée. L'effet de la situation sur les comportements

Motivational postures and non-compliant actions », in V. Braithwaite (éd.), *Taxing democracy. Understanding tax avoidance and evasion*, Londres, Routledge, 2003, p. 15-39.

1. Voir, par exemple, J. M. Doris, *Lack of character. Personality and moral behavior*, Cambridge University Press, New York, 2002.

peut d'ailleurs tenir à des détails tout à fait insignifiants : dans une expérience qui consistait à demander un service (faire de la monnaie) aux chalands d'un centre commercial, il a été observé[1] que la proportion de gens qui acceptent de rendre ce service est beaucoup plus élevée si l'expérience se déroule à proximité d'une boulangerie, d'où émane une douce odeur de croissants chauds…

L'odeur des croissants chauds : l'influence du contexte sur la morale fiscale

L'absence de relation forte entre les caractéristiques propres aux individus et leur décision de déclaration de revenu conduit à repenser les modalités d'intervention publique permettant de lutter contre la fraude. Afin d'illustrer les différents types de ressorts psychologiques permettant d'influencer les comportements, Robert-Vincent Joule et Jean-Léon Beauvois[2] présentent le cas imaginaire d'une institutrice qui est contrainte de quitter sa salle de classe avant ses élèves, le soir à l'heure de la sortie. Soucieuse de la consommation d'énergie, elle demande à ses élèves de bien vouloir penser à éteindre la lumière en quittant la salle de classe, après leur avoir longuement expliqué les enjeux économiques autant qu'écologiques d'un geste aussi simple. À son arrivée le lendemain matin, elle constate que la lumière est restée allumée toute la nuit. Par souci pédagogique, elle décide de quitter de nouveau la classe en avance (délibérément cette fois), et met en œuvre une stratégie de motivation qu'elle espère plus efficace en insistant sur le sens des responsabilités des élèves, et leur demande à chacun de faire appel à leur conscience en quittant la classe. La même déception l'attend cependant le lendemain matin. Elle persiste à obtenir de ses élèves le comportement qu'elle juge socialement approprié, renouvelle sa déclaration,

1. R. A. Baron, « The sweet smell of... helping. Effects of pleasant ambient fragrance on prosocial behavior in shopping malls », *Personality and Social Psychology Bulletin*, 23 (5), 1997, p. 498-503.
2. R.-V. Joule et J.-L. Beauvois, *La Soumission librement consentie*, Paris, Presses Universitaires de France, 1999.

puis se tourne cette fois vers la classe en demandant quel élève est prêt à prendre la responsabilité d'éteindre la lumière. Aucun volontaire ne se manifeste, confirmant le désintérêt des élèves. Elle désigne alors un élève choisi au hasard, lui demande s'il veut bien s'en charger, s'assure de son plein accord une seconde fois suite à sa réponse affirmative, et quitte la classe.

Le fait que la lumière sera cette fois bien éteinte le lendemain matin ne constituera probablement une surprise pour personne. Le contraste entre les trois tentatives de l'institutrice est pourtant révélateur des différents leviers psychologiques sur lesquels il est possible d'agir pour encourager l'adoption de comportements socialement souhaitables. La première s'apparente à une stratégie de persuasion : elle participe de l'idée que les gens agissent uniquement en fonction de leur personnalité et de leurs convictions, de sorte qu'il suffit de les convaincre du bien-fondé d'une action pour les voir l'adopter. La deuxième prend acte de ce que les convictions ne trouvent pas toujours de traduction dans les actes en l'absence de motivation intrinsèque à le faire. Pour stimuler la motivation intrinsèque, et réduire l'écart entre les intentions et les actes, elle complète la stratégie de persuasion d'un appel au sens des responsabilités qui vise à mettre l'accent sur l'importance qu'il convient d'accorder aux conséquences éthiques de ses actes. La troisième et dernière tentative relève d'une approche radicalement différente des déterminants du comportement, et fait appel à la décision délibérée de la part de l'élève d'accepter une demande qu'il était impossible de refuser. Plutôt que les qualités intrinsèques de l'élève (qui avait été choisi au hasard dans une assemblée réticente à se porter volontaire), ou sa sensibilité à la cause environnementale, ce sont tout simplement ses actes antérieurs qui prédisposent cet élève à adopter un comportement que la persuasion s'est avérée incapable d'obtenir.

Psychologie sociale de l'engagement et comportements économiques

La psychologie sociale de l'engagement, qui formalise ce levier d'action sur les comportements à travers le lien entre les individus et leurs actes, est née à la fin des années 1940 sous l'impulsion des travaux de Kurt Lewin[1]. Pour éviter les carences alimentaires pendant la Seconde Guerre mondiale, de grandes conférences étaient organisées afin d'inciter les ménagères américaines à cuisiner des bas morceaux de boucherie. L'effet de telles opérations de persuasion s'est néanmoins révélé très limité. Rentrant chez elles à l'issue de ces conférences, bien que parfaitement informées et pleinement convaincues par les arguments qu'elles avaient pu entendre durant la réunion, elles continuèrent à se comporter exactement comme si elles n'avaient pas assisté à la conférence, puisque seulement 3 % d'entre elles cuisinèrent des bas morceaux. La situation fut tout à fait différente lorsque la persuasion était combinée à une action explicite de la part des participantes : lorsqu'au terme de la réunion les ménagères étaient amenées à prendre la décision de servir des abats en levant la main pour signifier qu'elles étaient volontaires pour le faire, 32 % (dix fois plus) cuisinèrent effectivement des bas morceaux.

Dès ces premiers travaux, la décision apparaît comme un levier de changement efficace des comportements ultérieurs. Lewin formalise cette observation à partir de la notion d'*effet de gel* pour traduire cette adhérence (au sens des propriétés physiques de la colle) à la décision. Le facteur déterminant pour expliquer l'adoption d'un comportement n'est plus l'ensemble de raisons (bonnes ou mauvaises) qui ont conduit à la prendre, mais l'acte même de décision : le fait d'avoir décidé. Tout se passe, dès lors, comme si le décideur était lié à sa décision : les actes passés produisent un engagement, un « lien qui unit l'individu à ses actes » dans les termes de Charles A. Kiesler[2], qui se traduit par des comportements ultérieurs cohérents avec cette première action.

De tels actes engageants peuvent être en apparence insignifiants, et en tout cas très faciles à obtenir : il suffit la plupart du

1. K. Lewin, « Group decision and social change », in H. Holt (éd.), *Readings in social psychology*, New York, Henry Holt and Co., 1947, p. 197-211, et voir également N. Jacquemet, R.-V. Joule, S. Luchini et A. Malézieux, « Engagement et incitations. Comportements économiques sous serment », *L'Actualité économique*, 92 (1-2), 2016, p. 315-349, pour une synthèse de l'application de la théorie de l'engagement en psychologie sociale aux comportements économiques.

2. C. A. Kiesler, *The psychology of commitment. Experiments linking behavior to belief*, New York, Academic Press, 1971.

temps d'une simple demande pour qu'ils soient adoptés. C'est la leçon importante qui émerge des travaux de Thomas Moriarty portant sur les comportements d'entraide[1]. La première expérience se déroule à la plage. Un premier complice, allongé sur une serviette de plage, fait mine d'écouter une émission sur une radio portable. Puis il s'adresse à la personne allongée sur le sable la plus proche de lui. Dans une condition d'engagement, il lui dit qu'il doit s'absenter quelques minutes et lui demande de surveiller ses affaires. Le « oui » obtenu, il s'éloigne. Dans une condition de contrôle, un contact est également établi entre les deux protagonistes, mais cette fois le complice demande simplement à la personne d'à côté de bien vouloir lui prêter du feu pour allumer sa cigarette. Sa cigarette allumée, il s'absente sans autre commentaire. Quelques minutes plus tard, un second complice « vole » la radio. Alors que 20 % des personnes s'interposent – et empêchent donc le vol – dans la condition de contrôle, cette proportion s'élève à 95 % dans la condition d'engagement. La même procédure expérimentale a été appliquée dans un restaurant : le complice demande cette fois à un client assis à la table juste à côté de la sienne de surveiller son sac (un sac de luxe) durant son absence. Les résultats sont encore plus nets : 100 % s'interposent pour empêcher le vol dans la condition d'engagement, contre seulement 12,5 % dans la condition de contrôle.

Les actes engageants peuvent non seulement être de banales décisions prises en réponse à une requête tout aussi banale formulée par un inconnu, mais il peut aussi s'agir de promesses verbales. James A. Kulik et Patricia Carlino[2] étudient par exemple le comportement d'un groupe de parents dont les enfants souffrent d'une otite aiguë. Après la prescription médicale, commune à tous les parents, certains étaient amenés à faire verbalement la promesse d'administrer à leurs enfants tous les médicaments prescrits. Conformément à la théorie de l'engagement, l'observance thérapeutique fut beaucoup plus grande dans le groupe de parents qui ont été exposés à cette demande.

---

1. T. Moriarty, « Crime, commitment, and the responsive bystander. Two field experiments », *Journal of Personality and Social Psychology*, 31 (2), 1975, p. 370-376.

2. J. A. Kulik et P. Carlino, « The effect of verbal commitment and treatment choice on medication compliance in a pediatric setting », *Journal of Behavioral Medecine*, 10 (4), 1987, p. 367-376.

L'effet de l'engagement sur les comportements ne se limite pas à la banalité du bien. L'une des conséquences comportementales les plus fascinantes de la théorie de l'engagement est la soumission à l'autorité, mise en évidence par l'expérience célèbre de Stanley Milgram[1]. Des participants d'âges et de milieux différents sont invités à participer à une expérience. Une fois sur place, les participants se voient informés que le but de l'expérience est de vérifier si des punitions physiques permettent d'améliorer la capacité de mémorisation. Tous les participants se voient attribuer le rôle du « professeur » tandis que l'« élève » est un complice de l'expérimentateur. L'élève est fermement attaché à une chaise sous les yeux du professeur, qui fait l'expérience de la douleur provoquée par les décharges électriques qu'il devra infliger à l'élève en cas d'erreur (et est informé que les punitions pourront atteindre jusqu'à 10 fois le niveau d'intensité qu'il a subi). Il est ensuite accompagné par l'expérimentateur dans une salle connexe d'où se déroulera l'expérience. Celle-ci consiste à poser des questions à l'élève et à lui administrer des punitions d'intensité croissante en cas d'erreur, sous les ordres de l'expérimentateur. Si le professeur ne voit pas les réactions de l'élève, il est cependant en contact avec lui par un dispositif de communication distante et entend ses réactions. Bien sûr, l'élève se trompe délibérément à chaque interrogation, et simule des douleurs d'intensité croissante à mesure que l'expérience progresse. Le rôle de l'expérimentateur est d'exiger du professeur (quoique sur un ton neutre et sans menace, mais allant jusqu'à des impératifs du type « Vous n'avez pas le choix, vous devez continuer ») qu'il augmente progressivement l'intensité des sanctions et les administre. Lorsque l'intensité des punitions atteignait 150 volts, l'élève demandait en hurlant à ce que l'expérience s'arrête. En moyenne, les deux tiers des participants vont jusqu'au bout de l'expérience bien qu'ils sachent (ou plutôt, pensent) qu'ils administrent une sanction atteignant 450 volts. Cette proportion est constante entre les pays (éliminant toute explication culturelle), entre genres (aucune relation stable n'a pu être observée selon que les participants sont des

1. Voir S. Milgram, *Expérience sur l'obéissance et la désobéissance à l'autorité*, La Découverte, 2017, pour une édition critique en français de l'article original datant de 1963.

hommes ou des femmes) et indépendante du degré de moralité individuelle mesurée par des tests de personnalité. Elle n'est pas, en revanche, indépendante du contexte : le taux de refus est beaucoup plus élevé si le professeur est accompagné d'autres complices qui l'incitent à arrêter, est en contact physique avec l'élève, ou si l'expérimentateur manque de crédibilité.

L'adoption de comportements moraux, ou immoraux, n'est donc dans bien des domaines que partiellement affaire de moralité au sens commun du terme : loin des grands principes et de la conviction intime, les comportements sont sur-déterminés par le contexte social, et plus particulièrement les décisions qui sont prises avant d'être confronté à la possibilité d'adopter, ou non, de tels comportements. Dans les termes de Robert-Vincent Joule et Jean-Léon Beauvois[1], « nous ne sommes pas engagés par nos idées, ou par nos sentiments, par ce qui est, en quelque sorte, "dans notre tête" ou notre for intérieur, mais par nos conduites effectives, et donc par des agissements que les autres peuvent ou pourraient observer ». Cet effet d'engagement des actes antérieurs, par lequel ils déterminent la disposition à se comporter ultérieurement d'une certaine manière, est parfois interprété comme le produit d'un mécanisme d'autoattribution[2] : une personne découvre ses propres attitudes, opinions, valeurs ou traits de personnalité, à partir des actes auxquels elle s'est délibérément livrée. Selon cette interprétation, une personne qui accepte de rendre un petit service se convainc elle-même, par le fait même de s'être comportée de cette manière, qu'il est dans sa nature d'en faire ainsi, et sera plus susceptible de le faire à l'avenir, y compris si le service qui lui sera demandé dans le futur est plus coûteux que le premier. Une seconde interprétation classique s'appuie sur la notion de « dissonance cognitive[3] », un état de tension psychique désagréable créé par le désaccord entre deux cognitions (qui peuvent être des idées, des décisions, des promesses, mais aussi la représentation de comportements réalisés). Selon cette interprétation, une personne qui a accepté

1. J.-L. Beauvois et R.-V. Joule, *Petit traité de manipulation à l'usage des honnêtes gens*, Presses Universitaires de Grenoble, 2002, p. 71.

2. D. J. Bem, « Self-perception theory », in L. Berkowitz (éd.), *Advances in Experimental Social Psychology*, New York, Academic Press, 1972, p. 1-62.

3. Leon Festinger, *A Theory of Cognitive Dissonance*, Stanford University Press, 1957.

de rendre un service sera, quelles que soient les raisons qui l'ont poussée à le faire, plus susceptible de le faire à nouveau dans le futur afin de se prémunir contre la dissonance liée à l'adoption de comportements successifs contradictoires.

Quels que soient les mécanismes psychologiques à l'œuvre, les résultats de l'ensemble de ces expériences en psychologie sociale montrent ainsi qu'une personne « engagée », par une tâche préparatoire conçue à dessein, prend plus facilement la décision vers laquelle la pousse l'engagement. En ce sens, la psychologie sociale de l'engagement constitue une grille d'analyse permettant de concevoir des dispositifs non monétaires destinés à orienter les décisions économiques, à travers une modification de l'« architecture de choix » dans les termes de l'approche désormais bien connue des politiques publiques initiée par Richard Thaler et Cass Sunstein[1]. Cette approche s'appuie sur des modifications de l'architecture de choix connues sous le terme de « *nudges* » (ou « coups de pouce »), qui sont destinées à pallier les biais comportementaux qui affectent la prise de décision : la manipulation de l'ordre dans lequel sont présentés les plats dans le linéaire d'une cafétéria est par exemple destinée à contrer les effets de l'incohérence temporelle des décisions – la tendance à prendre des décisions dans le futur qui sont contraires à celles que l'on projetait initialement de prendre, et conduiront à regretter d'avoir céder aux sirènes d'un plaisir immédiat.

L'objectif des *nudges* est ainsi d'agir sur les comportements dans une direction qui consiste à rendre les décisions plus cohérentes avec les intentions (dans les termes de Thaler et Sunstein, « *make people better off, as judged by themselves* »). L'engagement agit quant à lui directement sur les intentions elles-mêmes, de la même manière que les incitations monétaires conduisent à évaluer différemment les options disponibles en fonction des conséquences financières qui leur sont associées. Si, par exemple, une amende est instaurée pour décourager un type de comportement particulier, cette amende rendra ce comportement moins attractif en en diminuant les bénéfices. De la même manière, l'engagement constitue une incitation non monétaire qui affecte la manière dont sont évaluées les options disponibles (aider ou ne pas aider un inconnu) et

1. R. Thaler et C. Sunstein, *Nudge. Emotions, habitudes, comportements : comment inspirer les bonnes decisions ?*, Vuibert, 2010.

conduit à des changements de comportement qui sont cohérents avec les intentions : une personne qui n'a pas été confrontée à un mécanisme d'engagement ne renonce pas à aider l'inconnu qui lui demande un service par incapacité à le faire ou sous l'effet d'un biais comportemental qu'il s'agit de contrer. Elle adopte ce comportement avec autant de sincérité que la décision d'aider ce même inconnu qui survient lorsqu'elle est exposée à un mécanisme d'engagement.

Leviers non monétaires de la politique fiscale

Appliquée aux comportements de fraude fiscale, la théorie de l'engagement élargit considérablement la palette d'outils de politique fiscale disponibles, à travers des modifications de l'architecture de la phase de déclaration de revenu qui produisent un engagement en direction de l'honnêteté des contribuables.

Charles Bram Cadsby, Elizabeth Maynes et Viswanath Umashanker Trivedi étudient l'effet de la soumission à l'autorité en modifiant la manière dont les participants sont invités à déclarer leur revenu dans un jeu expérimental de fraude fiscale[1]. Une première condition utilise un mode de présentation classique et demande aux participants de déclarer le montant de leur choix, compris entre 0 % et 100 % de leur revenu. Le taux moyen de fraude dans cette condition atteint plus de 50 % du revenu. Dans la seconde condition, la présentation de la décision est remplacée par une injonction impérative qui consiste à indiquer aux participants qu'ils sont tenus de déclarer l'intégralité de leur revenu. Cette simple modification augmente considérablement le taux de déclaration moyen.

L'adhésion des contribuables au processus d'imposition constitue également un levier d'engagement important. James Alm, Betty Jackson et Michael McKee[2] étudient l'effet d'un vote

1. C. B. Cadsby, E. Maynes et V. U. Trivedi, « Tax compliance and obedience to authority at home and in the lab. A new experimental approach », *Experimental Economics*, 9 (4), 2006, p. 343-359.

2. J. Alm, B. Jackson et M. McKee, « Fiscal exchange, collective decision institutions and tax compliance », *Journal of Economic Behavior & Organization*, 22, 1993, p. 285-303.

organisé préalablement à la déclaration afin de choisir la manière dont les fonds collectés seront utilisés (il s'agit concrètement de choisir l'association caritative à laquelle seront reversés les fonds). En comparaison d'une situation où l'utilisation des fonds est décidée de manière arbitraire, sans consultation des contribuables, la fraude fiscale diminue fortement – et de manière proportionnelle à l'intensité avec laquelle les votes exprimés étaient favorables à l'option choisie. Dans le même esprit, l'efficacité d'une amende sanctionnant la fraude est d'autant plus grande qu'elle est imposée suite à un vote des contribuables – et croissante de l'intensité de l'adhésion à cette sanction[1].

L'une des techniques d'engagement à la fois les plus simples, les plus efficaces, et les plus transposables sur le terrain consiste à faire précéder l'étape de déclaration du revenu par la signature d'un code d'honneur ou d'une simple promesse. Cette idée a été testée notamment par Nina Mazar, On Amir et Dan Ariely dans le cadre d'une expérience dont les participants doivent accomplir des tâches simples (par exemple, fournir le nombre de 1 contenus dans une matrice de chiffres) puis s'autoévaluer : la rémunération obtenue dépend uniquement de la performance déclarée, ce qui introduit des incitations monétaires fortes à mentir[2]. Dans ce contexte, le simple fait de demander aux participants de signer une déclaration stipulant qu'ils comprennent « que ce questionnaire est soumis au système de code d'honneur » de l'université où se déroule l'expérience fait diminuer le mensonge observé de près de la moitié. Dans le cadre d'une expérience de terrain, Ann-Kathrin Koessler, Benno Torgler, Lars P. Feld et Bruno S. Frey proposent à des contribuables suisses de formuler une promesse consistant à payer leurs impôts à temps. En échange de cette promesse les contribuables participent à une loterie leur permettant de remporter un lot. La proportion de contribuables qui s'acquittent de leurs impôts dans les délais légaux augmente considérablement suite à une telle promesse, passant de 35 % en son absence à 65 %

1. L. P. Feld et J.-R. Tyran, « Tax evasion and voting. An experimental analysis, *Kyklos*, 55, 2002, p. 197-221.

2. N. Mazar, O. Amir et D. Ariely, « The dishonesty of honest people. A theory of self-concept maintenance », *Journal of Marketing Research*, 45 (6), 2008, p. 633-644.

lorsque le lot correspond à un gain monétaire de 1 000 francs suisses (environ 900 euros)[1].

La fraude fiscale sous serment : quels sont les contribuables qui tiennent leurs engagements ?

Si ces résultats montrent un effet fort d'un engagement signé sur la propension à se comporter de manière honnête, ils mettent en évidence un effet moyen qui ne permet pas de comprendre quelles sont les caractéristiques des contribuables qui sont sensibles à un tel engagement, et ceux pour lesquels un tel outil ne modifie pas les décisions[2]. L'étude de Nicolas Jacquemet, Stéphane Luchini, Antoine Malézieux et Jason F. Shogren vise à documenter plus finement l'effet d'un engagement solennel à dire la vérité sur les décisions prises par les participants dans un jeu de fraude fiscale[3].

L'engagement prend la forme dans l'expérience d'un formulaire de serment, présenté aux participants avant qu'ils n'entrent dans le laboratoire et découvrent les règles et l'objet de l'expérience. Conformément aux prescriptions de la théorie de l'engagement, les participants sont libres de décider s'ils sont ou non d'accord pour signer cet engagement solennel qui stipule : « Je soussigné(e), Prénom Nom, m'engage sur l'honneur pendant toute la durée de l'expérience à : Dire la vérité et toujours donner des réponses sincères ». La procédure (décrite en détail en annexe) a été élaborée de telle manière que la très grande majorité des participants (98 %)

1. A.-K. Koessler, B. Torgler, L. P. Feld et B. S. Frey, « Commitment to pay taxes. Results from field and laboratory experiments », *European Economic Review*, 115, 2019, p. 78-98.

2. S'y ajoute une difficulté d'interprétation liée à la possibilité que l'effet observé d'une promesse relève principalement d'un effet de sélection : il se peut en effet que les contribuables qui acceptent de formuler une telle promesse soient différents de ceux qui ne le font pas, et qu'ils se seraient montrés en particulier plus diligents que les autres en l'absence même de promesse, laissant penser à tort que cette différence de comportement est due à la formulation d'une promesse.

3. N. Jacquemet, S. Luchini, A. Malézieux et J. F. Shogren, « Who'll stop lying under oath ? Empirical evidence from tax evasion games », *European Economic Review*, vol. 20, 2020.

acceptent de signer cet engagement – ce qui permet de mesurer l'effet de l'engagement lui-même plutôt qu'une différence de comportement préexistante entre les participants qui accepteraient de signer et ceux qui s'y refuseraient.

Les résultats de l'expérience confirment un effet fort de l'engagement sur les comportements de fraude fiscale[1]. Si le rapport entre le montant déclaré et le revenu effectivement gagné est de 49 % en moyenne en son absence, il s'élève à 63,2 % parmi les participants qui ont été exposés à cette procédure. Comme le montre la Figure 8 (graphique du haut), cette augmentation de l'honnêteté dans les déclarations est cependant loin d'être uniforme. Le graphique présente la proportion de participants dont la déclaration est au moins égale à la valeur présentée en abscisse, séparément selon que les participants ont été exposés ou non à la procédure de serment. Le graphique montre par exemple que la proportion de participants qui décident de déclarer un revenu nul est légèrement inférieure à 20 %, et identique dans les deux conditions. Cette absence de réaction au serment reste vraie pour toutes les décisions qui correspondent à une fraude fiscale massive : 20,6 % des participants déclarent ainsi moins de 10 % de leur revenu dans la condition de contrôle, et 16,7 % parmi ceux qui sont exposés au serment. L'essentiel de la différence de fraude induite par l'exposition au serment provient des participants dont la déclaration est intermédiaire (comprise entre 10 % et 90 % de leur revenu) : ce comportement concerne seulement 31,8 % des participants exposés au serment, contre 49,2 % en son absence. Cette différence se traduit en outre par une augmentation forte de la proportion de participants dont la déclaration représente plus de 90 % de leur revenu (51,5 % sous serment contre 30,1 % sinon). En particulier, la moitié des participants déclarent l'intégralité de leur revenu après avoir été exposés au serment, alors qu'ils ne sont que 25,4 % en son absence. Plutôt que d'infléchir à la hausse le pourcentage de revenu déclaré, l'engagement conduit ainsi les participants qui y sont sensibles à changer radicalement de décision, et à se comporter de manière pleinement honnête. Le graphique du bas de

1. La distribution du revenu est identique entre les deux conditions de l'expérience, permettant une comparaison toutes choses égales par ailleurs de l'effet de l'engagement.

Figure 8. L'effet d'un serment à dire la vérité sur les distributions de fraude fiscale et d'impôts collectés

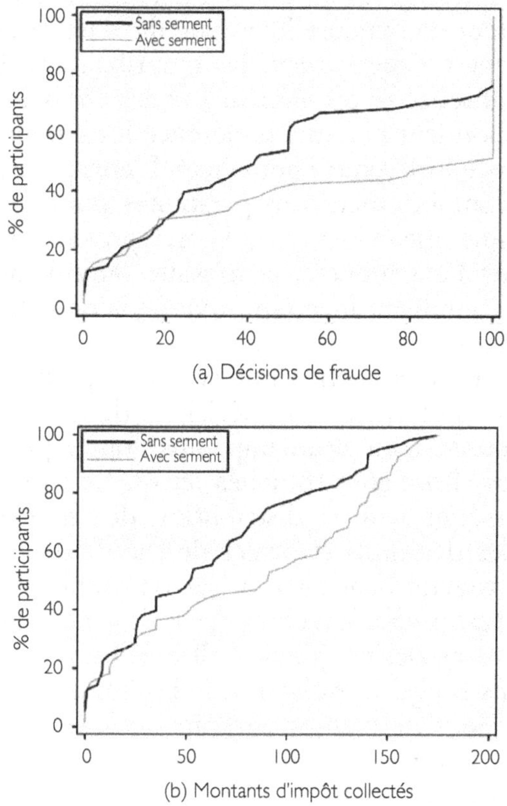

Source : N. Jacquemet, S. Luchini, A. Malézieux et J. F. Shogren, art. cit. Dans le graphique du haut, chaque courbe présente la distribution cumulative du ratio entre revenu déclaré et gagné (c'est-à-dire la proportion de participants (en ordonnée) dont le pourcentage de revenu déclaré est inférieur ou égal à la valeur présentée (en abscisse), selon que les participants ont été exposés ou non à la possibilité de signer un engagement solennel à dire la vérité. Le graphique du bas présente la traduction de ces proportions en termes de montants d'impôt collectés.

la Figure 8 montre que cet accroissement global de l'honnêteté se traduit par une augmentation très sensible du montant d'impôt collecté : celui-ci augmente de 66,9 %, passant de 60,9 unités monétaires expérimentales à 90,9 en moyenne par participant.

S'il conduit à une augmentation massive du montant d'impôt collecté, l'effet de l'engagement sur les comportements de fraude semble donc être concentré sur un sous-ensemble très particulier de contribuables : tant les fraudeurs convaincus, qui dissimulent l'intégralité de leur revenu, que les contribuables scrupuleux, qui en déclarent l'intégralité, sont tout aussi insensibles à l'engagement et se comportent de manière identique dans les deux conditions. Seuls réagissent à l'engagement les contribuables dont les décisions en son absence se porteraient sur des choix intermédiaires, qui ne correspondent ni à une préférence forte pour la fraude, ni à une préférence forte pour l'honnêteté. L'engagement laisse ainsi inchangé le comportement des personnes pour qui la décision s'impose comme une évidence (qui correspondent à la moitié des participants de l'expérience), et modifie radicalement celui des personnes qui semblent incertaines vis-à-vis de l'attitude qu'elles souhaitent adopter.

Cette hypothèse est cohérente avec la rapidité avec laquelle les participants prennent leurs décisions dans l'expérience : les temps de réponse sont beaucoup plus courts pour les participants dont les choix sont tranchés (et qui se situent à chacune des deux extrémités de la distribution des revenus déclarés). Tandis que les décisions radicales de fraude ou de déclaration complète du revenu sont ainsi prises très rapidement, les décisions qui correspondent au contraire à des choix intermédiaires de fraude sont associées quant à elles à des temps de réponse beaucoup plus longs, traduisant une hésitation quant à la décision appropriée. Ces mêmes participants sont également ceux qui réagissent à l'engagement, et le font en déclarant l'intégralité de leur revenu. Il convient de noter que la rapidité des réponses est la même avec et sans serment : lorsque l'engagement produit des comportements honnêtes de la part des participants qui auraient choisi une fraude partielle en son absence, cette décision est prise tout aussi rapidement que si elle n'était pas due à la signature du serment. L'engagement conduit ainsi les participants qui sont incertains vis-à-vis de l'attitude qu'ils souhaitent adopter à se comporter comme s'ils étaient pleinement convaincus qu'une déclaration complète est la décision qu'il convient de prendre.

Cette hypothèse est testée plus directement dans le cadre d'une seconde expérience, réunissant des participants différents, et au cours de laquelle l'étape de déclaration est répétée à cinq reprises : le degré de cohérence des déclarations permet de distinguer les décisions qui relèvent de préférences fortes en faveur ou à l'encontre de la fraude (qui se manifestent par un choix constant au fil des répétitions) ou, au contraire, traduisent une hésitation vis-à-vis de l'attitude appropriée. À cette répétition près, l'expérience est identique à la précédente (et les décisions sont comparables car l'une seulement des cinq déclarations est utilisée pour déterminer le paiement des participants à la fin de l'expérience).

De fait, les décisions moyennes de fraude (qui correspondent à la moyenne des cinq déclarations choisies par les participants de cette seconde expérience) sont strictement identiques à celles qui ont été observées dans l'expérience précédente. Le revenu déclaré sous serment représente en particulier 60,1 % en moyenne du revenu gagné, contre 43,0 % en son absence. Sur la base de ces décisions moyennes, l'effet de l'engagement apparaît de nouveau concentré sur les participants dont les décisions de fraude sont intermédiaires : la proportion de participants qui décident de dissimuler plus de 90 % de leur revenu reste à nouveau inchangée (et représente environ 30 % des participants) tandis que 20 % d'entre eux décident de déclarer une large proportion de leur revenu (plus de 90 %) en l'absence même d'engagement. Comme dans l'expérience précédente, le principal effet du serment est de conduire les participants dont la décision moyenne de fraude est intermédiaire à pencher radicalement en faveur d'une déclaration honnête (la proportion de participants qui déclarent plus de 90 % de leur revenu atteignant près de 50 % dans cette condition).

Surtout, le lien entre la cohérence des décisions et les comportements de fraude confirme l'hypothèse précédente : les décisions sont presque parfaitement cohérentes au fil des cinq répétitions pour les participants qui décident soit de déclarer l'intégralité de leur revenu, soit de le dissimuler totalement – confirmant la volonté affirmée des participants qui optent pour l'un de ces deux comportements. À l'inverse, les décisions sont très variables pour les participants qui choisissent de déclarer une proportion intermédiaire de leur revenu : ces mêmes participants qui ne choisissent ni la fraude complète ni l'honnêteté parfaite apparaissent donc comme hésitants dans leur choix de déclaration. Lorsqu'ils sont exposés à un acte d'engagement, leur choix se porte non pas sur la déclaration d'une proportion accrue de leur revenu, mais sur une déclaration parfaitement honnête. Ce lien entre cohérence des décisions et niveau de déclaration reste en outre identique lorsque les participants sont exposés à une procédure de serment à dire la vérité : une proportion beaucoup plus importante de participants décide de déclarer l'intégralité de leur revenu, et ceux qui le font, le font de manière cohérente au fil des cinq répétitions. Les participants qui penchent en faveur de l'honnêteté sous l'effet de l'engagement le font donc avec la même détermination que ceux qui adoptent spontanément ce comportement.

Les outils non monétaires de la politique fiscale tirent ainsi leur efficacité de leur capacité à faire basculer vers les comportements socialement appropriés les contribuables dont les écarts de comportement sont hasardeux plutôt que délibérément et consciemment choisis. Ces outils constituent un levier efficace, et dont la mise en place est peu coûteuse, pour discipliner les fraudes « communes », commises par légèreté ou négligence. S'ils sont de faible ampleur, ces « petits mensonges » n'en sont pas moins très répandus – et c'est parce qu'ils sont surreprésentés qu'ils deviennent problématiques. Dan Ariely souligne par exemple que dans la série d'études sur la malhonnêteté dont les résultats ont été présentés plus haut seules 20 personnes sur 40 000 allaient jusqu'à affirmer avoir résolu l'intégralité des problèmes qui leur étaient présentés ; tandis que 28 000 d'entre elles optaient pour une fraude « légère ». La première catégorie de participants a coûté 400 dollars aux expérimentateurs, tandis que la seconde, environ 50 000 dollars[1].

Ces mêmes outils semblent en revanche inefficaces sur les actes de fraude qui relèvent de décisions délibérées et mûrement choisies. Pour lutter contre les comportements de fraude les plus radicaux, qui relèvent d'une détermination forte (allant parfois jusqu'à recourir à une aide extérieure destinée à en faciliter la mise en œuvre), de tels outils non monétaires de lutte contre la fraude sont sans effet et doivent être complétés de dispositifs de sanctions et de détection efficaces. En ce sens, les incitations non monétaires fondées sur l'engagement et les outils traditionnels de la politique fiscale sont complémentaires et ciblent des types de fraude radicalement différents.

1. D. Ariely et Y. Melamede, « A fascinating experiment into measuring dishonesty », 2016, https://www.elsevier.com/editors-update/story/publishing-ethics/a-fascinating-experiment-into-measuring-dishonesty

Conclusion

La fraude fiscale réduit considérablement les capacités d'intervention de l'État, en raison d'une baisse du montant des impôts collectés, et va à l'encontre des objectifs redistributifs et de pilotage de l'économie poursuivis par la politique fiscale dès lors qu'elle est inégalement pratiquée dans la population. Ces conséquences expliquent que la question de la fraude fiscale est revêtue d'une charge morale importante dans le débat public.

L'enseignement principal de nos résultats est que le degré d'implication des contribuables dans leur décision de déclaration est de nature à infléchir considérablement les montants de revenu déclarés. En termes de politiques publiques, une première piste qui se dégage de ces résultats consiste à transposer directement aux formulaires de déclaration de revenu la procédure expérimentale de serment qui a été utilisée dans cette étude pour étudier empiriquement les effets de l'engagement sur les décisions de fraude. Il s'agirait alors de faire précéder la déclaration d'un engagement sur l'honneur dont la signature, pour produire de l'engagement, doit être laissée à la discrétion du contribuable. Plus généralement, ce résultat s'applique à toute modification du processus de déclaration qui est de nature à « renforcer le lien entre les individus et leurs actes », à engager les contribuables dans une attitude diligente vis-à-vis de la collecte de l'impôt. Un tel engagement pourrait par exemple être produit par l'existence d'une relation directe entre les contribuables et l'administration fiscale (sous forme d'une identification personnelle de l'interlocuteur de chaque contribuable, initiée par exemple par des rendez-vous individuels) ou par une plus grande implication dans l'allocation des fonds collectés grâce à l'impôt (à travers par exemple un pourcentage des sommes collectées dépensé conformément aux souhaits des contribuables recueillis à l'issue de la déclaration). L'efficacité de tels dispositifs pour lutter contre la fraude fiscale reste évidemment à confirmer empiriquement, et les résultats présentés ici constituent en ce sens un encouragement à explorer l'ensemble des outils de politique publique permettant de s'appuyer sur l'engagement afin d'influencer les décisions de déclaration.

Au-delà même de la fraude fiscale, l'application de la psychologie de l'engagement aux décisions économiques ouvre de larges perspectives de réflexion dans tous les domaines dans lesquels les décisions individuelles entrent en contradiction avec l'intérêt général. En matière de comportements écologiques, par exemple, des travaux récents montrent qu'un engagement à la préservation de l'environnement par le biais de la signature d'une pétition atténue significativement la défiance de la population vis-à-vis de l'introduction de nouvelles taxes destinées à lutter contre la pollution[1]. Plus généralement, l'efficacité d'engagements écrits et signés a été démontrée dans de nombreux autres domaines en psychologie sociale, qu'il s'agisse de recycler du papier ou n'importe quel type de déchet, de réduire sa consommation énergétique (eau chaude, électricité et gaz domestique notamment), de protéger l'environnement, ou encore de respecter des consignes de sécurité au travail (porter un casque ou des lunettes de protection, par exemple). Ces travaux montrent également que les effets de l'engagement, notamment d'un engagement signé, perdurent souvent plusieurs semaines, voire plusieurs mois après leur mise en œuvre.

Annexes

Description de la procédure de serment

Deux conditions différentes de l'expérience sont considérées, auxquelles sont conviés des participants différents (la répartition des participants entre conditions est aléatoire afin de garantir la fiabilité de la comparaison). Dans la condition de serment, les participants sont exposés à la procédure suivante avant de participer à l'expérience (dont le protocole est décrit dans l'annexe suivante). Cette étape préliminaire est le seul élément de protocole qui distingue les conditions avec et sans serment.

1. D. Ami, F. Aprahamian, O. Chanel, R.-V. Joule et S. Luchini, « Willingness to pay of committed citizens. A field experiment », *Ecological Economics*, 105, 2014, p. 31-39.

La procédure expérimentale de serment consiste à proposer aux participants de l'expérience de signer librement un formulaire intitulé *Engagement solennel* et comportant leur nom, leur prénom, et la date de l'expérience, et leur proposant de s'engager à « dire la vérité et donner des réponses sincères au cours de l'expérience ». La procédure a été conçue de manière à satisfaire deux objectifs. D'une part, elle est présentée aux participants de manière à ce que le taux d'acceptation soit aussi élevé que possible (idéalement voisin de 100 %), afin que l'effet observé ne se réduise pas à un effet de sélection. D'autre part, cette procédure vise à étudier les effets de l'engagement dans un contexte expérimental (tout en recourant à un outil qui peut être transposé en tant que tel à des contextes de décision non expérimentaux) et suit pour ce faire les enseignements de la psychologie sociale de l'engagement, qui montre que l'engagement produit par une décision est d'autant plus fort qu'elle est volontaire, écrite, signée et publique.

Avant le début de l'expérience, les participants sont rassemblés à l'entrée d'une salle proche du laboratoire et sont informés qu'ils se présenteront un par un dans cette salle afin de tirer au sort le terminal informatique devant lequel ils s'installeront. Il leur est également indiqué que le formulaire de consentement de participation à l'expérience (dont la signature conditionne la participation à l'expérience, et est exigée des participants de toutes les conditions, avec et sans serment) sera collecté à cette occasion. La présentation individuelle du serment a été préférée à une procédure collective afin d'éviter que la décision de signer le formulaire ne se fasse en raison d'une forme de pression sociale exercée par la décision de signature des autres participants. La décision conserve néanmoins un caractère public, au sens où la décision de signer le formulaire se fait en présence de l'expérimentateur.

Les participants sont en effet invités à rejoindre un par un l'expérimentateur qui les attend dans la salle. Une fois à l'intérieur, chaque participant tire au sort l'identifiant de son terminal informatique, puis remet le formulaire de consentement. C'est à l'issue de ces deux étapes que le formulaire de serment, intitulé *Engagement solennel*, leur est remis. La présentation du formulaire suit un script prédéfini permettant de garantir qu'il est exposé dans les mêmes termes à tous les participants : « Nous souhaiterions également que vous signiez ce formulaire, mais la signature n'est pas obligatoire et c'est à vous de décider si vous souhaitez le signer. Je vous laisse donc le lire, et décider si vous souhaitez le signer ou non. » Les participants prennent connaissance du contenu du formulaire (qui leur propose de « s'engager sur l'honneur à dire la vérité et à donner des réponses sincères pendant toute la durée de l'expérience »), décident s'ils souhaitent le signer ou non, puis le remettent à l'expérimentateur (qui enregistre la décision de signature associée au poste informatique préalablement tiré au sort, ce qui permet de préserver l'anonymat des décisions tout en gardant la trace de la décision de signature de chaque participant de l'expérience). Quelle que soit sa décision, le participant est remercié du temps qu'il a consacré à cette partie, puis invité à se rendre dans le laboratoire afin de s'installer devant le poste informatique qu'il a tiré au sort. Afin de prévenir toute communication entre les participants pendant l'attente qui précède le démarrage de l'expérience, un second expérimentateur se trouve dans le laboratoire et rappelle cette consigne aux participants qui entrent.

Bien qu'elle préserve la liberté de décider de s'engager, cette procédure paraît suffisamment anodine aux participants pour qu'une très large majorité d'entre eux (plus de 90 % dans toutes les applications existantes de cette procédure) décident de signer le formulaire. En raison de son caractère écrit, public et signé, cette procédure est de nature à produire un engagement au sens de la psychologie sociale : une modification des comportements dans les tâches ultérieures dont le niveau d'identification est similaire à celui du serment.

Description du jeu expérimental d'évasion fiscale

L'expérience commence par une tâche à effort réel dans laquelle l'objectif est de trier 9 chiffres par ordre croissant. Les gains sont calculés en fonction de la rapidité avec laquelle cette tâche est exécutée à l'intérieur d'une grille dans laquelle les chiffres sont présentés dans un ordre aléatoire. Cette tâche est répétée 5 fois, et la rémunération de chaque participant est proportionnelle à sa rapidité dans l'exécution de l'ensemble des 5 tâches. À l'issue de cet exercice, les participants sont informés du niveau de revenu accumulé au cours de cette partie, mais ne reçoivent aucune information sur le revenu des autres participants afin d'éviter que les comportements de fraude puissent réagir à des comparaisons sociales de revenu. Les participants entrent ensuite dans la phase de déclaration. Il leur est demandé de choisir le montant de revenu qu'ils souhaitent déclarer à l'aide d'un curseur dont la valeur maximale correspond au montant de revenu gagné lors de l'étape précédente. Le taux d'imposition est fixe, commun à tous les participants, et cette tâche de déclaration n'est pas répétée. Afin de s'en tenir à un paramétrage à la fois réaliste et laissant place à une certaine hétérogénéité des décisions de fraude, le taux d'imposition a été fixé à 35 %. Ce taux est annoncé aux participants avant que l'exercice de déclaration ne commence. Ces montants déclarés déterminent le montant taxé, et effectivement prélevé des revenus de l'expérience de chaque participant. Il est important de souligner qu'il n'y a pas de système de contrôle aléatoire sanctionnant la fraude fiscale. Ce choix paraît naturel s'agissant de l'étude des déterminants de la morale fiscale, qui s'exprime de manière d'autant plus épurée qu'aucun mécanisme institutionnel ne contraint la déclaration.

Les fonds collectés lors de l'exercice de simulation fiscale sont versés au World Wide Fund for Nature (WWF). À cette fin, les missions de soutien aux actions de protection de l'environnement et des espèces menacées du WWF sont décrites aux participants au début de l'exercice de déclaration. Afin d'assurer la crédibilité des dons réalisés dans l'expérience, les sommes versées au WWF sont attestées par des certificats émis par l'organisme et envoyés directement par nos soins sous forme de courrier électronique à chacun des participants.

4.

La vie des couples après la retraite

Face au vieillissement de la population et à la fragilisation des régimes de retraite publics, bon nombre de pays ont augmenté l'âge légal de départ à la retraite. Dans son *Panorama des pensions 2015*[1], l'OCDE note que l'âge de 67 ans a remplacé la « norme » de 65 ans dans de nombreux pays, certains pays renvoyant même l'âge légal de départ à la retraite aux alentours de 70 ans. En France, la réforme adoptée en 2010 porte à 67 ans en 2020 l'âge permettant de bénéficier automatiquement de la retraite à taux plein. La réforme de 2014 fera passer de 165 à 172 trimestres la durée minimale de cotisation à partir de 2035.

Ces réformes ont un impact direct sur le marché du travail en retardant le départ à la retraite des individus. De très nombreux travaux en économie attestent d'ailleurs de l'influence du système de retraite sur le passage à l'inactivité. A. Bommier, T. Magnac et M. Roger[2] écrivent dans leur revue de la littérature à ce sujet que « Stock et Wise (1990) montrent que le pic de cessation d'activité à 62 ans aux États-Unis peut s'expliquer par les caractéristiques du système de pension américain. Rust et Phelan (1997) montrent quant à eux que le deuxième pic, à 65 ans, semble être lié aux droits à l'assurance-maladie des personnes âgées. Pour la France, Blanchet et Mahieu (1999)

1. OCDE, *Panorama des pensions 2015 : les indicateurs de l'OCDE et du G20*, Édition OCDE, Paris, 2016.

2. A. Bommier, T. Magnac et M. Roger, « Départs en retraite : évolutions récentes et modèles économiques », 2001.

montrent également comment le profil par âge des départs en retraite s'explique par les caractéristiques du système de retraite français ».

Cependant, la grande majorité des travailleurs proches de l'âge de la retraite vivent en couple (environ 80 % des travailleurs sont mariés ou cohabitent dans les pays de l'OCDE) et les couples pour lesquels les deux conjoints ont une activité professionnelle sont nombreux à cet âge (environ 60 à 70 % pour l'OCDE). La littérature nord-américaine a mis en lumière une coordination du départ à la retraite des deux conjoints : ils partent à la retraite de manière rapprochée, avec un écart d'environ un an. Ce comportement semble refléter le souhait des époux de passer du temps ensemble, une fois la retraite prise. Les conjoints rythmeraient ainsi leurs heures de travail et de loisir afin de profiter d'un temps de loisir partagé. On parle de « complémentarité des loisirs » à ce sujet. Par ce biais, une réforme des retraites allongeant la durée légale du travail d'un conjoint peut conduire son partenaire à également retarder son départ à la retraite. À l'inverse, d'autres études nord-américaines documentent une baisse du taux d'emploi des hommes en couple lorsque les heures travaillées par les femmes seniors augmentent. La volonté de maintien du niveau de vie du ménage semble expliquer ce comportement. Lorsque l'un des conjoints repousse son départ à la retraite, cela entraîne une augmentation relative du revenu du couple. L'autre conjoint a alors moins besoin de travailler pour maintenir le revenu familial. On trouve ainsi dans la littérature des effets importants mais asymétriques des réponses de l'offre de travail du mari et de la femme aux mesures ciblant leur conjoint. On constate également une forte hétérogénéité des effets estimés des politiques publiques sur les décisions d'activité et de retraite des couples seniors. Les préférences temporelles individuelles mais aussi les institutions et les normes sociales propres à chaque pays peuvent sans doute contribuer à expliquer ces faits.

D'autres études se penchent sur les réformes récentes des retraites dans les pays de l'OCDE, afin de mieux saisir les éventuels effets des mesures publiques en matière de retraite sur la coordination d'activité des conjoints. Ce sont ces éventuels effets d'entraînement des dispositifs de retraite sur la décision de retraite des couples biactifs que nous allons traiter dans ce travail pour la France.

Nous présentons ici les résultats d'une première étude française sur ces questions. La réforme des retraites de 1993 dans le secteur privé – votée en juillet 1993 et appliquée dès janvier 1994 – permet de saisir l'effet causal de cette politique sur l'offre de travail des couples âgés en France. Cette réforme s'est appliquée progressivement à des générations nées à partir de 1934. Étant donné la différence d'âge entre conjoints de deux ans en moyenne, la réforme procure une source de variabilité externe du passage à l'inactivité que nous exploitons pour tester l'interdépendance des départs à la retraite. Nous ne trouvons que de faibles effets d'entraînement des décisions de départ à la retraite des conjoints suite à cette réforme. Cela est conforme aux faibles effets trouvés au niveau individuel par Bozio[1] et pourrait s'expliquer par le fait que la réforme a été très graduelle et bien échelonnée dans le temps. En particulier, lorsque la femme est touchée par la réforme de 1993, la probabilité que son mari prenne sa retraite diminue significativement, mais faiblement.

Afin d'affiner notre analyse, nous nous sommes intéressés à la complémentarité des loisirs des couples français à l'approche de la retraite, le loisir partagé étant considéré comme le moteur principal de la coordination du départ à la retraite des conjoints. Avec le départ à la retraite, ce sont sept à huit heures par jour en moyenne qui deviennent disponibles pour d'autres activités, ce qui est susceptible de bouleverser les occupations quotidiennes des individus. Notre objectif est de documenter précisément la manière dont le passage à la retraite modifie l'emploi du temps des couples, avec une attention particulière accordée au temps de loisir partagé. Nous ferons ainsi une distinction entre les activités de loisir que les conjoints pratiquent séparément et les activités de loisir accomplies à deux. Nous présentons pour ce faire les résultats d'une étude empirique menée sur données françaises qui détaille ces questions. Nous ne trouvons que de faibles complémentarités dans les loisirs des conjoints âgés, ce qui est cohérent avec le faible impact que la réforme des retraites de 1993 a eu sur le temps de travail du conjoint de la personne ciblée directement par la réforme.

1. A. Bozio, « Réformes des retraites : estimation sur données françaises », 2006 ; « Impact evaluation of the 1993 French pension reform on retirement age », 2008.

À l'international, des effets d'entraînement très souvent significatifs et guidés par la complémentarité des loisirs

Avec la complémentarité des loisirs, les conjoints tendent à coordonner leur départ à la retraite parce qu'ils souhaitent passer du temps ensemble. Il en résulte qu'une réforme des retraites qui cible une catégorie particulière de la population, en repoussant par exemple l'âge légal de départ à la retraite du conjoint fonctionnaire, est aussi susceptible de retarder le départ à la retraite de l'autre conjoint. À l'effet direct de la réforme sur le conjoint fonctionnaire s'ajoute un effet indirect ou d'entraînement sur son partenaire via le mécanisme de la complémentarité des loisirs. Effets direct et indirect jouent alors dans la même direction. La situation est différente lorsque les conjoints privilégient d'abord le maintien de leur pouvoir d'achat selon le mécanisme de l'effet de revenu. Avec l'effet de revenu, lorsque l'un des conjoints doit repousser son départ à la retraite, il s'ensuit une augmentation relative du revenu du couple et l'autre conjoint a moins besoin de travailler pour maintenir le revenu familial. Effets direct et d'entraînement sont alors de sens opposé.

Comme la complémentarité des loisirs et l'effet de revenu ont des répercussions opposées et que leur amplitude respective peut varier d'un couple à l'autre, il n'est pas évident d'identifier *a priori* l'importance et la direction des effets indirects des réformes des retraites sur l'offre de travail des couples. Et ces effets sont susceptibles de varier d'un contexte institutionnel et culturel à l'autre. En conséquence, il n'est pas aisé de généraliser l'importance ou la direction des effets indirects des mesures publiques sur les décisions d'activité des couples seniors. Il est plutôt avisé de les estimer au cas par cas. Nous allons par conséquent exposer une synthèse de l'estimation de ces effets tels qu'ils ressortent de différents travaux empiriques, en les ordonnant chronologiquement et par pays, avant d'en présenter une estimation dans le détail pour la France.

Effets d'entraînement et complémentarité des loisirs des couples seniors

Une des premières études à mettre en lumière l'importance de la complémentarité des loisirs des conjoints dans la coordination des décisions de cessation d'emploi du couple est celle de M. D. Hurd[1], qui présente des tableaux réalisés à partir de l'enquête « New Beneficiary Survey » menée au début des années 1980 et qui attestent d'une corrélation dans les dates de départ à la retraite des conjoints. Entre 11 % et 14 % des couples partent à la retraite le même trimestre et entre 25 % et 28 % la même année. D. M. Blau[2] conforte ces observations empiriques. Les résultats qu'il obtient à partir de l'enquête longitudinale « Retirement History Survey » confirment l'existence d'un départ coordonné des conjoints à la retraite. Il montre notamment que le fait de vivre avec une personne qui ne travaille pas favorise le départ à la retraite du conjoint, ce qui indiquerait la préférence des époux à passer du temps ensemble. A. Gustman et T. Steinmeier[3], à partir de l'enquête « Health and Retirement Study », estiment aussi que la décision des conjoints de lier leur départ à la retraite dépend de leur intérêt respectif à passer du temps ensemble. D'après leurs résultats, la décision de départ à la retraite de l'épouse n'est influencée par celle de son époux que lorsque cet intérêt existe. M. Casanova[4], à partir de la même enquête mais avec une stratégie d'identification différente, met également en évidence l'existence d'une complémentarité de loisirs des conjoints. 8 % des conjoints décideraient de partir à la retraite en même temps pour passer davantage de temps ensemble. Cet effet est obtenu en supposant que les hommes et les femmes valorisent de la même manière le temps passé ensemble. Par ailleurs, environ 13 % des conjoints partiraient à la retraite ensemble pour des raisons financières. Dans ce cas,

1. M. D. Hurd, « The joint retirement decision of husbands and wives », 1990.
2. D. M. Blau, « Labor force dynamics of older married couples », 1990.
3. A. Gustman et T. Steinmeier, « Social security, pensions and retirement behavior within the family », 2004.
4. M. Casanova, « Happy together. A structural model of couples' joint retirement choices », 2010.

le système de retraite devenant moins généreux pour l'un ou l'autre des époux, les deux conjoints continueraient de travailler pour maintenir le niveau de vie de leur ménage. Cette complémentarité des loisirs des conjoints est aussi mise en évidence par les estimations de P.-C. Michaud et F. Vermeulen[1] à partir de l'enquête « Retirement and Health Study ». Les résultats qu'ils obtiennent montrent aussi que les décisions d'activité des conjoints sont liées. Schirle[2] estime qu'une part substantielle (entre un tiers et la moitié selon le pays) de l'augmentation du taux d'activité des hommes âgés constatée au Canada, aux États-Unis et au Royaumc-Uni depuis le milieu des années 1990 s'explique par la hausse du taux d'activité des femmes.

Effets d'entraînement des couples seniors à la lumière des reformes des mesures publiques

L'un des tout premiers travaux de recherche publiés, et régulièrement cité, à s'intéresser aux effets indirects est sûrement M. Baker[3]. Dans cet article, l'auteur se sert d'une réforme du système de retraite réalisée au Canada en 1975 pour analyser les décisions de départ à la retraite des conjoints. Avec la réforme, les personnes âgées de 60 à 64 ans et mariées à une personne de plus de 65 ans ont pu percevoir une allocation de retraite sans attendre l'âge légal. Pour être éligibles à la réforme, les couples devaient donc respecter une double condition d'âge. Pour autant, la réforme visait principalement les femmes, ces dernières étant la plupart du temps mariées à des conjoints plus âgés. Ce que

1. P.-C. Michaud et F. Vermeulen, « A collective labor supply model with complementarities in leisure. Identification and estimation by means of panel data », 2011.

2. T. Schirle, « Why have the labor force participation rates of older men increased since the mid-1990s ? », 2008.

3. M. Baker, « The retirement behavior of married couples. Evidence from the spouse's allowance », 2002. Un article antérieur à M. Baker (art. cit.) qui utilise aussi une modification de la législation sur les retraites pour identifier les effets de l'allocation retraite sur la décision de partir à la retraite est A. B. Krueger et J.-S. Pischke, « The effect of social security on labor supply. A cohort analysis of the notch generation », 1992. Cependant, ces auteurs ne traitent que du départ à la retraite des hommes âgés.

montre M. Baker[1], c'est que cette réforme a eu un impact significatif sur le départ à la retraite des hommes mariés. Relativement aux hommes mariés dont le ménage ne pouvait bénéficier de la réforme parce que leur femme avait plus de 64 ans par exemple, le taux de participation au marché du travail des hommes mariés vivant dans un couple éligible a baissé de six à sept points de pourcentage.

C. C. Coile[2] simule un changement dans le montant de la retraite perçu par un des membres du ménage et en analyse les effets à la fois sur la personne directement concernée et sur le conjoint, à l'aide de données issues de l'enquête américaine « Health and Retirement Study ». Certaines réformes envisagées concernent directement les femmes et retardent leur départ à la retraite. D'après les résultats de l'auteure, ces réformes ont un effet indirect sur les maris. Bien que n'étant pas directement affectés par la réforme, ils repoussent leur départ à la retraite. La probabilité de départ à la retraite des hommes est sous-estimée de 13 % à 20 % lorsque cet effet d'entraînement n'est pas pris en compte. C. C. Coile[3] met en évidence un effet asymétrique pour ces couples d'Américains. Le départ à la retraite de l'homme n'entraîne pas celui de son épouse, ce que l'auteure interprète comme un intérêt plus grand manifesté par les hommes à passer du temps libre avec leur femme.

En Suède, le gouvernement a décidé au début des années 2000 de relever l'âge légal permettant de percevoir la retraite à taux plein dans la fonction publique territoriale. Ce secteur employant surtout des femmes, la réforme n'a pas eu d'incidence directe sur les hommes. L'idée de H. Selin[4] est d'utiliser cette réforme pour mesurer l'effet indirect, l'effet d'entraînement que la baisse importante constatée du départ à la retraite des femmes a pu avoir sur leur conjoint. Aucun effet indirect n'apparaît pour les hommes : ils ne semblent pas affectés par la décision de

1. M. Baker, « The retirement behavior of married couples. Evidence from the spouse's allowance », 2002.

2. C. C. Coile, « Retirement incentives and couples' retirement decisions », 2004.

3. *Ibid.*

4. H. Selin, « What happens to the husband's retirement decision when the wife's retirement incentives change ? », 2017.

poursuite d'activité de leur épouse. H. Selin[1] attribue cette absence d'effet croisé à la « norme sociale » en vigueur en Suède qui pousse les hommes à prendre leur retraite à 65 ans, ainsi qu'à un problème de composition de son échantillon qui n'inclut pas assez d'hommes en âge d'avancer ou de différer leur départ à la retraite.

Cette seconde explication semble être corroborée par les résultats de F. Gerard et L. Nekby[2] qui utilisent un échantillon plus large que celui de H. Selin[3], issu des données administratives suédoises. Ils trouvent que l'allongement de la durée de travail des femmes provoqué par la réforme entraîne la poursuite d'activité de leur conjoint.

K. Atalay et G. F. Barrett[4] étudient une réforme du système de retraite qui a concerné les femmes en Australie en 1993. Cette réforme a progressivement relevé l'âge légal à partir duquel les femmes ont droit au versement de la pension de retraite publique. Il est passé de 60 à 65 ans en quelques années par paliers de six mois. Il s'est en suivi une baisse importante du flux de revenus de remplacement attendu pour les familles concernées. D'après les auteurs, un décalage de six mois dans le versement de la retraite s'est traduit pour les familles par une chute des revenus futurs de remplacement de 2,5 % en dollars constants, et de 23 % pour un décalage de cinq ans. K. Atalay et G. F. Barrett[5] montrent que la réforme s'est accompagnée d'un recul du départ à la retraite des femmes et de leur conjoint. Les auteurs estiment entre 7 et 17 points de pourcentage la hausse du taux de participation des hommes qui en a résulté. L'effet est plus prononcé pour les hommes vivant avec une femme pour laquelle l'effet de la réforme a entraîné une chute importante du revenu de remplacement ainsi que pour ceux de plus de 65 ans éligibles au versement de la retraite. Ces hommes retardent leur départ à la retraite en réponse

1. *Ibid.*

2. F. Gerard et L. Nekby, « Spousal joint retirement. A reform approach to identifying spillover effects », 2012.

3. H. Selin, « What happens to the husband's retirement decision when the wife's retirement incentives change ? », 2017.

4. K. Atalay et G. F. Barrett, « The impact of age pension eligibility age on retirement and program dependence. Evidence from an Australian experiment », 2015.

5. *Ibid.*

à l'allongement de la vie active de leur femme, ce que les auteurs interprètent comme une manifestation de leur souhait de passer du temps libre avec elles.

J. Cribb, C. Emmerson et G. Tetlow[1] ainsi que J. Banks, R. Blundell et M. Casanova Rivas[2] s'intéressent aux effets sur l'emploi des conjoints d'une réforme similaire votée au Royaume-Uni en 1995 et mise en place progressivement à partir de 2010. J. Cribb, C. Emmerson et G. Tetlow[3] trouvent que le taux d'emploi des femmes de 60 ans a augmenté de 5,4 points de pourcentage lorsque leur âge légal de la retraite est passé de 60 à 61 ans en 2010, provoquant en réaction une hausse de 4,2 points de pourcentage du taux d'emploi de leur conjoint. D'après les auteurs, 8 300 hommes sont ainsi entrés dans la vie active pour y exercer une activité rémunérée suite aux effets de la réforme qui a impacté directement leur épouse.

J. Banks, R. Blundell et M. Casanova Rivas[4], avec une stratégie d'identification différente, trouvent eux aussi des effets d'entraînement significatifs de la réforme sur le départ à la retraite des hommes. Ils estiment que, pour les hommes plus âgés que leur femme, leur départ à la retraite est 46 % plus probable si leur épouse cesse de travailler plutôt que si elle continue de travailler. Ce pourcentage passe à près de 64 % pour une différence d'âge entre conjoints de plus de deux ans. J. Banks, R. Blundell et M. Casanova Rivas[5] arguent que, étant donné leur stratégie d'identification, cet effet indirect provient de ce que les hommes concernés souhaitent passer du temps libre avec leur épouse.

En 2005, le gouvernement néerlandais a proposé aux personnes d'au moins 55 ans qui travaillaient dans la fonction

1. J. Cribb, C. Emmerson et G. Tetlow, « Retiring together ? Complementarities in spousal labour supply and pension reform », 2016.

2. J. Banks, R. Blundell et M. Casanova Rivas, « The dynamics of retirement behavior in couples. Reduced-form evidence from England and the US », 2010.

3. J. Cribb, C. Emmerson et G. Tetlow, « Retiring together ? Complementarities in spousal labour supply and pension reform », 2016.

4. J. Banks, R. Blundell et M. Casanova Rivas, « The dynamics of retirement behavior in couples. Reduced-form evidence from England and the US », 2010.

5. *Ibid.*

publique d'État depuis plus de dix ans de partir à la retraite à taux plein sans attendre l'âge nécessaire. L'objectif de cet abaissement passager de l'âge légal était de permettre de préserver l'emploi des plus jeunes dans la fonction publique. H. Bloemen, S. Hochguertel et J. Zweerink[1] exploitent cet abaissement temporaire de l'âge légal pour étudier l'impact que cette réforme a eu sur la décision d'activité des femmes dont le mari est parti à la retraite suite à la réforme. L'échantillon utilisé, tiré des données administratives de la sécurité sociale néerlandaise, comprend des hommes qui travaillent dans la fonction publique et mariés à des femmes employées dans le secteur privé. D'après leurs estimations, le départ à la retraite anticipée des hommes qui travaillaient auparavant dans la fonction publique a entraîné dans les mois qui ont suivi une augmentation de la probabilité de départ à la retraite de leur épouse de 25 points de pourcentage. Cet effet d'entraînement est le plus fort pour les couples où la femme a entre 59 et 60 ans et l'homme 60.

B. Bratsberg et E. Stancanelli[2] examinent une réforme norvégienne des retraites de 2011 qui a éliminé les obstacles financiers au départ à la retraite partielle mais seulement pour une partie des employés du secteur privé. Ils s'appuient sur des données administratives pour la Norvège en appariant les données de la sécurité sociale avec les données administratives des entreprises et les registres démographiques norvégiens. En se concentrant sur les couples avec un conjoint employé dans le secteur affecté par cette réforme et l'autre travaillant dans le public ou pour une firme du privé non affectée par la réforme, ils trouvent des effets d'entraînement importants et asymétriques. La femme ajuste ses heures en fonction du changement d'heures travaillées par le mari suite à la réforme, mais le mari ne change pas son comportement d'emploi si la femme est affectée par la réforme.

---

1. H. Bloemen, S. Hochguertel et J. Zweerink, « Joint retirement of couples. Evidence from a natural experiment », 2015.

2. B. Bratsberg et E. Stancanelli, « Partial retirement and spousal labor supply. Learning from a Norwegian retirement reform », 2018.

Effets d'entraînement et niveau de vie des couples seniors

D. M. Blau et D. B. Gilleskie[1] soulignent l'importance de l'assurance-santé comme facteur explicatif de décisions d'emploi des conjoints. D'après les calculs qu'ils effectuent à partir de l'enquête « Health and Retirement Study » réalisée aux États-Unis, les femmes qui bénéficient d'une assurance-santé fournie par leur ancien employeur ont une probabilité de continuer à travailler qui se réduit fortement (20 points de pourcentage) par rapport à celles qui n'en ont pas. Pour les hommes, l'écart est conséquent mais moins important (6 points de pourcentage). K. Kapur et J. Rogowski[2] s'intéressent aussi à cette question en utilisant la même enquête. Ils trouvent que les conjoints ont plus souvent tendance à prendre leur retraite ensemble s'ils peuvent bénéficier d'une assurance-santé fournie par leur ancien employeur. Plus spécifiquement, la possibilité que les conjoints partent ensemble à la retraite est multipliée par deux lorsque la femme bénéficie d'une telle assurance-santé. Ces deux études suggèrent l'existence de décisions d'activité gouvernées par des considérations de maintien du revenu familial.

À l'inverse, R. W. Johnson et M. Favreault[3] trouvent que les hommes et les femmes aux États-Unis ont tendance à repousser leur départ à la retraite si leur conjoint a quitté le marché du travail pour raisons de santé, surtout lorsqu'ils ne sont pas éligibles à la retraite publique – ce qui suggère là encore des effets de compensation de revenu. Lorsqu'un conjoint est malade mais n'a pas encore accès à la retraite, le revenu du couple va diminuer de façon souvent importante aux États-Unis, où le système de protection sociale est beaucoup moins développé qu'en Europe. Sinon, les résultats de R. W. Johnson et M. Favreault[4] indiquent,

1. D. M. Blau et D. B. Gilleskie, « Health insurance and retirement of married couples », 2006.

2. K. Kapur et J. Rogowski, « The role of health insurance in joint retirement among married couples », 2007.

3. R. W. Johnson et M. Favreault, « Retiring together or working alone. The impact of spousal employment and disability on retirement decisions », 2001.

4. *Ibid.*

en ligne avec les études précédentes qui font apparaître une complémentarité des loisirs, que les hommes et les femmes ont tendance à partir à la retraite plus tôt lorsque leur conjoint a déjà cessé de travailler.

La littérature récente qui étudie les effets des réformes des retraites sur les choix d'activité des conjoints a donc mis en lumière des effets significatifs sur la coordination des départs à la retraite des conjoints principalement motivée par la complémentarité des loisirs. La moindre importance de l'effet de revenu s'explique assez facilement si le couple a anticipé suffisamment à l'avance la perte de revenu provoquée par le départ à la retraite. Dans ce cas, la baisse du revenu familial peut être compensée au moins en partie si le couple augmente suffisamment son taux d'épargne au préalable.

Il se peut aussi que le départ à la retraite d'un conjoint n'entraîne pas de modification du choix d'activité de l'autre conjoint si la complémentarité des loisirs est faible ou si l'effet de revenu est inexistant, ou encore si ces deux effets se neutralisent. R. Lalive et S. Staubli[1], par exemple, ne constatent aucun effet indirect à la suite d'une réforme du système des retraites mise en place en Suisse en 1997 et qui a relevé progressivement de 62 à 64 ans l'âge légal de départ à la retraite des femmes. Si les auteurs constatent que cette réforme a retardé le départ à la retraite des femmes, ils n'observent aucun effet d'entraînement sur le choix d'activité de leur conjoint.

Au total, les effets identifiés sont d'amplitude variable et ne se retrouvent pas partout, mais au vu de l'hétérogénéité des mesures publiques considérées et de la variation des méthodes utilisées, il n'est pas surprenant de trouver des résultats empiriques différents. Ces études font aussi apparaître des réponses asymétriques selon que l'épouse ou l'époux est directement affecté par la réforme.

1. R. Lalive et S. Staubli, « How does raising women's full retirement age affect labor supply, income, and mortality ? », 2015.

Asymétrie des effets d'entraînement

L'existence de réponses asymétriques par genre peut s'expliquer par une différence de pouvoir de négociation des conjoints au sein du ménage, par leur degré d'altruisme, par des normes sociales, mais aussi par le pouvoir de négociation de chaque conjoint vis-à-vis de son employeur. De plus, non seulement le contexte institutionnel diffère d'un pays à l'autre mais aussi le taux d'emploi féminin varie énormément au sein des pays de l'OCDE. Dans de nombreux pays, la participation au marché du travail des femmes reste encore bien en deçà de celle des hommes et nombreuses sont les femmes qui travaillent à temps partiel. Cela pourrait expliquer certaines des asymétries de réponses par genre trouvées dans la littérature empirique que nous venons de présenter.

Des effets asymétriques apparaissent aussi en termes d'attention et de soins apportés au conjoint dépendant. Selon D. Pozzoli et M. Ranzani[1], les femmes en Europe auraient plus tendance à s'occuper de leur conjoint malade que l'inverse et partiraient en conséquence plus tôt à la retraite. La littérature économique a donc mis en lumière plusieurs facteurs susceptibles d'expliquer les asymétries dans le départ à la retraite des couples biactifs, tels que l'hétérogénéité des dispositifs en matière d'assurance-santé d'un pays à l'autre, ce qui affecte aussi l'offre d'emploi du couple en fonction de l'état de santé des conjoints. De plus, des raisons financières peuvent inciter l'un à travailler davantage lorsque l'autre réduit son temps de travail. C'est ici l'hétérogénéité des systèmes de retraite entre pays qui entre en jeu, le taux de remplacement du revenu de travail par la pension de retraite variant de façon importante d'un pays à l'autre.

Ceci dit, globalement, la littérature économique dans ce domaine est encore émergente. Certains comportements peuvent être « subis » ou induits par les politiques publiques, mais d'autres sont fortement liés à la formation du couple et à son devenir. Alors que les études descriptives (ou de

1. D. Pozzoli et M. Ranzani, « Old European couples' retirement decisions. The role of love and money », 2009.

corrélations statistiques) ne manquent pas, les travaux capables d'identifier les dynamiques de décisions d'emploi au sein du couple et les effets des politiques publiques sur ces comportements demeurent encore rares. Dans ce contexte, appréhender la source des asymétries des réponses des conjoints aux dispositifs publics n'est pas aisé. Comme nous l'avons mentionné plus haut, prédire les choix d'activité des seniors nécessite une modélisation complexe et minutieuse des préférences individuelles, de la contrainte budgétaire du ménage, du système de retraite, de l'assurance-santé, ainsi que de la manière dont les conjoints sont susceptibles d'interagir. Cela nécessite ensuite l'utilisation de données riches contenant de l'information sur les droits à la retraite des conjoints, leur santé, leurs revenus, etc. De plus, les modèles économiques théoriques qui étudient l'offre de travail des couples sont majoritairement des modèles statiques peu aptes à capturer les changements du statut d'activité et les effets des politiques publiques en matière de retraite. Il s'ensuit que la méthodologie empirique reposant sur l'exploitation des situations dites « d'expérience quasi naturelle », où le fonctionnement habituel du ménage subit un choc non contrôlé et non anticipé par les conjoints (la réforme des retraites), reste l'outil privilégié des travaux de recherche pour analyser les effets des mesures de retraite sur l'offre de travail des conjoints. Nous allons maintenant étudier le cas de la France où le taux d'emploi féminin est parmi les plus élevés de l'OCDE, où la vaste majorité des femmes travaillent à temps plein et où le système de santé public assure l'accès aux soins pour tous.

La réforme des retraites de 1993 et ses effets directs et indirects sur le départ à la retraite des conjoints français

Nous proposons une étude empirique des effets des dispositifs de retraite sur les décisions d'emploi et de retraite des couples dans le cas de la France. Nous utiliserons pour cela la réforme des retraites de 1993, par ailleurs analysée par A. Bozio[1] dans le cadre des effets individuels de la réforme. Cette réforme s'est appliquée progressivement à des générations nées à partir de 1934. Étant donné la différence d'âge entre conjoints de deux ans en moyenne (voir le Graphique 1), la réforme procure une source de variabilité extérieure au ménage du passage à l'inactivité.

Celui de B. Sédillot et E. Walraet[2] est peut-être le premier article à traiter sur données françaises de l'interdépendance

Graphique 1. Différence d'âge entre époux chez les couples seniors français

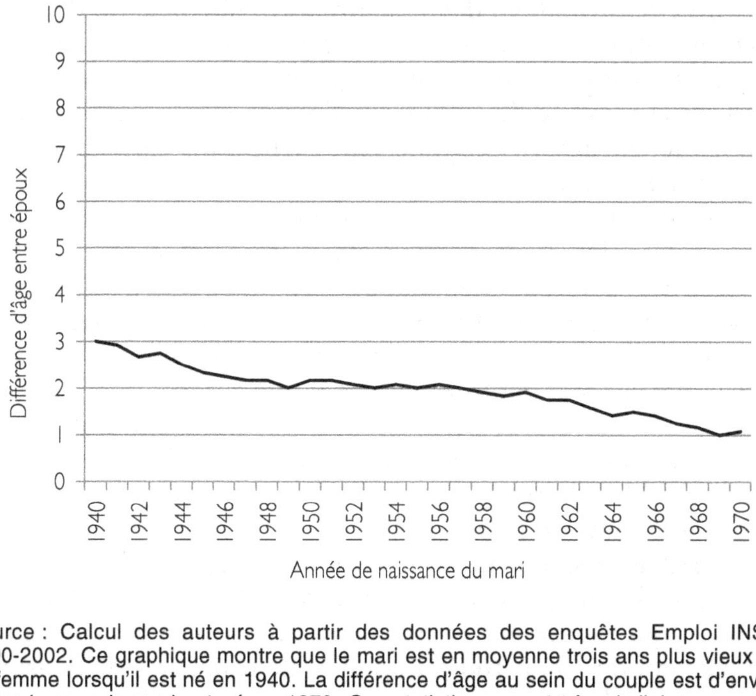

Source : Calcul des auteurs à partir des données des enquêtes Emploi INSEE 1990-2002. Ce graphique montre que le mari est en moyenne trois ans plus vieux que sa femme lorsqu'il est né en 1940. La différence d'âge au sein du couple est d'environ un an lorsque le mari est né en 1970. Ces statistiques sont très similaires pour tous les pays de l'OCDE.

1. A. Bozio, « Réformes des retraites : estimation sur données françaises », 2006 ; « Impact evaluation of the 1993 French pension reform on retirement age », 2008.

2. B. Sédillot et E. Walraet, « La cessation d'activité au sein des couples : y a-t-il interdépendance des choix ? », 2002.

des choix de départ à la retraite des conjoints. Leur analyse met en évidence l'existence d'une corrélation des dates de départ à la retraite des conjoints. D'après leurs estimations, les femmes prennent davantage en compte la situation d'activité de leur conjoint dans leur décision de départ à la retraite que l'inverse. Comme le souligne A. Bommier dans un commentaire à l'article, il est cependant difficile d'identifier la cause de ces comportements avec certitude. Autrement dit, observer une corrélation dans les dates de départ à la retraite des conjoints ne signifie pas nécessairement que les décisions de cessation d'activité soient liées. Les conjoints peuvent par exemple partir à la retraite en même temps tout simplement parce qu'ils ont le même âge et les mêmes droits au départ. Identifier ce qui relève des facteurs individuels et de décisions interdépendantes dans les choix de départ à la retraite des conjoints n'est pas aisé. La stratégie que nous allons suivre est d'utiliser la réforme de 1993 du régime de retraite privé comme source de variation exogène des incitations au départ à la retraite des conjoints.

Nous nous fondons sur l'étude menée par E. Stancanelli[1] pour analyser les effets de la réforme sur la probabilité d'être retraité à l'aide des données des enquêtes Emploi de l'INSEE sur le stock de retraités en France. Bozio[2] a étudié les effets de la réforme de 1993 sur l'âge de départ à la retraite des Français dans les toutes premières années de sa mise en place, à l'aide des données des caisses de retraites (qui ne sont disponibles qu'au niveau individuel par ailleurs) et avec une stratégie d'estimation dite de double différence, concluante pour des effets globalement significatifs mais de faible portée.

Rappelons brièvement la réforme. En juillet 1993, le gouvernement Balladur fait voter une réforme du système de retraite du privé qui repose sur trois piliers. Le premier consiste en un allongement de 150 à 160 du nombre de trimestres de cotisation pour obtenir la retraite à taux plein, sans modifier l'âge légal

1. E. Stancanelli, « Couples' retirement under individual pension design. A regression discontinuity study for France », 2017.

2. A. Bozio, « Réformes des retraites : estimation sur données françaises », 2006 ; « Impact evaluation of the 1993 French pension reform on retirement age », 2008.

de départ à la retraite (60 ans). Le deuxième modifie le salaire de référence qui passe des dix meilleures années de salaire aux vingt-cinq meilleures pour les salariés du régime général. Enfin, la revalorisation des pensions n'est plus fixée sur l'évolution générale des salaires mais sur l'indice des prix. Cette réforme sera progressivement mise en place à partir de janvier 1994. Elle ne concerne pas les salariés nés en 1933 et avant. Les salariés nés en 1934 devront cotiser 151 trimestres pour bénéficier de la retraite à taux plein, ceux nés en 1935 devront s'acquitter de 152 trimestres de cotisation, ceux nés en 1936 de 153 et ainsi de suite. La mise en place de la mesure concernant le salaire de référence est également progressive, à raison d'une année par année de naissance, de 1934 à 1948. La mesure concernant la revalorisation entre en vigueur pour toutes les personnes nées après 1933.

Si la réforme ne remet pas en cause l'âge légal de départ à la retraite à 60 ans, l'élévation de la durée de cotisation y contribue indirectement[1]. Les personnes nées en 1934, par exemple, ont dû travailler quelques mois au-delà de leur soixantième anniversaire pour percevoir la retraite à taux plein. Cet allongement implicite de la durée de travail au-delà de 60 ans concerne beaucoup de salariés en France, très nombreux à prendre leur retraite à cet âge. Il existe bien des accords sectoriels qui permettent à certains salariés de cesser leur activité professionnelle à 55 ans, mais cela reste un phénomène minoritaire. Le Graphique 2 ci-après indique ainsi un saut important de la probabilité des conjoints d'être retraités à 60 ans, de l'ordre de 30 points de pourcentage. Aucun saut de cette importance n'apparaît à 55 ans[2].

1. Suite à la réforme de 2010, l'âge légal de départ à la retraite sera de 62 ans à partir de 2018.

2. D'après E. Stancanelli, « Couples' retirement under individual pension design. A regression discontinuity study for France », 2017. Les graphiques du haut présentent la probabilité d'être retraité de l'homme et de la femme à 60 ans et ceux du bas à 55 ans. Pour tous les graphiques, l'âge est exprimé en nombre de mois d'écart à 60 ans, l'origine sur l'axe des abscisses. Par exemple le point zéro sur l'axe des abscisses concerne les enquêtés âgés de 60 ans au moment où ils ont participé à l'enquête INSEE et renseigné leur situation d'emploi ; le point « – 48 » aux conjoints âgés de 56 ans et le point « 48 » à ceux âgés de 64 ans. Les points correspondent aux probabilités calculées à partir des données brutes, les traits pleins à des probabilités estimées (sans inclure les autres contrôles tels que le niveau

Graphique 2. Probabilité d'être retraité des hommes et des femmes à 60 et 55 ans

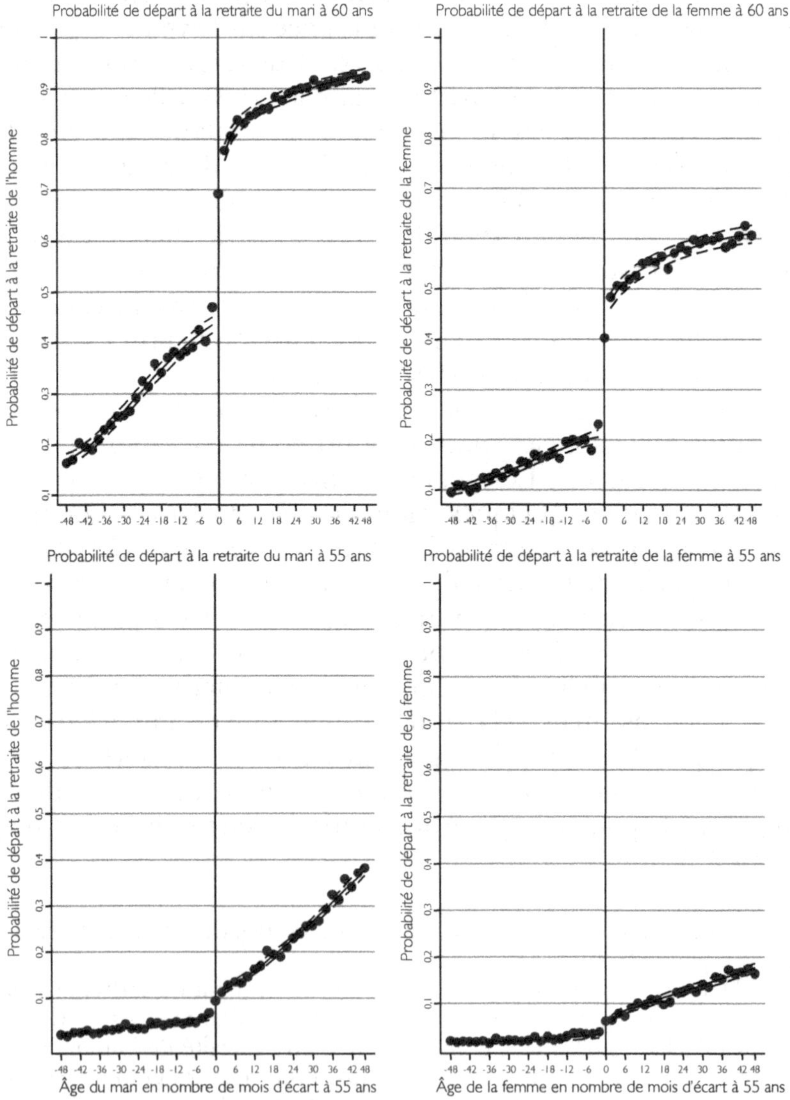

Note : d'après E. Stancanelli (art. cit.). Pour tous les graphiques, l'âge est exprimé en nombre de mois d'écart à 60 ans, l'origine sur l'axe des abscisses. Par exemple le point « -48 » correspond aux conjoints âgés de 56 ans.

---

de formation, par exemple) et les pointillés aux intervalles de confiance à 95 % correspondant.

À partir d'un échantillon de couples issus de l'enquête Emploi INSEE, nous estimons les effets de la réforme de 1993 sur la probabilité d'être retraité aux alentours des années de la réforme en utilisant une stratégie dite de régression sur discontinuité. La méthode de régression sur discontinuité a été utilisée dans le cadre de l'effet du passage à la retraite sur la consommation des ménages par E. Battistin, A. Brugiavini, E. Rettore et G. Weber[1] et plus récemment par N. Moreau et E. Stancanelli[2] sur données françaises. D. S. Lee et T. Lemieux[3] présentent cette méthode de façon détaillée. Pour que cette approche soit valable, il faut s'assurer que les individus ne choisissent pas d'être de part et d'autre du point de discontinuité. C'est bien le cas dans le contexte présent puisque les individus ne peuvent pas manipuler leur âge. Il faut aussi s'assurer qu'il n'existe pas d'autres variables présentant des discontinuités et susceptibles d'expliquer le saut dans la probabilité d'être retraité pour les personnes nées en 1934.

Il est important de noter que la méthode de régression sur discontinuité ne fournit qu'une mesure de l'effet moyen du traitement au point de discontinuité. Il s'agit d'une mesure locale de l'effet de la réforme des retraites pour les personnes nées proches des années-seuils de mise en place de la réforme (1934, 1935, 1936, etc.). Comme les époux ont en moyenne deux ans d'écart, il est possible d'identifier les effets directs et indirects de la réforme sur les probabilités d'être retraité. Les conjoints ne sont en effet pas impactés en même temps par la réforme mais au mieux avec un décalage de deux ans. Pour les conjoints nés avant 1934 en revanche, il n'existe aucun effet direct de cette réforme : tout effet est dû uniquement aux conjoints nés après 1933. Il est donc intéressant d'étudier cette réforme pour appréhender les interactions des décisions de retraite du couple.

Il est bien connu que la méthode de la régression sur discontinuité requiert beaucoup d'observations parce que l'on souhaite

1. E. Battistin, A. Brugiavini, E. Rettore et G. Weber, « The retirement consumption puzzle. Evidence from a regression discontinuity approach », 2009.

2. N. Moreau et E. Stancanelli, « Household consumption at retirement. A regression discontinuity study on French data », 2015.

3. D. S. Lee et T. Lemieux, « Regression discontinuity designs in economics », 2010.

surtout utiliser dans l'analyse les individus ou les ménages très proches des seuils de mise en œuvre de la réforme. Pour ce faire, nous utilisons les enquêtes Emploi de 1990 à 2002. Les sources administratives comme l'Échantillon inter-régime de retraités ou les données de la CNAV, pourtant beaucoup plus précises pour étudier les retraites et qui contiennent beaucoup d'observations, n'ont pas été utilisées car elles ne permettent pas de relier entre elles les personnes d'un même ménage. Quant à l'enquête sur la santé, le vieillissement et la retraite en Europe (enquête SHARE), elle ne contient pas assez d'individus appartenant aux cohortes affectées par la réforme et a en outre été conduite des années après. Enfin, les recensements de la population de 1990 et de 1999 ont été réalisés de manière trop espacée pour être utiles à l'analyse de la réforme. Avec les treize vagues de l'enquête Emploi retenues, nous disposons d'un échantillon conséquent de 148 395 couples de femmes et d'hommes âgés de 50 à 70 ans[1]. Pour notre analyse économétrique, on se concentre sur les conjoints qui ont entre 56 et 64 ans.

L'enquête Emploi contient de l'information relative aux caractéristiques sociodémographiques des personnes interrogées, à leur occupation professionnelle, à leur niveau de qualification, à leur parcours professionnel, etc., et renseigne les liens entre les personnes du ménage. Elle est représentative de l'ensemble des personnes de 15 ans et plus vivant en France métropolitaine. Les enquêtes Emploi ont été réalisées annuellement de 1950 à 2002, avec une méthodologie et un questionnaire inchangés de 1990 à 2002, ce qui en fait un outil précieux pour évaluer les effets de la réforme des retraites de 1993. À partir de 2003, l'enquête devient trimestrielle.

L'enquête Emploi ne donne pas d'information sur l'âge de départ à la retraite. C'est une limite importante à notre étude. Nous pouvons seulement étudier l'impact de la réforme sur la probabilité de cessation d'activité des conjoints d'un âge donné et non la manière dont la réforme modifie l'âge de départ à la retraite[2].

1. Les couples concubins (peu nombreux dans l'échantillon) et mariés ne sont pas distingués dans l'analyse et seront indistinctement désignés par la suite sous le terme générique de mari et femme ou de conjoints.

2. Pour une étude complète de l'effet de la réforme sur l'âge de départ à la retraite, voir A. Bozio « Réformes des retraites : estimation sur données françaises », 2006 ; « Impact evaluation of the 1993 French pension reform on

Cette enquête ne contient pas non plus d'informations sur le montant de la pension de retraite ou sur le nombre de trimestres de cotisation.

Graphique 3. Effets estimés de la réforme de 1993 sur les probabilités d'être retraité des époux

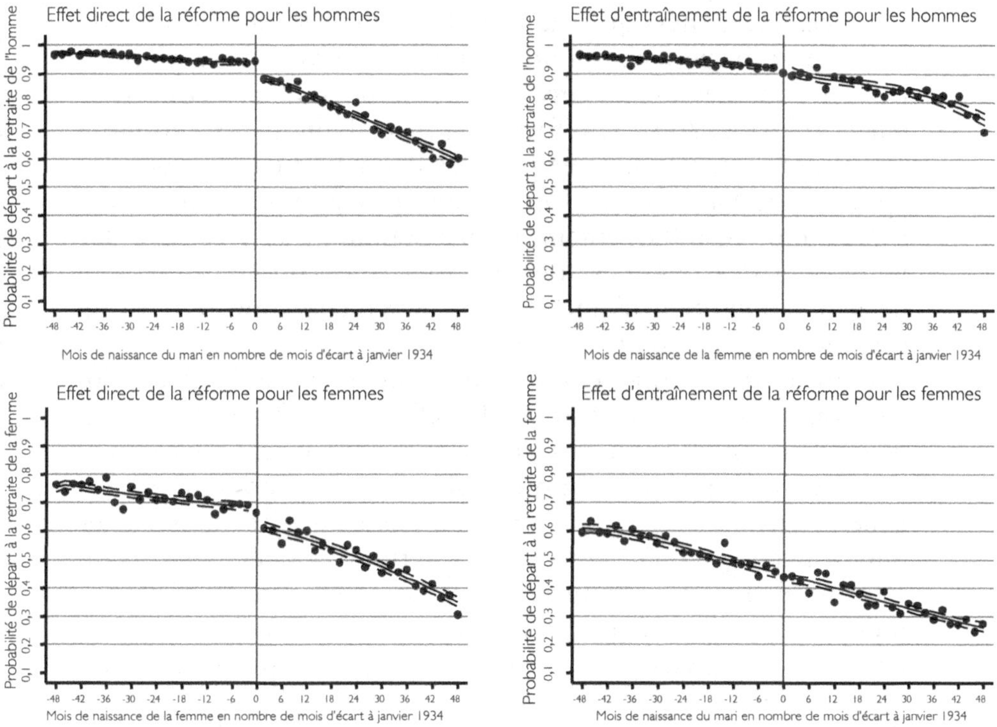

Note : d'après E. Stancanelli, « Couples' retirement under individual pension design. A regression discontinuity study for France », 2017. Les graphiques du haut présentent la probabilité d'être retraité de l'homme et de la femme en fonction de leur date de naissance respective et ceux du bas les probabilités en fonction de la date de naissance du conjoint. Pour tous les graphiques, la date de naissance est exprimée en nombre de mois d'écart à janvier 1934, l'origine sur l'axe des abscisses. Les points correspondent aux probabilités calculées à partir des données brutes, les traits pleins aux probabilités estimées et les pointillés aux intervalles de confiance à 95 % correspondant.

---

retirement age », 2008. À partir de la base de données administrative de la CNAV et en utilisant la méthode statistique de la différence de différences, l'auteur estime qu'un trimestre supplémentaire dans la durée de cotisation nécessaire pour obtenir la retraite à taux plein conduit à un report d'un mois et demi de l'âge de départ en retraite.

Le Graphique 3 illustre les effets estimés de la réforme sur la probabilité d'être retraité des conjoints. Il représente, pour les générations nées entre 1932 et 1942, la probabilité d'être retraité des conjoints en fonction de leur date de naissance (mois et année) relativement à janvier 1934, les personnes nées à partir de janvier 1934 étant toutes affectées par la réforme. Sur le graphique, les individus sont ainsi répartis en deux groupes. Ceux nés après janvier 1934 figurent à la droite de la barre verticale correspondant à janvier 1934. Ceux placés à gauche sont nés avant janvier 1934 et ne sont pas concernés par la réforme. Avec la réforme, la probabilité d'être retraité a baissé de façon significative pour les femmes et les hommes nés après 1933. Par contre, il ne semble pas y avoir d'effet d'entraînement. Graphiquement, les probabilités d'être retraité des femmes et des hommes sont des fonctions continues de l'âge de leur conjoint. Il n'apparaît pas de saut lorsque la réforme s'applique au conjoint.

Pour être sûr que l'allongement de la période d'activité des conjoints provient bien de la réforme et non d'évolutions macroéconomiques ou institutionnelles non prises en compte, nous avons simulé une réforme « placebo » en supposant que les générations nées en 1932 et en 1933 devaient elles aussi cotiser plus longtemps pour percevoir la retraite à taux plein, cette réforme fictive se mettant en place en 1992. Aucune discontinuité n'apparaît dans les probabilités d'être retraité au mois de naissance de janvier 1932 (voir Graphique 4 ci-après). La baisse significative de la probabilité de cessation d'activité qui apparaît dans le Graphique 3 pour les générations nées après 1933 est donc bien causée par la réforme.

En fait, les graphiques ne prennent pas en compte les caractéristiques du couple telles que le niveau de formation des conjoints, le département de résidence ou la présence d'enfants dans le ménage. De plus, ils ne contrôlent pas pour l'hétérogénéité inobservée – c'est-à-dire les caractéristiques qui ne sont pas mesurables, telles que par exemple la stabilité de la relation du couple ou les éventuels facteurs de risque dans le domaine de la santé des conjoints, qui peuvent eux aussi contribuer à expliquer les décisions d'emploi des conjoints. Le modèle économétrique prend tout cela en compte pour conclure,

Graphique 4. Probabilité d'être retraité des conjoints après la réforme fictive de 1992

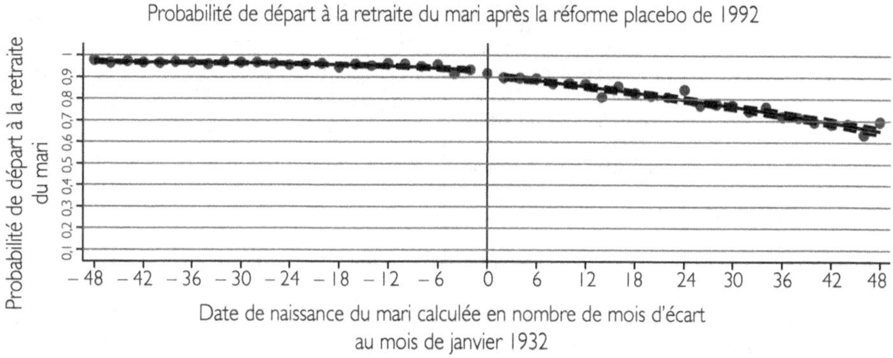

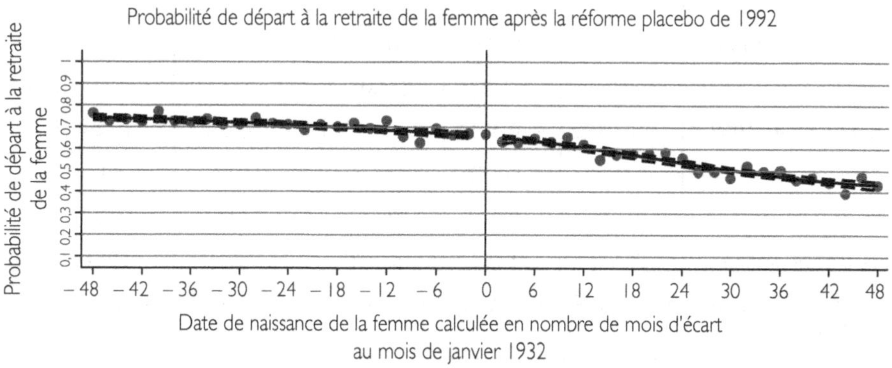

Note : d'après E. Stancanelli, « Couples' retirement under individual pension design. A regression discontinuity study for France », 2017. Les graphiques présentent la probabilité d'être retraité de l'homme et de la femme en fonction de leur date de naissance respective. Pour les deux graphiques, la date de naissance est exprimée en nombre de mois d'écart à janvier 1932, l'origine sur l'axe des abscisses. Les points correspondent aux probabilités calculées à partir des données brutes, les traits pleins aux probabilités estimées et les pointillés aux intervalles de confiance à 95 % correspondant. Les observations utilisées proviennent des enquêtes Emploi de 1992 à 1994.

comme indiqué dans le Tableau 1 page suivante, que la réforme de 1993 conduirait à une baisse respective de la probabilité d'être retraité des hommes et des femmes concernés par la réforme d'environ 4 points de pourcentage. Cet effet est estimé plus précisément pour les hommes. Un effet d'entraînement apparaît pour les hommes. Leur probabilité d'être retraité chuterait toutes choses égales par ailleurs de 1,4 point de pourcentage

Tableau 1. Réforme de 1993, effets directs et d'entraînement sur les probabilités d'être retraités des conjoints

	Variation de la probabilité d'être retraité de l'homme	Variation de la probabilité d'être retraitée de la femme	Variation de la probabilité d'être retraité de l'homme	Variation de la probabilité d'être retraitée de la femme	Variation de la probabilité d'être retraité de l'homme	Variation de la probabilité d'être retraitée de la femme
Probabilité Moyenne						
Homme né après 1933	*0.86*	*0.53*	*0.86*	*0.53*	*0.86*	*0.53*
Femme née après 1933	*0.82*	*0.21*	*0.82*	*0.21*	*0.82*	*0.21*
Effets estimés à l'aide d'un modèle linéaire de moindres carrés pour les conjoints âgés de 56 à 64 ans						
	(1)	*(2)*	*(3)*	*(4)*	*(5)*	*(6)*
Homme né après 1933	– 0.018**	0.003	– 0.020**			– 0.008
	(0.009)	(0.016)	(0.007)			(0.012)
Femme née après 1933	– 0.012	– 0.025*		– 0.0329**	– 0.004	
	(0.008)	(0.015)		(0.012)	(0.007)	
R^2	*0.10*	*0.07*	*0.117*	*0.065*	*0.036*	*0.047*
Nombre d'observations	*28463*	*28463*	*51350*	*48284*	*48284*	*51350*
Effets estimés à l'aide d'un modèle linéaire contrôlant pours les effets aléatoires inobservés, conjoints âgés de 56 à 64 ans						
	(1a)	(2a)	(3a)	(4a)	(5a)	(6a)
Homme né après 1933	– 0.04**	0.004	– 0.0449**			– 0.015
	(0.009)	(0.015)	(0.007)			(0.012)
Femme née après 1933	– 0.014*	– 0.039*		– 0.049**	– 0.008	
standard error	(0.009)	(0.015)		(0.0117)	(0.007)	
R^2	*0.10*	*0.07*	*0.116*	*0.065*	*0.036*	*0.047*
Nombre d'observations	*28463*	*28463*	*51350*	*48284*	*48284*	*51350*

Note : d'après E. Stancanelli (2017). Les estimations dont nous reportons seulement les coefficients d'intérêt (et les écarts d'estimation entre parenthèses) se fondent sur un échantillon de couples où les conjoints sont âgés de 56 à 64 ans. ** : effet significatif au seuil de 5 %. * : effet significatif au seuil de 10 %.

supplémentaire lorsque leur femme est impactée par la réforme (car née après 1933). Par contre, les femmes ne semblent pas modifier leur décision de départ à la retraite lorsque leur conjoint est affecté par la réforme. Nous montrons aussi dans le Tableau 1 que le faible effet d'entraînement trouvé pour le mari n'est pas statistiquement significatif lorsqu'on ne contrôle pas pour les caractéristiques inobservées du couple. De même cet effet n'est pas significatif, si on ne contrôle pas (ce que nous faisons dans les deux premières colonnes des résultats du Tableau 1) pour les effets directs et les effets indirects. Nos estimations des effets directs et indirects de la réforme, séparées pour le mari et la femme, sont reportées dans les deux dernières colonnes du Tableau 1.

Le Tableau 2 (page suivante) montre en revanche les effets directs de la réforme pour les individus en couple âgés de 60 ans ainsi que les effets indirects pour le conjoint. Pour ce faire, notre modèle empirique des effets de la réforme de 1993 est estimé séparément pour chaque génération d'individus en couple affectée par la réforme (à partir donc de ceux nés en 1934), en sélectionnant les individus âgés de plus de 59 ans et de moins de 61 ans – le groupe de contrôle –, soit ceux nés en 1933. Cette approche nous permet d'isoler les effets directs de la réforme sur la probabilité de partir à la retraite à 60 ans (l'âge légal de la retraite à l'époque en France) ainsi que les effets indirects pour le conjoint. On constate que la réforme réduit d'environ 13 à 28 points de pourcentage la probabilité de chaque conjoint de partir à la retraite à 60 ans, la taille de l'effet estimé variant d'une génération à l'autre – ce qui s'explique aussi par la petite taille de ces échantillons (reportée entre parenthèses dans la première colonne du tableau). Globalement, on conclut à des effets directs négatifs et très importants sur la probabilité de partir à la retraite à 60 ans. Ces effets sont plus importants que ceux estimés dans le Tableau 1 où l'on a considéré toutes les générations nées de 1933 à 1942. Les effets estimés dans le Tableau 1 représentent donc la moyenne des effets calculés pour des individus d'âge très différents.

D'autre part, le Tableau 2 révèle aussi que l'effet d'entraînement de la retraite de la femme sur celle de son mari tel que constaté dans le Tableau 1 n'est expliqué que par la réaction des hommes mariés à une femme née en 1935. Cela est tout à fait raisonnable car le mari étant en moyenne de deux ans plus âgé que sa femme, nous sommes ici en présence de couples pour lesquels la majorité des hommes est née en 1933. Ils ne sont donc pas affectés directement par la réforme.

Malheureusement, il n'existe pas à ce jour d'autres bases de données françaises permettant d'affiner ces conclusions et nous ne pouvons pousser plus loin l'analyse avec les enquêtes Emploi, faute d'échantillons plus larges et de renseignements plus précis sur les cotisations de retraite des individus.

Tableau 2. Effets directs et indirects de la réforme sur la probabilité de départ à la retraite.

	Variation de la probabilité de partir à la retraite à 60 ans pour l'homme (effet direct)	Variation de la probabilité de partir à la retraite pour la femme (effet indirect)		Variation de la probabilité de partir à la retraite pour le mari (effet indirect)	Variation de la probabilit de partir à retraite à 60 ans pou la femme (effet direc
Homme né en 1934	– 0.210***	0.00857	Femme née en 1934	– 0.0627	– 0.197
(observations 1547)	(0.0421)	(0.0420)	*(observations1543)*	(0.0423)	(0.049
Homme né en 1935	– 0.167***	– 0.0596	Femme née en 1935	– 0.0786*	– 0.12
(observations1603)	(0.0452)	(0.0453)	*(observations1486)*	(0.0442)	(0.052
Homme né en 1936	– 0.246***	– 0.0168	Femme née en 1936	– 0.0625	– 0.13
(observations1463)	(0.0458)	(0.0436)	*(observations1360)*	(0.0435)	(0.052
Homme né en 1937	– 0.0725	0.0493	Femme née en 1937	– 0.000572	– 0.13
(observations1386)	(0.0466)	(0.0445)	*(observations 1392)*	(0.0426)	(0.052
Homme né en 1938	– 0.158***	– 0.00758	Femme née en 1938	– 0.0306	– 0.12
(observations1385)	(0.0463)	(0.0459)	*(observations1335)*	(0.0441)	(0.055
Homme né en 1939	– 0.281***	– 0.0265	Femme née en 1939	0.0179	– 0.223
(observations1399)	(0.0477)	(0.0482)	*(observations1338)*	(0.0432)	(0.053
Homme né en 1940	– 0.0952**	– 0.00471	Femme née en 1940	– 0.0121	– 0.13
(observations1394)	(0.0450)	(0.0461)	*(observations1285)*	(0.0440)	(0.054
Homme né en 1941	– 0.179***	– 0.0392	Femme née en 1941	– 0.0269	– 0.11
(observations1233)	(0.0504)	(0.0500)	*(observations1162)*	(0.0492)	(0.060
Homme né en 1942	– 0.139***	– 0.0190	Femme née en 1942	– 0.00789	– 0.180
(observations1305)	(0.0494)	(0.0464)	*(observations1167)*	(0.0495)	(0.058

Note : d'après E. Stancanelli (2017). Les estimations dont nous reportons seulement les coefficients d'intérêt (et les écarts d'estimation entre parenthèses) se fondent sur un échantillon d'individus en couple âgés de près de 60 ans, en considérant un intervalle d'âge allant de plus de 59 ans à moins de 61 ans (moins de 12 mois d'écart à leur 60e anniversaire); le groupe de contrôle est né 1933. ** : effet significatif au seuil de 5 %. * : effet significatif au seuil de 10 %.

Quoi qu'il en soit, nos résultats font apparaître, comme bon nombre des études que nous avons présentées précédemment, une asymétrie de l'effet d'entraînement. La différence d'âge entre époux l'explique en partie. Comme la réforme de 1993 s'appuie sur l'année de naissance des travailleurs et que le mari est plus âgé en moyenne que son épouse, la femme va devoir travailler plus longtemps que lui, en moyenne, si elle souhaite profiter de la retraite à taux plein. Lorsque la femme est affectée par la réforme de 1993, le mari, souvent plus âgé, soit n'est pas affecté, soit il l'est mais dans une moindre mesure. Cela peut expliquer l'asymétrie des effets trouvés : la femme étant davantage touchée par la réforme, le mari est plus susceptible de réagir à l'incitation à la poursuite d'activité de son épouse que l'inverse. Le mari, souvent le plus âgé des deux, est moins directement impacté dans le couple par la réforme. Les incitations indirectes pour sa femme à réagir sont donc moins fortes.

Dans le contexte différent de la loi sur les 35 heures, D. Goux, E. Maurin et B. Petrongolo[1] mettent en évidence une asymétrie du même type. Les hommes mariés à une femme qui bénéficie d'un accord d'entreprise de réduction du temps de travail diminuent leur temps de travail hebdomadaire d'une demi-heure environ. À l'inverse, les femmes qui vivent avec un homme travaillant dans une entreprise où un accord a été signé ne modifient pas leur temps de travail. D. Goux, E. Maurin et B. Petrongolo[2] avancent comme explication possible une plus grande difficulté rencontrée par les femmes à moduler leur temps de travail notamment en raison d'une position hiérarchique dans l'entreprise souvent inférieure à celles des hommes. Dans le cas des retraites, les femmes ont souvent des trajectoires professionnelles plus courtes et plus marquées par les interruptions de carrière que celles des hommes et ont donc des durées de cotisation plus faible à 60 ans (voir A. Bozio, art. cit., p. 141). Cela pourrait aussi contribuer à expliquer l'absence d'effet indirect de la réforme des retraites de 1993 pour les femmes.

---

1. D. Goux, E. Maurinet B. et Petrongolo, « Worktime regulations and spousal labor supply », 2014.

2. *Ibid.*

De plus, si la réforme des 35 heures était neutre vis-à-vis du revenu du couple, ce ne fut bien évidemment pas le cas de la réforme des retraites de 1993. Dans le cas de la réforme de 1993, l'effet de revenu peut contribuer à expliquer les réponses des conjoints. Si la réforme pousse les conjoints à partir à la retraite un peu plus tard, le revenu du ménage peut augmenter de façon inattendue (si la réforme n'a pas été anticipée), ce qui peut contrebalancer les effets de la complémentarité des loisirs, en incitant le conjoint qui n'est pas concerné par la réforme à partir à la retraite le plus tôt possible, et donc à réduire son offre de travail. Afin de mieux appréhender les mécanismes en jeu, nous examinons maintenant la complémentarité des loisirs chez les couples de seniors français.

Départ à la retraite et complémentarité des loisirs du couple

Nous allons ici nous pencher sur le moteur principal de la coordination des rythmes de travail du couple mis en exergue par la littérature théorique et empirique autour du comportement économique du couple.

Cependant, il n'existe pas à proprement parler dans la littérature économique de mesure précise de la complémentarité des loisirs du couple. Les études théoriques et empiriques s'appuient en général sur ce concept théorique sans en fournir une mesure concrète. Font cependant exception les études de D. S. Hamermesh (2000, 2002)[1] pour les couples biactifs américains. L'auteur conclut que les conjoints coordonnent leur rythme de travail en se basant sur des données individuelles autour de l'emploi du temps tout au long d'une journée représentative, collectées avec un cahier journalier renseignant notamment les heures consacrées aux activités de loisir. Ceci

1. En ce qui concerne les actifs occupés, D. S. Hamermesh montre que les conjoints aux États-Unis adaptent et coordonnent leurs horaires de travail pour passer leur temps de loisir ensemble. D. S. Hamermesh, « Togetherness. Spouses' synchronous leisure, and the impact of children », 2000 ; D. S. Hamermesh, « Timing, togetherness and time windfalls », 2002.

dit, observer une corrélation entre les heures travaillées ou les dates de départ à la retraite des conjoints ne signifie pas nécessairement que les décisions d'emploi ou de départ à la retraite soient liées et interdépendantes. Les conjoints peuvent par exemple partir à la retraite en même temps tout simplement parce qu'ils ont le même âge et les mêmes droits au départ. Ils peuvent avoir les mêmes rythmes de travail tout simplement car les institutions sous-jacentes au marché du travail sont les mêmes pour les deux conjoints. C'est bien ce que montre D. Halberg (2003) pour la Suède en appariant les rythmes de travail des conjoints à ceux des célibataires, à l'aide des données issues des enquêtes Emploi du temps suédoises qui renseignent les activités des individus tout au long d'une journée. Il conclut que ce qui apparaît comme une coordination des horaires de travail du couple est en réalité dû aux institutions communes à tous les travailleurs suédois. Il trouve que les célibataires et les conjoints se comportent de la même façon. Tout comme les travaux que l'auteur remet en question, l'étude de D. Halberg se fonde sur des corrélations. Nous allons ici exploiter l'âge légal de départ à la retraite à 60 ans en France afin d'éclaircir le lien de causalité entre la complémentarité de loisir du couple et les choix d'emploi ou de départ à la retraite des conjoints français.

Nous allons ici tester empiriquement la présence de la complémentarité des loisirs lors du départ à la retraite des conjoints. À partir de l'étude menée par E. Stancanelli et A. Van Soest[1] sur données françaises[2], nous cherchons à analyser le temps consacré aux loisirs par les conjoints proches de la retraite, en distinguant les activités de loisir individuelles (lire un livre par exemple) des activités de loisir partagées (comme les repas en famille, les voyages et promenades en couple).

Nous avons pour ce faire analysé les réponses à l'enquête Emploi du temps qui renseigne entre autres les temps de loisir des membres du ménage pour un échantillon représentatif de la

1. E. Stancanelli et A. Van Soest, « Retirement and home production. A regression discontinuity approach », 2012 et E. Stancanelli et A. Van Soest, « Partners' leisure time truly together upon retirement », 2016.

2. Le départ à la retraite entraîne pour les hommes aux États-Unis une forte hausse du temps dévolu aux tâches domestiques selon M. Aguiar et E. Hurst, « Consumption versus expenditure », 2005.

population française. Nous ferons une distinction entre les activités de loisir que les conjoints pratiquent séparément et les activités de loisir accomplies à deux. Le départ à la retraite induit un changement profond et radical de l'emploi du temps des personnes. Sept à huit heures par jour en moyenne deviennent disponibles pour d'autres activités, ce qui est susceptible de bouleverser les occupations quotidiennes des individus.

L'enquête Emploi du temps de 1998-1999 menée par l'Insee est une source d'informations sur la durée des activités quotidiennes des conjoints. Pour l'enquête 1998-1999, un échantillon de 8 186 ménages représentatifs de la France entière a répondu et le taux de participation à l'enquête est de plus de 90 %. La collecte d'informations s'est faite à l'aide d'un questionnaire destiné au ménage et d'un questionnaire destiné à l'individu, ainsi que d'un carnet journalier d'activités. Tous les individus de 15 ans et plus du ménage décrivent dans ce carnet leurs différentes occupations au cours d'une de leurs journées, par tranches de dix minutes. Nous disposons ainsi d'une image assez fine de l'allocation du temps des individus interrogés entre travail professionnel, temps de formation, besoins physiologiques, travaux ménagers, loisirs, trajets, etc.

L'échantillon de départ est constitué de 5 287 couples mariés et concubins formés de femmes et d'hommes, tous âges confondus. E. Stancanelli et A. Van Soest[1] ont d'abord sélectionné les couples âgés de 50 à 70 ans et ensuite retiré de cet échantillon initial les couples qui ont rempli le carnet journalier d'activités pour des jours atypiques comme un jour de vacances par exemple. De même, les couples avec de graves problèmes de santé n'ont pas été conservés. Parmi les couples restants, les couples pour lesquels l'homme est au chômage ont été exclus. Une sélection similaire n'a pas été réalisée pour les femmes, la frontière entre le chômage et l'inactivité (autre que la retraite) pouvant être floue pour les femmes d'un certain âge. L'échantillon final contient 1 083 couples. À partir de l'information contenue dans l'enquête, il nous est possible de connaître le temps de loisir des conjoints, et sa répartition entre loisirs partagés avec le conjoint ou pas.

1. E. Stancanelli et A. Van Soest, « Retirement and home production. A regression discontinuity approach », 2012 et E. Stancanelli et A. Van Soest, « Partners' leisure time truly together upon retirement », 2016.

L'âge légal de départ à la retraite (60 ans) est ici utilisé pour mesurer l'effet d'être à la retraite sur l'emploi du temps des conjoints. Le principe est de comparer l'emploi du temps des jeunes retraités de 60 ans (le groupe de traitement) à celui des actifs occupés dont l'âge est légèrement inférieur à l'âge légal et qui ne peuvent prétendre à la retraite (le groupe de contrôle).

Loisir individuel, loisir partagé : définitions

Selon G. Becker[1], on définit les activités de loisir comme ces activités qu'on ne peut pas déléguer à d'autres. Dans cet esprit, 46 des activités renseignées dans l'enquête Emploi du temps 1998-1999 ont été retenues pour mesurer le temps de loisir. Elles vont de la pratique d'un sport aux passe-temps et jeux, à la promenade, à la détente, aux pratiques artistiques, à la lecture, au multimédia, aux spectacles, au temps passé à regarder la télévision ou à écouter la radio en passant par les activités de sociabilité comme les visites chez des amis, la pratique religieuse et les activités associatives. À l'inverse du sommeil, considéré comme relevant d'un besoin principalement physiologique, les repas et collations ont été appréhendés comme du loisir. Toutes les activités dont les conjoints peuvent profiter ensemble et qui ne présentent pas de charge de travail (rémunérée ou non) ont été considérées comme du loisir.

La définition du temps de loisir appliquée ici est similaire à celle proposée par M. Aguiar et E. Hurst[2] qui travaillent avec les données de l'enquête Emploi du temps américaine (dénommée « American Time Use Survey »). Les activités telles que la cuisine, le ménage, le lavage, le repassage, les courses, le rangement, le bricolage, le jardinage, la couture, les soins aux animaux et les tâches administratives (comme les attentes pour des services administratifs) définissent les tâches ménagères. En effet, bon nombre de ces travaux ne peuvent pas être considérés comme des distractions, ou des temps de liberté. Certaines de ces activités comme le bricolage, le jardinage, la couture ou

1. G. S. Becker, « A theory of the allocation of time », 1965.
2. M. Aguiar et E. Hurst, « Measuring trends in leisure. The allocation of time over five decades », 2007.

les soins aux animaux sont parfois qualifiées de « semi-loisirs ». Les activités domestiques « récurrentes » incluent le ménage, la vaisselle, la lessive, le repassage, mettre la table et s'occuper des tâches et des papiers administratifs.

Pour tenter d'identifier le temps de loisir partagé des conjoints, E. Stancanelli et A. Van Soest[1] utilisent deux variables annexes de l'enquête Emploi du temps 1998-1999. La première permet de savoir si l'activité a eu lieu « chez soi », sur le « lieu de travail » ou bien « à l'extérieur ». La modalité « chez soi » est à prendre au sens large : elle indique aussi bien la maison que l'appartement, la terrasse ou le jardin. La seconde variable nous indique si l'activité a eu lieu en présence d'une autre personne. Les modalités possibles sont « seul », « personne du ménage », « amis, voisins, parenté, collègues » et « autre personne ». Il est important de noter que cette variable indique si l'activité a été réalisée en présence de quelqu'un, et non avec qui elle a été effectuée. À partir de ces informations, E. Stancanelli et A. Van Soest[2] construisent quatre mesures alternatives du loisir partagé[3].

Dans son acception la plus étroite, le loisir est dit partagé ou commun lorsque les conjoints déclarent effectuer en même temps et avec un membre de la famille la même activité de loisir. Cette définition est sans doute celle qui se rapproche le plus de ce qu'est le loisir partagé, « vraiment passé » à deux. Alternativement, le loisir est défini comme partagé lorsque les conjoints déclarent effectuer en même temps et dans un même lieu la même activité de loisir. Cette définition prend typiquement en compte les situations où les conjoints sont à la maison, chacun occupé à lire un livre par exemple. Une troisième définition est de considérer simplement que le loisir est commun lorsque les conjoints déclarent effectuer en même temps la même activité de loisir. Pour reprendre l'exemple précédent, il peut s'agir de conjoints lisant un livre dans des lieux différents. La dernière situation envisagée par E. Stancanelli et

1. E. Stancanelli et A. Van Soest, « Retirement and home production. A regression discontinuity approach », 2012 et E. Stancanelli et A. Van Soest, « Partners' leisure time truly together upon retirement », 2016.

2. *Ibid.*

3. C. Barnet-Verzat, A. Pailhé et A. Solaz, « Spending time together. The impact of children on couples' leisure synchronization », 2011, utilisent des définitions similaires du loisir partagé pour étudier les conséquences de la présence d'enfants dans la famille sur le temps de loisir des parents.

A. Van Soest[1] est celle de conjoints qui indiquent pratiquer un loisir (pas forcément le même) en même temps et dans un même lieu. À titre d'illustration, un conjoint peut regarder la télévision et l'autre lire un livre. Enfin, le temps de loisir individuel ou séparé est simplement défini comme le temps de loisir qui n'est pas partagé. Il dépend donc de la définition du loisir partagé retenue.

Le Tableau 3 présente quelques statistiques descriptives pour l'échantillon retenu. Environ 57 % des hommes et 43 % des femmes ont au moins 60 ans. En moyenne, le mari a deux ans de plus que sa femme. Le pourcentage des hommes et des femmes en emploi est respectivement de 36 % et 32 %. Le niveau d'études des hommes est en moyenne légèrement supérieur à celui de leur conjointe. Ils sont en très grande majorité mariés.

Tableau 3. Description de l'échantillon de couples sélectionnés à partir de l'enquête Emploi du temps 1998-1999

	Homme		Femme	
	Moyenne	Écart-type	Moyenne	Écart-type
Âge (en années)	60,72	5,50	58,60	5,61
Avoir 60 ans et plus	57 %	0,49	43 %	0,47
À la retraite	64 %	0,48	67 %	0,47
En emploi	36 %	0,48	32 %	0,47
Niveau d'études : secondaire	12 %	0,32	10 %	0,30
Niveau d'études : supérieur	15 %	0,36	11 %	0,31
Caractéristiques des ménages				
	Moyenne		Écart-type	
Concubinage	4 %		0,19	
Nombre d'observations	1 043			

Source : Enquête Emploi du temps 1998-1999 ; couples de femmes et d'hommes âgés de 50 à 70 ans.

1. E. Stancanelli et A. Van Soest, « Retirement and home production. A regression discontinuity approach », 2012 et E. Stancanelli et A. Van Soest, « Partners' leisure time truly together upon retirement », 2016.

Analyse de l'emploi du temps des couples

Si l'on regarde le Tableau 4 et les statistiques concernant le loisir, on s'aperçoit que près de 99 % des individus de l'échantillon déclarent un temps de loisir individuel et, selon la définition appliquée, entre 94 % et 99 % un temps de loisir partagé. Avec la définition la plus stricte du loisir partagé, les conjoints profitent chaque jour en moyenne de près de deux heures de loisir commun. Les hommes bénéficient alors en moyenne de cinq heures de loisir séparé et les femmes d'un peu moins de quatre heures. Si l'on utilise la définition la plus large du loisir partagé, les femmes et les hommes profitent chaque jour en moyenne de quatre heures de loisir partagé. En conséquence, le temps de loisir individuel diminue. Il passe à presque quatre heures par jour pour les hommes et à deux heures et demie pour les femmes.

La majorité des femmes déclarent prendre en charge des tâches ménagères à raison de cinq heures par jour en moyenne, contre trois heures environ pour les hommes. Parmi eux, 13 % n'effectuent aucun travail ménager. Si l'on ne tient pas compte des semi-loisirs, le temps passé par les hommes à s'occuper des tâches ménagères chute fortement pour arriver à un peu plus d'une heure par jour. Une telle baisse n'est pas observée pour les femmes qui passent moins de temps à jardiner, réparer la maison et s'occuper des animaux que les hommes. Elles ne sont que 44 % à déclarer ce type d'activités domestiques contre 62 % des hommes. Par contre, elles sont beaucoup plus nombreuses à préparer les repas. Environ 94 % des femmes et 30 % des hommes occupent une partie de leur temps à faire la cuisine. Le pourcentage de femmes et d'hommes de l'échantillon qui déclarent passer du temps à s'occuper d'autres personnes (enfants, autres adultes) est relativement faible. Il est de 22 % pour les femmes et de 15 % pour les hommes. En conséquence, le temps moyen passé à s'occuper d'autres personnes n'est que de 24 minutes par jour pour les femmes et de 18 minutes pour les hommes.

Tableau 4. Participation aux activités de loisir et aux tâches ménagères des couples (en minutes par jour)

Nombre d'observations : 1 043	Femmes			Hommes		
	Taux de participation	Moyenne	Médiane	Taux de participation	Moyenne	Médiane
Loisir partagé (définition 1)	94 %	160	140	94 %	160	140
Loisir partagé (définition 2)	96 %	195	180	96 %	195	180
Loisir partagé (définition 3)	98 %	216	200	98 %	216	200
Loisir partagé (définition 4)	98 %	238	230	98 %	238	230
Loisir séparé (définition 1)	98 %	228	210	99 %	302	270
Loisir séparé (définition 2)	97 %	193	180	99 %	267	240
Loisir séparé (définition 3)	96 %	172	150	99 %	246	220
Loisir séparé (définition 4)	96 %	150	130	99 %	224	96
Tâches ménagères	99 %	311	310	87 %	184	160
Hors semi-loisirs	99 %	265	260	70 %	77	40
Récurrentes	96 %	145	140	51 %	37	10
Préparation des repas	94 %	82	80	30 %	11	0
Faire les courses	52 %	52	10	41 %	29	0
Semi-loisirs	44 %	46	0	62 %	107	60
S'occuper d'autrui	22 %	22	24	15 %	18	0

Source : Enquête Emploi du temps 1998-1999 ; couples de femmes et d'hommes âgés de 50 à 70 ans.

Le Tableau 5 décrit l'emploi du temps des couples de retraités et de biactifs occupés. La retraite s'accompagne d'une hausse du temps de sommeil (de 50 minutes par jour pour un ménage sur deux), d'une hausse conséquente du temps de loisir et d'une forte augmentation du temps consacré aux tâches ménagères. Le temps dédié au loisir partagé augmente de presque deux heures par jour pour un ménage sur deux. En ce qui concerne les activités de loisir séparé, l'augmentation est nettement plus importante pour les hommes. Il en est de même pour les tâches domestiques. Un homme retraité sur deux passe une heure et demie de plus par jour à s'occuper des tâches ménagères qu'un homme actif. Cette augmentation provient principalement d'une plus forte implication des maris retraités dans les activités de semi-loisirs. La charge de travail domestique est toujours plus importante pour les femmes. À la retraite, une femme sur deux consacre plus de cinq heures par jour aux tâches domestiques. Qu'ils soient en emploi ou retraités, les hommes passent en général plus de temps aux activités de loisir qu'aux tâches ménagères[1].

Tableau 5. Emploi du temps en minutes par jour des couples biactifs occupés et retraités

	Couples biactifs occupés			Couples de retraités		
Distribution	25 %	Médiane	75 %	25 %	Médiane	75 %
Sommeil						
Femmes	470	510	560	510	560	600
Hommes	450	510	560	510	560	620
Loisir partagé						
Femmes	30	80	150	110	190	260
Hommes	30	80	150	110	190	260
Loisir séparé						
Femmes	60	110	200	60	130	210
Hommes	90	150	250	130	230	330

1. Nous trouvons des résultats similaires lorsque nous réduisons l'échantillon pour ne considérer que les personnes âgées de 57 à 63 ans et limiter ainsi les effets dus à l'âge et non au passage à la retraite.

Tâches ménagères						
Femmes	110	230	360	240	330	420
Hommes	10	60	180	110	210	320

Source : Enquête Emploi du temps 1998-1999 ; couples de femmes et d'hommes âgés de 50 à 70 ans.
Lecture : 25 % correspond au premier quartile et 75 % au troisième quartile de la distribution statistique du temps consacré aux tâches ménagères et aux activités de loisir. Un homme en emploi sur quatre (25 % des hommes) dévoue moins de 10 minutes par jour aux tâches domestiques ; un homme en emploi sur quatre (le top 75 % de la distribution) y passe plus de 180 minutes ; 2 hommes en emploi sur 4 consacrent 1 heure par jour (60 minutes) aux tâches domestiques. À la retraite, un homme sur quatre consacre 110 minutes par jour aux travaux domestiques.

Probabilité d'être retraité et complémentarité des loisirs du couple

Stancanelli et Van Soest[1] estiment que la retraite augmente le temps de loisir que l'homme passe sans son épouse entre environ trois heures et trois heures et quarante-cinq minutes par jour selon la définition du loisir retenue (voir Tableau 6). Un effet similaire apparaît pour les femmes dont la retraite engendre une très forte augmentation de leur temps de loisir individuel, comprise entre trois heures et cinq heures par jour. Le corollaire à ces fortes hausses de temps de loisir séparé est l'absence d'effet de la retraite sur le loisir partagé. Le seul effet significatif de la probabilité d'être retraité sur le temps de loisir partagé apparaît lors du départ à la retraite de l'épouse. Le Graphique 5 présente le temps dévolu aux activités de loisir ensemble (loisir partagé) ou séparé par les conjoints, en illustrant ces faits visuellement. Cette absence d'impact provient peut-être de la composition de l'échantillon utilisé, qui inclut un nombre conséquent de familles avec des femmes au foyer. Il est possible que les comportements de loisir de ces ménages soient différents de ceux où les conjoints ont une activité professionnelle avant d'être retraités. Lorsque ces ménages sont exclus de l'analyse, les estimations du modèle font apparaître

1. E. Stancanelli et A. Van Soest, « Retirement and home production. A regression discontinuity approach », 2012 et E. Stancanelli et A. Van Soest, « Partners' leisure time truly together upon retirement », 2016.

Graphique 5. Temps dévolu aux activités de loisir par les couples de seniors

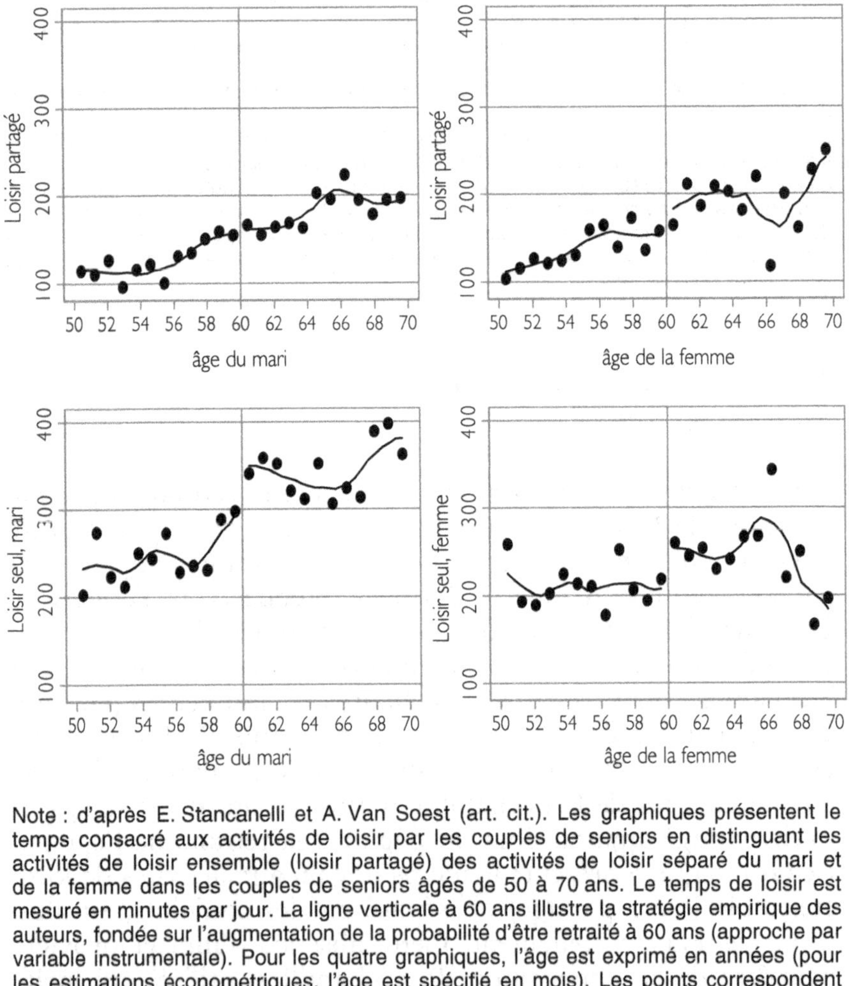

Note : d'après E. Stancanelli et A. Van Soest (art. cit.). Les graphiques présentent le temps consacré aux activités de loisir par les couples de seniors en distinguant les activités de loisir ensemble (loisir partagé) des activités de loisir séparé du mari et de la femme dans les couples de seniors âgés de 50 à 70 ans. Le temps de loisir est mesuré en minutes par jour. La ligne verticale à 60 ans illustre la stratégie empirique des auteurs, fondée sur l'augmentation de la probabilité d'être retraité à 60 ans (approche par variable instrumentale). Pour les quatre graphiques, l'âge est exprimé en années (pour les estimations économétriques, l'âge est spécifié en mois). Les points correspondent au temps moyen consacré aux loisirs pour chaque âge, calculé à partir des données brutes, les traits pleins aux probabilités estimées. Les observations utilisées proviennent des enquêtes Emploi du temps 1998-99. La définition de loisir partagé retenue est la plus large (voir texte).

un effet positif de la retraite des femmes sur le loisir partagé. Il augmente d'un peu moins de deux heures à plus de trois heures par jour selon la définition adoptée. En revanche, la retraite du mari ne semble pas avoir d'effet sur le loisir partagé.

Il affecte cependant fortement le temps de loisir individuel de l'homme. Celui-ci augmente d'environ quatre heures par jour toutes choses égales par ailleurs. De la même manière, le temps de loisir individuel des femmes connaît une hausse comprise entre deux heures et demie et quatre heures par jour lorsqu'elles partent à la retraite.

Finalement, le fait d'être à la retraite a des effets contrastés sur les temps de loisir des conjoints. Lorsque le mari est retraité, cela entraîne une hausse importante de son temps de loisir individuel mais ne s'avère pas avoir d'influence sur le temps de loisir que les conjoints partagent ensemble. Quand la femme est retraitée, cela engendre un accroissement conséquent du temps qu'elle alloue au loisir individuel mais aussi une augmentation du temps de loisir partagé par les conjoints.

Tableau 6. Estimation des effets d'être à la retraite sur les temps de loisir des conjoints

	Loisir séparé de la femme	Loisir séparé de l'homme	Loisir partagé
	Variation en minutes par jour	Variation en minutes par jour	Variation en minutes par jour
Loisir partagé 1 : même activité de loisir, même intervalle de temps, en compagnie d'un membre de la famille			
Retraite de la femme	+ 178,9	Aucune	+ 118,8*
Retraite de l'homme	Aucune	+ 205,7	Aucune
Loisir partagé 2 : même activité de loisir, même intervalle de temps, même lieu			
Retraite de la femme	+ 161,2	– 165,2	+ 136,5*
Retraite de l'homme	Aucune	+ 242,7	Aucune
Loisir partagé 3 : même activité de loisir, même lieu			
Retraite de la femme	+ 156,8	– 169,7	+ 140,9
Retraite de l'homme	Aucune	+ 221,7	Aucune

	Loisir séparé de la femme	Loisir séparé de l'homme	Loisir partagé
	Variation en minutes par jour	Variation en minutes par jour	Variation en minutes par jour
Loisir partagé 4 : même intervalle de temps, même lieu, loisir possiblement différent			
Retraite de la femme	+ 108,7	– 217,7	+ 188,9
Retraite de l'homme	Aucune	+ 252,1	Aucune

Source : d'après E. Stancanelli et A. Van Soest (art. cit.). Les chiffres indiqués correspondent à des variations significatives aux seuils de 1 % ou 5 %, les chiffres marqués d'un astérisque à des variations significatives au seuil de 10 %. Échantillon de 732 observations : les couples pour lesquels les femmes sont au chômage ou inactives (hors retraitées) ont été exclus.

Que nous apprennent ces estimations ?

On trouve une faible augmentation du temps de loisir partagé lorsque la femme est retraitée et aucune variation lorsque le mari est retraité. Cela suggère un manque de coordination de la prise de retraite des conjoints et s'explique par la différence d'âge au sein du couple. En effet, la femme est en moyenne plus jeune que son mari, elle part donc à la retraite deux ans après son mari.

Si nous reprenons les effets croisés de la réforme de 1993 que nous avons trouvés précédemment, lorsque la femme voit son départ à la retraite reporté par la réforme de 1993, la probabilité que le mari soit à la retraite ne diminue que très faiblement. En revanche, la probabilité que la femme prenne sa retraite ne change pas lorsque le mari est concerné par la réforme, ce qui s'explique également par le fait que la femme est souvent la plus jeune du couple. Il est par ailleurs aussi possible que la complémentarité des loisirs du couple soit plus faible pour les couples de seniors. Toutes choses confondues, les enfants ayant désormais quitté le domicile familial, il est moins important de coordonner les rythmes de travail et de loisir pour les conjoints seniors.

Les conjoints expriment-ils le souhait de partir à la retraite ensemble ?

Afin de mieux comprendre si le manque de coordination des décisions de retraite des conjoints est subi, dû par exemple à l'individualisation des comptes de retraites, ou choisi, nous avons examiné les réponses des Français à l'enquête « Motivations de départ à la retraite ». Cette enquête résulte d'une collaboration entre la Caisse nationale d'assurance vieillesse (CNAV), le secrétariat général du Conseil d'orientation des retraites (COR), la direction de la recherche, des études, de l'évaluation et des statistiques (DREES) et la direction de la Sécurité sociale (DSS). La première vague de l'enquête a été réalisée en 2010 et portait sur les assurés partis à la retraite entre juillet 2008 et juin 2009. Environ 3 000 personnes ont été interrogées. Or, seuls 18 % des retraités participant à cette vague de l'enquête « Motivations de départ à la retraite » ont répondu que le fait d'avoir un conjoint qui partait ou qui était déjà à la retraite avait joué dans leur décision de départ (voir le Tableau 7). N. Maestas[1] rapporte au contraire qu'aux États-Unis, 62 % des hommes se disent prêts à partir à la retraite à condition que leur épouse en fasse autant.

Cela résulte sans doute de facteurs institutionnels et culturels qui diffèrent entre les États-Unis et la France. En particulier, aux États-Unis, il existe un supplément de pension de retraite très important pour l'épouse dépendante qui pourrait inciter la femme à partir à la retraite avant le taux plein. Cela s'applique également au mari qui part à la retraite avant le taux plein et bénéficie du supplément familial de retraite de sa femme. Dans le cas de la France, les pensions de retraite sont individuelles et partir avant le taux plein est coûteux. Il est donc difficile de conclure que les conjoints ne partent pas ensemble à la retraite parce qu'ils ne le souhaitent pas. Les comportements observés peuvent simplement refléter la réponse de chacun des conjoints aux incitations du système de pension actuel, individualisé. Peut-être réagiraient-ils

1. N. Maestas, « Labor, love and leisure. Complementarity and the timing of retirement by working couples », 2001.

différemment si un système de pension proche du système américain venait à être implanté.

Tableau 7. Les motivations du départ à la retraite des retraités en emploi avant de partir

	A beaucoup joué	A assez joué	A peu joué	N'a pas joué du tout
Motifs liés au droit à pension				
Vous aviez atteint l'âge vous permettant d'obtenir une retraite à taux plein	49 %	22 %	5 %	24 %
Vous aviez atteint l'âge de 60 ans	37 %	14 %	5 %	44 %
Vous aviez atteint un niveau de pension suffisant	16 %	21 %	12 %	51 %
Vous aviez peur que vos droits à la retraite diminuent du fait d'une nouvelle réforme	17 %	13 %	8 %	62 %
Cela ne vous empêche pas de continuer à travailler ou de reprendre un emploi	11 %	11 %	9 %	69 %
Votre pension de retraite est plus élevée que les autres allocations auxquelles vous avez droit	4 %	4 %	7 %	84 %
Vous manquiez d'informations sur les possibilités de partir plus tôt ou plus tard	5 %	4 %	6 %	84 %
Motifs liés au travail				
Vous éprouviez un sentiment de lassitude par rapport au travail	23 %	17 %	10 %	50 %
Vous aviez des problèmes de santé qui rendaient le travail difficile	15 %	8 %	6 %	71 %
Vous n'étiez pas satisfait de vos conditions de travail	12 %	9 %	7 %	72 %
Vous subissiez dans votre travail des pressions qui vous ont poussé à partir	12 %	8 %	6 %	73 %
À cause de la fatigue occasionnée par les déplacements domicile/travail	11 %	7 %	8 %	74 %
L'emploi que vous occupiez ne vous offrait plus de perspectives de formation ou d'évolution	12 %	9 %	5 %	74 %

	A beaucoup joué	A assez joué	A peu joué	N'a pas joué du tout
Aucune proposition d'adaptation du poste ne vous était offerte	9 %	6 %	4 %	82 %
Vous avez été licencié ou mis à la retraite d'office	9 %	3 %	2 %	86 %
Motifs personnels				
Vous souhaitez profiter de votre retraite le plus longtemps possible	47 %	21 %	7 %	26 %
Vous aviez d'autres projets personnels	7 %	12 %	8 %	72 %
Votre conjoint partait ou était déjà à la retraite	12 %	6 %	3 %	78 %
Vous aviez des obligations familiales	7 %	7 %	4 %	81 %

Source : D'après *Études et Résultats* n° 741 (2011), DREES, Graphique 1, page 3.

Pour conclure, les conjoints français ne semblent pas tenir compte du statut d'emploi de leur conjoint lorsqu'ils décident de partir à la retraite. La décision paraît être une décision individuelle plutôt qu'une décision du couple. Les époux français ne semblent pas souhaiter partir à la retraite avant d'avoir le taux plein, quelle que soit la situation d'emploi de leur conjoint, ce qui paraît tout à fait raisonnable au vu de la contrainte budgétaire du couple, en dépit d'une moindre complémentarité des loisirs.

Conclusion

La littérature économique nord-américaine suggère que les conjoints biactifs coordonnent leurs départs à la retraite. La complémentarité des loisirs, l'envie de passer du temps ensemble seraient l'un des moteurs du désir des couples de partir à la retraite ensemble.

En France, les études dans le domaine des décisions d'emploi et de retraite des conjoints restent rares. En partant de la réforme des retraites de 1993, nous montrons que le départ retardé des femmes à la retraite, lorsqu'elles sont touchées par la réforme, a eu aussi, quoique faiblement, un effet d'entraînement sur la décision du mari. En revanche, lorsque c'est le mari qui est touché par la réforme, le départ à la retraite de sa femme n'en est pas affecté. Cela s'explique sans doute par la différence d'âge des conjoints : le mari étant souvent le plus âgé dans le couple, il peut repousser de quelques mois son départ à la retraite lorsque cela lui permet d'attendre que sa femme puisse également prendre sa retraite. L'envie de partager des activités de loisir ensemble serait à l'origine de cet effet d'entraînement selon la littérature économique. Cependant il n'y avait aucune validation empirique proprement dite de cette hypothèse, avant notre étude.

Nous nous sommes donc intéressés à la relation entre retraite et temps de loisir partagé, pour mesurer la complémentarité des loisirs des couples à la retraite. À l'aide des données de l'enquête Emploi du temps de l'Insee, nous avons pu distinguer les heures consacrées aux activités de loisir de chaque conjoint (loisirs séparés), du temps de loisir partagé, passé ensemble. Nous avons conclu que les conjoints biactifs consacrent 80 minutes par jour aux activités de loisir partagé (y compris le repas) contre 180 minutes pour les couples retraités. Cela pourrait suggérer une forte complémentarité des loisirs des couples retraités, relativement aux couples biactifs. Si tel était le cas, toutefois, le départ à la retraite d'un conjoint devrait affecter celui de l'autre. Il ne semble pas que ce soit le cas. Peu de conjoints biactifs partent à la retraite ensemble. La femme, étant souvent la plus jeune du couple, est la dernière à partir à la retraite. Les données montrent qu'elle n'anticipe pas son départ à la retraite pour profiter du temps avec son mari. Le loisir partagé n'est donc pas suffisamment désirable pour affecter ses décisions professionnelles.

Il en ressort que les politiques publiques en matière de retraite n'auraient qu'un faible impact sur la manière dont les conjoints français coordonnent leurs activités d'emploi et de loisir. Il est probable que la complémentarité des loisirs joue un rôle moindre dans la coordination du temps de travail des couples seniors, lorsque les enfants ont quitté le domicile familial. Quoi qu'il en soit, il ressort que les politiques de retraites individuelles ont peu d'effets indirects sur le conjoint des individus directement touchés par une mesure de retraite donnée. Elles provoquent peu de distorsions du comportement économique des conjoints, ce qui nous paraît une très bonne nouvelle pour les décideurs publics.

Enfin, nous tenons à souligner que nos estimations ne sont pas parfaites. Nous ne connaissons pas l'âge de départ à la retraite des conjoints mais nous travaillons avec des données de stock de travailleurs et de retraités, faute d'autres données disponibles en France pour étudier ces questions. La méthodologie que nous adoptons permet de pallier le manque d'information sur la durée des cotisations dans la base de données en se concentrant sur la discontinuité de la probabilité d'être retraité pour les générations affectées par la réforme, mais elle ne rend compte que de ses effets immédiats. Afin d'affiner l'analyse, des données administratives appariées pour les individus du ménage seraient nécessaires, mais elles ne sont pas disponibles actuellement en France.

Bibliographie

Aguiar, Mark, et Eric Hurst, « Consumption versus expenditure », *Journal of Political Economy*, 113 (5), 2005, p. 919-948.

–, et Erik Hurst, « Measuring trends in leisure. The allocation of time over five decades », Quarterly Journal of Economics, 122, 2007, p. 969-1006.

An Mark Y., Bent Jesper Christensen, et Nabanita Datta Gupta, « Multivariate mixed proportional hazard modelling of the joint retirement of married couples », *Journal of Applied Econometrics*, 19 (6), 2004, p. 687-704.

Apps, Patricia, et Ray Rees, *Public Economics and the Household*, New York, Cambridge University Press, 2009.

Atalay, Kadiret, et Garry F. Barrett, « The impact of age pension eligibility age on retirement and program dependence. Evidence from an Australian experiment », *Review of Economics and Statistics*, 97 (1), 2015, p. 71-87.

Baker, Michael, « The retirement behavior of married couples. Evidence from the spouse's allowance », *Journal of Human Resources*, 37 (1), 2002, p. 1-34.

Banks, James, Richard Blundell, et María Casanova Rivas, « The dynamics of retirement behavior in couples. Reduced-form evidence from England and the US », *Mimeo*, 2010.

Barnet-Verzat, Cécile, Ariane Pailhé, et Anne Solaz, « Spending time together. The impact of children on couples' leisure synchronization », *Review of Economics of the Household*, 9 (4), 2011, p. 465-486.

Battistin, Erich, Agar Brugiavini, Enrico Rettore, et Guglielmo Weber, « The retirement consumption puzzle. Evidence from a regression discontinuity approach », *American Economic Review*, 99 (5), 2009, p. 2209-2226.

Becker, Gary S., « A theory of the allocation of time », *The Economic Journal*, vol. 75, 299, 1965, p. 493-517.

Blanchet, Didier, et Ronan Mahieu, « Une analyse micro-économétrique des comportements de retrait d'activité », *Épargne et retraite*, 2001, p. 9-31.

Blau, David M., « Social security and the labor supply of older married couples », *Labour Economics*, 4, 1997, p. 373-418.

–, « Labor force dynamics of older married couples », *Journal of Labor Economics*, 16 (3), 1998, p. 595-629.

–, et Donna B. Gilleskie, « Health insurance and retirement of married couples », *Journal of Applied Econometrics*, 21, 2006, p. 935-953.

Bloemen, Hans, Stefan Hochguertel, et Jochem Zweerink, « Joint retirement of couples. Evidence from a natural experiment », IZA DP n° 8861, 2015.

–, et Elena Stancanelli, « Toyboys or supergirls ? An analysis of partners' employment outcomes when she outearns him », *Review of the Economics of the Household*, août 2013, p. 1-30.

Bommier, Antoine, Thierry Magnac, et Muriel Roger, « Départs en retraite : évolutions récentes et modèles économiques », *Revue française d'économie*, 1 (1), 2001, p. 79-124.

Bozio, Antoine, *Réformes des retraites : estimation sur données françaises*, thèse de doctorat, École des hautes études en sciences sociales, 2006.

–, « Impact evaluation of the 1993 French pension reform on retirement age » in *Pensions : An International Journal*, 13 (4), 2008, p. 207-212.

Bratsberg, Bernt, et Elena Stancanelli, « Partial retirement and partners' labor supply. Learning from a Norwegian retirement reform », *Mimeo*, 2018.

Casanova, Maria, « Happy together. A structural model of couples' joint retirement choices », *Mimeo*, 2010.

Coile, Courtney C., « Retirement incentives and couples' retirement decisions », *Topics in Economic Analysis & Policy*, 4 (1), 2004, p. 1-28.

Coles, Melvyn G., et Marco Francesconi (2011), « On the emergence of toyboys : the timing of marriage with aging and uncertain careers », *International Economic Review*, 52 (3), 2011, p. 825-853.

Costa, Dora, et Mathew E. Kahn, « Power couples. Changes in the locational choice of the college educated, 1940-1990 », *The Quarterly Journal of Economics*, 115 (4), 2000, p. 1287-1315.

Cribb Jonathan, Carl Emmerson, et Gemma Tetlow, « Retiring together ? complementarities in spousal labour supply and pension reform », *Mimeo*, 2016.

Del Boca, Daniela, Silvia Pasqua, et Chiara Pronzato, « An empirical analysis of the effects of social policies on fertility, labour market participation and earnings of European women », in *Social Policies, Labour Markets and Motherhood : a Comparative Analysis of European Countries*, D. Del Boca et C. Wetzels (éd.), Cambridge University Press, 2007.

–, Silvia Pasqua, et Chiara Pronzato, « Motherhood and market work decisions in institutional context. A European perspective », *Oxford Economic Papers*, 61 (1), 2009, p. i147-i171.

Gerard, François, et Lena Nekby, « Spousal joint retirement. A reform approach to identifying spillover effects », *Mimeo*, 2012.

Goux, Dominique, Eric Maurin, et Barbara Petrongolo, « Worktime regulations and spousal labor supply », *American Economic Review*, 104 (1), 2014, p. 252-276.

Gustman, Alan, et Thomas Steinmeier, « Social Security, pensions and retirement behavior within the family », *Journal of Applied Econometrics*, 19 (6), 2004, p. 723-737.

–, et Thomas Steinmeier, « Integrating retirement models », NBER Working Paper 15607, 2009.

Haddad, Lawrence, et John Hoddinott, « Does female income share influence household expenditure ? Evidence from Côte-d'Ivoire », *Oxford Bulletin of Economics and Statistics*, 57 (1), 1995, p. 77-96.

Hallberg, Daniel, « Synchronous leisure, jointness and household labor supply », *Labour Economics*, 10, 2003, p. 185-203.

Hamermesh, Daniel S., « Togetherness. Spouses' synchronous leisure, and the impact of children », NBER Working Papers 7455, 2000.

–, « Timing, togetherness and time windfalls », *Journal of Population Economics*, 15, 2002, p. 601-623.

Krueger, Alan B., et Jörn-Steffen Pischke, « The effect of social security on labor supply. A cohort analysis of the notch generation », *Journal of Labor Economics*, 10 (4), 1992, p. 412-437.

Lalive, Rafael, et Stephan Staubli, « How does raising women's full retirement age affect labor supply, income, and mortality ? », NBER Retirement Research Center Paper n° NB 14-09, 2015.

Lee, David S., et Thomas Lemieux, « Regression discontinuity designs in economics », *Journal of Economic Literature*, 48, 2010, p. 281-355.

Maestas, Nicole, « Labor, love and leisure. Complementarity and the timing of retirement by working couples », Working Paper University of California, Berkeley, 2001.

Mastrogiacomo, Mauro, Rob Alessie, et Maarten Lindeboom, « Retirement behaviour of Dutch ederly households », *Journal of Applied Econometrics*, 19, 2004, p. 777-793.

Mavromaras, Kostas, et Rong Zhu, « Labour force participation of older men in Australia : the role of spousal participation », *Oxford Economic Review*, 67 (2), 2015, p. 310-333.

Michaud, Pierre-Carl, et Frederic Vermeulen, « A collective labor supply model with complementarities in leisure : Identification and estimation by means of panel data », *Labour Economics*, 18 (2), 2011, p. 159-167.

Moreau, Nicolas, et Elena Stancanelli, « Household consumption at retirement. A regression discontinuity study on French data », *Annales d'économie et de statistique*, 115-117, 2015, p. 253-276.

Pencavel, John, « Assortative mating by schooling and the work behavior of wives and husbands », *American Economic Review*, 88, (2), 1998, p. 326-329.

Pozzoli, Dario, et Marco Ranzani, « Old European couples' retirement decisions. The role of love and money », Working Paper n° 09-2, 2009.

Rust, John, et Christopher Phelan, « How social security and medicare affect retirement behaviour in a world of incomplete markets », *Econometrica*, 65, 1997, p. 781-831.

Schirle, Tammy, « Why have the labor force participation rates of older men increased since the mid-1990s ? », *Journal of Labor Economics*, 26 (4), 2008, p. 549-594.

Sédillot, Béatrice, et Emmanuelle Walraet, « La cessation d'activité au sein des couples. Y a-t-il interdépendance des choix ? », *Économie et Statistique*, 357-358, 2002, p. 79-102.

Selin, Hăkan, « What happens to the husband's retirement decision when the wife's retirement incentives change ? », *International Tax Public Finance*, 24, 2017, p. 432-458.

Stancanelli, Elena, « Evaluating the impact of the French Tax Credit on the employment rate of women », *Journal of Public Economics*, 92 (10-11), 2008, p. 2036-47.

–, « Couples' retirement under individual pension design. A regression discontinuity study for France », *Labour Economics*, 49, 2017, p. 14-26.

–, et Arthur Van Soest, « Partners' leisure time truly together upon retirement », *IZA Journal of Labor Policy*, 5-12. 2016

–, et Arthur Van Soest, « Retirement and home production. A regression discontinuity approach », *American Economic Review*, 102 (3), 2012, p. 600-605.

Stock, James H., et David Wise, « Pensions, the option value of work and retirement », *Econometrica*, 58, 1990, p. 1151-1180.

Zhiyang, Jia, « Labor supply of retiring couples and heterogeneity in household decision making structure », *Review of the Economics of the Household*, 3 (2), 2005, p. 215-233.

5.

L'argent du football

Le 26 octobre 1863 au Freemasons' Tavern du Lincoln's Inn Fields de Londres, dix-sept représentants des *public schools* anglaises se réunirent pour unifier les règles du football, qui variaient alors d'un collège à l'autre. Ces représentants n'étaient sans doute pas conscients d'écrire l'un des chapitres importants de l'histoire populaire moderne. En effet, treize représentants votèrent en faveur des treize lois qui unifièrent les règles de *l'association football.* Les quatre votants contre allaient participer ensuite à la création du rugby. La règle 11 est à l'origine de la scission : « Un joueur ne peut passer la balle à un autre à la main. » Elle est à la base du jeu de la « balle au pied ».

Ces treize précurseurs du football moderne imaginaient-ils que cent cinquante et un ans plus tard, en 2018, la finale de la Coupe du monde de football en Russie, France-Croatie, puisse être regardée par la terre entière ? Que s'est-il passé entre-temps ? Comment, d'une pratique sportive destinée à la formation des futures élites anglaises, ou en France à une activité de patronage, est-on arrivé à un « business universel » tel qu'on peut l'observer aujourd'hui ? L'historien du football relèvera certains événements clés pour expliquer cette évolution : le passage au professionnalisme, la création des grandes instances du football (UEFA, FIFA…), le développement des compétitions internationales, la libéralisation du marché des footballeurs (arrêt Bosman), etc. Le football est devenu « la bagatelle la plus sérieuse du monde[1] ».

1. C. Bromberger, *Football, la bagatelle la plus sérieuse du monde*, 1998.

Mais cet historien verra peut-être aussi le début du XXIe siècle comme une époque charnière dans l'économie du football professionnel. L'explosion des droits TV, l'arrivée des milliardaires et des fonds d'investissement, qu'ils soient souverains ou non, ont en effet bouleversé la sphère économique du football, notamment si l'on observe le prix des transferts et les salaires des superstars dont les records ne cessent de grimper. Même si les montants peuvent paraître irrationnels, ils obéissent cependant à certains principes économiques. Dans le cas de joueurs superstars, comme Neymar par exemple, il s'agit de footballeurs « uniques », courtisés par les clubs les plus riches de la planète : dans ce contexte, la demande fixe alors le prix comme sur le marché de l'art et le PSG s'est donc offert son « Picasso ». Les clubs historiques, en Espagne et en Allemagne notamment, voient d'un mauvais œil l'arrivée de ces « nouveaux riches » (PSG et Manchester City), qui achètent les meilleurs joueurs, et voudraient bien les voir sanctionnés par l'UEFA dans le cadre du fair-play financier. C'est oublier un peu vite que du côté des plaignants, les sommes dépensées ne sont pas moins astronomiques.

Même si les sommes actuelles semblent affoler les observateurs, on parle de l'argent dans le football depuis fort longtemps (en fait peu de temps après l'invention du jeu). Revenons par exemple aux années 1970. La Coupe du monde au Mexique a vu s'affronter en phase de poules l'équipe championne du monde en titre, l'Angleterre, et le futur vainqueur du tournoi, le Brésil. Dans le *Paris-Match* de l'époque, la photo des deux équipes était accompagnée de la légende suivante : « Angleterre-Brésil : 22 joueurs qui valent 5 milliards ». Même s'il s'agissait d'anciens francs, les deux sélections étaient donc évaluées à 50 millions de francs. Rapportés aux euros d'aujourd'hui (à pouvoir d'achat constant selon l'Insee), 5 milliards d'anciens francs équivalent à environ 53,5 millions d'euros. Qu'en est-il de la méga-star internationale d'alors, Pelé, le génial avant-centre de l'équipe du Brésil ? La cote de ce dernier, âgé de 29 ans au moment de la Coupe du monde, est évaluée à 10 millions de francs soit à peu près 10,5 millions d'euros actuels. Le parallèle entre Pelé et Neymar est intéressant pour illustrer le changement de régime en cinquante ans : deux génies du foot, deux artistes brésiliens, deux joueurs formés au club de Santos FC, deux numéros 10 de la *Seleção*. Deux joueurs très proches par le talent mais dont l'un est évalué à un prix vingt fois supérieur à l'autre. Autres temps, autres « valeurs ».

Du côté des salaires des joueurs, le parallèle est tout aussi abyssal, au moins en moyenne. En 1976, Dominique Rocheteau, ailier droit talentueux de l'AS Saint-Étienne (surnommé « l'ange vert ») et de l'équipe de France, finaliste de la Coupe des clubs champions, se rendait à l'entraînement en voiture, dans une Coccinelle : le salaire moyen mensuel d'un bon footballeur français était alors d'environ 2 500 euros. Aujourd'hui la valeur des voitures des meilleurs joueurs de football ne représente qu'un minimum de temps de jeu sur le terrain (source : carspring) : le milieu de terrain français N'Golo Kanté, joueur de Chelsea, par exemple, n'a besoin de jouer que 12 min 58 s pour s'offrir sa Mini Cooper[1]. Le Graphique 1 illustre ce « changement de monde » : le rapport

Graphique 1. Rapport du salaire du footballeur le mieux payé sur le salaire minimum français

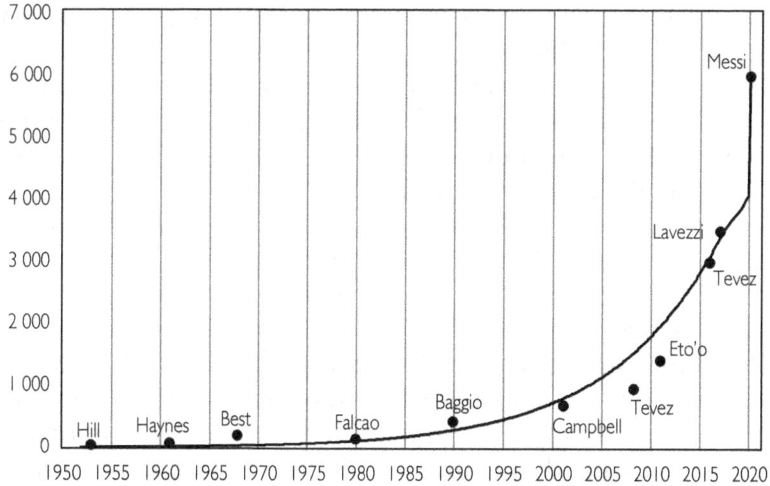

Source : Sportune, *France Football* et Insee.

1. Certains joueurs, mais peu, étaient néanmoins très bien rémunérés (en dehors de leur salaire) dans les années 1960 : George Best, joueur irlandais de Manchester United, ballon d'or 1968, déclarait : « J'ai dépensé beaucoup d'argent dans l'alcool, les filles et les voitures de sport. Le reste, je l'ai juste gaspillé ! » (V. Duluc, *Le Cinquième Beatles*, 2014).

du salaire (fixe hors primes) du footballeur le mieux payé de son époque au salaire minimum français (net) a augmenté de façon exponentielle depuis les années 1950[1] !

L'objectif de ce texte est d'éclairer le débat sur le business du football en s'écartant de certains discours médiatiques. Le montant des transferts et des salaires des footballeurs n'a pas manqué de susciter de fortes critiques et des commentaires catastrophistes : cette bulle va-t-elle exploser ? Ce boom de l'activité football mènera-t-il au krach et à la crise ? Ce modèle économique est-il durable ? Le football, comme l'économie en général, est maintenant globalisé et financiarisé, et est donc soumis aux mêmes inquiétudes et interrogations : le football professionnel a traversé le XXe siècle et s'est structuré en même temps que les sociétés occidentales se sont transformées, pour aboutir à ce que le sociologue R. Giulianotti[2] appelle la « post-modernité » du football. Mais les critiques que suscite le football aujourd'hui et les craintes qu'il soulève sur son avenir sont-elles fondées ? Est-ce vraiment la fin du football comme certains le prétendent ?

Les critiques viennent pour partie de l'existence d'un décalage entre la vision du football des supporters attachés aux repères de la « société antérieure » et la réalité du football actuel. Beaucoup de fans ont continué à vivre le football localement alors qu'il est devenu global. Les craintes ont pour origine le fait qu'on parle de l'argent du foot, des milliardaires du foot, de la rentabilité et de la valeur des clubs de foot comme on parle d'une grande entreprise cotée en Bourse et de ses dirigeants. On parle également du football comme d'une activité économique qui pourrait engendrer une « crise ».

Pourtant, non seulement l'argent dans le football a toujours existé mais les sommes en jeu ne sont pas si impressionnantes lorsqu'on les compare au monde de l'entreprise. Aujourd'hui, paradoxalement, de business, le football n'a que le nom. En réalité, c'est une petite affaire en termes de recettes : le chiffre d'affaires des clubs des cinq grands championnats européens

1. Ainsi Carlos Tevez, joueur international argentin, touchait-il en 2016 730 000 euros par semaine au club de Shanghai Shenhua, soit plus de 2 300 fois le salaire minimum français.

2. R. Giulianotti, *The Sociology of the Global Game*, 1999.

professionnels (environ 17 milliards d'euros en 2019) n'est que légèrement supérieur à celui de la Française des jeux. En outre, les clubs de première division en Europe sont globalement sur un *trend* d'équilibre. Ils ne génèrent ni pertes ni profits à long terme : jusqu'à présent, il ne s'agit donc pas d'une activité rentable. Et malgré les dettes qui sont une composante de l'histoire économique du football, les clubs font partie des « entreprises » ayant la plus longue histoire, presque aussi ancienne, pour certaines, que le jeu lui-même : Manchester United a été fondé en 1878, Liverpool FC en 1892, la Juventus de Turin en 1897, le FC Barcelone en 1899, le Bayern de Munich en 1900, le Real Madrid en 1902, etc. ; en France, le club du Havre a été créé en 1872 et est toujours là ! Les « entreprises » de football (les clubs) font rarement faillite et lorsque c'est le cas, tel un phénix, elles renaissent la plupart du temps de leurs cendres[1].

Le football n'a jamais été rentable du fait de son fonctionnement en ligue ouverte, c'est-à-dire avec des promotions et des relégations. Ce système d'ascenseur a un effet sur la stratégie financière des équipes : il augmente l'incitation des équipes de première division à investir dans la qualité (en achetant de bons joueurs, en les payant plus), avec l'objectif de se maintenir au plus haut niveau et de générer des revenus. De la même façon, les équipes des niveaux inférieurs sont incitées à investir car elles savent qu'elles peuvent accéder aux divisions supérieures. En outre, lorsque de nouvelles équipes accèdent au plus haut niveau, les équipes qui y sont déjà présentes investissent pour s'y maintenir. Ceci exerce une pression à la hausse des salaires, car comme les équipes veulent se maintenir en première division, et surtout se qualifier pour la reine des compétitions européenne, la Ligue des champions, les clubs sont prêts à payer davantage les joueurs, notamment les superstars.

Les marchés du travail dans lesquels il y a des superstars ont trois caractéristiques : les salaires augmentent de façon exponentielle avec le talent ; une grande partie des salariés gagnent moins que la moyenne des salaires ; par voie de conséquence, les quelques superstars captent une grande partie de la richesse

1. N. Scelles, S. Szymanski and N. Dermit-Richard, « Insolvency in French soccer. The case of payment failure », 2018.

distribuée (la rente) car ces footballeurs sont en situation de monopole sur leur segment du marché.

Ainsi les clubs sont en moyenne à l'équilibre financier et le football n'a jamais vraiment été une activité permettant aux propriétaires de s'enrichir ou de faire des profits. Finalement, le football est une des rares activités économiques dans lesquelles la distribution de la richesse se fait en faveur des salariés – en outre d'origine populaire –, qui ont un « pouvoir » de négociation sur les propriétaires, et cela grâce au non-plafonnement des salaires[1]. En effet, si les salaires étaient plafonnés, comme le demandent certains politiciens ou chroniqueurs, la répartition de la « rente » se modifierait en faveur des clubs. Après la manne financière obtenue grâce aux télévisions et autres diffuseurs, se manifeste aujourd'hui la volonté des dirigeants des (grands) clubs européens de modifier la répartition de la richesse. Cette lutte s'exprime dans la proposition d'une Super Ligue européenne fermée dont le fonctionnement serait semblable à celui des ligues nord-américaines. Si les télévisions du monde entier sont prêtes à dépenser des milliards d'euros chaque année pour le championnat anglais et le championnat de football américain, combien seraient-elles prêtes à payer pour voir jouer les vingt meilleures équipes européennes du sport le plus populaire de la planète ? Il s'agit, à nos yeux, d'un des principaux enjeux actuels du football professionnel.

Les propriétaires

Dans le film *Coup de tête* réalisé en 1979 par J.-J. Annaud, le président du club de Trincamp, Sivardière (joué par Jean Bouise), sort une liasse de billets de 100 francs de sa poche, la déchire en deux et distribue une moitié de billet à chaque joueur en déclarant : « L'autre moitié à la fin du match si on gagne, seulement si on gagne. » Dans les années 1970, les clubs

1. Il existe des superstars qui « captent » la rente dans d'autres activités « artistiques » comme le chant lyrique par exemple : « l'effet Pavarotti » (du reste, grand amateur de football et supporter de la Juventus de Turin) n'a ainsi rien à envier à « l'effet Neymar ».

français de football sont en majorité des associations dirigées par des présidents, souvent entrepreneurs locaux. Les clubs vivent principalement de subventions publiques et de la manne des supporters, parfois de contrats de « réclame », et les équipes jouent toutes sur des stades municipaux. Les matchs télévisés sont encore rares mis à part lors des grandes compétitions. L'objectif de tous les clubs est clair : gagner des matchs, la coupe, le championnat.

Bill Shankly, emblématique manager du Liverpool FC, disait que « le football est un sport simple, rendu compliqué par les gens qui n'y connaissent rien ». Pour les économistes, c'est sans doute l'inverse : un sujet compliqué souvent analysé de manière trop simple. Le « bien » football existait avant que les investisseurs ne s'y intéressent ; les clubs ne sont pas des entreprises qui ne recherchent que le profit ; les supporters vont au stade à la recherche d'une satisfaction complexe, patchwork de victoires, de beau jeu, d'ambiance, etc. Il n'est qu'à voir les manifestations de joie dans les villes dont l'équipe a remporté le titre pour faire ce constat : le foot est bien plus qu'un bien de consommation, voire qu'un simple spectacle.

Le « foot business » : vraiment un business ?

« Football is a big business. » Cette phrase est devenue un cliché dans tous les médias mais fut écrite pour la première fois en 1905 par le fondateur de la Football League en 1888, William McGregor. Mais aujourd'hui, le paradoxe est que le football n'est qu'un petit business.

L'entreprise Conforama, vendeur de meubles et d'objets de décoration dans le « pays où la vie est moins chère », qui a associé son nom à la Ligue 1 en 2017 (25 millions d'euros sur trois ans), réalisait un chiffre d'affaires de 3,5 milliards d'euros en 2016 et dégageait un bénéfice de l'ordre de 210 millions d'euros. En comparaison, la plus grande entreprise française cotée en Bourse, l'assureur AXA, générait un chiffre d'affaires près de 40 fois supérieur au « géant » du meuble et environ 6,5 milliards d'euros de bénéfice net. Dans ce monde des grandes entreprises, les clubs de football ne représentent donc pas grand-chose mais sont pourtant beaucoup plus connus que la plupart d'entre elles.

Tous les ans, le cabinet de consulting Deloitte publie son classement des clubs les plus riches de la planète, le *Football Money League*, que nous aurons l'occasion d'utiliser largement dans ce texte. Il est remarquable que ce classement prenne pour simple critère le chiffre d'affaires des clubs. Ni leurs profits ni leur valeur ne sont pris en compte pour établir la liste des plus grosses équipes. Selon le critère des profits, certains grands clubs parmi les plus prestigieux seraient sans doute mal classés, voire absents. Par ailleurs, et on le verra plus tard dans ce chapitre, estimer la valeur d'un club n'est pas chose aisée, notamment en raison du fait que très peu d'entre eux sont cotés en Bourse.

En 2015-2016, Manchester United, club le plus riche du monde selon le cabinet Deloitte, générait un chiffre d'affaires de 515 millions de livres sterling, un résultat d'exploitation de 69 millions de livres et un résultat net de 36 millions de livres. Les deux clubs phares espagnols, sans doute les équipes les plus populaires qui soient, disposaient chacune de 620 millions d'euros pour des bénéfices nets de 30 millions pour le Real Madrid et de 29 millions pour le FC Barcelone. Ces clubs, grands par leur palmarès et leur histoire, ne pèsent pas bien lourd comparativement aux grandes entreprises : Conforama réalise trois fois leur chiffre d'affaires et génère sept fois plus de bénéfices[1].

Revenons en Ligue 1 où le budget global de la saison 2018-2019 était de près de deux milliards d'euros, soit à peu près celui de son sponsor pour 2019. Les revenus moyens d'un club français d'élite (hormis le PSG qui génère près de 659 millions d'euros à lui seul) sont de l'ordre de 66 millions d'euros, soit environ 80 % de celui d'un hypermarché Carrefour moyen qui fait des profits. Le foot n'est donc pas un gros business.

1. Ainsi, l'agence de consulting Interbrand a dernièrement publié un top 30 des marques espagnoles bénéficiant de la plus forte valorisation (cf. ecofoot.fr du 22 janvier 2018). Les deux clubs historiques de Liga figurent dans ce classement : le Real Madrid est 17e et le FC Barcelone 21e. Mais les deux clubs valorisés pour 530 millions d'euros pour le Real et 495 millions d'euros pour le FC Barcelone sont très loin du leader : Zara est valorisé à près de 15,5 milliards d'euros.

S. Kuper et S. Szymanski notent cette contradiction entre un sport dont on parle aujourd'hui tous les jours (on retransmet même le tirage au sort de certaines compétitions) et le faible business qu'il génère[1]. Pourtant, les footballeurs sont pour certains des stars planétaires qui fréquentent aujourd'hui les stars du show-biz et les *top models*. C'est le sport le plus populaire de la planète dont la finale de la Coupe du monde 2014 (Allemagne-Argentine) a été regardée par 1 milliard de téléspectateurs. Et en France, pays raillé pour sa petite « culture footballistique », près de 21 millions de Français ont pourtant assisté à la finale de l'Euro 2016 (France-Portugal) devant leur petit écran.

Les deux auteurs mettent en avant un problème relevé par les économistes, celui de l'appropriabilité du « bien » football : « Les clubs de football ne peuvent s'approprier qu'une infime partie de l'amour du public pour le football et gagner de l'argent avec. » On regarde le foot en buvant une bière au café, on parle foot entre collègues ou entre amis, les « experts » critiquent le choix des entraîneurs et les performances des joueurs sur beaucoup de plateaux télé, dans les émissions de radio, on commente et on analyse les matchs dans les journaux (spécialisés ou non), sur les blogs et les réseaux sociaux... Mais toutes ces activités rapportent peu aux clubs de football. C'est sans doute le monde médiatique qui profite le plus de ces externalités.

Le Graphique 2 illustre les propos précédents en représentant les résultats nets de la Ligue 1 sur les vingt-cinq dernières années. Globalement les clubs de première division ne génèrent ni pertes ni profits. Le nombre de clubs en déficit a varié de quatre à quatorze au cours de la période 2005-2019. L'autre fait marquant de cette figure traduit bien ce qu'est devenu le football français, pourvoyeurs de jeunes talents pour les clubs étrangers[2] : les revenus nets issus des transferts (mutations) de joueurs compensent les pertes liées aux opérations courantes (hors mutations), une tendance qui s'est accrue ces dernières années.

1. S. Kuper et S. Szymanski, *Soccernomics. Why England Lose and Other Curious Phenomena Explained*, 2014.
2. J.-P. Gayant, *Money Time. L'actualité de l'économie du sport*, 2016.

Graphique 2. Résultat net des clubs de Ligue 1 (en millions d'euros) et nombre de clubs en déficit

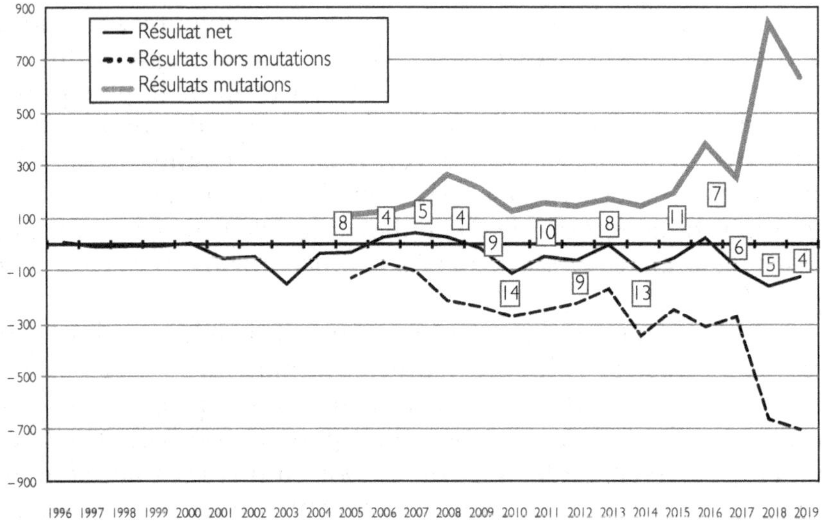

Source : DNCG.

Graphique 3. Décompositions du résultat net des clubs de Premier League (en millions de livres sterling)

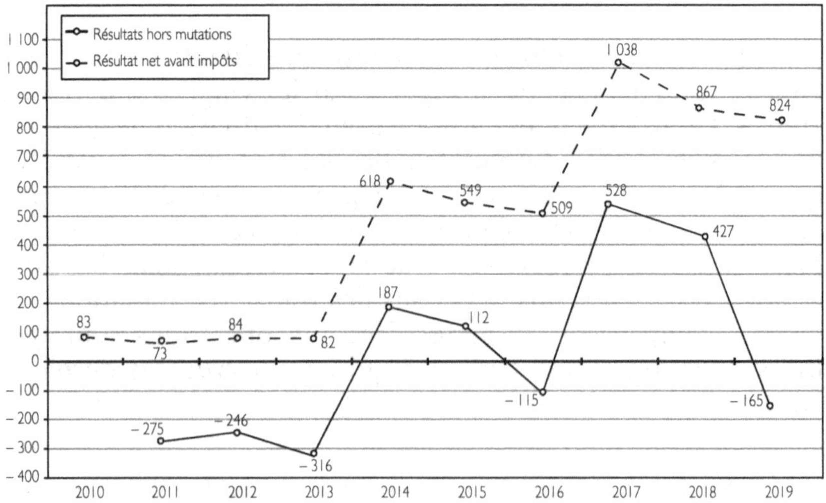

Source : Deloitte.

On peut mettre en parallèle cette situation avec celle de la Premier League anglaise (Graphique 3). Contrairement au championnat français, le résultat global hors transferts de joueurs (mais avant amortissements à la différence du Graphique 2) de la ligue anglaise a été positif sur les dix dernières saisons avec des sauts quantitatifs très importants après la saison 2013-2014 et celle de 2016-2017 qui font suite aux renégociations des droits TV (+ 70 % à chaque fois) : les résultats nets hors mutations ont été en moyenne multipliés par six entre 2014 et 2016 et par dix après. En revanche, lorsque l'on tient compte des transferts de joueurs, les comptes sont parfois déficitaires, mais pas toujours (positifs en 2014, 2015, 2017 et 2018), montrant que contrairement à la France, les clubs anglais achètent plus de talents qu'ils n'en vendent.

Le Graphique 4 indique les pertes cumulées de l'ensemble des championnats européens de première division (dans les 55 fédérations membres de l'UEFA). Ces pertes n'ont cessé d'augmenter à partir de 2007 jusqu'à la mise en place du fair-play financier en 2011, mais aussi de l'augmentation des droits TV, notamment

Graphique 4. Résultat net cumulé des clubs européens de première division (en millions d'euros)

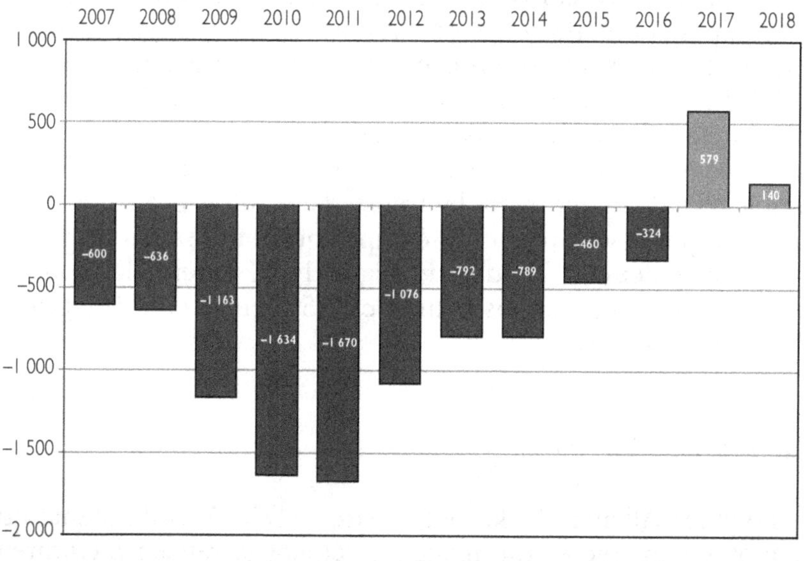

Source : UEFA.

en Angleterre. À cette date, 55 % des clubs européens faisaient état de pertes nettes. Depuis, de moins en moins de clubs présentent des comptes dans le rouge, les pertes passant de près de 1,7 milliard d'euros à des balances globalement positives. Ce redressement s'explique essentiellement par l'augmentation des revenus dans les cinq plus grands championnats à partir de la même date (voir plus loin).

Les bénéfices d'exploitation – essentiellement les recettes avant transferts et taxes – sont devenus positifs depuis 2013 (781 millions d'euros de bénéfices en moyenne depuis cette date jusqu'en 2018). Les pertes effectives nettes se sont réduites de 81 % entre 2011 et 2016 et les résultats sont positifs depuis. En 2017, sur 55 championnats gérés par l'UEFA, 29 ont une rentabilité positive et 26 sont toujours dans le rouge, dont moins de dix avec une marge déficitaire supérieure à 20 % du revenu global. Au niveau le plus bas de la rentabilité du football européen en 2011, ces mêmes chiffres étaient de 9 championnats rentables et 44 dans le rouge, dont 16 avec une marge déficitaire supérieure à 20 %. Il existe évidemment des différences entre les pays qui génèrent des profits – l'Angleterre, l'Allemagne et l'Espagne notamment – et ceux qui continuent à connaître des difficultés – la Turquie et la Grèce par exemple.

Au niveau des clubs (98) des cinq ligues majeures, en 2017, 70 équipes (dont les vingt de Premier League) dégageaient des excédents sur les opérations courantes (avant transferts de joueurs) et 76 clubs faisaient des bénéfices nets (transferts inclus). Mais les « bons élèves » ne sont pas les mêmes dans les deux cas : si on retrouve pratiquement tous les clubs les plus riches chez ceux qui font le plus de marge avant les transferts, d'autres beaucoup moins riches apparaissent parmi les équipes qui font le plus de profits. Ainsi, si seulement 7 clubs de Ligue 1 présentent des comptes positifs sur les opérations courantes, 15 d'entre eux dégageaient des bénéfices nets.

La dette des clubs est-elle soutenable ?

Pour les Allemands, le mot « dette » (*Schuld*) est le même que le mot « coupable » : on imagine aisément la réticence culturelle à s'endetter outre-Rhin. La fédération anglaise de football a été créée en 1863, quelques années après la création du concept de société à responsabilité limitée qui permettait aux personnes endettées de ne pas avoir personnellement à rembourser les dettes commerciales et même de ne plus aller en prison en cas de faillite. Ainsi, le principal intérêt pour les clubs de foot de se constituer en société à responsabilité limitée est le même que pour toute entreprise, c'est-à-dire de protéger le dirigeant des dettes en cas de faillite. Certains clubs de football anglais – lors de la création du championnat professionnel en 1888-1889 – en ont profité pour se constituer en société, et en 1923 quasiment tous les clubs professionnels anglais étaient des sociétés[1].

Au début du professionnalisme, les clubs se sont constitués en société à responsabilité limitée pour emprunter de l'argent afin de construire des stades pour répondre à l'augmentation de la demande. Ainsi, pour construire des stades ou acheter des joueurs, les clubs de football européens se sont endettés au fil du temps, et l'une des caractéristiques structurelles des clubs de football concerne l'endettement. Aujourd'hui, la dette totale nette du football européen de première division est d'environ 8,4 milliards d'euros[2]. Elle est composée pour 45 % de dettes envers les propriétaires, de 42 % de découverts bancaires ou commerciaux et d'environ 1,1 milliard d'euros de dettes nettes de transferts de joueurs. C'est ce dernier poste qui a le plus augmenté ces dernières années. Les clubs espagnols sont également endettés auprès de l'administration fiscale[3]. Selon l'UEFA, la dette des clubs européens dans le chiffre d'affaires a baissé continuellement de 2008 à 2017 : elle est passée de 65 % à 35 % des recettes ; sur le dernier exercice, elle a cependant remonté très légèrement (40 %).

Jusqu'à l'introduction du fair-play financier dans le football européen, comme le souligne W. Andreff, les clubs ont fonctionné avec une contrainte budgétaire « molle[4] ». Les entreprises sujettes aux contraintes budgétaires molles peuvent accumuler les déficits année après année sans disparaître. Le fonctionnement

1. Seul le club de Nottingham Forest l'est devenu, en 1982.
2. UEFA, *Panorama du football interclubs européen*, 2018.
3. Le gouvernement espagnol a adopté des mesures permettant la confiscation des droits TV en cas de non-remboursement de la dette au Trésor.
4. W. Andreff, « Équilibre compétitif et contrainte budgétaire dans une ligue de sport professionnel », 2009.

d'un marché à contraintes budgétaires molles est le suivant : les clubs sont en excès de demande de travail car pour gagner de l'argent il faut gagner des matchs (en conséquence ils sont toujours à la recherche de joueurs) ; le club se lance ainsi dans une course à l'investissement en joueurs de talent ; ces derniers, en situation de monopole, négocient des salaires élevés ; les déficits augmentent mais les clubs trouvent toujours des financements, par exemple par le biais d'un riche propriétaire qui réinjecte de l'argent à fonds perdus dans le club ou par des crédits bancaires car le risque de disparition est très faible, comme nous le verrons par la suite[1].

Le fair-play financier introduit en 2011 a bien entendu joué un rôle dans l'assainissement des finances des clubs mais l'explosion des droits de retransmission a permis aux clubs des grands championnats européens de faire des profits et ainsi de se désendetter, tout en maintenant des salaires élevés. Si l'Allemagne est traditionnellement un bon élève, le désendettement des clubs anglais (hors transferts) et espagnol est probant. Seuls les clubs italiens – parmi le *Big Five* – restent actuellement dans une situation financière délicate (un déficit cumulé de 195 millions d'euros et une dette de 1,8 milliard en 2018). L'affaire des matchs truqués[2] a vidé les stades italiens et les contre-performances sur la scène européenne n'ont pas rapporté les ressources nécessaires pour financer les dépenses salariales excessives.

Les clubs sont-ils rentables ?

Souvent quand un entrepreneur reprend un club de foot, il promet de le gérer rationnellement comme on le ferait avec n'importe quelle affaire. Mais un club de foot est-il une entreprise comme une autre ? Jean-Michel Aulas, président de l'Olympique lyonnais et d'une société de progiciels de gestion et de comptabilité déclarait sur Canal+ en 2007 : « Nous ne sommes pas un club de

1. Comme le dit S. Szymanski, « they are too small to fail » (S. Szymanski, *Money and Soccer, 2015*).

2. L'affaire des matchs truqués (*Calciopoli*) est un scandale qui a éclaté en 2006. Il s'agit d'écoutes téléphoniques rendues publiques par la presse sur la connivence entre des présidents de clubs et les arbitres professionnels.

foot mais une holding de divertissement. » Mais comme le dit bien S. Szymanski, assimiler un club de football à une entreprise de divertissement, c'est sans doute aussi profane que de dire que « l'Église catholique est dans le secteur du conseil[1] » !

On l'a vu, globalement, le secteur « football », représenté par les ligues, génère peu ou pas de profits. Cette observation est un premier élément pour ne pas classer les équipes de football parmi les entreprises classiques. Le Graphique 5 permet d'affiner ce constat : le taux de rentabilité moyen des équipes de Ligue 1 mesuré par le rapport du résultat net (après mutations) sur le chiffre d'affaires des clubs n'a été positif que quatre années sur les quinze dernières saisons (2005-2019). Mais ce manque de rentabilité est-il général ou seulement le fait des clubs non performants ? Autrement dit, gagner des titres permet-il de faire des profits ?

Pour cela, il convient d'étudier la relation entre les résultats nets des clubs de Ligue 1 et leur classement. Sur la période 2003-2019 en Ligue 1, on n'observe aucune corrélation entre le fait de briller en championnat et celui de gagner de l'argent. En d'autres mots, la rentabilité des clubs n'est pas liée à leurs performances sur le terrain ! Ce résultat n'est pas typiquement

Graphique 5. Résultat net (après mutations)/chiffre d'affaires avec mutations des clubs de Ligue 1 sur les saisons 2004-2005 à 2018-2019 (en %)

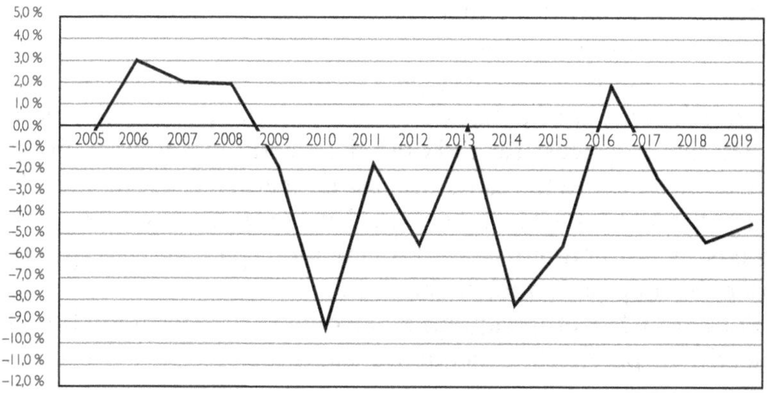

Source : DNCG.

1. S. Szymanski, *Money and Soccer, op. cit.*, p. 145.

français puisque S. Kuper et S. Szymanski obtiennent les mêmes résultats pour la Premier League sur la période 1993-2010[1]. Le football n'est pas un sport très lucratif même si l'on gagne des matchs. Et c'est plutôt si l'on parvient à générer des revenus supplémentaires que l'on pourra acheter de bons joueurs et gagner plus de matchs.

Gloire ou argent : telle est la question

L'hypothèse standard de la théorie de l'entreprise postule que son objectif est de maximiser le profit. Pour les clubs de football, il semble à l'évidence que d'autres objectifs doivent être envisagés. Certains modèles supposent qu'ils maximisent le nombre de victoires. D'autres envisagent des formes plus sophistiquées dans lesquelles un club de football maximise une fonction d'utilité ayant pour arguments le nombre de victoires pour la gloire, l'affluence au stade pour l'ambiance, l'équilibre compétitif pour le suspense et les revenus pour l'argent... avec une contrainte sur le taux de profit (qui peut être nul)[2].

On comprend bien que l'objectif d'un club de football est de gagner des matchs et ainsi de remporter des titres. Mais cette légitime motivation est difficilement compatible avec celle de rentabilité. Car si d'autres équipes ont des propriétaires qui n'ont pas de soucis d'argent et sont prêts à mettre le prix pour gagner – et cela est le cas des clubs possédés par les milliardaires ou des fonds souverains –, alors les autres clubs en compétition sont obligés de suivre : dépenser plus pour gagner plus. Cela passera essentiellement par l'achat de meilleurs joueurs, capables de remporter des trophées. Le PSG est dans cette logique car l'objectif affirmé des propriétaires qataris est de gagner la Ligue des champions. Sans le fair-play financier, il va sans dire que les sommes dépensées auraient été vraisemblablement plus élevées que celles observées depuis le rachat du club.

Pour trancher empiriquement ce débat entre les deux logiques, objectif de profit *vs.* objectif de victoires, P. Garcia del Barro

1. S. Kuper et S. Szymanski, art. cit.
2. P. Sloane, « The economics of professional football. The football club as a utility maximiser », 1971.

et S. Szymanski[1] ont analysé les comptes et les classements de clubs anglais et espagnols sur la période 1994-2004. Nous verrons plus loin qu'il existe deux relations statistiques très fortes entre d'une part les revenus et les performances des clubs (pour augmenter ses recettes, il faut gagner), et d'autre part, entre leurs performances et leur masse salariale (pour gagner, l'équipe doit être la meilleure possible). Comme dans tout environnement compétitif, ces relations dépendent de la stratégie des autres équipes : si les clubs cherchent à maximiser leurs profits, l'incitation à investir dans les joueurs diminue puisque le rendement sur investissement sera alors plus faible ; si les clubs maximisent les victoires, tous les profits seront destinés à améliorer le classement de l'équipe et donc à enrôler des joueurs plus performants.

Puisque les profits des clubs sont principalement déterminés par la différence entre les revenus et la masse salariale, il est alors possible d'identifier, compte tenu des relations précédentes, une relation entre le niveau de profit espéré et la place au classement du championnat conditionnellement au choix de toutes les autres équipes de la compétition. En comparant le classement observé de chaque club, celui qui lui permettrait de maximiser son profit (pour une performance donnée) et celui qui lui permettrait de maximiser les victoires (pour un profit nul), il est alors possible de conclure à l'une ou l'autre des hypothèses testées. Les auteurs montrent que c'est l'objectif de maximisation des victoires qui décrit le mieux les comportements des clubs espagnols et anglais étudiés : on privilégie la gloire plutôt que l'argent.

Il peut alors être intéressant d'expliquer l'ampleur de ces comportements « déviants » (par rapport au comportement de maximisation du profit). Les facteurs explicatifs invoqués par P. Garcia del Barro et S. Szymanski pour le championnat espagnol concernent : le statut historique du club et les attentes des supporters ; le statut juridique du club ; les motivations des dirigeants ; la concentration des pouvoirs et la menace de relégation. Empiriquement, les clubs au gros palmarès ont tendance à davantage maximiser leur profit (les succès passés peuvent « compenser »

1. P. Garcia del Barro et S. Szymanski, « Goal ! Profit maximization versus win maximization in soccer », 2009.

le manque de succès actuel)[1], tout comme les clubs où le pouvoir est fortement concentré. Le secteur d'activité des présidents de clubs joue également un rôle, ceux exerçant par exemple dans le bâtiment privilégieraient plutôt les victoires, cet effet s'expliquant sans doute par les retombées économiques pour le propriétaire d'un club qui gagne.

Eduardo Galeano, écrivain et journaliste uruguayen, écrivait dans *Football, ombre et lumière* à la fin des années 1990 que « l'histoire du football est un voyage triste, du plaisir au devoir. À mesure que le sport s'est transformé en industrie, il a banni la beauté qui naît de la joie de jouer pour jouer. [...] Le football professionnel condamne ce qui est inutile, et est inutile ce qui n'est pas rentable ». Or, pour l'instant, le football n'est pas rentable pour ses « propriétaires[2] ». L'argent injecté par certains milliardaires dans leur club dans le but de remporter des titres, argent qui ne

1. Cette « patience » ne dure vraisemblablement qu'un temps. Le club londonien d'Arsenal en est un exemple symptomatique. Sur la période 2007-2020, toutes compétitions domestiques confondues, Arsenal a gagné quatre trophées majeurs (quatre FA Cups) ; sur la même période, parmi ses concurrents de Premier League, Chelsea en a remporté dix, Manchester United neuf et Manchester City dix. Malgré sa bonne santé financière (revenus dans le top dix européen), un stade – dont il est propriétaire depuis 2006 – rempli (près de 60 000 personnes en moyenne par saison) et générant de fortes recettes les jours de match (près de 98 euros en moyenne par supporter et par rencontre selon l'UEFA), l'absence de titre majeur depuis 2004 (notamment celui de champion d'Angleterre) mécontente de plus en plus les supporters, même si les « Gunners » (surnom des joueurs d'Arsenal) sont rarement descendus en dessous de la 5e place depuis leur succès en Premier League en 2004 (6e en 2018 et 8e en 2020).

2. P. Garcia del Barro et S. Szymanski précisent que leurs conclusions concernent une période (1994-2004) durant laquelle les revenus des clubs de première division anglaise et espagnole ont été multipliés par cinq en raison notamment de la renégociation des droits de retransmission TV. On ne peut donc pas en déduire que le comportement de « maximisation des victoires » est un comportement d'équilibre : il est ainsi possible que les clubs poursuivent cette stratégie pendant une période de croissance des revenus afin d'obtenir une position dominante et ainsi des bénéfices à plus long terme. Le fait que, ces dernières années, plusieurs propriétaires de franchises nord-américaines (où la rentabilité est un des objectifs) aient acheté des clubs de Premier League (la famille Glazer possède Manchester United ; J. W. Henry détient Liverpool) ou de Ligue 1 (F. McCourt est le propriétaire de l'Olympique de Marseille) est un phénomène important à noter pour suivre les évolutions économiques futures du football professionnel.

sera vraisemblablement jamais récupéré, les rapproche d'ailleurs plus du mécénat ou de la philanthropie que d'un investissement proprement dit[1].

Qui détient les clubs de football ?

À l'origine, les clubs français étaient des associations régies par la loi de 1901, statut qu'ont conservé les clubs amateurs[2]. Le passage au professionnalisme en 1932 n'a pas remis en cause le statut des clubs pendant plus de quarante ans. En 1975, dans la loi dite Mazeaud, les clubs ont pu créer des SEML (Sociétés d'économie mixte locale) qui mêlaient actionnariat public et privé et permettaient aux collectivités territoriales de s'impliquer dans la gestion des clubs. Les difficultés financières et certaines pratiques frauduleuses (détournements de fonds publics, « caisses noires ») qui ont terni quelque peu l'image du football français durant les années 1980 ont fait prendre conscience aux instances sportives et à l'État de la nécessité de réformer le statut juridique des clubs.

À partir de 1984, les associations sportives dépassant certains seuils financiers ont dû créer des SOS (Société à objet sportif) ou des SEMSL (le deuxième S pour « sportive ») pour la gestion de l'activité professionnelle (l'association gérant le secteur amateur étant propriétaire d'au moins un tiers de la SOS). En 1987, une nouvelle loi a permis aux clubs de rester des « associations à statut renforcé » et la SOS devient alors la SAOS (A pour anonyme). Ces deux cas d'association ne permettaient cependant pas de rémunérer les dirigeants élus (dont le P-DG) et de distribuer des dividendes. C'est seulement en 1999 que le statut juridique des clubs évolue pour se rapprocher du modèle de la société

1. Entre la date de l'achat du club de Chelsea FC et celle de la mise en place du fair-play financier, le milliardaire russe Roman Abramovitch aurait ainsi investi environ 2 milliards d'euros dans l'équipe des « Blues » (« Abramovitch, l'homme qui dépense 2 milliards », SoFoot.com, 10 mars 2012). Ainsi pour la seule année 2008, la perte avant impôt de Chelsea s'élevait à 84,5 millions de livres sterling. Le 30 juin de la même année, Abramovitch a couvert les pertes du club en lui octroyant un prêt sans intérêt de 702 millions de livres sterling (D. Conn, *The Guardian*, 2 juin 2009).

2. B. Drut, *Économie du football professionnel*, 2014.

commerciale. La SASP (Société anonyme sportive professionnelle) et l'EUSRL (Entreprise unipersonnelle sportive à responsabilité limitée) sont alors créées. L'EUSRL permet à une association de contrôler un club, à l'exclusion de tout autre actionnaire. Une SASP dispose depuis 2003 des mêmes prérogatives qu'une société de droit commun et peut donc distribuer des dividendes et se financer en Bourse.

Sur les 40 clubs participant aux championnats des deux premières divisions en 2019, 39 avaient le statut de SASP ou de SA, dont l'AS Monaco régi par la loi monégasque sur les sociétés anonymes. Seul le Gazélec d'Ajaccio étaient sous le régime d'une EUSRL.

La professionnalisation du football a donc été marquée par une évolution juridique qui a vu passer les clubs du statut d'association à celui de société commerciale[1]. L'objectif principal était de permettre de collecter des capitaux et de donner la possibilité aux nouveaux actionnaires de percevoir des dividendes.

En Europe, dans les cinq principaux championnats, les clubs ont, comme en France, un statut proche d'une entreprise commerciale classique[2]. En Angleterre, les clubs sont des sociétés par actions depuis la fin du XIXe siècle pour permettre la collecte de capitaux. En Espagne, la plupart des clubs sont des sociétés anonymes sportives (SAD) depuis les années 1980 (années de grosses difficultés financières)[3]. Quatre clubs espagnols (Real Madrid, FC Barcelone, Atlétic Bilbao et Osasuna) ont cependant réussi à conserver leur statut antérieur avec une structure démocratique : ce sont les « Socios », membres-supporters, qui sont propriétaires du club. Les Socios ne sont pas de simples abonnés puisqu'ils élisent le président du club et le conseil d'administration moyennant un droit d'entrée et une cotisation annuelle. En Italie, les clubs sont des sociétés par actions (SpA) depuis

1. N. Dermit-Richard, « L'évolution juridique des clubs de football. De l'association à la société commerciale », 2013.

2. B. Drut, *op. cit.*

3. Initialement, seuls des ressortissants espagnols pouvaient être actionnaires et à la condition qu'ils ne détiennent pas plus de 1 % d'un autre club. Cette restriction de nationalité a été abrogée en 1998 en raison de sa non-conformité avec les droits de la Communauté européenne relatifs à la libre circulation du capital (R. Llopis-Goig, « Football clubs' ownership and management. The fans' perspective », 2014).

1981. Depuis 1996, elles peuvent octroyer des dividendes mais sont contraintes de verser 10 % des bénéfices à la formation (antérieurement, tout était réinvesti dans l'activité sportive des clubs). Enfin, en Allemagne, le football n'est devenu professionnel qu'en 1963 et les clubs sont restés longtemps des associations à but non lucratif. Depuis 1998, les clubs ont pu se constituer en sociétés par actions à condition que l'association initiale conserve la moitié des votes plus une (règle du 50+1). Seuls le Bayer Leverkusen détenu par Bayer et le VfL Wolfsburg possédé par Volkswagen échappent à cette règle. Par ailleurs, les profits des associations ne peuvent être distribués et sont donc réinvestis dans l'activité sportive.

Dans les années 1930, les clubs en France étaient « détenus » principalement par les entreprises industrielles et commerciales : Peugeot au FC Sochaux-Montbéliard, la Compagnie des Mines au RC Lens, Casino à l'AS Saint-Étienne. Dans les années 1980-1990, ce sont plutôt les entreprises audiovisuelles qui ont investi les clubs de football français : Canal+ au PSG, M6 aux Girondins de Bordeaux. En 2006, c'est un fonds d'investissement qui rachète le PSG (Colony Capital).

Aujourd'hui, la majorité des clubs de football sont devenus la propriété d'une seule personne physique ou morale : selon l'UEFA, plus de 50 % avaient ce statut en 2008[1]. C'est aussi le cas en France. Le Tableau 1 dresse l'inventaire de la propriété des clubs français en 2020. La majorité des propriétaires sont des gros entrepreneurs locaux, la plupart multimillionnaires et certains milliardaires. Si l'on met à part le PSG détenu par le fonds souverain QSI dont le portefeuille avoisine les 300 milliards d'euros et la richesse de l'émir du Qatar, le sheikh Tamim bin Hamad Al-Thani, qui se monterait à 1,2 milliard de dollars, le propriétaire le plus riche de Ligue 1 est de loin celui du Stade rennais, F. Pinault, dont la fortune est estimée par le magazine *Forbes* en 2020 à près de 27 milliards de dollars. Celle du propriétaire de l'AS Monaco culminait fin 2020 à près de 6,6 milliards de dollars. Des capitaux chinois ont pris récemment des participations dans l'Olympique lyonnais et dans des clubs de Ligue 2 (FC Sochaux, AJ Auxerre). Autre nouveauté notable, des fonds d'investissement américains ont racheté les clubs de Bordeaux et de Toulouse.

1. S. Szymansky, *Money and Soccer*, *op. cit.*

Tableau 1. Propriétaires des clubs de Ligue 1 en 2020

Club	Actionnaire majoritaire	Année	Part du capital	« Richesse nette » du « propriétaire » (2020)	Nature de l'activité
AS Monaco (ASM)	Ekaterina Rybolovleva (via Ekaterina Rybolovleva Trust)	2011	66,7 %	6,6 M ($)	Fortune personnelle
Paris Saint-Germain (PSG)	Qatar Investment Authority	2012	100 %	286,5 M (€)	Fonds d'investissement souverain
OGC Nice (OGCN)	Jim Ratcliffe (via Ineos)	2019	80 %	18,0 M ($)	Entreprise
Olympique lyonnais (OL)	JM Aulas (via OL Group)	1999	27,9 %	380 m (€)	Entreprise
	IDG Capital (via OL Group)	2017	20 %		Fonds d'investissemen
	Pathé (via OL Group)	1999	19,5 %		Entreprise
Girondins de Bordeaux (FCGB)	King Street	2019	100 %	18,0 M ($)	Fonds d'investissemen
AS Saint-Étienne (ASSE)	R. Romeyer	2000	44 %		Entreprise
	B. Caïzzo	2000	44 %		Entreprise
Olympique de Marseille (OM)	F. McCourt	2016	100 %	< 1,0 M ($)	Entreprise
Stade rennais (SRFC)	F. Pinault (via Artemis)	1998	100 %	27,0 M ($)	Entreprise
Toulouse (TFC)	RedBird Capital Partners	2020	85 %		Fonds d'investissemen
	O. Sadran	2001	15 %	250 m (€)	Entreprise
Stade brestois 29 (SB29)	Denis Le Saint	2016	51 %		Entreprise
FC Nantes (FCN)	W. Kita	2007	100 %	170 m	Entreprise
Angers SCO	S. Chabane	2011	93 %	?	Entreprise
Montpellier HSC (MHSC)	L. Nicollin (via Groupe Nicollin)	1974	100 %	150 m	Entreprise
Nîmes olympique (NO)	R. Assaf	2016	100 %	164 m	Entreprise
Lille OSC (LOSC)	G. Lopez	2017	100 %	?	Entreprise
Amiens SCF	B. Joanin	2009	100 %	?	Entreprise
FC Metz (FCM)	B. Sorin	2009	95 %	?	Entreprise
	Derui		5 %		
Dijon FCO (DFCO)	O. Delcourt	2001	100 %	?	Entreprise

Club	Actionnaire majoritaire	Année	Part du capital	« Richesse nette » du « propriétaire » (2020)	Nature de l'activité
Stade de Reims (SR)	J.-P. Caillot	2004	100 %	?	Entreprise
Racing Club de Strasbourg Alsace (RSCA)	D. Perrin	2004		?	
	M. Keller (et 16 actionnaires)	2011	100 %	?	Individuel

Source : Document comptable Clubs.

La présence des milliardaires et des multimillionnaires est encore plus marquée dans le championnat anglais (Tableau 2) dans lequel ces derniers possèdent la presque totalité de la Premier League si l'on met à part Manchester City possédé par l'État des Émirats arabes unis. À noter que seulement cinq clubs de Premier League appartiennent à des propriétaires natifs du Royaume-Uni, les propriétaires américains étant aussi nombreux. La Chine détenait déjà deux clubs de Premier League en 2019-2020 et en détiendra un de plus en 2020-2021 avec la promotion de West Bromwich Albion FC.

De nombreux milliardaires parmi les plus riches du monde possèdent aujourd'hui des clubs de football. En 2017, une fortune de 12 milliards de dollars faisait entrer dans le top 100 du classement *Forbes* : neuf d'entre eux détenaient, au moins en partie, une équipe de football (la fortune des familles royales n'entre pas dans le classement du magazine américain). Plus globalement, *Forbes* recensait en 2013 plus de 50 milliardaires ayant des parts dans un club[1]. Cette « *Money League* » des propriétaires fait apparaître un phénomène récent depuis le milieu des années 2010 : des milliardaires chinois ont pris des parts dans des équipes du *Big Five* européen[2], notamment l'Espanyol de Barcelone, l'Inter Milan, le Southampton FC et les Wolverhampton Wanderers. La plupart des clubs possédés par les milliardaires sont des équipes prestigieuses, mais d'autres moins.

1. B. Drut, *op. cit.*
2. L'expression « Big Five » désigne les 5 championnats majeurs en Europe : Premier League anglaise, Liga espagnole, Bundesliga allemande, Serie A italienne et Ligue 1 française.

Tableau 2. Propriétaires des clubs de Premier League en 2020

Club	Propriétaire (part du capital)	Pays du propriétaire	Richesse du propriétaire 2020	Nature de l'activité
Arsenal	E. Stanley Kroenke (100 %)	États-Unis	$8.3B	Kroenke Sports Enterprises
Aston Villa	Nassef Sawiris	Égypte	$6.5B	Investment and Industry
	Wesley Edens	États-Unis	$1.0B	Fortress Investment Grour
Bournemouth	Maxim Demin (75 %)	Russie	$110M	Petrochemicals trading
	PEAK6 Investments (25 %)	États-Unis		Seven Developments Invesments
Brighton & Hove Albion	Tony Bloom (75,61 %)	Royaume-Uni	$1.3B	Online Gambling, Real Estate, Property, Land Development & Investment
Burnley	Mike Garlick (49,24 %)	Royaume-Uni	£62M	Michael Bailey Associates
	John Banaszkiewicz (28,2 %)	Royaume-Uni	?	Freight Investor Services
Chelsea	Roman Abramovich (100 %)	Russie	$12.3B	Oil and industry
Crystal Palace	Steve Parish	Royaume-Uni	£45.0M	Tag Worldwide
	Joshua Harris	États-Unis	$5.0B	Apollo Global Managemen
	David S. Blitzer	États-Unis	?	Blackstone Group
Everton	Farhad Moshiri (77,20 %)	Iran-Royaume-Uni	$2,5B	Steel and energy
	Bill Kenwright CBE (16,70 %)	Royaume-Uni	?	Theatre production
Leicester City	The Srivaddhanaprabha Family (100 %)	Thaïlande	$3.8B	King Power International Group
Liverpool	John W. Henry (via Fenway Sports Group)	États-Unis	$2.8B	Fenway Sports Group
Manchester City	Mansour bin Zayed Al Nahyan (via Abu Dhabi United Group, 78 %)	Émirats arabes unis	$22.0B	Oil and industry investmer
	China Media Capital (12 %)	Chine		Government
	Silver Lake Partners (10 %)	États-Unis		Fonds d'investissement
Manchester United	The Glazer Family	États-Unis	$4.7B	First Allied Corporation, Tampa Bay Buccaneers
Newcastle United	Mike Ashley (100 %)	Royaume-Uni	$2.9B	Sports Direct International
Southampton	Gao Jisheng (80 %)	Chine	$3.1B	Lander Sports Development Co Ltd
	Katharina Liebherr (20 %)	Suisse	£3.0B	Inheritance
Tottenham Hotspur	Joe Lewis (70,6 % of 85 % holding company)	Royaume-Uni	$4.8B	Tavistock Group
	Daniel Levy (29,4 % of 85 % holding company)	Royaume-Uni	£329M	ENIC Group

Club	Propriétaire (part du capital)	Pays du propriétaire	Richesse du propriétaire 2020	Nature de l'activité
Vatford	Gino Pozzo (100 %)	Italie	£93M	Businessman
Vest Ham Jnited	David Sullivan (65 %)	Pays de Galles	£1.6B	Daily Sport, Sunday Sport
	David Gold (35 %)	Royaume-Uni		Gold Group International
Volverhampton Vander	Guo Guangchang (via Fosun)	Chine	$5.7B	Fosun International

Source : Document comptable clubs.

Pourquoi détenir un club de football ?

La motivation des États comme le Qatar ou les Émirats arabes unis (mais aussi la Chine), qui possèdent aujourd'hui le PSG et Manchester City, a sans doute à voir avec la recherche d'un certain *soft power*. Mais pourquoi les hommes riches, certains même parmi les plus riches, s'intéressent-ils au football ? Le terme « *sugar daddies* », littéralement « papa gâteau », est apparu pour décrire cet intérêt. Bien qu'il désigne un comportement quelque peu tendancieux dans la vie courante, il décrit, dans le football, celui d'un homme riche qui est prêt à investir, ou plutôt à dépenser, d'importantes sommes d'argent pour construire une équipe compétitive (on « s'offre une danseuse »). L'objectif n'est visiblement pas la rentabilité financière. On a vu en effet que la plupart des clubs maximisaient le nombre de victoires plutôt que les profits. Et c'est sans doute le cas de la plupart des équipes possédées par de riches propriétaires. Il est évident que d'autres motivations doivent être invoquées. Nous ne proposerons ici que quelques pistes, une étude plus poussée étant nécessaire pour véritablement fonder ces hypothèses[1].

Si l'on fait référence à la consommation ostentatoire des très riches, il apparaît que l'accumulation de voitures de luxe, de demeures somptueuses ou de yachts ne permet pour certains que de se différencier des « seulement riches » (l'utilité marginale

1. E. Franck, « Private firm, public corporation or member's association governance structures in European football », 2010.

sature de plus en plus vite)[1]. D'autres biens doivent satisfaire ce besoin de statut, de prestige et de pouvoir. Et un club de football permettrait d'assouvir cette recherche de distinction en ce sens qu'il offrirait d'obtenir un statut difficile à atteindre et que, le cas échéant, les autres n'auront pas : il n'y a qu'un champion national ou d'Europe par saison. C'est ce que l'on définit en économie comme un bien « positionnel », à savoir un bien dont la satisfaction est dérivée de ce que la consommation de nos pairs est inférieure à la nôtre[2]. Un championnat de football, souvent très populaire, est un cas parfait de ce type de bien : le nombre de places y est constant et le classement est accepté par tous les participants et ne peut souffrir d'aucune contestation sur le statut des positions ; remporter un titre accroît la satisfaction du club qui gagne mais ce surplus est exactement compensé par la désutilité que cela entraîne chez les équipes concurrentes, si bien qu'au total le jeu est à somme nulle[3]. Certains économistes notent néanmoins que cette lutte pour la première place pourrait devenir un jeu à somme négative en entraînant un gaspillage de ressources pour un résultat nul. Ce n'est sans doute pas le cas du football puisque les sommes investies dans les clubs par les milliardaires ces dernières années pour atteindre cet objectif de victoire ont profité aux joueurs par les salaires, aux autres équipes par les indemnités de transferts, voire aux ligues nationales en rendant les championnats plus attractifs au niveau national et international.

Le fait que les riches investissent dans des activités « non profitables » peut également inciter à se référer aux écrits sur la philanthropie ou le mécénat (voire la charité)[4]. T. Veblen est l'économiste qui a proposé le concept de dépenses ostentatoires pour justifier les comportements de consommation des plus aisés par une quête de reconnaissance, une rivalité pécuniaire : « Pour

1. Sacha Guitry n'écrivait-il pas dans *Les Mémoires d'un tricheur* : « Être riche, ce n'est pas avoir de l'argent, c'est en dépenser » ?

2. F. Hirsh, *The Social Limits to Growth*, 1976.

3. S. Szymanski, *Money and Soccer*, *op. cit.*

4. François-Henri Pinault, fils de François Pinault propriétaire du Stade rennais depuis 1998 et 4e fortune française selon le magazine *Forbes* en 2017, déclarait en 2012 : « Notre démarche n'a rien à voir avec une affaire financière. Il s'agit d'une question de passion. C'est presque du mécénat » (*SoFoot*, 18 janvier 2014).

s'attirer et conserver l'estime des hommes, il ne suffit pas de posséder simplement richesse ou pouvoir ; il faut encore les mettre en évidence, c'est à l'évidence seule que va l'estime[1]. » Et plus loin, il écrit : « […] du fait que la lutte est en réalité une course à l'estime, à la comparaison provocante, il n'est pas d'aboutissement possible. » Plus généralement, on peut chercher également certaines hypothèses du côté des anthropologues pour expliquer les dépenses somptuaires dans les sociétés primitives ou anciennes : les conduites « évergétiques » décrites par P. Veyne qui consistent pour les notables (notamment à Rome) à faire profiter la collectivité de leurs richesses, ou encore la notion de don proposée par M. Mauss afin de construire une position de souveraineté en recherchant une gratification symbolique par un désintéressement affiché[2]. L'ethnologue M. Abélès voit des similitudes entre les dépenses somptuaires dans les sociétés non-capitalistes et la philanthropie ou le mécénat dans nos sociétés : « Il est donc essentiel que la dépense porte sur une cause qui soit toujours extérieure à l'intérêt immédiat du donateur. Qu'on édifie des théâtres pour le peuple comme les grands mécènes romains, ou qu'on encourage le développement de la science en subventionnant des universités et des bibliothèques, la démarche est au fond identique. Elle institue un type de relation spécifique entre l'individu fortuné et la communauté qui l'environne, une relation qui s'instaure sans contrepartie autre que la reconnaissance[3]. » Peut-on voir le football comme une « nouvelle philanthropie » ?

En résumé, le business du football ne générant pas de profits jusqu'à il y a peu, d'autres rendements (non-pécuniaires) doivent être invoqués pour justifier les investissements des propriétaires[4] :

1) On peut acheter un club de football pour rentabiliser d'autres business.
2) La recherche d'une reconnaissance sociale ou d'une légitimité politique est sans doute aussi un élément à prendre en considération.

1. T. Veblen, *Théorie de la classe de loisir*, 1970.
2. M. Abélès, *Les Nouveaux Riches. Un ethnologue dans la Silicon Valley*, 2002 ; P. Veyne, *Le Pain et le Cirque*, 1995.
3. M. Abélès, *op. cit.*
4. E. Franck, art. cit.

3) On peut aussi tirer un rendement non pécuniaire d'un « actif » ostentatoire, et une équipe de football en est un parfait exemple, surtout quand elle gagne des titres : les propriétaires, à l'image des joueurs, aiment aussi s'exhiber avec des trophées.
4) On peut être vu comme un philanthrope ou un mécène.

Ces différents motifs ne sont pas forcément exclusifs et peuvent bien évidemment se cumuler[1] : pour reprendre l'exemple de Silvio Berlusconi, on peut supposer que même si les succès du Milan AC ont été bénéfiques à ses autres affaires, l'ancien président du conseil italien était néanmoins un passionné de football qui aimait les victoires.

Les motivations non-pécuniaires de la possession d'un club de football ne signifient pas que la recherche de rentabilité soit absente, cependant celle-ci n'est pas aujourd'hui primordiale. Ces dernières années, plusieurs clubs européens, notamment anglais, ont d'ailleurs été rachetés par des propriétaires de franchises sportives nord-américaines et plus récemment par des fonds d'investissement pour qui la rentabilité financière de leurs investissements est certainement un critère important. P. Garcia del Barro et S. Szymanski posent alors la question suivante : « Est-il possible que ce groupe de nouveaux propriétaires animés par la recherche de profit influence les autres, davantage préoccupés par la maximisation des victoires[2] ? » Cette question se pose avec d'autant plus d'acuité que l'explosion des droits de retransmission TV dans le *Big Five* permet maintenant à des clubs de plus en plus nombreux de présenter des résultats d'exploitation positifs (avant transferts). Ces éléments supplémentaires (conjugués à une concentration de plus en plus forte des revenus des clubs) pourraient conduire l'organisation du football européen à se diriger vers la création d'une Super Ligue fermée à l'image du sport professionnel nord-américain.

1. Selon un rapport du Financial Action Task Force (FATF, 2009), une agence qui trace l'argent du banditisme, le football serait malheureusement aussi utilisé comme un moyen de blanchir de l'argent sale.
2. P. Garcia del Barro et S. Szymanski, art. cit.

Combien vaut un club de foot ?

Évaluer une équipe de football est encore plus difficile qu'une entreprise classique. D'autant que très peu d'entre elles sont cotées en Bourse. Le club de Tottenham Hotspur fut le premier club à être introduit à la cotation en 1983[1]. Ils étaient 37 vingt ans plus tard (maximum observé) mais ne sont plus que 22 aujourd'hui. Que vaut alors un club ?

La théorie financière retient plusieurs méthodes pour évaluer une entreprise[2]. L'approche *patrimoniale* évalue un club en fonction de la valeur de ce qu'il possède (au bilan sans les actifs immatériels). Mais rares sont les clubs qui possèdent leur stade en France et la valeur des joueurs peut fluctuer considérablement. L'approche en termes de *goodwill* intègre également les actifs non évalués au bilan, à savoir la popularité (nombre de supporters), l'histoire, le palmarès, le mythe, qu'il est cependant difficile d'évaluer précisément[3]. Les grands clubs historiques auront sur ces points un avantage certain[4]. L'approche *stratégique* tient compte des motivations de l'acheteur potentiel : synergies industrielles, commerciales ou géopolitiques. En achetant le PSG en 1991, Canal+, le diffuseur des matchs, souhaitait relancer ainsi la compétitivité du championnat à des fins d'audience en opposant un adversaire à la hauteur de l'Olympique de Marseille, le club dominant de l'époque. On peut supposer aussi que le rachat du club de la capitale par les Qataris en 2011 suivait

1. M. Aglietta M., W. Andreff et B. Drut, « Bourse et football », 2008.

2. B. Helleu, N. Scelles et C. Durand, « What is a club worth ? The evolution of the value of professional sports firms in Europe and North America », 2011.

3. J. Baudrillard distingue différentes dimensions pour évaluer un « objet » : sa valeur « d'usage » qui suit une logique fonctionnelle (on retire une utilité subjective directe de la détention du bien) ; sa valeur « d'échange » qui répond à la logique économique du marché (si on le revend), sa valeur « symbolique » liée au passé et à l'histoire, et sa valeur « signe » qui répond à une logique du statut, de distinction (J. Baudrillard, *Pour une critique de l'économie politique du signe*, 1972). Toutes ces dimensions sont sans doute à l'œuvre lorsqu'un milliardaire achète un club de football.

4. B. Helleu *et al.* (art. cit.) notent ainsi que lorsque Liverpool a été vendu en 2007, les nouveaux propriétaires ont payé beaucoup plus que la valeur réelle des fonds propres figurant au bilan.

une logique similaire, même si les objectifs diffèrent : amélioration de l'image du pays en prévision de la Coupe du monde 2022, retombées économiques offertes par Paris, *soft power...* Cette valeur stratégique est difficile à évaluer *a priori* puisqu'elle dépend de la « propension à payer » ces services des acheteurs éventuels. Lorsque les clubs sont cotés en Bourse, leur valorisation est plus simple puisqu'il suffit d'en retenir la capitalisation boursière. Mais cette valeur dépend uniquement du cours de l'action sur le marché et peut différer de sa valeur réelle sur le long terme. Enfin, l'approche par les flux (*cash-flows*) attendus consiste à actualiser les dividendes futurs puisque les dividendes correspondent aux revenus des actionnaires. La limite de cette méthode est que les clubs de football ne distribuent en général pas de dividendes.

La tâche reste ardue et il n'est donc pas étonnant que les valeurs des clubs publiées varient considérablement d'une agence à l'autre et puissent apparaître parfois très élevées. Finalement on revient à l'évidence selon laquelle « la valeur d'un club de foot va simplement être la somme que quelqu'un veut bien payer pour l'acheter ». Le « marché » des clubs se caractérise par un faible nombre de vendeurs et d'acheteurs, et ces derniers sont en partie motivés par des « valeurs » extra-économiques comme on l'a vu précédemment (raison ou passion ?).

Depuis 2004, *Forbes* publie tous les ans le classement du « prix » des clubs de football les plus chers. La méthode utilisée par *Forbes* est basée principalement sur les revenus des clubs (non les dividendes) auxquels on applique un coefficient multiplicateur. Certains ajustements sont néanmoins effectués à partir d'autres informations sur les transactions passées, les valeurs d'entreprise d'équipes cotées en Bourse, les transactions actuelles et la propriété ou non du stade. Mais par construction, le classement des prix sera vraisemblablement très proche de celui des revenus (Deloitte par exemple).

En 2020, onze clubs seraient évalués à plus de 1 milliard de dollars dont les plus connus (Manchester United, FC Barcelone, Real Madrid, Bayern de Munich) mais aussi certains moins titrés (Tottenham). Le PSG (onzième club le plus valorisé) était évalué juste à 1 milliard de dollars. Dix ans auparavant, on trouvait dans le top 10 davantage de clubs italiens (les deux clubs de Milan), ces derniers figurant encore néanmoins dans la liste des vingt. Certains ont disparu (Ajax, Celtic) d'autres sont apparus (Atlético Madrid, PSG)[1]. D'autres instituts se sont essayés à valoriser les clubs de football comme récemment le cabinet KPMG. Ses critères d'évaluation traduisent bien le caractère multidimensionnel du prix : rentabilité, popularité, potentiel sportif, droits de diffusion, propriété du stade… Le classement de ce cabinet montre que les prix des clubs les plus chers diffèrent parfois sensiblement (le PSG est évalué à plus de 2 milliards de dollars) mais que la hiérarchie n'est que peu modifiée par rapport à *Forbes*.

Il est intéressant d'étudier les caractéristiques de ces clubs les plus chers. C'est l'objet du travail de N. Scelles et ses co-auteurs qui analysent les déterminants de la valeur des clubs à partir des données de *Forbes* sur la période 2005-2013[2]. Parmi les variables sont inclus : le revenu moyen de la zone géographique, le bassin de population, la présence d'autres clubs classés par *Forbes* dans la région, l'ancienneté du club, le statut du propriétaire (privé/public), l'arrivée d'un propriétaire étranger, la moyenne annuelle d'affluence au stade, le classement de l'année en cours et le classement de l'année précédente, ainsi qu'un indicateur du palmarès historique du club en compétition nationale et internationale, le résultat d'exploitation,

1. L'organisation Soccerex (*Football Finance 100*, 2020) a publié en 2020 un classement des clubs selon leur « puissance financière » basée sur un score faisant intervenir la valeur de l'effectif, celle des actifs du club (stade, centre de formation et autres propriétés), les liquidités, l'endettement et le potentiel d'investissement des propriétaires. Le podium est alors composé du PSG, de Manchester City et du Bayern Munich. À noter que ce classement fait apparaître un club chinois, Guangzhou Evergrande Taobao FC, champion national depuis 2011 (sauf en 2018) et de la Ligue des champions d'Asie en 2013 et 2015. Les propriétaires, un des plus gros promoteurs immobiliers en Chine (Evergrande Real Estate Group) et une société chinoise de commerce par Internet (Alibaba Group), disposeraient d'une surface financière de 175 milliards d'euros ! L'entraîneur, l'ancien champion du monde et Ballon d'or 2006, F. Cannavaro, serait, d'après le *Daily Mail* (28 février 2018), l'un des coachs les mieux payés de la profession (12 millions d'euros par an).

2. N. Scelles, B. Helleu B., C. Durand et L. Bonnal, « Professional sports firm values. Bringing new determinants to the foreground ? A study of European soccer, 2005-2013 », 2014.

la valeur de l'effectif et enfin des données indicatrices du pays et de l'année.

La valeur d'un club dépend finalement de plusieurs facteurs. Des facteurs démo-économiques puisque le revenu moyen de la zone géographique a un effet positif et la densité du bassin de population un effet négatif : le premier traduit une potentialité économique alors que le second résume le fait que certains grands clubs ne se situent pas systématiquement dans des zones de haute densité de population. Le résultat d'exploitation a également l'effet positif attendu. Concernant l'impact des trophées et du passé des équipes, c'est plutôt le palmarès des clubs au niveau national et leurs performances en Ligue des champions qui en augmente la valeur plutôt que la simple ancienneté. Au niveau sportif, la valeur de l'effectif joue également un rôle important sur le prix du club ainsi que l'affluence au stade. On constate aussi que les clubs ayant un propriétaire privé sont plus valorisés et que l'arrivée d'un investisseur étranger (Liverpool, Manchester City…) renchérit encore plus l'équipe achetée. Enfin, les clubs de Premier League, de Serie A et de Ligue 1 bénéficient d'un bonus à l'inverse des autres nations, notamment la Liga et la Bundesliga[1]. L'étude précédente citée en note montre donc que le prix d'un club fait intervenir des dimensions plurielles : économiques, démographiques, historiques, nationales, sportives… qui correspondent aux différentes méthodes d'évaluation présentées plus haut.

Pour conclure, il est intéressant de comparer ces classements aux transactions effectives qui sont censées révéler la « vérité des prix ». En France, Qatar Sport Investments (QSI) aurait versé 50 millions d'euros pour acquérir 70 % des parts du PSG en 2011 et vraisemblablement autant pour les 30 % restants l'année suivante. Le club de la capitale aurait donc été vendu 100 millions d'euros aux Qataris. Selon *Forbes*, le club valait 415 millions de dollars en 2014 et vaudrait aujourd'hui 1 milliard de dollars, soit près de dix fois son prix d'achat. Il est vrai que la valeur de l'effectif et les revenus (hors mutations) ont été multipliés par six entre la date d'achat et l'équipe actuelle grâce aux liquidités injectées dans le club. Sa visibilité s'est aussi

1. Dans le cas de l'Allemagne, cet effet est vraisemblablement la conséquence de la règle du 50+1 (cf. *infra*).

accrue et son palmarès enrichi (au niveau national). Cependant, un investisseur serait-il prêt à investir plus de 1 milliard de dollars pour racheter le PSG aujourd'hui ?

Le cas de son meilleur ennemi est aussi riche d'enseignements. L'Olympique de Marseille aurait été racheté environ 45 millions d'euros en septembre 2016 par l'homme d'affaires américain Frank McCourt. En 2012, l'OM était évalué à hauteur de 350 millions de dollars et en 2013 à 285 (il disparaît ensuite du classement). On est donc loin de la somme payée en 2016 par l'homme d'affaires américain. Lors de la saison du rachat, l'effectif de l'OM était pourtant évalué à près de 110 millions d'euros (selon transfermarkt.fr) et les revenus du club (hors mutations) s'élevaient à environ 110 millions d'euros.

À l'étranger, en Italie, le Milan AC aurait été vendu en avril 2017 à un groupe d'investisseurs chinois pour la somme de 740 millions d'euros (le passif était cependant de 220 millions d'euros). À l'inverse, le club de Tottenham, évalué par *Forbes* à environ 1 milliard de dollars, a reçu une offre de rachat au cours de l'été 2017 de la part de Mark Zuckerberg, le créateur de Facebook, dont la fortune avoisine les 72 milliards de dollars, d'un montant de 900 millions d'euros afin d'acquérir les Spurs (surnom des joueurs). Les propriétaires ont refusé, leurs prétentions financières représentant le double de l'offre (1,77 milliard d'euros), pourtant bien au-dessus de l'évaluation de *Forbes*. Enfin, en 2019, le fonds américain Silver Lake a pris 10 % de participation dans CFG (Manchester City) pour 500 millions de dollars, ce qui valorisait le groupe à environ 4,8 milliards de dollars.

En conclusion, les prix des clubs annoncés par les agences apparaissent plus virtuels que réels, même s'ils répondent à certaines logiques d'évaluation et qu'ils permettent de comparer les clubs entre eux (comme d'ailleurs les revenus). Tant qu'un club n'est pas vendu, il est difficile d'estimer le prix qu'un investisseur serait prêt à payer pour l'acquérir.

Les revenus des clubs : « Riches et célèbres »

L'argent est-il une condition nécessaire, voire suffisante, de la victoire ? Ou bien sont-ce les victoires qui permettent d'engranger des revenus ? Ce chapitre offre les éléments de réponse à cette question en analysant les revenus du football dit « postmoderne » (depuis le milieu des années 1990), principalement en France et plus généralement en Europe.

Nous ne traiterons cependant pas ici des revenus issus des transferts de joueurs. Contrairement à d'autres sources, les ventes de joueurs ne constituent pas des recettes stables et de long terme, pour la plupart des clubs. Beaucoup d'équipes n'ont pas la possibilité de former des joueurs et de les vendre en maintenant leur compétitivité sur le terrain. Transférer ses meilleurs footballeurs nuit forcément aux performances du club en championnat à moins que d'autres bons joueurs (et donc chers) ne les remplacent. En France, il semble cependant que certains clubs misent beaucoup sur la formation de jeunes talents qu'ils transfèrent ensuite pour asseoir leurs revenus et assurer leur équilibre financier. Les revenus des clubs proviennent de quatre sources principales : les droits de retransmission, les recettes de billetterie[1], le merchandising et le sponsoring. On verra que ces revenus ont connu une croissance très importante depuis les années 1970 et que l'importance relative des différentes sources s'est modifiée considérablement au cours du temps : les recettes de billetterie, essentielles il y a cinquante ans, ont progressivement vu leur part diminuer au profit des droits de retransmission TV. Nous analyserons plus spécifiquement les affluences au stade plus loin. Nous limiterons notre étude sur l'évolution des revenus des clubs de football dans le *Big Five* européen.

1. Par billetterie, nous entendons ici les « recettes les jours de match » (traduction de « *matchday revenue* ») qui vont au-delà de la vente de billets (restauration, carré VIP, location des loges, etc.).

L'ancien régime : des revenus qui reposent sur le public au stade

Bien que le professionnalisme soit instauré dès la saison 1932-1933, on date les grands changements survenus dans le football professionnel français, notamment concernant ses aspects économiques, seulement au début des années 1980[1].

Dans les années 1970 en France, les ressources des clubs de football professionnel dépendaient principalement des recettes aux guichets auxquelles s'ajoutaient les subventions municipales et la publicité[2]. Les droits de retransmission étaient alors insignifiants (moins de 1 %). L'équilibre financier des clubs à la fin de la saison était en grande partie lié à la fréquentation du stade et donc aux résultats sportifs, l'affluence étant fortement corrélée aux performances des équipes. En 1978, les recettes totales des vingt clubs de division 1 s'élevaient à 214 millions de francs, soit 112 millions d'euros actuels[3]. Le budget moyen d'un club de l'élite se montait alors à 10,7 millions de francs (environ 5,5 millions d'euros d'aujourd'hui), juste un peu au-dessous du salaire annuel de Dimitri Payet en 2020 à Marseille (6 millions d'euros).

Les années 1980 qui vont suivre vont être marquées par de profonds bouleversements dans le football français (cf. Graphique 6). Beaucoup d'argent va être injecté dans certains clubs, notamment via l'arrivée de nouveaux investisseurs (Matra investit par exemple près de 90 millions de francs, soit 23 millions de nos euros, en 1985 dans le Racing Club Paris) et l'arrivée de Canal+ qui diffusera un match de championnat par semaine (le premier match diffusé ayant été un FC Nantes-AS Monaco en 1984, cinq jours après la création de la chaîne). La diffusion régulière des matchs entraînera également le développement du sponsoring du fait de la visibilité des marques. Durant la saison 1990-1991, qui est celle du changement du « modèle économique » du football,

1. J.-M. Faure et C. Suaud, « Un professionnalisme inachevé : deux états du champ du football professionnel en France, 1963-1993 », 1994.
2. W. Andreff et P. Staudohar, « The evolving european model of professional sports finance », 2000.
3. J.-F. Bourg, *Économie politique du sport*, 1989.

Graphique 6. Revenus totaux annuels (en millions d'euros) des clubs de Ligue 1

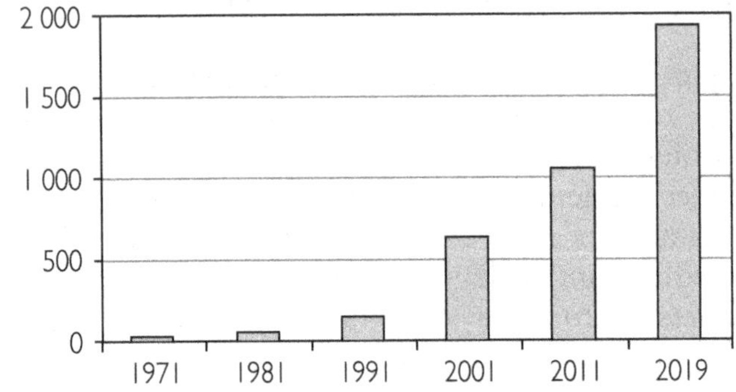

Source : DNCG.

les droits télévisés représentent déjà plus de 20 % des revenus des clubs de division 1, part qui, à quelques saisons près, ne va cesser d'augmenter[1].

Les années 1980 correspondent aussi à la période des « nouveaux présidents » (propriétaires), Claude Bez à Bordeaux (en 1978), Jean-Luc Lagardère (au Racing Club Paris en 1982) et Bernard Tapie (à l'OM en 1986), partageant de fortes ambitions européennes pour leur club[2].

De fortes disparités entre clubs professionnels pouvaient déjà être observées puisque après son sacre en Ligue des champions en 1993 et ses cinq titres de champion de France (dont l'un lui a été retiré en 1993 à la suite du scandale OM-VA), le budget de l'Olympique de Marseille était à lui seul de l'ordre de 250 millions de francs (51,7 millions d'euros actuels), soit près de quatre fois celui du FC Nantes, autre club phare de l'époque, qui n'était que de 65 millions de francs (13,4 millions d'euros) et 6,5 fois celui du petit club de Martigues, de 38 millions de francs (7,85 millions d'euros). À l'époque, seul l'AC Milan était plus riche que l'OM avec un budget de plus de 72 millions d'euros actuels.

1. W. Andreff et P. Staudohar, art. cit.

2. Peu de temps après son intronisation, le dirigeant marseillais a même envisagé, en 1989, de faire venir la superstar de l'époque, l'Argentin Diego Maradona, qui jouait alors à Naples.

Une forte croissance des revenus globaux du football depuis vingt ans

Le Graphique 7 montre l'évolution des revenus cumulés des clubs de l'élite dans les cinq ligues majeures européennes sur les deux dernières décennies (1997-2019). L'économie du football professionnel se porte bien. Les revenus ont augmenté fortement dans tout le *Big Five* : 10,2 % de moyenne annuelle en Premier League (revenu multiplié par plus de 7), 9,6 % en Bundesliga (plus de 6), 8,8 % en Ligue 1 (plus de 5), 8,8 % en Liga (environ 6,5) et 7,1 % en Serie A (3,5). Ces taux de croissance des revenus des clubs de football sont largement au-dessus de ceux de leur économie nationale respective. Et la crise économique de 2008 n'a eu que peu d'impact sur l'économie du football.

En 2018-2019, les clubs de Premier League britanniques ont généré près de 5,9 milliards d'euros, ceux de la Bundesliga allemande 3,3, ceux de la Liga espagnole 3,4, ceux de la Serie A italienne 2,5 et ceux de la Ligue 1 1,9. Ainsi, en 2019, les clubs anglais disposent en moyenne de plus de 290 millions d'euros alors que les clubs français ne génèrent que 95 millions d'euros de revenus.

Le Graphique 7 illustre cependant le creusement de l'écart entre d'une part les clubs de Premier League et d'autre part, ceux du reste de l'Europe. Si cet écart est resté relativement stable jusqu'en 2013, il a fortement augmenté depuis : en 1997, le rapport des revenus était de 1,24 avec la Serie A, 1,30 avec la Liga, 1,54 avec la Bundesliga et 2,33 avec la Ligue 1 ; aujourd'hui ce rapport est respectivement de 2,35, 1,73, 1,75 et 3,07.

Ce creusement des écarts s'explique en partie par l'explosion des droits TV domestiques en Premier League, qui sont passés de 1,7 milliard de livres sterling sur la période 2010-2013 à plus de 3 milliards de livres sur la période 2013-2016 et à environ 5,4 milliards de livres sur la période 2016-2019. Pour la période 2019-2022, les droits domestiques ont légèrement baissé (5 milliards de livres) mais sont compensés par une hausse des droits TV internationaux, négociés à 4,2 milliards de livres contre environ 3 milliards de livres pour les saisons 2016-2017 à

2018-2019[1]. Les revenus globaux de la Premier League en 2020 ont doublé par rapport à ceux de 2013.

Le Graphique 8 trace l'évolution des revenus moyens des clubs des deux divisions françaises professionnelles (Ligue 1 et Ligue 2) entre 1996 et 2019. Les recettes des clubs de l'élite ont augmenté

Graphique 7. Revenus annuels dans le *Big Five* européen (en millions d'euros)

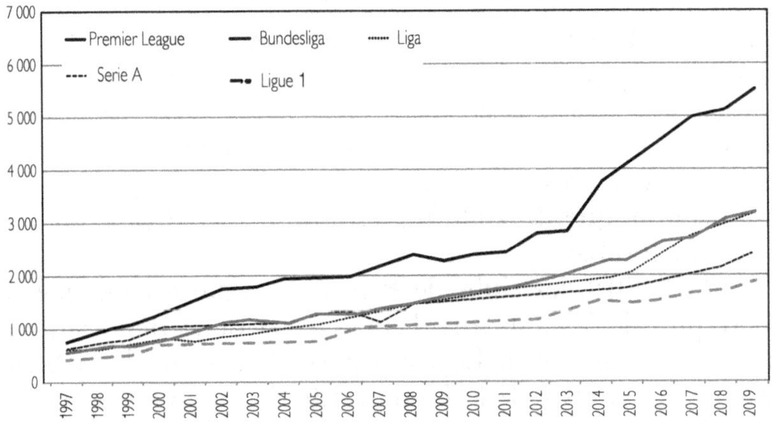

Source : Deloitte.

Graphique 8. Revenus moyens annuels des clubs de Ligue 1 et de Ligue 2 (en millions d'euros)

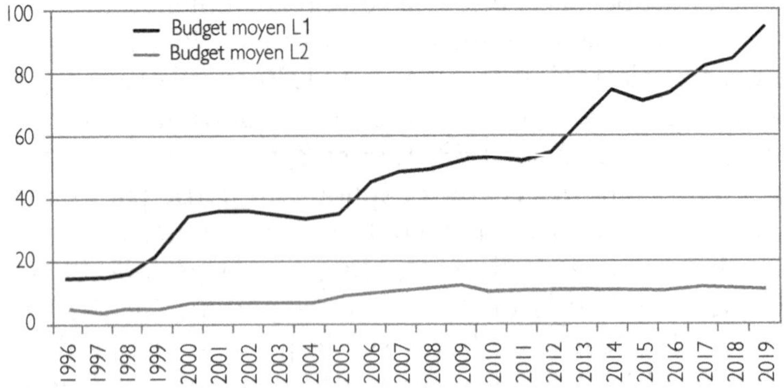

Source : DNCG.

1. Deloitte, 2019.

de près de 600 %, passant de 14 millions d'euros en moyenne à 95 millions d'euros. Par rapport à cette forte croissance des revenus des vingt (ou dix-huit de 1997 à 2002) clubs de l'élite, ceux de la deuxième division n'ont que doublé, oscillant entre un peu moins de 5 millions d'euros et un peu plus de 10 millions. Surtout depuis 2009, alors que les revenus s'envolent pour la Ligue 1, ceux de Ligue 2 restent constants. L'écart grandissant entre les revenus des deux divisions accroît ainsi l'aspect « dramatique » d'une éventuelle relégation, mais inversement augmente l'attrait financier d'une promotion.

Des inégalités de revenus qui augmentent en France

Alors que l'écart des revenus entre Ligue 1 et Ligue 2 est un élément important pour analyser les inégalités de revenus entre clubs, il en existe évidemment entre équipes à l'intérieur d'une même division. Beaucoup de gens pensent que trop d'inégalités de revenus nuisent à la compétitivité du championnat et que cette inégalité a augmenté au cours du temps. S. Szymanski montre qu'en Premier League, le constat doit être nuancé[1] : s'il y a bien eu croissance des inégalités de revenus entre les clubs depuis les années 1960, le niveau de dispersion est plutôt stable depuis les années 1990.

En France, on constate que la dispersion des revenus est relativement stable jusqu'en 2011, date de l'achat du PSG par l'émirat du Qatar et celui de l'AS Monaco par le milliardaire russe Dmitri Rybolovlev. L'explosion du budget du PSG à partir de 2012 a accru considérablement les inégalités de revenus entre les clubs. Sans la manne financière des Qataris, les inégalités de revenus seraient sans doute restées relativement stables.

Une façon de représenter les inégalités de revenus entre les clubs de football consiste à dessiner des courbes de Lorenz. Les clubs sont classés par ordre de richesse (de 1 à 20) et on s'intéresse alors à la part cumulée des revenus. Le Graphique 9 trace les courbes de Lorenz pour différents championnats européens en 2015-2016 (2014-2015 pour la Liga espagnole). La lecture est

1. S. Szymanski, *Money and Soccer*, *op. cit.*

Graphique 9. Dispersion des revenus en 2015-2016 dans différentes ligues européennes

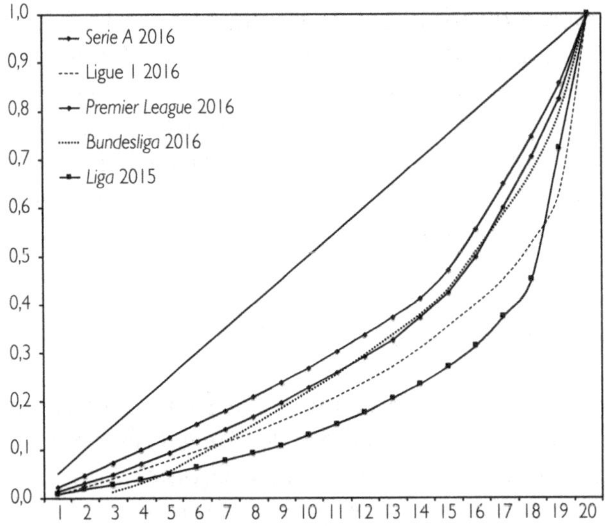

Source : Deloitte.

la suivante : plus la courbe s'écarte de la première bissectrice plus les revenus de la ligue en question sont inégalitaires. Une répartition parfaitement égalitaire se confond avec la bissectrice puisque tous les clubs disposent d'un vingtième des revenus totaux. Le championnat le plus égalitaire est le championnat anglais et celui le plus inégalitaire le championnat espagnol ; entre les deux, les championnats italien, allemand et français. Là encore, c'est le rachat du PSG par le Qatar qui a changé la donne : sans le club de la capitale, la répartition des revenus en France et en Angleterre serait sensiblement la même.

On peut aussi dessiner la distribution des revenus de la Ligue 1 au cours des deux dernières décennies (Graphique 10). Les courbes de Lorenz confirment le constat établi plus haut : la Ligue 1, aujourd'hui, est beaucoup plus inégalitaire que dans les années 2000 : en 2003, le club phare de l'époque, l'Olympique lyonnais, détenait 13,5 % de la totalité des revenus de la Ligue 1, en 2011 l'Olympique de Marseille en avait à sa disposition 14,1 % alors que le PSG cumule plus du tiers du budget total à la fin des années 2010.

Graphique 10. Dispersion des revenus annuels des clubs de Ligue 1 en 2003, 2011, 2016 et 2019

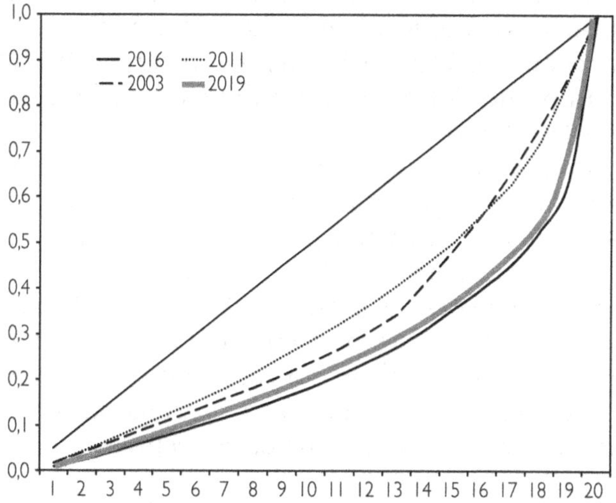

Source : DNCG.

Mais il est possible de trouver dans l'histoire du championnat de France d'autres cas où un club dominait financièrement ses homologues et ceci de manière importante. En 1994, l'Olympique de Marseille, deuxième budget européen derrière le Milan AC, disposait de près de 20 % du budget total de la division 1.

Des inégalités de revenus relativement stables chez les plus riches Européens mais un écart qui s'accentue avec les autres clubs

Tous les ans, le cabinet Deloitte publie la liste des clubs européens les plus riches selon le montant de leurs recettes (et non selon leurs résultats financiers). Ce classement est à l'image du classement *Forbes* pour les fortunes mondiales.

On constate en fait que malgré les changements économiques des quinze dernières années (notamment les renégociations à la hausse des droits TV un peu partout en Europe mais en particulier en Premier League), les inégalités au sein du gotha financier des clubs européens n'ont que légèrement augmenté : que ce soit Manchester United en 2001 (217,2 millions d'euros de revenus), le Real Madrid en 2009 (401,4 millions d'euros) ou le FC Barcelone en 2019 (840 millions d'euros), le club le plus riche d'Europe ne dispose que du dixième du budget total des vingt clubs les plus riches.

Par contre, les inégalités de ce gotha européen par rapport à toutes les autres équipes n'ont cessé d'augmenter : en 2001, la part des revenus des vingt plus gros clubs européens représentait environ un tiers (33,3 %) des budgets globaux des cinq championnats majeurs (Angleterre, Allemagne, Espagne, Italie et France) ; en 2019, cette part en représente la moitié. Si l'on se restreint au top 10 qui ne concerne que des clubs des cinq plus gros championnats, la part des revenus des clubs dans le budget total des cinq ligues majeures représente environ un tiers du total[1].

Autrement dit, il semble qu'à l'image de ce qui s'est passé dans la plupart des sociétés développées à l'échelle de la population (accroissement des inégalités de revenus et de patrimoine), les inégalités entre les vingt clubs les plus riches et les 78 restants se sont accrues fortement. Mais au sein de ce groupe européen, la répartition des revenus ne s'est pas vraiment modifiée. Ceci serait une explication du niveau de compétitivité de la Ligue des champions, qui reste relativement élevée à partir d'un certain stade de la compétition.

1. S. Szymanski (*op. cit.*) fait un parallèle entre le livre de T. Piketty (*Le Capital au XXIe siècle*, 2014) et la concentration des ressources et l'accumulation du capital dans le football même si tous les clubs font la même activité et que les équipes s'affrontent les unes contre les autres. La question fondamentale est de savoir si l'augmentation des inégalités entre les clubs, qui réduit « l'équilibre compétitif », peut nuire à la « croissance » du football. Le processus de l'accumulation du capital dans le football présente en effet des similitudes avec celle de l'économie en général : les clubs qui aujourd'hui sont les plus performants (et donc les plus riches) sont, pour la plupart, les descendants des équipes ayant gagné le plus de titres dans le passé et qui sont aujourd'hui capables de vivre sur ce « capital » : « Sans leur histoire, le Real Madrid, Manchester United et le Bayern de Munich devraient lutter comme les autres. » Si les inégalités devenaient trop importantes, elles pourraient à terme inciter les grands clubs à créer une Super League.

B. Milanovic[1] montre qu'après les années 2000, un nombre plus restreint de clubs peuvent se qualifier en quart de finale de la Ligue des champions (pour aller vite, ceux dont le budget dépasse 200 millions d'euros). Mais une fois passé les quarts de finale, l'incertitude du résultat demeure très forte[2].

Si l'on examine le classement des cinq clubs les plus riches sur les dernières saisons (on constate que seules les arrivées du PSG en 2015 et de Manchester City en 2017 ont perturbé le classement : sinon le *Top Four* est toujours le même (Real Madrid, Manchester United, FC Barcelone, Bayern de Munich). À noter que la victoire en Ligue des champions sur les dernières éditions n'a jamais échappé au « club des cinq » : Real Madrid en 2014, 2016, 2017 et 2018, FC Barcelone en 2011 et 2015, Bayern de Munich en 2013 et en 2020, Chelsea FC en 2012. Seul Liverpool en 2019 a réussi à contrer la domination des cinq plus riches : les Reds n'apparaissaient qu'à la septième place en 2019 du classement Deloitte.

On peut donc dire qu'il existe une certaine aristocratie footballistique en Europe, dont les grandes familles bénéficient d'une histoire forte. Tout cela explique la difficulté du PSG à être accepté dans la « cour des grands », les critiques de cette « aristocratie » durant l'été 2017 après le transfert de Neymar et l'ironie de la presse européenne lors des éliminations prématurées de la Ligue des champions : il ne fait pas bon être un « nouveau riche » dans le gotha européen, avec seulement une Coupe des vainqueurs de coupes à son actif (1996) et neuf championnats nationaux[3]. L'autre « parvenu » du football européen, Manchester City, se heurte aux mêmes problèmes de légitimité, son palmarès comportant une Coupe des coupes (1970) et six championnats anglais.

1. B. Milanovic, « Globalization and goals. Does soccer show the way ? », 2005.
2. B. Drut et R. Duhautois, *Sciences sociales football club*, 2015.
3. Il y eut notamment le président de la Liga espagnole, J. Tebas, qui a accusé le PSG et Manchester City de ne pas respecter le fair-play financier (*L'Équipe*, 14 novembre 2017).

Des ressources qui dépendent fortement des résultats sportifs

Il existe deux relations statistiques fondamentales dans le football : tout d'abord, plus vous dépensez pour les joueurs, plus vous gagnez sur le terrain (sur le moyen et long terme) ; ensuite, plus les équipes gagnent sur le terrain, plus les recettes sont importantes (en moyenne). Pour les quatre divisions de football anglaises sur les 55 dernières années, S. Szymanski montre que plus de 60 % des différences de revenus entre clubs sont expliquées par des écarts au classement[1].

Le Graphique 11 illustre cette relation pour la Ligue 1. Les résultats sont aussi probants que chez S. Szymanski (2015) : la dispersion des revenus au sein des clubs de l'élite est expliquée à hauteur de près de 53 % par les différences de classement. On notera que les cinq points en haut à droite du graphique (gros budget et premières places au classement) correspondent au PSG après 2012 : comme ils sont éloignés de la droite de corrélation, le Paris Saint-Germain des Qataris apparaît statistiquement comme un club à part dans le football

Graphique 11. Revenus et performance en Ligue 1 (classement de 1 à 20)

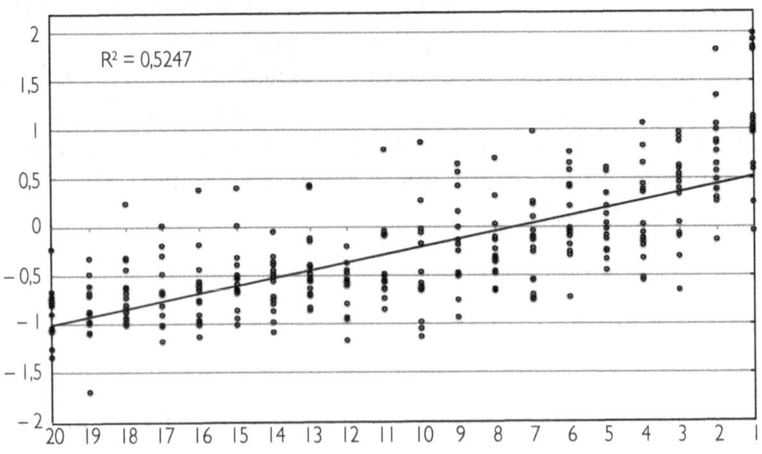

Source : DNCG (log du revenu relatif en ordonnée et classement en abscisse).

1. S. Szymanski, *op. cit.*, p. 9.

Graphique 12. Revenus et performance en Ligue 2 (classement de 1 à 20)

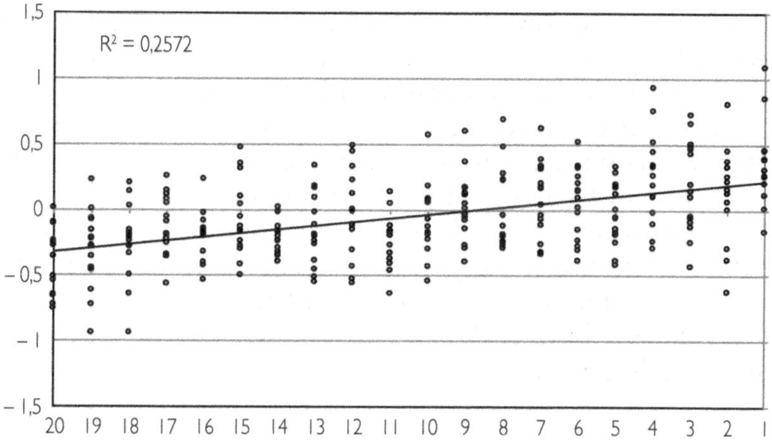

Source : DNCG (log du revenu relatif en ordonnée et classement en abscisse).

français (son budget apparaît « surproportionné » pour gagner la Ligue 1).

La relation revenus/performance apparaît beaucoup moins forte pour la Ligue 2 (Graphique 12) : seuls 25,7 % des différences de revenus sont expliqués par le classement (29 % par le nombre de matchs gagnés). Mais si, à l'instar de S. Szymanski, on fusionne les deux championnats, on obtient une corrélation encore plus forte[1] : 79 % de la dispersion de ressources sont expliqués par les écarts de résultats sportifs. La différence de statut entre les deux ligues professionnelles (les revenus sont moins dispersés en Ligue 2) a une grande part dans l'explication de cette très forte corrélation lorsqu'on cumule les deux divisions. Mais il semble bien que les régimes soient différents au sein de la Ligue 1 et celui de la Ligue 2.

Les équipes qui gagnent attirent davantage de supporters au stade, et des supporters qui sont susceptibles d'accepter de payer les billets plus cher. Les équipes brillantes vendront plus de maillots et attireront de meilleurs sponsors prêts à payer davantage pour être associés au club. Les meilleures équipes

1. S. Szymanski, *op. cit.*

passent plus souvent à la TV et reçoivent plus de droits de retransmission. Il est donc logique que les meilleures équipes génèrent plus de recettes. Le sens de la causalité semble être celui-ci : les victoires génèrent plus de revenus. Le football a précédé l'argent du foot. Néanmoins, un gros budget permet d'acheter des meilleurs joueurs, qui en retour assurent davantage de victoires. Et les riches propriétaires de clubs qui investissent beaucoup d'argent dans leurs clubs les rendent ainsi plus compétitifs. C'est le cas aujourd'hui, pour ne prendre que les plus célèbres, du fonds du Qatar au PSG ou de celui d'Abu Dhabi à Manchester City et des « milliardaires » du football. Mais pour la plupart des clubs et quelle que soit l'époque, le niveau de leur budget dépend en premier lieu de leur performance sur le terrain.

La structure des revenus des clubs en France et en Europe : des droits TV de plus en plus importants par rapport à la billetterie

Lors de leur troisième sacre de champion de France en 1966-1967, les Verts de l'AS Saint-Étienne tiraient plus de 68 % de leurs revenus des supporters venus les encourager dans le Chaudron[1]. La mairie de Saint-Étienne leur octroyait près de 19 % de leur budget et le reste de leurs recettes (environ 13 %) provenait de la publicité[2].

Dans les années 1970, les revenus des clubs de football professionnel français provenaient presque exclusivement de la billetterie (de 60 à 80 %) et des subventions des collectivités locales (de 15 à 30 %). Les recettes de publicité ont néanmoins régulièrement augmenté au cours de cette décennie pour atteindre près de 15 % au début des années 1980. Ce n'est qu'au milieu des années 1980 que les droits TV commencent à financer le football professionnel (7 % durant la saison 1984-1985), pour ne plus cesser d'augmenter (déjà plus de 21 % en 1990-1991). En 1994-1995, lors de son septième titre national, le FC Nantes

1. Le Chaudron est le surnom du stade Geoffroy-Guichard de l'AS Saint-Étienne.
2. W. Andreff, et P. Staudohar, art. cit.

Graphique 13. Structure moyenne des revenus (en millions d'euros) en Ligue 1

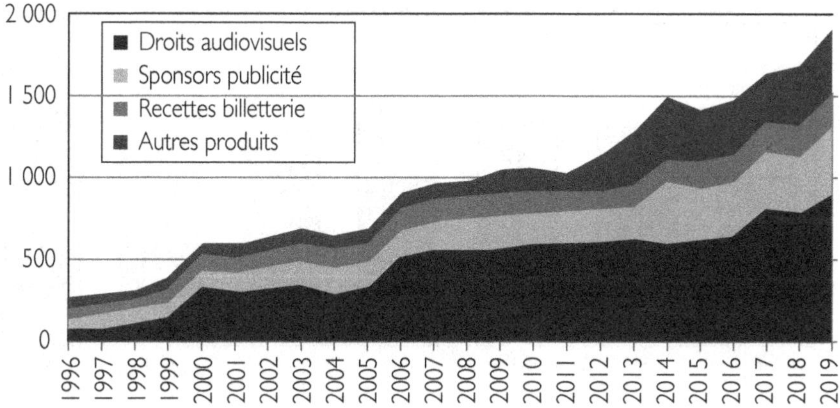

Source : DNCG.

disposait déjà du tiers de ses revenus sous forme de droits TV et 30 % seulement provenaient des recettes du stade de la Beaujoire[1].

Depuis, la structure des revenus des clubs de l'élite française n'a cessé d'évoluer dans le sens d'une part prépondérante des droits de retransmission (Graphique 13 : de 30 % à 40 % jusqu'aux années 2000, entre 50 et 60 % dans les années 2000 et une part qui diminue légèrement après 2010 du fait de la croissance des autres postes, en particulier le sponsoring et les autres produits (dont le merchandising et les subventions des collectivités locales). La part des recettes de billetterie n'a quant à elle cessé de diminuer, passant d'environ 25 % au milieu des années 1990 à environ 11 % aujourd'hui, même si en valeur constante, les stades rapportent près de deux fois plus (de 64 millions d'euros à 201 millions d'euros).

Cette évolution n'est pas propre à la France. Le Graphique 14 recense l'évolution des différentes composantes du budget de la Premier League anglaise sur les cinq dernières saisons. On constate, là encore, que le poste qui explique l'augmentation des recettes concerne les droits de retransmission du championnat.

1. *Ibid.*

Graphique 14. Structure moyenne des revenus (en millions de livres sterling) en Premier League

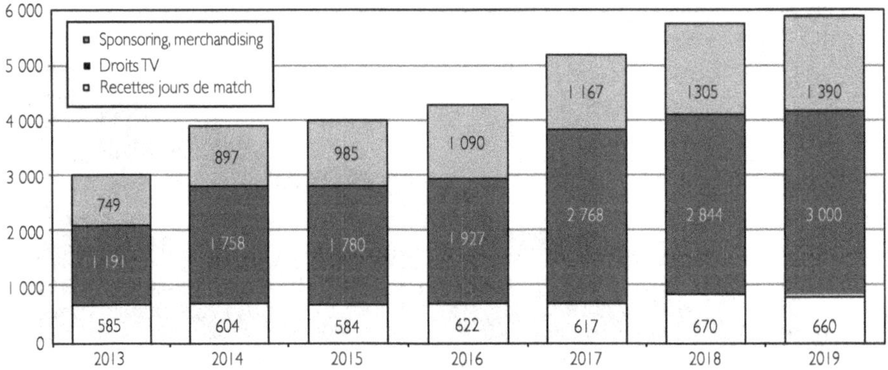

Source : Deloitte.

Une autre spécificité des budgets européens concerne les recettes les jours de match, en particulier la billetterie : elles se situent autour de 20 % en Premier League, en Bundesliga et en Liga mais constituent le parent pauvre (environ 11 %) des revenus en Serie A et en Ligue 1. Et en niveau, les recettes les jours de match ne rapportent que 200 millions d'euros en France en 2019, trois fois moins qu'en Allemagne, en Espagne et en Angleterre. Ces recettes dépendent bien entendu du prix des billets, de la capacité des stades des différents championnats et de leur taux de remplissage.

Une autre façon de mesurer la faiblesse des recettes les jours de match en France est de les comparer globalement à celles des plus grands clubs européens. Sur la saison 2017-2018, Manchester United a généré 125 millions d'euros de billetterie, soit près des deux tiers de la Ligue 1. Et si l'on en retire les 50 millions d'euros de la billetterie du PSG, on atteint 85 %.

La forte croissance des droits TV dans les championnats européens

Au début des années 1970, rares étaient les matchs de championnat de France retransmis à la télévision (certains accords étaient passés avec les clubs). En dehors des compétitions internationales (la finale de la Coupe du monde 1970 entre le Brésil et l'Italie a été vue par plus de 600 millions de personnes), seuls certains matchs de l'équipe de France, les finales de Coupe d'Europe (Coupe des clubs champions et Coupe des vainqueurs de coupes) et la finale de la Coupe de France étaient visibles sur le petit écran. Le milieu des années 1970 a vu néanmoins la France vibrer aux exploits des Verts en Coupe d'Europe jusqu'à la finale perdue en 1976 contre le Bayern de Munich (1-0) à Glasgow et ses « maudits poteaux carrés ». Aujourd'hui, les fans de foot sont à même de visionner un match de foot tous les jours. Et entre les matchs, l'offre d'émissions sur le football, animées par des journalistes et des experts (entraîneurs, anciens joueurs), a explosé ces dernières années avec le nombre de chaînes TV, notamment payantes.

Nous avons vu que les droits de retransmission télévisuelle sont devenus essentiels au financement du football : la part de ces ressources dans le budget des clubs, insignifiante avant le milieu des années 1980, n'a cessé d'augmenter. Il fut un temps où les clubs craignaient que la TV ne vide leurs stades : ainsi le Stade rennais a refusé 50 000 francs en 1965 (près de 66 000 euros d'aujourd'hui) pour la retransmission d'un de ses matchs. Pour la saison 2018-2019, les droits TV ont rapporté 800 millions d'euros à la Ligue 1[1].

Les droits TV des championnats nationaux se décomposent en droits domestiques (droits vendus aux télévisions nationales) et en droits internationaux (droits vendus aux télévisions étrangères). Les droits sont vendus aux enchères aux plus offrants et dépendent de l'optimisation des lots, du degré de concurrence entre les diffuseurs et du pouvoir d'attraction des ligues. En France, les droits TV domestiques pour la Ligue 1 et la Ligue 2 ont été négociés à hauteur de 748,5 millions d'euros par an pour

1. DNCG, 2019.

les quatre saisons de 2016 à 2019 et à environ 1,1 milliard pour le cycle 2020-2024. On est loin des chiffres de la Premier League : plus de 5 milliards de livres sterling de droits domestiques pour la période 2016-2019 et la période 2020-2022 (1,7 milliard de livres sterling par saison). Sans compter les droits de retransmission à l'étranger qui rapportent également près de 1 milliard d'euros aux clubs anglais et qui vont rapporter 1,4 milliard à partir de 2020. Ailleurs en Europe, la tendance a été la même : au début des années 1990, les droits TV en Allemagne n'étaient que d'environ 50 millions d'euros par an (en valeur actuelle), en Italie de l'ordre de 43 millions d'euros et en Espagne d'à peu près 79 millions d'euros.

Des droits TV au centre des inégalités de revenus

Étant donné les montants en jeu, la répartition des droits TV entre les clubs constitue un enjeu très important pour les recettes des clubs. Ce sont les ligues (ou des sociétés détenues par la ligue) qui sont aujourd'hui propriétaires des droits dans les cinq grands championnats européens. Cela n'a pas toujours été le cas puisque les droits TV étaient négociés au niveau des clubs jusqu'en 2011 en Italie et 2016 en Espagne. Les critères de répartition des droits entre les clubs dépendent des pays. En Allemagne, la répartition consiste en un classement pondéré sur les cinq dernières saisons. Ailleurs, ils comprennent une part fixe et une part variable qui tient compte du classement sportif de la saison, de ceux des cinq saisons précédentes et d'autres critères tels que l'implantation sociale, le bassin de population, la notoriété, etc. En France, en 2020, la part fixe est fixée à 30 %, la licence club à 20 %, le classement de la saison en cours à 25 %, le classement des cinq dernières saisons à 5 % et la notoriété à 20 %.

Le Graphique 15 présente les différences de droits TV (domestiques et internationaux) entre le plus gros revenu et le plus faible dans les cinq championnats européens pour la saison 2016-2017 : elle est maximale en Italie (rapport de 1 à 4,5), faible en Angleterre (1,5) et intermédiaire en Espagne (3,8), en France (3,5) et en Allemagne (3,2).

Graphique15. Répartition des droits TV (en millions d'euros) dans le *Big Five* en 2017-2018 (sauf Serie A, 2015-2016)

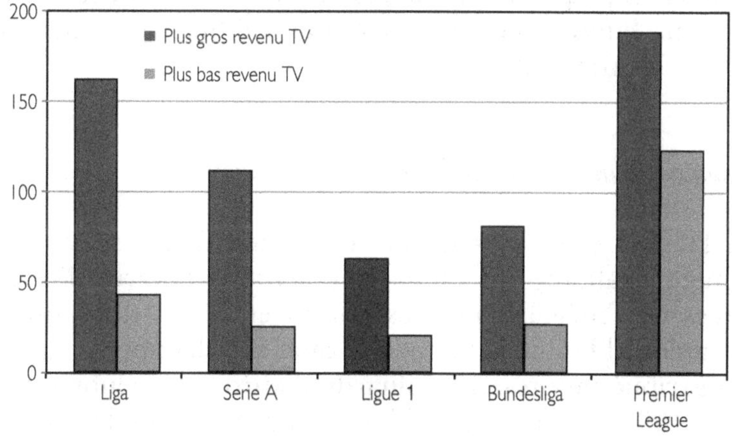

Source : Ligues nationales.

Cette répartition plutôt égalitaire des droits en Premier League commence néanmoins à être remise en cause par les plus gros clubs qui y voient un manque à gagner. Dernièrement, les six clubs les plus riches de Premier League se sont exprimés pour une répartition davantage en leur faveur[1]. Les économistes parleraient de « pléonexie », terme qui traduit le désir d'avoir plus que les autres en toute chose. Mais si individuellement, les clubs ont, à court terme, avantage à maximiser leurs recettes, on peut se demander si, à plus long terme, un partage plus inégalitaire ne nuirait pas à l'intérêt de tous (compétition trop inégale au niveau des ligues). Cette stratégie ne mènerait-elle pas finalement à créer une Super Ligue européenne, composée des clubs les plus riches du *Big Five* (et quelques autres) ? En outre, une meilleure redistribution permet de lutter contre les inégalités salariales des footballeurs.

Les comparaisons entre pays sont également riches d'enseignement. Le Graphique 15 montre que durant la saison 2017-2018, les montants sont tels que le dernier de Premier League a perçu plus de droits TV que les premiers de Ligue 1 et de Bundesliga : Sunderland, dernier de l'EPL, a touché près

1. Voir *L'Équipe* du 5 octobre 2017.

de 100 millions de livres sterling alors que le PSG, champion de France, n'a perçu qu'environ 57,9 millions d'euros. De telles inégalités expliquent que la plupart des clubs anglais, même les moins huppés, peuvent être aujourd'hui très actifs sur le marché des transferts.

La manne financière de la Ligue des champions

Si la répartition des droits TV domestiques se veut relativement égalitaire au moins sur certains critères, l'une des sources de l'inégalité des ressources entre les clubs provient donc aujourd'hui de la lucrative Ligue des champions. L'UEFA a redistribué environ 17 milliards d'euros aux clubs qualifiés depuis 1992 et plus de 2 milliards d'euros lors de la campagne 2018-2019. On comprend mieux que l'un des principaux objectifs des grands clubs européens soit, outre d'être champion de sa ligue, d'atteindre l'une des places qualificatives à la Champions League. Pour maintenir les grandes équipes dans la compétition, l'UEFA a tendance à faire des réformes qui renforcent la création d'une ligue fermée. La réforme de la compétition appliquée lors de la saison 2017-2018 a été dans ce sens puisque l'Angleterre, l'Espagne, l'Allemagne et l'Italie disposent de quatre places directement qualificatives, le statut de la France étant inchangé (deux plus un). Finalement, vingt clubs (plus deux au tour préliminaire) sur les 32 qualifiés seront issus du *Big Five* et du Portugal, alors que les 50 autres pays membres de l'UEFA devront se contenter des douze (voire dix) sièges restants. Et la réforme qui s'annonce va encore accroître la part des grands clubs. Le projet de la Ligue des champions pour 2024 prévoit ainsi une phase de groupe avec quatre poules de huit équipes : les quatre premiers de chaque groupe seraient qualifiés pour les huitièmes de finale et surtout, les six (ou cinq) premiers de chaque groupe seraient automatiquement « maintenus » pour l'édition suivante ; il resterait alors seulement huit places libres pour accéder à la Ligue des champions la saison suivante (quatre d'entre elles par l'intermédiaire des championnats nationaux et quatre pour les demi-finalistes de l'Europa League).

Actuellement, la répartition du revenu de la Ligue des champions dépend évidemment des résultats obtenus durant la saison (55 %) mais aussi de ceux des dix saisons précédentes (30 %)[1] et 15 % de la dotation globale est versée selon le critère « *market-pool* », prenant en compte les montants déboursés par les diffuseurs nationaux de la compétition, le nombre de clubs qualifiés par pays ou encore le classement final obtenu par le club dans son championnat national lors de la saison précédente. Lors de la saison 2018-2019, le FC Barcelone, éliminé en demi-finale, a ainsi empoché plus de recettes que le vainqueur, Liverpool (117 millions d'euros contre « seulement » 111).

Si l'on s'intéresse à la répartition entre les clubs, on constate que les sommes distribuées sont très concentrées sur un petit nombre d'équipes : S. Szymanski montre que près de la moitié (45 %) des revenus distribués par l'UEFA sur la période 2003-2012 (5,6 milliards d'euros) pour la Ligue des champions a profité à seulement dix clubs, ce qui correspond à une allocation moyenne par saison de l'ordre de 25,6 millions d'euros (Tableau 3)[2]. À l'opposé, les 85 équipes ayant participé au moins une fois à la compétition se sont partagé le reste, soit en moyenne 3,6 millions d'euros par saison. Si l'on poursuit l'exercice pour les sept dernières saisons 2013-2019, le constat est le même : environ la moitié des sommes payées par les organisateurs du tournoi l'ont été à dix clubs (55,1 millions d'euros en moyenne). Outre que les sommes perçues ont plus que doublé, on observe une certaine mobilité dans ce « bus capitaliste » : ont disparu l'Inter de Milan (aucune participation entre les saisons 2011-2012 et 2018-2019), Liverpool (mais revenu en force à partir de 2018), Lyon et l'AC Milan ; alors que Manchester United était systématiquement présent sur la décade 2003-2012, il a raté plusieurs épreuves, touchant environ 40 millions en moyenne à chacune de ses participations. De « nouvelles » formations les ont remplacés dans l'élite : l'Atlético de Madrid, le Borussia Dortmund et les « nouveaux riches » : le PSG et Manchester City. Il va également sans dire que la

1. Pour la saison 2017-2018, le vainqueur de la compétition peut gagner 57,2 millions d'euros (hors droits TV) si l'équipe gagne tous ses matchs de poule.

2. S. Szymanski, *op.cit.*

répartition des revenus sur les sept dernières années est aussi inégalitaire sur les clubs restants puisque certaines équipes participent très régulièrement à la Ligue des champions sans y briller à chaque fois, notamment les clubs portugais, Porto et Benfica. Finalement, les deux dernières colonnes du Tableau 3 synthétisent les gains moyens depuis 1992, date de la création de la Ligue des champions.

Tableau 3. Revenus moyens par saison issus de la Ligue des champions (en millions d'euros)

2003-2012		2013-2019		1992-2019	
Club	Moyenne par saison	Club	Moyenne par saison	Club	Moyenn par saison
Manchester United FC	32,3	Juventus	80,6	Real Madrid CF	30,8
Arsenal FC	32,2	Real Madrid CF	71,1	FC Bayern Munich	29,5
Inter de Milan	27,5	PSG	61,9	FC Barcelone	29,0
Real Madrid CF	25,6	FC Barcelone	65,4	Juventus	27,9
Olympique lyonnais	26,2	FC Bayern Munich	58,9	Manchester United FC	25,0
Chelsea FC	25,2	Manchester City	55,9	Chelsea FC	21,3
FC Barcelone	24,1	Borussia Dortmund	43,1	Arsenal FC	19,9
FC Bayern Munich	23,4	Chelsea FC	42,5	PSG	17,2
AC Milan	22,6	Atlético Madrid	39,8	AS ROME	16,0
Liverpool FC	17,0	Arsenal FC	31,9	Olympique lyonnais	15,4

Source : UEFA.

Cette répartition inégalitaire des revenus de la Champions League est sans doute une conséquence du « pouvoir de négociation » des grands clubs européens. Si l'UEFA refusait de leur donner la plus grosse part du gâteau, la tentation serait grande d'une « sécession des riches », comme cela a failli être le cas plusieurs fois dans le passé (notamment à l'initiative du feu G14 dans les années 1990). La nouvelle formule de la Ligue des champions, mise en place en 2018, et qui fait la part encore plus belle aux grandes nations du football, est d'ailleurs intervenue alors que les grands clubs européens brandissaient la « menace » de la création d'une Super Ligue fermée. L'UEFA a donc tout intérêt à ne pas voir disparaître les grosses équipes de sa compétition.

Sponsors et maillots

La source la plus importante de revenus des clubs en dehors de la billetterie et des droits de retransmission télévisuelle concerne d'une part la publicité (sponsoring et naming), et d'autre part la vente de maillots et autres produits dérivés (merchandising). Les recettes que ces activités peuvent générer sont directement proportionnelles à la réputation des clubs et à leurs victoires sur le terrain. Une équipe populaire qui remplit son stade et qui est regardée à la TV peut vendre de nombreux maillots et attirer de généreux annonceurs.

En 2018, les revenus commerciaux représentent environ 30 % des recettes des clubs en Premier League, en Serie A et en Liga, et autour de 45 % en Bundesliga et en Ligue 1. Mais cette source de revenu étant très liée à la notoriété des équipes, il existe évidemment une forte variabilité au sein de chaque championnat.

La diffusion très large des matchs et la forte exposition médiatique des joueurs font qu'avoir son nom ou son logo autour des stades, sur les maillots, les shorts ou les chaussettes (les sponsors peuvent être de plus en plus nombreux)[1], peut constituer un moyen ludique de faire de la publicité[2].

Néanmoins, ces contrats de publicité étant liés aux performances sportives et donc à l'aléa du résultat, ils sont en général de courte durée (quelques années). En particulier, le système

1. Le marché du sponsoring n'est pas uniforme dans l'Union européenne et dépend des législations de chaque pays. En France par exemple, la loi Évin interdit certaines publicités. En outre, les ligues professionnelles peuvent instaurer des règles supplémentaires pour éviter les abus. De nombreuses règles ont sauté ces dernières années : en Ligue 1, en 2012, la LFP a autorisé la commercialisation au dos du short ; en Liga espagnole, en 2014, la ligue a autorisé le sponsoring sur les chaussettes ; en Angleterre, en 2017, les clubs ont eu l'autorisation de commercialiser la manche du maillot.

2. B. Drut, *Économie du football professionnel*, *op. cit.*

promotion/relégation ne favorise pas la fidélisation des sponsors, une équipe reléguée perdant beaucoup de sa visibilité. En revanche, celles qui sont régulièrement en haut de l'affiche ont un pouvoir de négociation beaucoup plus fort et peuvent signer des contrats plus chers et plus longs. Les revenus liés au sponsoring concernent les maillots (équipementier et publicité) et le naming.

Les contrats « équipementier » – les entreprises d'articles sportifs, comme Nike et Adidas – sont une autre composante des recettes de sponsoring. Là encore les disparités entre clubs du top 10 sont très fortes.

Enfin, le naming consiste à céder le droit d'appellation d'un championnat, d'un stade ou d'une tribune à une entreprise privée. Cette pratique est très courante pour les stades en Allemagne (quinze clubs sur dix-huit ont renommé leur enceinte) et en Angleterre. Les sommes sont relativement modestes pour les clubs de Bundesliga, en général moins de 5 millions d'euros annuels sauf pour le Bayern de Munich, Schalke 04 et Borussia Dortmund (de 5 à 6 millions d'euros). Arsenal en Premier League a négocié le nom de son enceinte pour 100 millions de livres sterling sur 15 ans, tout comme Manchester City, pour sensiblement les mêmes sommes. En France, cette pratique se diffuse peu à peu : Le Mans (MMA), Nice (Allianz), Bordeaux (Matmut), Lyon (Groupama). D'autres entreprises ont associé leur nom aux ligues plutôt qu'à un club : en France Conforama – Uber à partir de 2020 – (Ligue 1) et Domino Pizza (Ligue 2), en Premier League, Barclays jusqu'en 2016, en Liga, Santander, en Serie A, Telecom Italie… Même certaines tribunes des stades se voient rebaptisées.

Les recettes de merchandising concernent les ventes des maillots et des autres produits dérivés (survêtements, accessoires). Ces revenus représentent moins de 10 % des recettes de Ligue 1. L'importance des ventes dépend d'une part de la taille du marché (qui peut être mondial) et d'autre part, de la notoriété des joueurs. Les grands clubs ont donc tout intérêt à se développer à l'international et à recruter des stars planétaires de façon à globaliser leurs retombées commerciales.

Les joueurs : « Dépenser plus pour gagner plus ! »

Pour pouvoir jouer – et gagner –, la première dépense d'un club de football est l'acquisition de joueurs : les salaires et les charges, les indemnités de transferts et les coûts associés à ces transferts, notamment les commissions des agents et les amortissements liés aux transferts. Les autres dépenses concernent les frais d'organisation et de sécurité des matchs et les impôts et taxes diverses. Dans ce chapitre, nous nous intéressons aux dépenses des clubs à travers trois grands thèmes : les salaires des footballeurs professionnels, les transferts et leurs coûts, et enfin la fiscalité – qui n'est pas identique dans tous les pays européens. En particulier nous évaluerons le lien entre la performance d'une équipe et sa masse salariale.

Les salaires ont-ils augmenté pour tous les joueurs ?

La carrière d'un footballeur professionnel en première division (celle qui rémunère le mieux) ne dure en moyenne que quatre à six ans dans les championnats européens[1]. Ce qui est vrai pour le football l'est aussi pour de nombreux sports collectifs[2]. Très peu de joueurs professionnels réussissent à se maintenir très longtemps au plus haut niveau du fait notamment des blessures fréquentes, de la concurrence des plus jeunes et aujourd'hui de celle des joueurs étrangers. En outre, les footballeurs européens s'exposent à chaque saison au risque de voir leur équipe reléguée dans les divisions inférieures, ce qui entraîne des baisses de rémunération. À titre d'indication, le salaire le plus élevé de Ligue 2 correspond au salaire du 300e joueur le mieux payé de Ligue 1 en

1. R. Duhautois, « Le marché du travail des footballeurs professionnels : miroir aux alouettes », 2015 ; B. Frick, G. Pietzner et J. Prinz, « Career duration in a competitive environment. The labor market for soccer players in Germany », 2007 ; J. Goddard et J. Wilson, « Free agency and employment transitions in professional football », 2004.

2. Par exemple, selon l'association des joueurs de football américain, la durée moyenne de carrière pour les footballeurs américains est de 3,3 ans en 2017.

2015-2016 et au salaire du 164e joueur le mieux payé de Ligue 1 en 2017-2018.

Pour utiliser les termes des théoriciens de la segmentation, le marché du travail des footballeurs professionnels se caractérise ainsi par un segment « primaire supérieur » offrant de très hauts salaires et de belles carrières à une petite minorité de joueurs, et un vaste segment secondaire aux salaires beaucoup plus modestes et aux carrières plus courtes[1].

Le salaire moyen des footballeurs de Ligue 1 a fortement augmenté depuis la fin des années 1990 alors que celui des joueurs de Ligue 2 a d'abord légèrement augmenté mais s'est ensuite stabilisé. Le rapport des masses salariales[2] entre Ligue 1 et Ligue 2 était de l'ordre de 1 à 3,75 en 1998, de 1 à 6,5 en 2015 et de 7 en 2019 (Graphique 16). Le salaire des footballeurs

Graphique 16. Évolution de la masse salariale des clubs de football professionnel en France (Ligue 1 et Ligue 2, en millions d'euros)

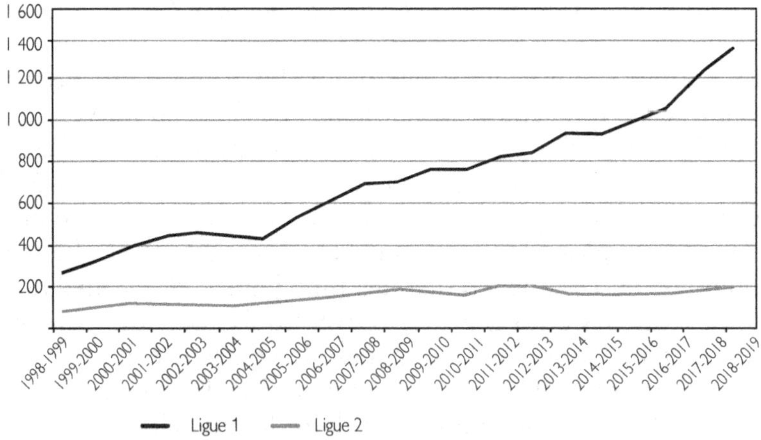

Source : DNCG.

1. P. Doeringer et M. Piore, *Internal Labor Markets and Manpower Adjustment*, 1971 ; M. Piore, *Notes for a Theory of Labour Market Segmentation*, 1975 ; D. Demazière et M. Jouvenet, « Quel est le prix d'un footballeur ? Valorisation économique et mobilités sur le marché du travail », 2014.

2. Environ 80 % de la masse salariale des clubs est imputée aux salaires des footballeurs mais comprend également les salaires des entraîneurs et des autres personnels (médecins, kinésithérapeutes, etc.).

de Ligue 1 – et des premières divisions des autres grands championnats européens – a connu une hausse spectaculaire, d'une part sous l'effet de l'explosion des droits de retransmission TV et d'autre part sous l'effet de l'arrêt Bosman en 1995, qui a permis aux joueurs européens de changer de club librement au sein de l'Union européenne, les deux effets se renforçant. Dans les années 1970, lorsque le contrat des footballeurs a été modifié, autorisant une mobilité plus grande, les salaires n'ont pas augmenté de la même façon du fait du manque de moyens financiers, conséquence de la réticence de la Ligue de football professionnel à vendre les droits de retransmission, de peur de la concurrence des télévisions.

La hausse de la masse salariale au plus haut niveau est due à la forte croissance des gains des superstars, creusant les inégalités entre les joueurs évoluant dans les clubs les plus réputés et les plus « internationalisés », et les autres. En France en 2002, les 10 % de footballeurs les mieux payés recevaient 40 % des salaires bruts distribués contre 48 % en 2009 et 54 % en 2019[1]. Les inégalités salariales des joueurs sont principalement la conséquence des inégalités de budget entre les clubs. Ainsi, ces dernières années, le salaire moyen des joueurs du PSG est plus de vingt fois supérieur à celui des joueurs du club versant le salaire moyen le plus faible de Ligue 1[2].

Le salaire des footballeurs professionnels est décomposé en deux parties, le salaire fixe et les primes. Ces primes dépendent de la réalisation d'objectifs individuels et collectifs et découlent des résultats sportifs et de leurs contrats de travail. Dans leur contrat peuvent être indiquées toutes sortes de clauses qui induisent des primes : présence sur la feuille de match, titularisations, etc. La décomposition des salaires des joueurs entre parties fixe et variable n'est disponible que depuis la saison 2005-2006 en France mais a fortement évolué depuis cette époque dans les deux divisions professionnelles. En Ligue 1, la part des primes dans la rémunération des joueurs est passée de plus de 20 % à moins de 10 % entre le milieu des années 2000

1. Rapport DNCG 2018-2019 et R. Duhautois, art. cit.
2. Comme le signalent A. Wahl et P. Lanfranchi dans leur histoire des footballeurs, les transferts ont toujours existé (*Les Footballeurs professionnels*, 1995).

et aujourd'hui, et de 15 % à un peu plus de 10 % en Ligue 2. Cette diminution – et convergence vers 10 % – est la double conséquence de l'augmentation des rémunérations fixes des superstars mais aussi d'une baisse des montants des primes variables distribuées. En moyenne, parallèlement à la croissance des inégalités, il y a donc une plus grande stabilité des salaires des footballeurs.

Les inégalités salariales sont-elles bonnes pour la compétitivité des joueurs ?

Si la baisse de la part variable sur les performances sportives n'a pas été étudiée dans le football, les effets des inégalités salariales sur la performance l'ont été dans quelques pays. Pour la France, les informations sur les salaires individuels des joueurs ne sont quasiment pas accessibles, il est impossible d'en faire une analyse. Sur le sujet des effets des inégalités salariales, deux visions théoriques s'affrontent. La première stipule que la performance de l'équipe est plus forte lorsque les salaires sont plutôt proches les uns des autres car cela renforce la cohésion des joueurs. La seconde vision, au contraire, suggère que les inégalités salariales stimulent la performance des équipes. La dispersion des salaires instaurerait une méritocratie au sein de l'équipe, les joueurs faisant davantage d'efforts afin d'améliorer leur rémunération. Il s'agit de la théorie des tournois[1] : elle stipule que plus la dispersion salariale est importante, plus les joueurs tentent d'obtenir une forte rémunération par leurs efforts.

Pour résumer, une forte dispersion des salaires encouragerait les comportements coopératifs selon la première théorie et les comportements individualistes selon la seconde[2]. Les comportements individualistes peuvent également induire des effets négatifs sur la performance des équipes si la dispersion des salaires engendre des jalousies entre joueurs, ces derniers pouvant aller jusqu'à essayer de nuire à leurs partenaires : les

1. E. Lazear et S. Rosen, « Rank-order tournaments as optimum labor contracts », 1981.
2. E. Lazear, « Pay equality and industrial politics », 1989.

effets de « sabotage » évoqués par E. Lazear[1]. Au football, non seulement des équipes et des joueurs s'affrontent collectivement et individuellement (le drame dyadique)[2], mais la concurrence entre coéquipiers pour se maintenir à haut niveau est particulièrement rude.

Empiriquement, l'économiste E. Yamamura (2015) s'est intéressé à la disparité des salaires au sein de la J-League, la première division japonaise créée en 1993[3]. Il a analysé les effets de la disparité des salaires à deux moments différents : dans sa phase de développement (1993-1998) et dans sa phase de maturité (à partir de 1999). L'auteur conclut que les disparités salariales entre joueurs ont plutôt nui aux performances dans la phase de développement de la J-League. À cette époque, certains clubs japonais avaient recruté quelques stars européennes et sud-américaines en fin de carrière afin de lancer le championnat. Les deux meilleurs buteurs de la première édition ont été l'Argentin Ramon Diaz (34 ans à l'époque) et le Brésilien Alcindo Sartori (moins de 30 ans mais inconnu). Jusqu'en 1998, parmi les dix meilleurs buteurs du championnat, 70 % étaient européens ou sud-américains. Cependant, les différences de niveaux entre les joueurs japonais et les autres joueurs étaient telles qu'il ne pouvait y avoir de complémentarité sur le terrain.

D'autres ont émis l'hypothèse que les effets de la dispersion des salaires sur la productivité ne seraient pas linéaires[4] et sont arrivés à la conclusion qu'il existait une relation en forme de U entre la dispersion salariale et les performances sportives : à talent moyen équivalent, les équipes qui connaissent une répartition salariale très égalitaire ou très inégalitaire ont de meilleures performances que les équipes dont la dispersion salariale est moyenne. Cela réconcilie finalement les deux visions théoriques, puisque

1. Pour le base-ball, voir R. Breunig *et al.*, « Wage dispersion and team performance. A theoretical model and evidence from baseball », 2014.

2. D. Muller, *Le Football, ses dieux et ses démons*, 2008.

3. E. Yamamura, « Wage dispersion and team performance in the process of industry development. Evidence from Japan's professional football league », 2015. La J-League a d'abord été une ligue fermée avant l'introduction du système de promotion-relégation en 2005.

4. E. Franck et F. Nüesch, « The effect of wage dispersion on team outcome and the way team outcome is produced », 2011.

la répartition très égalitaire renforce la cohésion et la répartition très inégalitaire incite à l'effort. Les équipes auraient donc intérêt à éviter « l'entre-deux » qui nuirait à la fois à la cohésion et à l'incitation.

La masse salariale est-elle justifiée ?

Le hasard constitue un facteur décisif dans le déroulement d'une carrière de footballeur et le moindre détail peut être déterminant. À qualification quasiment égale, des joueurs peuvent toucher des salaires différents du fait de leur plus ou moins grande médiatisation. Grâce aux technologies permettant la diffusion de l'information (ici la télévision), certains salariés des secteurs où le talent est au centre du processus de production bénéficient considérablement d'un petit surplus de productivité. C. Lucifora et R. Simmons ont montré que, toutes choses égales par ailleurs, les footballeurs dont la productivité est légèrement plus élevée – mesurée par les nombreuses statistiques disponibles – ont des salaires beaucoup plus élevés[1]. Ces différences salariales sont exacerbées du fait de la forte mobilité des footballeurs car les « meilleurs » joueurs ont tendance à être transférés dans les meilleurs clubs, les plus rémunérateurs, comme on l'a souligné plus haut[2].

Depuis les travaux de S. Rosen, les économistes appellent ce phénomène l'« effet superstar[3] ». Cet effet ne peut pas être expliqué par la théorie standard qui stipule que les salariés sont payés à leur productivité marginale, c'est-à-dire en fonction de leur contribution à la production. Pour bien comprendre l'« effet superstar », il faut avoir en tête qu'il existe des discontinuités dans la rémunération des salariés dans le haut de la distribution qui permettent une rémunération plus importante avec un léger surplus de productivité, mais aussi que les talents exceptionnels

1. C. Lucifora et R. Simmons, « Superstar effects in sport. Evidence from Italian soccer », 2003.
2. Voir également B. Drut et R. Duhautois, « Assortative matching using soccer data. Evidence of mobility bias », 2017, qui ont étudié l'appariement sélectif dans le championnat italien.
3. S. Rosen, « The economics of superstars », 1981.

sont fortement rémunérés. Dans les métiers ou les secteurs dans lesquels il existe des superstars (le sport, les activités artistiques et même certains métiers plus traditionnels comme le *trading*), les superstars possèdent des qualités très supérieures à la moyenne des autres salariés. Leur employeur est donc prêt à rémunérer très fortement ce talent car les consommateurs ne sont pas prêts à s'en passer. Une fois Neymar à Paris, quel supporter voudrait le voir partir à Madrid ?

Les marchés du travail comportant des superstars ont trois caractéristiques : la courbe des salaires en fonction du talent est fortement convexe, c'est-à-dire que les salaires augmentent de façon exponentielle avec le talent ; une grande partie des salariés gagne moins que la moyenne des salaires ; par voie de conséquence, les quelques superstars captent une grande partie de la rente : « *The winner takes all !* » L'explication réside dans le pouvoir de monopole des superstars. Revenons à l'exemple de deux segments du marché du travail évoqués plus haut, le segment « primaire supérieur » et le segment secondaire : sur le premier, les joueurs sont peu nombreux et demandés par de nombreux clubs et sont donc en situation de monopole pour négocier leur salaire ; sur le second, les joueurs sont très nombreux et demandés par peu de clubs, ces derniers étant en situation de quasi-monopsone. Les grands clubs savent très bien que ne pas avoir de grands joueurs a un effet sur la performance sportive mais aussi économique[1]. Enfin, les salaires des superstars dépendent de la taille du marché (la rente). Plus il est grand, plus elles sont payées : les meilleurs footballeurs gagnent plus que les meilleurs rugbymen.

1. N. Christiansen et H. Sievertsen (« The exploitation of talent », 2008) évoquent le cas des joueurs d'échecs, Kasparov et Short, qualifiés pour la finale du championnat du monde en 1993, qui ont estimé que la fédération internationale d'échecs ne leur redistribuait pas assez d'argent. Ils ont donc créé une ligue parallèle avec les meilleurs joueurs professionnels, qui a capté l'ensemble des sponsors, ces derniers estimant plus rentable de financer les meilleurs, laissant la fédération sans moyens.

La masse salariale est-elle soutenable ?

L'un des indicateurs les plus observés pour mesurer les risques dans le football est la part de la masse salariale dans le chiffre d'affaires. Cet indicateur se situe en moyenne entre 60 % et 65 % depuis des années en Europe. Il est très élevé en Turquie (80 %) et en Russie (76 %) et plutôt faible en Allemagne (52 %), en Suède (50 %) et en Norvège (52 %). En France, il est de 69 % en Ligue 1 et de 79 % en Ligue 2 en moyenne entre 1998 et 2019 (Graphique 17). En Ligue 2 – et généralement dans toutes les deuxièmes divisions –, le ratio est plus élevé mais aussi plus fluctuant, comme on peut le constater en 2019 : le coefficient de variation est de 7,6 % en Ligue 1 et de 10,5 % en Ligue 2[1].

L'explication principale est que lorsqu'une équipe de football professionnel descend en deuxième division, le choc financier est très fort. J. Goddard[2] analyse les effets de la promotion en première division et de la relégation en deuxième division des équipes anglaises entre 1920 et 2008[3]. Intéressons-nous aux équipes promues et reléguées ayant passé au moins deux ans dans la division avant le changement, excluant de fait les équipes qui font le yo-yo entre les deux divisions. Ces équipes ont un profil particulier et ce sont souvent les mêmes avec des budgets que l'on peut qualifier d'intermédiaire. Les équipes promues après au moins deux ans en deuxième division voient en moyenne leurs recettes augmenter de 17 % l'année de leur remontée en première division et de 192 % une saison après leur remontée, car ils ne perçoivent les droits de retransmission de la première division anglaise qu'après au moins un an passé dans la division. La remontée dans la plus haute division s'accompagne d'un nouveau recrutement entraînant une hausse de la masse salariale d'environ 40 % faisant passer le ratio « part des salaires dans le chiffre d'affaires » de 80 % à 98 %. Même si les clubs promus continuent d'investir en joueurs, le ratio ne se

1. Le coefficient de variation est le rapport entre l'écart-type et la moyenne ; il est calculé sur la période 1998-2019.

2. J. Goddard, « The promotion and relegation system », in *Handbook on the Economics of Professional Football*, 2014.

3. Les effets ne prennent pas en compte les « *parachutes payments* » mis en place pour aider les clubs relégués en deuxième division à partir de 2010.

Graphique 17. Part de la masse salariale dans le chiffre d'affaires (en %)

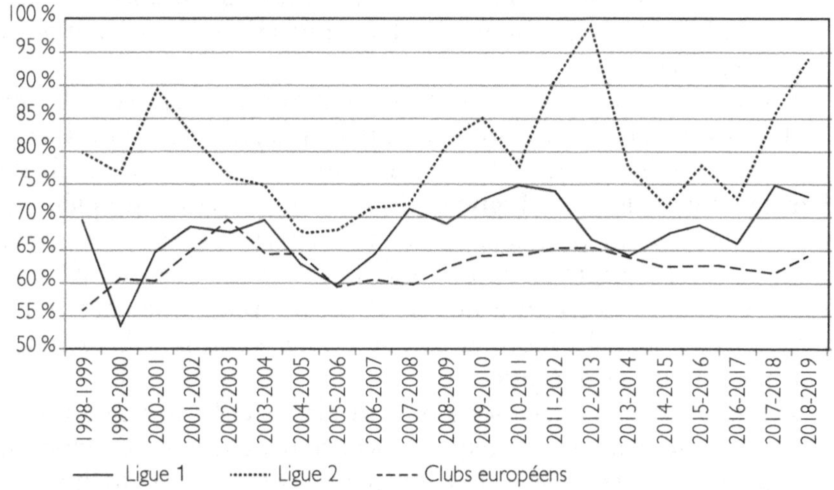

Source : DNCG, UEFA.

stabilise à 60 % que la deuxième année. De la même façon, les équipes reléguées en deuxième division ayant passé au moins deux ans en première division ont des recettes qui augmentent en moyenne de 2 % la première année (même derniers du championnat, ils reçoivent une somme relativement importante des droits de retransmission). C'est donc la deuxième année que les recettes diminuent, d'environ 37 %. Le ratio des salaires sur le chiffre d'affaires, qui reste stable la première année de relégation, bondit lors de la deuxième année en deuxième division à 97 % en moyenne. Les clubs relégués ont en effet intérêt à maintenir leur masse salariale pour espérer remonter le plus rapidement possible et augmenter leurs recettes.

Au regard de ces chiffres, on comprend qu'une équipe promue a intérêt à faire tout son possible pour rester au plus haut niveau, et qu'une équipe reléguée a intérêt à faire tout son possible pour ré-accéder au plus haut niveau aussi vite que possible. Mais leurs chances de réussite ne sont pas symétriques. La probabilité de remonter directement en première division est particulièrement faible : avec les données observées sur la période, douze équipes promues sur trente sont retournées en deuxième division après seulement un an passé en première division et six équipes reléguées sur trente sont remontées directement en première division. Le nombre de promus et de relégués est important pour les probabilités de se maintenir à haut niveau ou de remonter en première division.

C'est l'une des raisons du changement introduit par la LFP lors de la saison 2016-2017 : au lieu de trois relégués de Ligue 1 vers la Ligue 2 – du 18e au 20e – dorénavant le 18e fait un match de barrage contre le 3e de Ligue 2, donnant une chance supplémentaire de rester au plus haut niveau. Frédéric Thiriez, président de la LFP à l'époque, proposait même de ne pas instituer de barrage et ne faire descendre que le 19e et 20e pour que ceux « qui investissent dans le football soient moins soumis à la menace permanente de la relégation ».

Les promotions-relégations ont un effet sur la stratégie financière des équipes[1]. Le système d'ascenseur augmente l'incitation des équipes de première division à investir dans la qualité (en achetant des bons joueurs, en les payant plus), avec l'objectif de se maintenir à un haut niveau et de générer des revenus. De la même façon, les équipes dans les niveaux inférieurs sont incitées à investir car elles savent qu'elles peuvent accéder à des divisions supérieures. En outre, plus de nouvelles équipes accèdent au plus haut niveau, plus les équipes qui y sont déjà présentes investissent pour s'y maintenir. Ceci exerce une pression à la hausse des salaires car comme les équipes veulent rester en première division, les clubs sont prêts à payer davantage les joueurs. Le changement de système pourrait créer une pression à la baisse des salaires pour les équipes intermédiaires de la Ligue 1, à cause de la moindre concurrence. Mais le nouveau système ne change pas pour les plus grosses équipes car elles investissent de plus en plus dans les meilleurs joueurs pour être compétitives en Ligue des champions. Enfin, diminuer le nombre de promotions-relégations réduit le suspense en fin de saison pour les relégations en Ligue 2 et les accessions en Ligue 1, ce qui exerce un effet négatif sur la demande des supporters. C'est pourquoi la LFP (Ligue de football

1. R. Noll, « The economics of promotion and relegation in sports leagues. The case of English football », 2002 ; S. Ross et S. Szymanski, « Open competition in league sports », 2002 ; H. Oberhofer, P. Philippovich et H. Winner, « Firm survival in professional sports », 2015.

professionnelle) a introduit un système de pré-barrages similaire à des play-off à l'issue de la saison régulière 2017-2018 pour les clubs qui finiront 3e, 4e et 5e de Ligue 2. Selon le format retenu, le cinquième affrontera d'abord le quatrième chez celui-ci, puis le vainqueur de cette confrontation jouera contre le troisième (sur le terrain de ce dernier) ; enfin, le vainqueur de cette dernière rencontre sera opposé au 18e de Ligue 1 en barrage aller et retour de promotion/relégation : des matchs supplémentaires pour éviter le désintérêt.

La masse salariale : un indicateur de performance ?

Le salaire des joueurs dépendant effectivement de critères objectifs mais aussi subjectifs[1], il n'est pas nécessairement un bon indicateur de la productivité sur le terrain, puisque, comme nous l'avons souligné, deux joueurs à compétences quasiment identiques peuvent gagner des salaires très différents. Cependant, de nombreux travaux sur les différents championnats européens ont montré une forte corrélation entre les dépenses salariales des clubs et leur performance sportive. S. Szymanski et ses coauteurs[2] montrent que les dépenses salariales expliquent environ 80 % du classement final de chaque saison de première division en Angleterre et en Espagne[3]. En France, une analyse sur la Ligue 1 entre 2005 et 2014 révèle des résultats comparables[4]. Le Graphique 18 montre la forte corrélation (0,77) entre les dépenses salariales et le classement final pour cinq saisons de Ligue 1 entre 2012 et 2016, et 2019. Le football est un sport aléatoire mais à long terme ce sont toujours les équipes les plus rémunératrices qui gagnent, au moins en première division.

1. D'autres caractéristiques influencent évidemment la rémunération des footballeurs : leur poste, leur âge, etc. mais aussi leur beauté et leur médiatisation !

2. S. Kuper et S. Szymanski, *op. cit.* ; S. Szymanski et T. Kuypers, *Winners and Losers. The Business Strategy of Football*, 1999.

3. Voir aussi C. Anderson et D. Sally, *The Numbers Game. Why Everything You Know about Soccer Is Wrong*, 2013, p. 259.

4. M. Llorca et T. Teste, « Dépenses salariales et performance dans l'industrie du football », 2016.

Graphique 18. Relation entre le classement (de 1 à 20) et les dépenses salariales (de 1 à 20) pour les clubs de Ligue 1

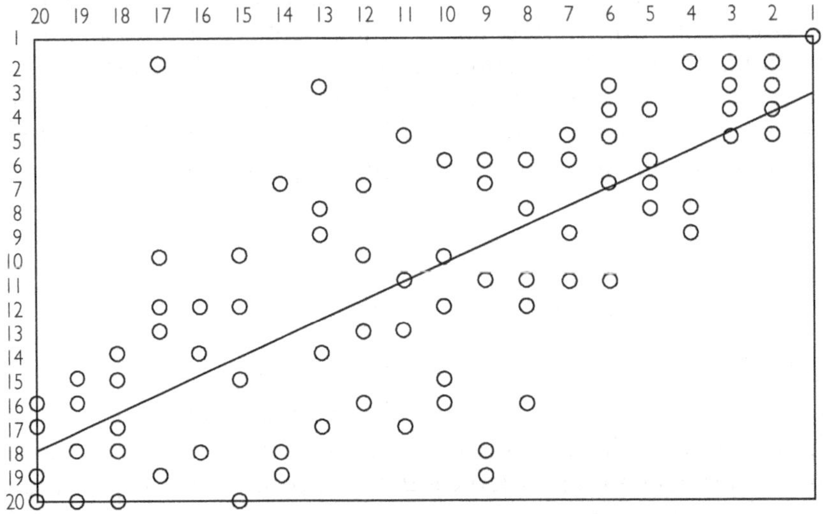

Source : DNCG.

En effet, dans les divisions inférieures et au-dessus d'un certain seuil de dépenses salariales, la relation est beaucoup moins nette. On le voit sur le Graphique 19, qui présente la corrélation pour la Ligue 2 sur la même période. La relation est beaucoup moins forte (la corrélation est de 0,54) et pour certaines saisons la corrélation est nulle. La raison principale de cette différence est la faible variance des budgets et par conséquent des dépenses salariales associées. À la fin de la saison 2019, la masse salariale des vingt clubs de Ligue 1 variait entre 17,5 millions et 370,9 millions d'euros (un rapport de 1 à 21) et celle des clubs de Ligue 2 entre 3,6 et 22,1 millions d'euros (un rapport de 1 à 6). Ce ne sont pas les différences de quelques millions d'euros qui font la réussite sportive mais bien les différences de rémunérations très importantes, c'est-à-dire lorsque les équipes sont constituées essentiellement de joueurs bien payés, souvent des stars. On retrouve bien l'idée que la différence de rémunération ne signifie pas forcément des compétences très différentes entre individus, mais que l'agrégation de ces petites différences de productivité est essentielle pour gagner.

Graphique 19. Relation entre le classement (de 1 à 20) et les dépenses salariales (de 1 à 20) pour les clubs de Ligue 2

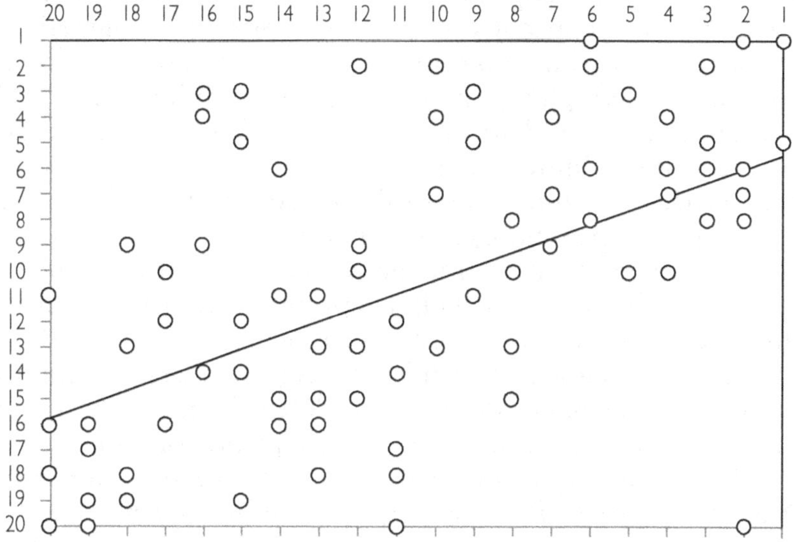

Source : DNCG.

Au-delà d'un certain budget, on peut également soupçonner que le lien entre masse salariale et résultat sportif ne tient plus pour les mêmes raisons. Faire le lien entre masse salariale et résultats sportifs pour les équipes à gros budget est difficile car ces dernières sont disséminées en Europe et ne jouent pas dans les mêmes championnats. Toutefois, l'analyse des compétitions européennes permet d'avoir une idée de ce lien.

Les économistes J. Schokkaert et J. Swinnen[1] ont eu l'idée de comparer le fonctionnement de la Ligue des champions actuelle (créée en 1992) avec son ancêtre, la Coupe d'Europe des clubs champions (1956-1991). Une des différences importantes concerne le début de la compétition : dans l'ancienne version, tous les matchs étaient à élimination directe en matchs aller-retour alors que dans la nouvelle mouture, le début de la compétition – hors tours préliminaires – se déroule sous forme d'un mini-championnat dans des poules de quatre équipes.

1. J. Schokkaert et J. Swinnen, « Uncertainty of outcome is higher in the Champions League than in the European cup », 2016.

Ce n'est qu'à partir des huitièmes de finale que les matchs sont à élimination directe en matchs aller-retour. Les auteurs cherchent à savoir laquelle des deux formules est la plus incertaine[1]. Si on se concentre sur le vainqueur de la compétition, Schokkaert et Swinnen montrent que l'incertitude dans la version actuelle est plus grande car aucune équipe, entre 1992 et 2016, n'a gagné deux fois de suite[2]. Dans l'ancienne version, certaines équipes pouvaient remporter la compétition trois années de suite. Aujourd'hui, dans la première phase, les équipes à gros budget sont confrontées à des équipes à « petit » budget et n'ont aucune difficulté à sortir des phases de poules. On retrouve l'effet « première division » illustré plus haut. Ensuite, lorsqu'elles se rencontrent entre elles, la différence de budget se réduisant, leurs qualités sportives et collectives deviennent de nouveau déterminantes. Ainsi, lorsqu'un club dispose d'un budget conséquent, son but est d'attirer les meilleurs joueurs pendant la période des transferts[3]. Deux stratégies s'offrent aux grands clubs : acheter des très jeunes joueurs plus cher que leur valeur estimée en pariant sur l'avenir ou acheter des joueurs déjà mûrs pour l'expérience des grandes compétitions.

L'explosion de la mobilité internationale

La pratique des transferts est une spécificité des marchés relatifs aux sportifs professionnels de haut niveau. Après l'arrêt Bosman en 1995, il y eut une forte augmentation des transferts, surtout internationaux. En Ligue 1 et en Premier League par exemple, avant l'arrêt Bosman, le nombre de mouvements (arrivées + départs) se situait entre 200 et 300 par an, alors

1. L'hypothèse d'incertitude du résultat est une hypothèse centrale de l'économie du sport depuis les années 1950 (S. Rottenberg, « The baseball players' labor market », 1956) pour expliquer la « consommation » de sport des spectateurs. On peut distinguer les incertitudes de court terme, moyen terme et long terme. Celle du vainqueur d'une compétition sur un an est considérée comme une incertitude de moyen terme.

2. Le Real Madrid l'a cependant gagné trois fois de suite en 2016, 2017 et 2018.

3. La période des transferts se décompose en deux sous-périodes : une période estivale entre juin et août et une période hivernale en janvier.

qu'après, le nombre de mouvements oscille autour de 350 par an en Ligue 1 et entre 350 et 400 par an en Premier League. La faiblesse des mouvements à la fin des années 1990 dans le championnat anglais est due à l'interdiction des clubs de participer aux compétitions européennes entre 1986 et 1990, à la suite du drame du Heysel en 1985[1]. De la même façon, les montants des transferts se sont envolés dans la deuxième partie des années 1990 pour atteindre 1,7 milliard d'euros en Angleterre (avec un pic à plus de 2 milliards en 2017-2018) et 800 millions en France (Graphique 20).

Une autre partie des dépenses des clubs provient de l'amortissement du prix des transferts des joueurs et de la rémunération des agents de joueurs. L'amortissement est étalé tout au long de la durée des contrats et la rémunération des agents se calcule en fonction du salaire brut négocié du joueur auprès du club et des commissions versées par le club acquéreur (la part des coûts de transferts dans le chiffre d'affaires est relativement stable depuis la saison 2004-2005[2], entre 15 % et 20 % en Ligue 1 et autour de 5 % en Ligue 2). Les données disponibles ne permettent pas de faire la différence au cours du temps entre les amortissements des transferts et la rémunération des agents. L'essentiel du coût des transferts est constitué des amortissements. Les honoraires d'agent représentent entre 2 % et 3 % des dépenses totales, soit 20 % du coût des mutations. En Premier League, les honoraires représentent entre 3 % et 4 % des dépenses totales (voir plus loin).

Comme on l'a déjà noté, la libéralisation du marché du travail des footballeurs a eu un effet sur l'inflation des salaires des stars et sur la formation. Sur ce dernier point, en effet, une spécialisation internationale s'est opérée : les clubs des championnats à fort

1. Le drame du Heysel a eu lieu le 29 mai 1985 au stade Roi Baudouin de Bruxelles (Belgique) lors de la finale de Coupe d'Europe des clubs champions entre Liverpool et la Juventus de Turin, faisant 39 morts et plus de 454 blessés. Les hooligans anglais ont envahi une tribune, causant un mouvement de foule, et des dizaines de personnes furent piétinées.

2. Il est difficile de remonter avant 2004 car les normes comptables ont changé et comptabilisent désormais les indemnités de mutations en immobilisations incorporelles. Auparavant, les amortissements et les honoraires d'agents étaient comptabilisés différemment. Pour plus de détails, voir le rapport DNCG 2004-2005.

Graphique 20. Montants des dépenses de transferts (1980-2019, Premier League et Ligue 1, en millions d'euros)

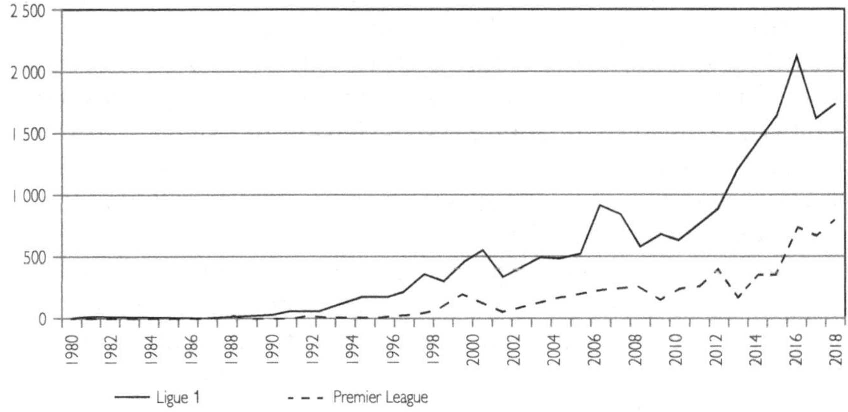

Source : transfermarkt.fr.

pouvoir d'achat achètent des joueurs sans les former – comme l'Angleterre – et les clubs des championnats les moins riches forment pour vendre – c'est le cas de la France, dont les clubs ne réussissent à équilibrer leur budget que par ce moyen. D'une manière générale, l'augmentation de la mobilité internationale a eu pour effet d'augmenter le nombre de joueurs étrangers dans les différents championnats nationaux. La part des joueurs étrangers dans les cinq grands championnats européens est passée de 9 % en 1985 à près de la moitié aujourd'hui (deux tiers en Angleterre et 45 % en France)[1].

La durée des contrats a-t-elle un effet sur la performance des joueurs ?

L'une des conséquences directes de l'arrêt Bosman a été l'augmentation de la durée moyenne des contrats des joueurs car, pour pouvoir bénéficier de la revente d'un joueur, il ne faut pas que son contrat soit terminé (le joueur est alors « libre »). Plus il reste d'années de contrat, plus le prix de transfert est élevé.

1. Rapport mensuel de l'observatoire du football du CIES, 2016.

Dans les grands championnats européens, la durée moyenne des contrats signés est passée de 2,5 ans à plus de trois ans[1]. Avant l'arrêt Bosman, les contrats de trois ans étaient majoritaires (plus de 50 %), aujourd'hui ils représentent 35 % des contrats signés alors que la part des contrats de quatre ans est passée de moins de 15 % à 30 %. Les contrats de cinq ans ont doublé mais restent minoritaires.

La théorie économique standard considère l'effort comme un coût, les salariés cherchant à minimiser ce coût. La durée des contrats de travail peut avoir des effets sur les incitations à l'effort des salariés. L'un des effets potentiels de la longue durée des contrats est le comportement de « tire-au-flanc » lié à la sécurité de l'emploi. Les salariés en contrat à durée déterminée ont des incitations à l'effort qui varient à différents moments du contrat, par exemple augmenter son effort juste avant le renouvellement du contrat, et le réduire une fois le nouveau contrat signé. Notamment, pour inciter les joueurs de foot à faire des efforts, certains entraîneurs préconisent de leur faire signer des contrats courts de façon à ce qu'ils soient renouvelés seulement en cas de bonnes performances[2].

Pourtant, certaines raisons permettent de penser que les footballeurs (et d'une manière générale les salariés) n'ont pas intérêt à « tirer au flanc » :

1) si tel était le cas, les clubs ne signeraient pas de contrats de plus d'une année (et les entreprises n'embaucheraient jamais en CDI) ;
2) si les entraîneurs détectent les bonnes performances, ils détectent aussi les mauvais comportements (ce qui est aussi le cas des managers d'entreprise) ;
3) les joueurs qui ne font pas d'efforts risquent leur réputation (pour les salariés le risque de réputation est moindre car celle-ci est moins remarquable).

---

1. E. Feess, B. Frick et G. Muehlheusser, « Legal restrictions on outside trade clauses. Theory and evidence from German soccer », 2004.

2. Dragoslav Stepanovic, entraîneur de Francfort en 1992 : « In principle, player contracts should not exceed three months. In case of excellent performance such contracts can always be extended for another three months », cité *in* B. Frick, « Performance, salaries, and contract length. Empirical evidence from German soccer », 2011.

La productivité individuelle des salariés est difficilement observable, celle des footballeurs l'est facilement du fait des notes données par les journaux après les matchs[1]. On peut donc observer le comportement des joueurs la dernière année de leur contrat. Si leur performance s'accroît juste avant la fin du contrat (la dernière année), on peut supposer qu'ils n'ont pas fait tous les efforts avant.

Les résultats des études sur ce sujet sont contradictoires, comme souvent dans les sciences sociales. B. Frick s'est intéressé aux comportements des joueurs de première division allemande entre le milieu des années 1990 et le milieu des années 2000, la dernière année de leur contrat[2]. Ses résultats montrent, toutes choses égales par ailleurs, que plus il reste d'années de contrat moins le joueur est performant et que la performance sportive des joueurs augmente de 2 % à 3 % la dernière année de leur contrat, indiquant un comportement stratégique des joueurs. Néanmoins, une autre étude sur le football italien[3] des années 2000 produit des résultats totalement opposés : les joueurs ayant des contrats longs sont plus productifs et la dernière année de contrat a un effet négatif sur la productivité des joueurs.

Comment réconcilier ces deux résultats ? D'une part, on peut évoquer des différences culturelles propres à chaque pays qui affectent le comportement des joueurs. D'autre part, on peut souligner les différences de mesures de productivité. Dans la première étude, l'auteur utilise les notes des joueurs issues de *Kicker*, un journal spécialisé dans le football allemand, et dans la seconde, un indice de performance globale[4]. Enfin, les joueurs dans chaque analyse ne sont pas les mêmes : tous les joueurs ayant été notés sont incorporés dans la première analyse alors que seuls les titulaires de chaque match le sont dans la seconde.

1. La chaîne Canal+ a inauguré en septembre 2017 un indice de performance individuelle (sur 100) qui prend en compte des centaines d'événements au cours du match.

2. B. Frick, art. cit.

3. F. Carmichael, G. Rossi et R. Simmons, « Contract duration and player performance in Italian football », 2012.

4. L'indice General Values (IGV) incorpore les performances individuelles du joueur et celles de l'équipe et est compris entre 0 et 30.

Les supporters veulent que leur équipe gagne et c'est ce qui les décide en premier lieu à aller au stade et à regarder les matchs à la télévision. Les clubs ont donc la volonté d'embaucher des joueurs performants et de leur offrir le contrat qui les rend le plus performants possible. Comme on l'a vu, même si l'effet n'est pas tranché, la durée des contrats en est un facteur. Mais au-delà du contrat proposé, d'autres facteurs jouent aussi. Certains avancent l'idée que les joueurs choisissent un club en fonction de la fiscalité du pays, qui permet au joueur d'optimiser ses revenus.

La fiscalité a-t-elle des effets sur les décisions des joueurs ?

À l'instar des autres salariés, les joueurs de foot sont supposés optimiser leurs revenus. Surtout les superstars dont l'espace de mobilité est international et le salaire élevé. Lorsque les pays n'ont pas le même système fiscal et qu'ils veulent attirer des salariés étrangers très qualifiés, ils peuvent diminuer les impôts pour ces derniers. Le Danemark a fait cette expérience au début des années 1990 et le nombre d'immigrants très qualifiés a augmenté de façon significative. Pour le football, H. Kleven, C. Landais et E. Saez ont montré que la fiscalité différentielle entre pays européens avait un effet sur le choix de localisation des joueurs[1].

Avant de comparer les salaires nets d'impôt des joueurs, intéressons-nous au coût salarial d'un joueur dans quelques pays européens. La dernière ligne de chaque partie du Tableau 5 donne le coût global d'un salarié, d'une part pour 100 000 euros bruts, et d'autre part pour un million d'euros bruts. Quelle que soit la somme, le coût salarial est plus élevé en France. Même si le niveau n'est pas aussi élevé, les clubs italiens paient un peu moins de 30 % de cotisations sociales. En Espagne, au Royaume-Uni et en Allemagne, les cotisations patronales représentent environ 12 % du salaire brut. Dans tous les pays, la part des cotisations sociales (employeur et salarié) diminue avec l'aug-

1. H. Kleven, C. Landais, E. Saez et E. Schultz, « Migration and wage effects of taxing top earners. Evidence from the foreigners' tax scheme in Denmark », 2013.

mentation du salaire brut. En Espagne, les cotisations sociales étant plafonnées, la part du salaire brut dans le salaire chargé passe ainsi de 89 % pour 100 000 euros à 99 % pour 1 million d'euros.

La variable la plus intéressante pour le choix de la localisation est le salaire net d'impôt. Un joueur gagnant 100 000 euros annuels bruts conserve un peu plus de 50 000 euros nets s'il joue en France et 66 000 s'il joue en Angleterre ou en Espagne. Ce qui fait la différence, ce sont les cotisations sociales car le taux d'imposition sur le revenu est plus faible en France. En revanche, pour un joueur gagnant 1 million d'euros,

Tableau 5. Coût global (en euros) pour un salaire brut de...

Partie A : ... 100 000 euros

	France*	RU	Espagne	Allemagne*	Italie
Cotisations sociales patronales	41 340	12 500	12 910	12 000	28 980
Rémunération brute	100 000	100 000	100 000	100 000	100 000
Cotisations sociales salarié	20 620	5 930	2 740	14 600	9 330
Impôt sur le revenu	26 900	27 560	31 310	30 000	27 790
Rémunération nette d'impôt	52 480	66 510	65 950	55 400	62 880
Coût club	141 340	112 500	112 910	112 000	128 980

Partie B : ... 1 000 000 d'euros

	France*	RU	Espagne	Allemagne*	Italie
Cotisations sociales patronales	270 300	136 700	12 910	23 700	84 600
Rémunération brute	1 000 000	1 000 000	1 000 000	1 000 000	1 000 000
Cotisations sociales salarié	116 400	23 900	2 740	24 600	19 300
Impôt sur le revenu	362 600	433 000	493 800	430 900	434 600
Rémunération nette d'impôt	521 000	543 100	503 500	544 500	546 100
Coût club	1 270 300	1 136 700	1 012 910	1 023 700	1 084 600

Source : cabinet BDO.
*calcul des auteurs.

c'est en Espagne que son revenu net est le plus faible, mais les clubs peuvent proposer des salaires plus élevés car le coût global du travail est plus faible. Il faut également noter le fait qu'entre 2004 et 2009, les joueurs étrangers en Espagne bénéficiaient d'une fiscalité privilégiée avec un taux d'imposition de 24 % au lieu de 43 %, ce qu'on a appelé la loi Beckham, du nom du célèbre joueur anglais recruté par le Real Madrid[1]. Mais ce passe-droit a été supprimé en raison de la crise financière de 2008. La fiscalité outre-Manche a énormément évolué entre 2006 et 2010. Le taux d'imposition a augmenté pour les tranches de salaires élevés. Mais le championnat anglais compense cette fiscalité par des droits de retransmission très importants permettant, comme on l'a vu, de mieux rémunérer les joueurs. L'Allemagne pratique depuis très longtemps la politique du salaire variable en fonction des résultats sportifs, des primes pouvant venir souvent compléter le salaire de base.

Finalement, si le critère financier existe dans le choix de mobilité d'un footballeur, ce n'est sans doute pas la fiscalité des pays européens qui fait la différence car les clubs et les États peuvent, comme on l'a vu, faire en sorte que le revenu disponible du joueur soit le plus important possible. En revanche, le coût global du travail pour les clubs est une contrainte qui introduit une distorsion de concurrence en Europe. Mais cela ne concerne pas que le foot.

Les fans du stade : « *You'll never walk alone*[2] »

Même si sa contribution au financement des clubs, essentielle dans les années 1970-1980, est devenue minoritaire aujourd'hui (11 % en France), l'affluence au stade reste néanmoins un enjeu

1. Il existe en réalité deux lois Beckham ; celle que nous venons d'évoquer et une autre qui a permis au joueur d'être recruté par le club de Los Angeles Galaxy, en 2007. Son arrivée a été rendue possible par une règle instaurée à cette époque, celle du « *designated player rule* » (règle du joueur désigné), qui autorise chaque franchise de Major League Soccer (MLS) à recruter un joueur hors *salary cap* (le plafond salarial qui existe dans les ligues fermées).

2. « You'll Never Walk Alone » est une chanson, dont la version la plus connue est celle de Gerry and the Pacemakers en 1965, qui est devenue

important pour les clubs. L'histoire d'un club est souvent indissociable de celle de ses supporters. Nous avons montré plus haut que les revenus des clubs et leurs performances sportives étaient très corrélés et souligné que les droits TV prenaient de plus en plus d'importance dans les budgets. Deux dimensions auxquelles les supporters ne sont cependant pas étrangers.

Tout d'abord, un stade à l'ambiance « chaude » accroît les chances de victoire (le « douzième homme ») et permet parfois d'influencer les décisions arbitrales. B. Drut et R. Duhautois recensent les nombreuses études académiques qui s'intéressent à cette question de l'influençabilité des « hommes en noir[1] ». Si l'on exclut les cas de corruption (notamment en Italie en 2006), les conclusions vont en général dans le même sens : les arbitres ont tendance à favoriser l'équipe qui reçoit, que ce soit par des minutes de temps additionnel lorsque l'équipe locale est menée, les penaltys sifflés à tort en faveur du club hôte ou les buts litigieux accordés à ce dernier. Le public exercerait ainsi une « pression sociale » sur les arbitres, pression d'autant plus forte que l'enceinte est remplie et bruyante. Les nombreux matchs à huis clos suite à la pandémie du Covid-19 montrent bien le rôle du public sur l'issue d'un match[2].

Ensuite, retransmettre des matchs dans des enceintes peu remplies nuit à la qualité du spectacle qui devient moins attractif pour un diffuseur. La LFP a récemment demandé des sanctions à l'encontre des clubs dont les tribunes vides se situaient dans le champ des caméras, reprenant ainsi des mesures adoptées en Espagne pour déplacer les supporters dans les endroits des stades les plus « exposés » visuellement[3]. Plutôt que d'en arriver à ces subterfuges, mieux vaut donc essayer de remplir les enceintes.

---

l'hymne du club de Liverpool et dont le titre est gravé à l'entrée de leur stade d'Anfield Road.

1. B. Drut et R. Duhautois, *Sciences sociales football club*, *op.cit.*

2. Reade, Schreyer et Singleton, « Echoes. What happens when football is played behind closed doors ? », 2020.

3. *L'Équipe*, 29 juin 2017.

Comment remplir les stades ?

Les déterminants de la demande de football sont nombreux et concernent aussi bien des caractéristiques économiques, psychologiques, sociologiques, démographiques des supporters, que des variables géographiques et bien sûr les critères sportifs.

Le prix des billets et les revenus des supporters, les offres de « biens » substituables (passage d'un stade à l'autre, visionnage du match à la TV, intérêt pour un autre sport…) figurent dans la catégorie des facteurs économiques[1]. Les recettes de billetterie résultent alors d'un effet volume (l'affluence) et d'un effet prix (le coût du billet).

Le public d'un stade présente des préférences différentes[2]. La typologie en quatre « *ideal types* » proposée par le sociologue R. Giulanotti distingue les « supporters », les « followers », les « fans » et les « flâneurs[3] ». Deux dimensions les caractérisent : leur position sur l'axe « tradition-consommation » et celle sur l'axe « identification-distanciation ». Les « supporters » seront ainsi définis par la tradition et une forte identification à leur club de cœur et les « followers » par la tradition mais une faible identification au club ; les « fans[4] » sont plutôt des consommateurs qui s'identifient fortement au club et les « flâneurs »

1. Tout supporter connaît néanmoins l'adage attribué à Rick Parry, directeur de la Premier League dans les années 1990 et repris dans le très beau film de Ken Loach sur le club de Manchester United, *Looking for Eric* : « On peut changer de boulot, on peut changer de femme mais on ne peut pas changer de club de football… »

2. N. Hourcade, L. Lestrelin et P. Mignon, *Livre vert sur le supportérisme*, 2010.

3. R. Giulanotti, « Supporters, followers, fans, and flaneurs. A taxonomy of spectator identities in football », 2002.

4. David Peace dans son célèbre roman *Red or Dead* consacré à la vie de Bill Shankly, entraîneur emblématique du club de Liverpool, lui prête les propos suivants : « J'ai reçu la pluie sur le dos pendant tout le match. Et il y avait des jeunes garçons et des jeunes filles vêtus seulement d'un T-shirt. Ils ont dépensé tout leur argent pour venir ici… Vous ne comprenez donc pas que sans eux, sans ces garçons et ces filles, il n'y aurait pas de match ? Vous ne comprenez pas que dans tout le pays, ce sont ces gens-là qui dépensent tout leur argent… pour soutenir leur équipe ? »

des consommateurs qui sont plus « distants ». Selon le type de public, les attentes ne seront pas les mêmes : la qualité du jeu pour les « spectateurs » et les « flâneurs », la victoire pour les « supporters » et les « fans[1] ». Ces différents publics sont susceptibles de se définir par la catégorie sociale, l'âge, le sexe, les histoires de vie[2], la nationalité.

L'affluence dans les stades dépend aussi de la population des villes dans lesquelles se situent les clubs et qui constituent le réservoir des supporters. Les facteurs sportifs qui influencent positivement l'affluence au stade sont de plusieurs ordres : l'incertitude du résultat qui veut que le suspense augmente la demande de football, les performances de l'équipe, les matchs de gala contre des équipes phares, avec des stars du ballon rond, ou encore les derbys, les classicos et les matchs à fort enjeu.

Enfin, jouent aussi les facteurs liés au confort de l'enceinte, l'une des motivations de la rénovation ou de la construction des stades (loges VIP, qualité des sièges, etc.), aux conditions climatiques ou encore aux horaires des matchs.

En résumé, six facteurs sont théoriquement susceptibles de remplir les stades[3] :

1. La performance sportive : meilleure est l'équipe, plus il y a de monde au stade (les fans préfèrent voir leur équipe gagner).
2. La qualité des matchs : meilleures sont les deux équipes, plus il y a de spectateurs ; et donc plus on descend dans la hiérarchie sportive et plus les stades sont vides.
3. Le confort : meilleures sont les conditions du match (stade, météo, heure, services) plus les supporters se déplacent.

1. Pour caractériser les tribunes d'une enceinte de football, Arsène Wenger, entraîneur d'Arsenal, proposait quant à lui de distinguer les « clients », qui cherchent un divertissement, les « spectateurs », qui veulent voir du bon football, les « supporters du club », qui vont au stade quand ils le peuvent et enfin les « fans », qui sont toujours là. Dans ce dernier cas, on parle de demande inélastique au prix.

2. Nick Hornby, fan inconditionnel d'Arsenal, écrit dans son livre *Carton jaune* : « Je suis tombé amoureux du football, comme plus tard je m'éprendrais des femmes, d'une manière soudaine, mystérieuse, aveugle, sans me soucier des chagrins et désordres que cette passion me causerait. »

3. R. Caruso, F. Addesa et M. Di Domizio, « The determinants of the TV demand of soccer. Empirical evidence on Italian Serie A for the period 2008-2015 », 2017.

4. Le prix : la sensibilité des fans au prix des places dépend des clubs, les supporters étant prêts à dépenser davantage pour les équipes de stars.
5. L'incertitude : les compétitions déséquilibrées (en particulier lorsqu'une équipe est plus forte que toutes les autres) peuvent avoir un effet négatif sur la fréquentation des stades.
6. La diffusion des matchs à la télévision : la retransmission du match peut inciter les supporters à rester chez eux, surtout lorsque les conditions météorologiques ne sont pas bonnes.
7. Des chocs exogènes peuvent enfin affecter le niveau de la demande de football dans le temps. Une des questions les plus intéressantes à étudier concerne l'impact des compétitions internationales (Coupe du monde, Euro, etc.), notamment des performances des équipes nationales ou de l'organisation du tournoi, sur la fréquentation des enceintes pour les championnats domestiques.

Étudier successivement tous ces facteurs qui déterminent l'affluence des stades dépasse l'objectif de ce texte. Nous renvoyons ici aux recensions récentes et exhaustives de cette littérature empirique sur la « demande de football[1] ». Nous ne proposons ici que quelques éléments d'explication à l'affluence au stade.

Des stades pleins en Angleterre et en Allemagne…

Le Graphique 21 compare l'affluence moyenne au stade des principaux pays européens depuis 1964 (depuis 2000 pour l'Espagne). S. Szymanski décèle trois grandes périodes du « supportérisme[2]. » « L'âge d'or » dans les années 1964-1978, qui se caractérise par une affluence importante un peu partout en Europe avec un effet « Coupe du monde » en 1966 en Angleterre et en 1974 en RFA. La France connaît alors une progression régulière même si elle se situe encore loin de ses voisins. La « période sombre » des années 1980, qui est surtout le fait de l'Angleterre

1. S. Dobson et J. Goddard, *The Economics of Football*, 2011 ; J. Goddard et P. Sloane, *Handbook on the Economics of Professional Football*, 2014.
2. S. Szymanski, *Money and Soccer*, *op. cit.*

Graphique 21. Affluences moyennes dans le *Big Five* depuis 1964

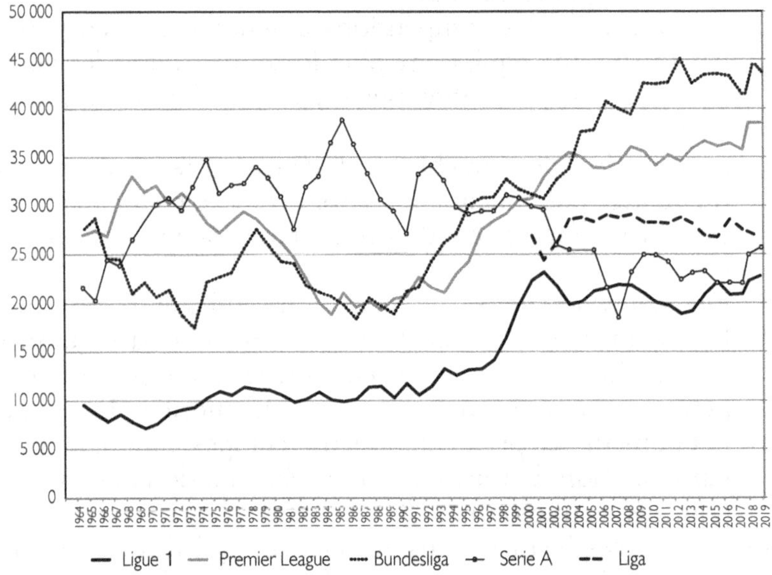

Source : www.european-football-statistics.co.uk.

et de l'Allemagne : la récession économique des années 1980, des stades vétustes et le hooliganisme expliquent en partie cette désaffection du public des stades. Enfin la « renaissance du football » depuis la fin des années 1980 avec une affluence globale en Angleterre, en France, en Allemagne et en Italie qui augmente de 2,3 % par an, passant de 24 millions de spectateurs en 1989 à 42 millions en 2013. Les facteurs qui peuvent expliquer cette forte croissance sont différents selon les pays : l'organisation de la Coupe du monde en Italie en 1990 a profité à la Serie A et la victoire de l'Allemagne à cette même compétition a rempli les stades en Bundesliga ; la victoire de la France lors de sa Coupe du monde en 1998 et à l'Euro 2000 a également bénéficié à la Ligue 1 de manière très marquée et durable, avec une augmentation de la fréquentation moyenne de l'ordre de 5 000 personnes après les succès des Bleus pour atteindre une fréquentation moyenne d'environ 20 000 personnes par match. La fréquentation des stades en Italie a souffert à partir des années 2000 des diverses affaires ayant touché la Serie A : mauvaise gestion des clubs, scandale des matchs truqués en 2006 (*Calciopoli*), hooliganisme…

La rénovation des stades est sans doute également un élément à prendre en compte, que ce soit en France pour le Mondial 1998 ou en Allemagne pour celui de 2006. À ce titre, il est à noter, même s'il est trop tôt pour en évaluer les conséquences, que l'impact de l'Euro 2016 sur les affluences de Ligue 1 a pour l'instant été insignifiant malgré le bon parcours des Bleus (finale perdue contre le Portugal), quatre nouveaux stades (Lille, Lyon, Bordeaux et Nice) et deux enceintes rénovées (Marseille et Saint-Étienne). Ces nouveaux espaces, de capacité plus importante, ont bien accueilli plus de supporters en moyenne (sauf à Marseille) mais sont loin de faire le plein (taux de remplissage inférieur à 70 %).

Le point de rupture en France se situe bien en 1998 : le taux de croissance du nombre de supporters dans les stades a augmenté en moyenne de plus de 13 % jusqu'en 2001 en Ligue 1. Il semble que le football soit devenu plus « tendance » depuis que la France a été championne du monde avec le fameux 3-0 contre le Brésil[1]. Ce qui pouvait être une passion cachée chez certaines élites a pu s'affirmer publiquement. Un tabou a pu être levé, au moins pour soutenir certains grands clubs, mais aussi dans la pratique[2].

Sur la période 2010-2019, la hiérarchie des publics européens s'établit ainsi (Tableau 6) : les Allemands (43 710 personnes par match en moyenne) et les Anglais (37 847) dominent les Espagnols (26 854) et « écrasent » les Italiens et les Français (24 621 et 22 398). En termes de taux de remplissage, le constat est le même : les enceintes allemandes (91,3 %) et anglaises (95,0 %) sont presque pleines, les stades espagnols et français

1. Voir par exemple H. Dauncey (dir.), « France and the 1998 World Cup. The national impact of a world sporting event », 1999.

2. Ainsi l'acteur Denis Podalydès, né en 1963 à Versailles, sociétaire de la Comédie-Française, n'hésite-t-il plus à assumer sa passion : « Je ne cherche plus à comprendre le foot, je m'abandonne à lui » (*La Croix*, 9 juin 2016). Pourtant, il ajoute : « Adolescent, je conçus une certaine honte d'aimer ce sport qui, dans mon milieu bourgeois et cultivé, n'était rien que brutal et vulgaire. Pourtant, je collectionnais fiévreusement les images Panini et connaissais par cœur les noms de chaque joueur dans maintes équipes. »

sont remplis à moins de 70 % et les arènes italiennes sonnent creux (57 %). Les stades sont cependant plus grands en Italie qu'en France (près de 800 000 places pour les vingt stades de Serie A contre 580 000 en Ligue 1). Ce classement qui est stable depuis le milieu des années 2000 a plutôt tendance à contredire l'hypothèse selon laquelle l'incertitude du résultat accroît la « demande de football » : en effet, c'est le championnat français (au moins avant la domination du PSG) qui apparaît souvent comme le plus compétitif en Europe mais qui a du mal à remplir ses tribunes. Il faut donc chercher les raisons ailleurs[1].

Tableau 6. Fréquentation des stades européens sur la période 2010-2019

	Ligue 1	Premier League	Bundesliga	Serie A	Liga
Taux de remplissage	70,7	95,0	91,3	57,1	67,5
Moyenne	22 398	37 847	43 710	24 621	26 854
Capacité des stades	580 133	755 556	835 964	799 510	777 689

Source : EPFL et ecofoot.fr.

Le public aime les victoires…

À l'instar de D. Forrest, R. Simmons et S. Szymanski[2] qui analysent la corrélation entre l'affluence dans les stades anglais des quatre *Leagues* professionnelles et les performances sportives depuis 1948, le Graphique 22 examine la même relation pour la seule Ligue 1 de la saison 1948-1949 à la saison 2018-2019. La corrélation est relativement faible mais non négligeable : environ 19 % des écarts d'affluence au stade sont expliqués par les différences au classement. Si l'on restreint

1. W. Andreff, « French professional football. How much different ? », in J. Goddard et P. Sloane, *Handbook on the Economics of Professional Football*, *op. cit.*

2. D. Forrest, R. Simon et S. Szymanski, « Broadcasting, attendance and the inefficiency of cartels », 2004.

l'échantillon d'observations à la période récente 1993-2019, cette part expliquée est cependant plus élevée, de l'ordre de 25 %, révélant ainsi une plus forte relation entre les résultats et le nombre de spectateurs aujourd'hui. Elle est par ailleurs du même ordre pour la Ligue 2 sur la même période. Si l'on cumule les deux divisions, la corrélation est beaucoup plus forte, de l'ordre de 45 % (Graphique 23). Ce chiffre, beaucoup plus proche de celui obtenu par D. Forrest et ses coauteurs sur les quatre divisions anglaises (70 %), signifie que l'affluence au stade est davantage expliquée par les différences de statut entre les deux divisions qu'au sein de chacune d'entre elles. Une relégation viendra donc fortement grever les recettes de billetterie des clubs en réduisant l'affluence.

Graphique 22. Affluences moyennes et performances (classement) en Ligue 1 de 1948 à 2019

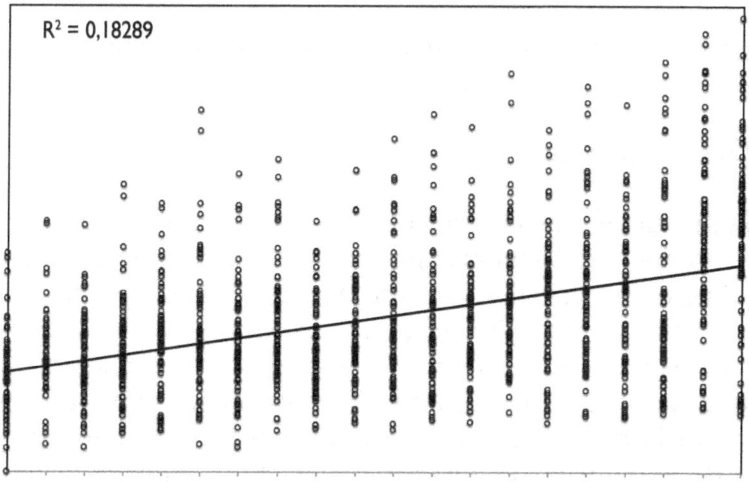

Source : LFP (affluence moyenne relative en ordonnée et classement en abscisse).

Graphique 23. Affluences moyennes et performances (classement) en Ligue 1 et en Ligue 2 de 1993 à 2019

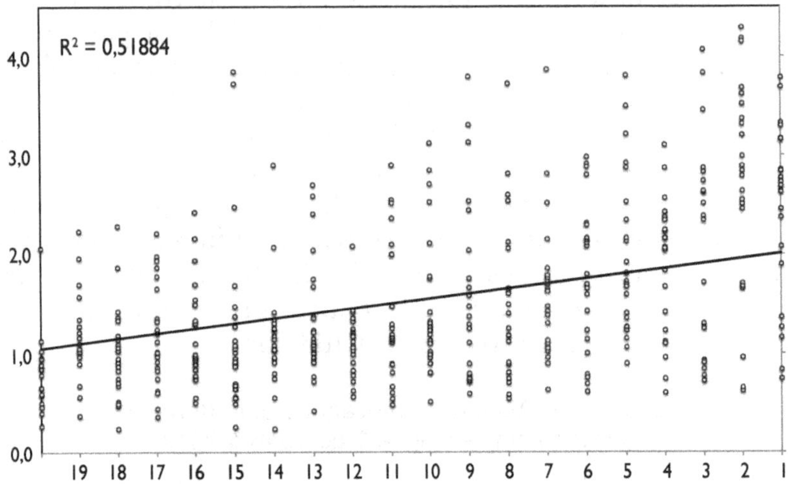

Source : LFP (affluence moyenne relative en ordonnée et classement en abscisse).

Affluence et politique tarifaire

Pour augmenter les recettes de billetterie, les clubs doivent tenir compte des facteurs explicatifs et du niveau de la demande. En Angleterre et en Allemagne, les stades étant pratiquement pleins (forte demande), une augmentation des revenus peut passer par une augmentation des tarifs ou la construction de nouveaux stades plus grands. En revanche, dans les autres pays où l'offre est excédentaire, la politique tarifaire permettant de maximiser ses ressources est plus complexe (arbitrage prix-quantité).

Il n'est pas facile d'étudier la politique tarifaire dans les différents championnats, compte tenu de la variété des prix des places, notamment des abonnés. Une solution consiste à simplement regarder les dépenses moyennes des supporters les jours de match. Depuis la fin des années 1990, la tendance des tarifs en Angleterre et en Allemagne est à la hausse, même si le prix des billets en Premier League a cessé d'augmenter depuis le milieu des années 2000. En Italie et en France, les dépenses apparaissent relativement stables au cours des années 2000. Au total, on constate qu'aujourd'hui les dépenses les plus élevées sont observées en Premier League (de 50 à 60 euros) et en Liga (autour de 40 euros) puis en Bundesliga (de 30 euros à 40 euros) et enfin en Serie A et en Ligue 1 (autour de 20 euros).

La corrélation entre le prix des places et la « demande de football » n'est donc pas très claire puisque ce sont les pays où les prix sont les plus élevés qui remplissent leurs stades (Angleterre et Allemagne). Inversement, les pays où les tarifs sont limités ont néanmoins du mal à faire venir les supporters dans leurs enceintes. L'élasticité-prix de la demande dépend donc du nombre de fans. Manque de beau jeu, de suspense, de stars, de stades confortables, manque de culture foot... ? Probablement un peu de tout cela...

Supporters et gouvernance des clubs

Sans doute est-ce le rêve de la plupart des supporters de football : « posséder » une part de leur club de cœur. Mais un « fan » n'est ni un consommateur ni un investisseur comme un autre. Cet investissement n'aurait pas pour but la recherche de rendement mais répondrait plutôt à la « passion[1] ». Dans notre enquête sur le « supportérisme[2] », 85 % des enquêtés commentaient les matchs en disant « On a gagné » lorsque leur club était vainqueur et 83 % étaient favorables au fait que se développent en France des formes de participation des supporters à la gouvernance des clubs. Cette volonté peut apparaître quelque peu anachronique dans le contexte économique actuel décrit précédemment, où la plupart des clubs sont maintenant possédés par de riches propriétaires. Mais peut-être est-ce aussi une réaction à cette tendance, les supporters se sentant dépossédés de leur équipe de football ?

Il existe déjà des formes de participation des supporters à la gouvernance de certains clubs de football. Cette participation dépend des statuts des clubs professionnels.

1. J. Baudrillard, *Le Système des objets*, 1968.
2. L. Arrondel et R. Duhautois, « Grande enquête sur le supportérisme », *Mimeo*, 2016.

En Espagne, il existe des *Socios* dans quatre clubs : (Real Madrid, FC Barcelone, Athletic Bilbao et Osasuna). Ce sont eux, membres-supporters, qui sont propriétaires du club (ils sont environ 150 000 à Barcelone, 80 000 à Madrid, 35 000 à Bilbao et 15 000 à Osasuna). Les *Socios* ne sont pas de simples abonnés puisqu'ils élisent le président du club et le conseil d'administration moyennant un droit d'entrée et une cotisation annuelle.

En Angleterre, depuis le début des années 1990 et la création de la Premier League, des mouvements de supporters revendiquent une place dans les clubs. Le premier trust anglais (sous forme coopérative) fut créé à Northampton Town (évoluant depuis la saison 2018-2019 en EFL League Two, quatrième division anglaise) en janvier 1992 par Brian Lomax au moment, comme c'est souvent le cas, de la faillite du club. En 2000, toujours à l'initiative de Lomax, le gouvernement du Royaume-Uni a financé la création de Supporter Direct, un organisme chargé de défendre le rôle des fans auprès des clubs qu'ils soutiennent. Il existe aujourd'hui environ 200 Supporter Trusts au Royaume-Uni, tous n'ayant cependant pas de représentation au sein des clubs. Ces trusts sont susceptibles de racheter des actions de leur équipe et peuvent, dans certains cas, être actionnaire majoritaire. Exeter City qui joue actuellement en EFL League Two a ainsi été le premier club professionnel à devenir la propriété de ses supporters en 2003, qui ont sauvé le club de la faillite (l'Exeter City Supporters' Trust). Et ils le sont toujours !

Cela a été aussi le cas du club de Portmouth : en 2013, suite à son redressement judiciaire, le club a été repris par la Pompey Supporters Trust (créée en 2009) regroupant 2 300 fans qui ont injecté près de 2,5 millions de livres sterling pour en prendre le contrôle. À l'issue de la saison 2016-2017, le club a été promu en Football League One (troisième division anglaise). Ce trust a été l'actionnaire principal du club (propriétaire de 51 % des parts) jusqu'en août 2017. Le PST a alors revendu ses parts à une société d'investissement détenue par l'ancien P-DG de Disney, Michael Eisner. En Championship (deuxième division), le club gallois de Swansea appartient également en partie à ses supporters par l'intermédiaire du Swansea City Supporters' Trust, association détenant 21,1 % du capital social du club, capital qu'il a conservé lors du rachat du Swansea City Association Football

Club par un consortium américain en 2016 (pour 100 millions de livres sterling). Là encore, les supporters ont pu entrer au capital en 2001, à une période où l'équipe jouait en quatrième division anglaise. Stefan Szymanski[1] cite le trust de Swansea comme exemple particulièrement réussi d'une participation des supporters à la gouvernance d'un club : renégociation de la dette, recrutement de dirigeants compétents, engagement des propriétaires d'investir dans le club, lobbying pour la construction d'un stade, recrutement de grands entraîneurs, motivation des supporters pour venir au stade, etc. Swansea a rejoint la Premier League en 2011 jusqu'à sa relégation à l'issue de la saison 2017-2018, après avoir atteint les seizièmes de finale de la Ligue Europa en 2013-2014.

L'histoire de la participation des supporters d'Arsenal au travers de leur association, Arsenal Fanshare, illustre cependant les difficultés qu'ils peuvent rencontrer pour rester à la gouvernance des clubs ainsi que les conséquences de l'évolution du football postmoderne évoquée précédemment. En août 2018, le milliardaire américain Stan Kroenke alors détenteur d'environ deux tiers du capital du club, rachète les parts du milliardaire russe Alicher Ousmanov (propriétaire d'environ 30 % du capital). Ce rachat permet à Kroenke de détenir exactement 98,82 % des actions d'Arsenal : 61 484 parts sur 62 217 pour être précis. Les actions restantes étaient pour la plupart la propriété (individuelle ou collective) de supporters détenant en général une ou quelques parts, valorisées au moment du rachat à environ 33 000 euros chacune. En 2010 par exemple, des supporters d'Arsenal se sont regroupés pour acheter collectivement des actions par l'intermédiaire d'une association, Arsenal Fanshare Society Limited : la société en a détenu jusqu'à 116. À la suite de la transaction avec Ousmanov, Kroenke a exercé son droit légal selon les règles du marché boursier qui veut qu'avec 90 % des actions, un propriétaire peut procéder à un achat obligatoire de toutes les actions restantes. Les petits actionnaires supporters d'Arsenal ont ainsi été forcés de vendre leurs actions au milliardaire américain, lui permettant aujourd'hui de posséder 100 % du club des Gunners[2].

1. S. Szymanski, *Money and Soccer*, *op. cit.*
2. *The New York Times*, 17 octobre 2018.

Au-delà de la simple participation au capital des clubs, il existe également des équipes de football crées *ex nihilo* par des associations de supporters, toujours en réaction à la « financiarisation du jeu ». Les deux cas les plus connus sont d'une part l'AFC Wimbledon et d'autre part le FC United of Manchester. Le premier a été fondé en 2002 par une coopérative (le Dons Trust) regroupant des supporters refusant que le club historique, le Wimbledon FC (qui est rebaptisé en 2004 Milton Keynes Dons FC), se délocalise dans une ville nouvelle à une centaine de kilomètres de Wimbledon.

En Allemagne, c'est la règle du 50+1 qui garantit que les associations à but non lucratif sont majoritaires au capital des clubs (seuls le Bayer Leverkusen détenu par le groupe pharmaceutique et agrochimique Bayer et le VfL Wolfsburg possédé par Volkswagen échappent à cette règle). Elle limite ainsi l'entrée d'investisseurs dans les clubs allemands. Ce statut a permis à certaines associations de supporters, comme à Hambourg (50 000 adhérents), d'agir directement sur la gestion du club (dans ce cas pas toujours à bon escient). Ainsi, 75 % des actions du Bayern de Munich sont détenues par l'association FC Bayern Munich e. V, qui regroupe plus de 187 000 membres.

En France, la place des supporters dans la gouvernance des clubs reste très limitée, voire absente. Quelques initiatives ont pourtant vu le jour ces dernières années. Depuis 2008, la Fédération des supporters du Havre Athletic Club, qui regroupe les associations des supporters du club, est actionnaire de la SASP HAC. En 2013, des supporters du FC Nantes de l'association À la Nantaise ont créé une société par actions simplifiée (SAS) destinée à entrer dans le capital du club si ce dernier décidait de l'ouvrir. En 2017, Bertrand Desplas, président d'En Avant Guingamp, a ouvert le capital aux supporters pour que ceux-ci, par l'intermédiaire d'une association, Le Club des Kalons EAG, deviennent actionnaires du club. Au moment du dépôt de bilan de la SASP du SC Bastia et de la rétrogradation du club en National 3 (cinquième division) en 2017, une association, le Socios Étoile Club bastiais (SECB), a lancé une campagne de crowdfunding afin que les supporters puissent devenir membres de l'association. Celle-ci a intégré la SCIC (Société coopérative d'intérêt collectif) qui gère le club depuis 2019. À Marseille, le Massilia Socios Club a été créé en 2016 pour envisager la participation des supporters au capital de l'Olympique de Marseille.

Malgré ces quelques initiatives, force est donc de constater qu'en France, pour l'instant, les supporters payent leur place au stade mais n'ont pas de siège au CA du club. Compte tenu des sommes en jeu aujourd'hui dans le football professionnel, la participation financière des supporters dans le cadre d'un actionnariat populaire ne peut cependant être que marginale. Mais, dans ce contexte de plus en plus globalisé, certains pensent qu'il est important que les fans soient associés d'une manière ou d'une autre à la vie de leur club : « Les propriétaires et les fans marchent, pour nombre d'entre eux, dans le même sens, et doivent donc travailler ensemble[1]. » Les fédérations pourraient être amenées à réguler certains aspects de cette problématique, ce qui pourrait améliorer le dialogue entre les clubs, les supporters et les fédérations, dialogue parfois difficile.

Football : quelle régulation ?

Le football a fortement évolué ces vingt dernières années, notamment depuis l'arrêt Bosman et l'augmentation des droits de retransmission. Les critiques diront que les footballeurs sont trop payés, que le football est pourri par l'argent, qu'il y a trop d'argent dans le foot, etc.

A. Dumini et F. Ruffin, intellectuels « engagés », accusent « l'argent » de leur avoir « volé le football[2] ». Le philosophe J.-C. Michéa affirme que la financiarisation du football nuit au « beau jeu[3] » : « La pauvreté du spectacle offert par la Ligue 1 tient précisément à cette intégration croissante du football moderne dans la logique de l'économie de marché. » Ceci est vraisemblable pour les équipes au budget « moyen » mais comment expliquer alors qu'ailleurs en Europe, ce sont les clubs les plus riches qui,

1. S. Szymanski, *Money and Soccer*, *op. cit.*
2. A. Dumini et F. Ruffin, *Comment ils nous ont volé le football*, 2014.
3. « Nous sommes les mendiants du beau jeu », in J. C. Michéa, *Le plus beau but était une passe*, 2014.

sans conteste, produisent le meilleur football ? Historiquement, le football a connu plusieurs époques et Jean-Claude Michéa ou François Ruffin défendent une vision du football de l'ère « industrielle », le football des ouvriers, un football qui n'existe peut-être plus.

Puisque le football s'est transformé fortement ces dernières années, il est essentiel de créer de nouvelles régulations. Loin de nous l'idée de prétendre que les fédérations nationales (la FFF en France) ou internationales (UEFA et FIFA) n'y ont pas réfléchi car, comme nous allons le voir maintenant, de nombreux mécanismes ont été introduits pour réguler le football. Nous examinerons simplement quelques questions récurrentes que les nombreux acteurs du football professionnel d'aujourd'hui se posent fréquemment, sans trancher définitivement mais en donnant des pistes de réflexion. Finalement, toutes ces questions prises séparément nous inciteront à nous poser une question plus globale qui est en quelque sorte la conséquence de toutes les autres : y a-t-il un « risque » de création d'une Super Ligue européenne (fermée) de football, concurrente de la Ligue des champions ?

La transformation historique du football

C'est sans doute un lieu commun mais il faut le rappeler : l'évolution du football est le reflet de celle de la société. R. Giulianotti a distingué quatre périodes dans l'histoire du football : la période traditionnelle ; la période moderne, divisée en deux : la modernité précoce et la modernité tardive ; et enfin la période postmoderne[1]. Décrivons brièvement les trois premières périodes et intéressons-nous surtout à la dernière, qui a fait l'objet de notre texte.

La période traditionnelle recouvre la naissance du football et de ses règles au XIXe siècle jusqu'à la Première Guerre mondiale. Cette période est surtout caractérisée par l'organisation des compétitions nationales. La modernité précoce recouvre la période qui suit la Première Guerre mondiale, c'est-à-dire l'introduction du professionnalisme dans de nombreux pays dans

1. R. Giulianotti, *The Sociology of the Global Game*, *op. cit.*

les années 1920 et 1930[1], jusqu'à la Seconde Guerre mondiale. Cette période est caractérisée par l'évolution de la pratique, d'abord par des aristocrates et ensuite par les classes populaires, ce qui explique le besoin de professionnalisation du football. La troisième période, la modernité tardive, recouvre la période de la Seconde Guerre mondiale jusqu'aux années 1980, avec la diffusion des matchs de championnat en direct à la télévision[2] de façon régulière.

La période postmoderne débute dans les années 1990 avec l'arrêt Bosman et l'envolée des droits de retransmission, qui ont favorisé la mobilité des footballeurs du monde entier, comme nous l'avons souligné plus haut. Le football est devenu « global » : tout au long de ces périodes, il est passé de local à national et de national à international. La mondialisation du football n'a pas empêché les supporters, mais aussi une partie de la population attachée à des repères de la « société antérieure », de continuer à vivre le football « localement ». Ce décalage n'a pas produit les mêmes effets pour les supporters d'équipes des grandes villes européennes, qui sortent gagnants de la compétition sportive et financière, et pour les supporters des équipes de football des plus petites villes, dans le « ventre mou » des championnats, qui luttent pour le maintien en première division. Ces supporters savent très bien que si leur équipe participe à la même compétition nationale, elle ne joue pas dans la même catégorie. Les premiers, habitués à la postmodernité dans leur vie quotidienne – moins de repères culturels traditionnels, cosmopolitisme, plus éduqués, etc. –, voient leur équipe comme leur monde ; les seconds, ancrés dans une société plus traditionnelle, voient leur équipe et donc les footballeurs comme des « mercenaires trop payés ». La libre circulation des joueurs entraînant une forte mobilité dans les plus petits clubs professionnels a introduit un décalage entre

1. Rappelons que le football est professionnalisé depuis 1888 en Angleterre et 1893 en Écosse.

2. Dans les années 1960, quelques matchs de championnat sont diffusés en France mais la régularité de la diffusion date de 1984 avec l'arrivée de Canal+ ; le *classico* (Real Madrid-FC Barcelone) est diffusé en Espagne depuis 1959 ; en Angleterre, en 1960, un accord avait été signé entre la ligue et la télévision mais a été bloqué par les clubs : le premier match (intégral) a été diffusé en 1983.

les supporters attachés à leur club et les footballeurs qui ne font que passer[1].

Pour résumer, le football a vécu, à l'image de l'évolution de la société, la « tertiarisation » de l'économie, le passage de la modernité à la postmodernité, le passage, dans le sport, à l'ère « de la glisse et du surf », selon les mots du philosophe franco-allemand Heinz Wismann[2]. Le match de football est devenu un spectacle à part entière dans lequel les acteurs qui composent les équipes ne sont plus des joueurs « locaux » mais des joueurs venant du monde entier. Même les entraîneurs et les présidents sont parfois bien éloignés de l'histoire des clubs. Le football a changé de dimension, il faut sans doute l'accepter pour mieux le comprendre et peut-être mieux le réguler.

Faut-il plafonner la masse salariale des clubs ?

Pour éviter des salaires trop importants, l'une des idées évoquées est de plafonner la masse salariale comme c'est le cas dans les ligues fermées en Amérique du Nord. En effet, le fonctionnement des ligues américaines dépend en partie de ce qu'on appelle le *salary cap*, un plafond de masse salariale à ne pas dépasser pour

1. De la même manière, pour les équipes nationales, on peut évoquer l'existence d'un décalage entre les supporters habitués au cosmopolitisme des villes et des banlieues (de nombreux footballeurs français sont recrutés en banlieue parisienne) et les supporters qui vivent en dehors des villes. Sur le sujet et la France en particulier, on peut lire S. Beaud et P. Guimard, *Affreux, riches et méchants ? Un autre regard sur les Bleus*, 2014, ou dans un registre plus polémique, D. Riolo, *Racaille football club*, 2013.

2. Dans son livre, D. Muller (*Le Football, ses dieux et ses démons*, *op. cit.*) reprend les propos du philosophe franco-allemand Heinz Wismann qui décrit trois sortes de sports : les sports de combat, ou liés à la force, caractéristiques des sports antiques jusqu'à la Renaissance (la lutte) ; les sports d'affrontement collectifs typiques de la modernité industrielle (football, rugby, etc.) ; les sports de glisse (le surf) liés à l'avènement de la postmodernité. Cette mutation du football justifierait, par exemple, l'introduction de la vidéo (pour éviter les « injustices ») ou expliquerait pourquoi le *soccer* devient de plus en plus populaire aux États-Unis : la moindre pratique du *flopping* (« triche », « simulation »), maintenant fortement condamnée par les acteurs du football, serait ainsi beaucoup plus compatible avec les « mœurs » sportives des Américains (L. Arrondel et R. Duhautois, « États-Unis et football : pourquoi le soccer séduit (enfin) beaucoup d'Américains », 2016).

les équipes. Les joueurs et les propriétaires des franchises négocient le pourcentage du chiffre d'affaires de la ligue qui revient aux joueurs. Ensuite, le montant est réparti entre les équipes pour éviter que les plus riches n'achètent les meilleurs joueurs. Ces arbitrages sont très importants pour rééquilibrer les forces en présence puisque, dans les ligues américaines, il n'y a pas de système de promotion et de relégation. D'après le rapport de la DNCG 2018-2019, la moyenne de la masse salariale par club (y compris les charges) se situe autour de 70 millions d'euros par an en Ligue 1. Si un *salary cap* était imposé, le PSG ne pourrait théoriquement plus pouvoir faire venir des stars.

Le système du *salary cap* est fréquemment contourné car les règles prévoient souvent une longue liste d'exceptions qui permettent aux clubs de ne pas satisfaire la contrainte. C'est le cas de la règle du joueur désigné (*designated player rule*), qui autorise les franchises de la Major League Soccer (MLS) à recruter des joueurs hors *salary cap* (l'autre « *Beckham law* »). Il en existe de nombreux exemples dans les autres sports américains. En outre, la sanction, lorsque les clubs dépassent le plafond, est financière, ce qui peut inciter les clubs les plus riches à préférer payer l'amende plutôt que respecter la règle.

Mais les difficultés les plus insurmontables concernent la coordination et l'harmonisation fiscale de la mesure au niveau européen, voire mondial. En effet, on sait que si une politique n'est mise en place que dans un seul endroit, elle n'est pas efficace. Le marché du travail des meilleurs footballeurs étant complètement internationalisé, il est impensable d'envisager une telle mesure isolée. Mais comment fixer un plafond commun alors que la masse salariale des clubs est très différente d'un pays à l'autre ? L'autre souci est de nature fiscale : même si on pouvait s'entendre sur un montant, les charges sur les salaires ne sont pas identiques, ce qui introduirait une autre distorsion de concurrence entre les clubs. L'harmonisation fiscale dépasse le monde du football et semble loin d'aboutir : l'UEFA connaîtrait ainsi les mêmes difficultés que l'Union européenne à faire adopter des règles communes.

Faut-il supprimer le fair-play financier ?

La mise en place du fair-play financier (FPF) avait pour but principal d'assainir les finances des clubs européens dont l'endettement avait atteint des sommets. Depuis 2011, date de mise en place du FPF, le désendettement des clubs a bien eu lieu, surtout pour les clubs les plus riches, notamment du fait de la forte croissance des revenus des clubs historiques (Real Madrid, FC Barcelone, Bayern de Munich, etc.) et de ceux des clubs anglais. Ainsi, si la réduction de l'endettement des clubs est une bonne chose, l'UEFA doit également ne pas oublier que celle-ci concerne essentiellement les clubs anglais.

La raison pour laquelle le désendettement a concerné surtout les clubs riches est la suivante : le FPF est basé sur les déficits des clubs et non sur leur endettement. Puisque les dépenses des plus gros clubs sont limitées par leurs revenus, les ressources pour renforcer leurs effectifs (et pour gagner) sont nécessairement plus élevées que celles des « nouveaux riches » que sont par exemple le PSG et Manchester City, sanctionnés par l'UEFA il y a quelques années. Ces deux clubs sont aujourd'hui sur le point de bouleverser la hiérarchie en Europe et sont dénoncés par les clubs établis puisqu'ils sont dans les limites du FPF. Paradoxalement, ces deux clubs n'ont aucun problème financier et ne risquent pas d'en avoir car ils sont la propriété d'États très riches : le Qatar et les Émirats arabes unis.

En conséquence, trois questions se posent à propos du FPF.

1) Pourquoi sanctionner des clubs qui ont les moyens financiers de leur croissance et non pas, par exemple, les clubs qui ont des dettes envers le fisc, ce qui est plus gênant du point de vue de la citoyenneté et de la justice sociale ?
2) Puisque les grands clubs européens connaîtront vraisemblablement des profits réguliers (au moins avant transferts) – comme c'est le cas pour les franchises américaines –, pourquoi vouloir limiter l'accès aux éventuels investisseurs dans le football ?
3) Enfin, pour reprendre les propos d'Arsène Wenger, l'entraîneur du club d'Arsenal : « À quoi bon créer une règle si on ne peut pas la faire respecter ? »

Y a-t-il un risque de bulle spéculative dans le football ?

« Une bulle spéculative amenée à exploser », déclare Jacques-Henri Eyraud, président délégué du club de Marseille, le 10 août 2017. « Les bulles avant la bulle ? », estime Dominique Seux, chroniqueur sur France Inter, le 29 août 2017. « Une tendance qui fait du football une véritable bulle spéculative qui peut exploser à tout moment », dit sur France 24, dans son « Journal de l'éco », le 14 août 2017. Voilà quelques exemples des titres de la presse nationale après le transfert de Neymar à Paris à l'été 2017. Mais ces propos ne sont pas nouveaux. En 2011, le rapport du think tank Terra Nova était déjà alarmiste : « Le marché des joueurs est désormais un marché spéculatif proche de celui des subprimes immobilières américaines : dès qu'il se retourne, c'est le krach généralisé[1]. »

Avant de s'interroger sur son explosion, revenons sur ce qu'est une bulle spéculative : aussi appelée « bulle financière », elle se caractérise par le fait que la valeur d'échange d'un actif sur un marché s'élève durablement au-dessus de la valeur fondamentale (réelle) de l'actif concerné. La définition d'une bulle ne correspond pas à la réalité de l'économie du football. D'une part, la logique qui préside à la fixation du prix des joueurs les plus chers n'est pas essentiellement basée sur le fait que tel joueur coûtera plus cher plus tard. Au contraire, les clubs achètent les joueurs les plus chers en espérant les rentabiliser pendant la durée de leur contrat, avec tous les mécanismes de marketing à l'œuvre et avec les performances sportives. Une star achetée 100 millions d'euros booste la vente de maillots (dont le club récupère une partie), le sponsoring à travers la notoriété, le prix des billets et les droits TV. D'ailleurs, ce ne sont pas les joueurs les plus chers qui sont les plus mobiles : si on compare les clubs du « ventre mou » de Ligue 1 et de Ligue 2 aux grands clubs européens, les seconds renouvellent quasiment 50 % de leurs effectifs chaque année et les premiers à peine 20 %. Les effectifs de certains grands clubs comme le Real Madrid ou Arsenal sont même très stables, à peine une ou deux arrivées par an.

1. Terra Nova, *Changer ou disparaître : quel avenir pour le football français ?*, 2011.

S'il existe un risque de faillite pour les clubs, il n'est pas lié aux transferts les plus chers et les plus médiatisés, mais sans doute aux transferts trop chers pour le budget des petites équipes. Le risque de se faire vendre un joueur inconnu relativement trop cher est en effet plus important pour les petits clubs, notamment par les agents qui gravitent autour des clubs en espérant des commissions.

En outre, les bulles financières sont dangereuses lorsqu'elles se propagent à la sphère réelle. Or, même si les clubs faisaient tous faillite en même temps, le secteur du football est trop petit pour entraîner de graves conséquences pour l'ensemble de l'économie. Enfin, on peut noter que l'inflation des prix des joueurs a suivi l'explosion des droits TV un peu partout en Europe mais surtout en Premier League, cette dernière étant très active sur le marché des transferts. Plutôt que celle de la bulle, la question que l'on doit se poser concerne la soutenabilité du système actuel, basé en grande partie sur les recettes des retransmissions des matchs[1].

On le comprend, la bulle sur les transferts et les salaires, comme on l'entend dans les médias, n'existe pas, puisqu'il n'y a pas de déconnexion entre le prix d'un actif et sa valeur. En revanche, nous verrons un peu plus loin, avec la copropriété des joueurs, que la titrisation présente davantage de risques.

Faut-il limiter les commissions des agents ?

Début 2016, les dirigeants des clubs anglais se sont réunis pour discuter du plafonnement des commissions des agents qui représentent une part importante des investissements des clubs. Ils n'ont pas réussi à trouver d'accord et le montant des commis-

1. S. Szymanski (*Money and Soccer*, *op. cit*) cite l'exemple du groupe de TV payante ITV Digital qui en 2000 avait acheté les droits de retransmission de l'English Football League (deuxième, troisième et quatrième divisions anglaises) pour 315 millions de livres sterling, l'équivalent à l'époque du revenu total des 72 équipes des championnats. Après avoir été dans l'incapacité financière d'honorer son contrat, l'entreprise est mise en redressement judiciaire en 2002. Ceci provoquera des difficultés pour de nombreux clubs ayant engagé des fonds, notamment pour payer des joueurs, par anticipation, et causera même la faillite de dix clubs professionnels.

sions payées par les clubs a augmenté de 100 % entre 2015-2016 et 2018-2019 pour atteindre 260 millions de livres sterling. En France, en 2013, la mission parlementaire chargée d'étudier le fair-play financier a également recommandé de plafonner la commission des agents à 6 % du salaire brut du joueur et de rétablir le principe de rémunération de l'agent par le seul joueur. Mais il ne suffit pas de plafonner les commissions car certains agents, travaillant avec le même club, ont intérêt à augmenter le nombre de transactions pour augmenter leurs revenus. Les Graphiques 24 et 25 illustrent, d'une part, les montants des commissions d'agents de joueurs et d'autre part, la part des commissions d'agents dans le chiffre d'affaires, classés par ordre croissant de chiffre d'affaires. Le premier graphique montre que les montants croissent exponentiellement avec le chiffre d'affaires du club et le second que la part des commissions dans les recettes des clubs suit une courbe en cloche presque symétrique. Que nous enseignent ces graphiques en plus du fait que les commissions augmentent ?

1) Les commissions sont très élevées dans les clubs les plus riches (Graphique 24). C'est logique car ces transferts sont les plus coûteux. Mais si, comme on l'a vu plus haut, ces clubs ont des taux de turn-over autour de 20 %, voire moins, la courbe signifie que les montants négociés pour s'approprier les meilleurs joueurs sont énormes et concernent les agents internationalement connus.
2) Le poids des commissions d'agents supporté par les clubs est particulièrement important dans les équipes à budget intermédiaire (Graphique 25) : les clubs à petit budget – ceux qui font le yo-yo entre la première et la deuxième division – renouvellent fortement leur effectif mais sans payer trop cher car ils savent que le risque de relégation est fort ; les clubs à budget intermédiaire sont ceux qui prennent le plus de risques pour rester en première division, avec un fort turn-over sur des joueurs relativement chers.

Graphique 24. Montants des commissions d'agents des clubs anglais, classés par chiffre d'affaires croissant (en milliers de livres sterling).

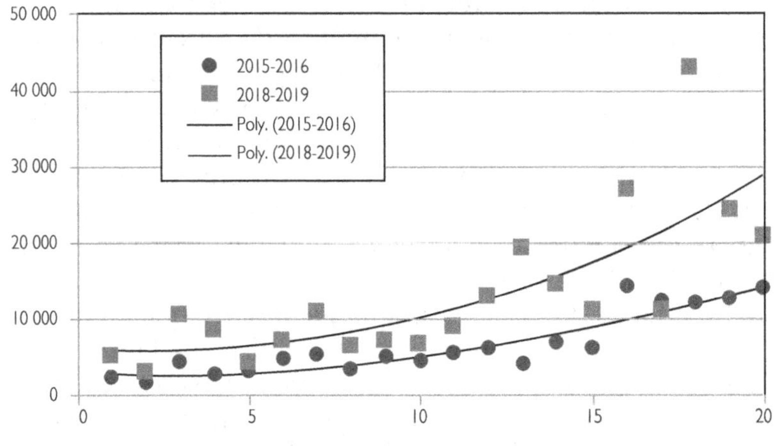

Source : ecofoot.fr, *The Guardian* et Statista.

Graphique 25. Part (en %) des commissions d'agents dans le chiffre d'affaires des clubs anglais, classée par chiffre d'affaires croissant.

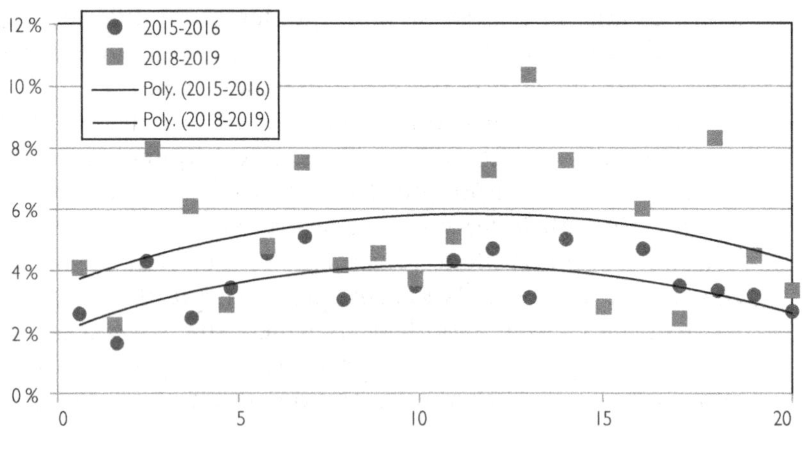

Source : ecofoot.fr, *The Guardian* et Statista.

Faut-il réformer le système des transferts ?

Depuis quelques années, du fait de l'explosion de leur nombre et de leurs montants, il est question de réglementer le marché des transferts. En Angleterre, une réforme a déjà été votée début septembre 2017 : les clubs de l'English Premier League ont décidé qu'à l'issue de la saison 2017-2018, le mercato estival prendra fin le jeudi précédant la première journée du championnat anglais. Cette mesure concerne uniquement les clubs de première division anglaise. Ainsi, selon la nouvelle règle, qui s'applique uniquement pour l'acquisition de joueurs, les clubs anglais pourront toujours vendre des joueurs dans d'autres championnats européens dans lesquels le marché sera encore ouvert. L'intérêt principal de la mesure est sportif car l'objectif est d'avoir une équipe constituée avant la première journée de championnat.

Mais l'asymétrie entre les arrivées et les départs peut poser un problème pour les clubs anglais si d'autres clubs européens, non soumis à cette règle, décident de continuer leur marché en Angleterre. Il aurait été bon que l'UEFA et la FIFA, qui réfléchissent pourtant à la modification du système des transferts, discutent avec la ligue anglaise pour harmoniser les décisions au niveau européen ou mondial. Mais la priorité des instances du football international concerne aujourd'hui surtout la diminution de l'équilibre compétitif entre les clubs les plus riches et les clubs les plus pauvres, qui pourrait, comme on l'a vu auparavant, exercer un effet négatif sur la demande de football et donc sur les revenus.

Nous allons examiner les quelques mesures possibles pour réformer le système des transferts au sens large, sans parler du plafonnement des montants des transferts, qui est difficile à mettre en place. La Chine réfléchit en ce sens pour réguler le marché des transferts et envisage d'introduire des pénalités financières mais aussi des contraintes sportives. D'un point de vue financier, il s'agit notamment de taxer les clubs déficitaires qui font appel aux joueurs étrangers. Mais restreindre les gros transferts pose les mêmes problèmes de coordination et d'harmonisation fiscale entre les pays que le plafonnement des salaires. D'un point de vue sportif, il s'agit de mettre en place des quotas de joueurs locaux qui limitent de fait le recrutement de joueurs étrangers.

Introduire des quotas de joueurs locaux ou formés dans le pays ?

Depuis l'arrêt Bosman, les clubs européens peuvent faire signer n'importe quel joueur des pays membres de l'Espace économique européen et des pays ayant ratifié l'accord de Cotonou, qui concerne près de 80 pays. Cela permet aux meilleurs joueurs européens de signer des contrats dans les clubs où la rémunération et la possibilité de remporter des titres sont plus élevées. À cela s'ajoutent les quotas pour les joueurs extracommunautaires qui dépendent des championnats nationaux. En France, le nombre de ces joueurs est limité à quatre. Les championnats les plus rémunérateurs attirent donc quasiment tous les meilleurs joueurs du monde.

Comme pour les indemnités de formation, l'UEFA ajoute des « contraintes » supplémentaires aux fédérations nationales pour les clubs qui participent aux compétitions européennes. Ainsi, l'UEFA impose aux équipes d'enregistrer un maximum de 25 joueurs sur une première liste (la liste A) avant le début de ses compétitions en septembre, puis à la reprise en février. Sur cette liste A, les équipes doivent enregistrer au moins deux gardiens de but, ainsi que huit joueurs « formés localement », dont quatre au maximum « formés par la fédération ». Ainsi, sur les vingt-cinq joueurs inscrits, des règles s'appliquent à dix joueurs. Pour être considéré comme « formé localement », un joueur doit avoir passé un minimum de trois saisons au club ou dans la fédération (dans la nation) entre 15 et 21 ans. La nationalité du joueur ne compte pas pour remplir ces critères. Ainsi, il est possible qu'un joueur étranger arrivé en France à 17 ans puisse être considéré comme « formé localement ». Si une équipe ne respecte pas la contrainte, sa liste A est réduite d'autant. Puisqu'il existe une liste A, il existe également une liste B, modifiable jusqu'à la veille de chaque match, sur laquelle les clubs peuvent inscrire n'importe quel joueur de moins de 21 ans ayant passé au moins deux saisons au club. Pourquoi l'UEFA a-t-elle imposé ces contraintes aux clubs ?

L'UEFA ne peut pas restreindre l'arrêt Bosman puisqu'il s'applique à l'ensemble des travailleurs de l'Espace économique européen. Elle choisit donc d'imposer des quotas pour deux raisons : les clubs de football européens en général, et les grands clubs en particulier, ont une longue histoire locale et leurs publics y sont encore très attachés. Comme nous l'avons souligné plus haut, le décalage peut créer des tensions. La peur que ces clubs soient totalement internationalisés et perdent l'intérêt du public – et par ce biais des revenus – est donc une première raison. La seconde raison est d'inciter les clubs professionnels, même les plus riches, à former des joueurs : montrer et transférer des jeunes footballeurs à des clubs moins prestigieux s'ils ne restent pas dans leurs clubs formateurs est très important pour l'essaimage. Finalement, cette contrainte est plutôt une mesure redistributive des clubs « riches » vers les clubs « pauvres ».

Faut-il limiter le nombre de joueurs, les prêts de joueurs et les mouvements (en fonction du budget) ?

Dans les sports collectifs nord-américains, les « gros » transferts tels que nous les connaissons dans le football n'existent pas : les joueurs ne sont ni achetés ni vendus monétairement. La mobilité d'un club à un autre est assez rare. Pour créer un nouvel effectif, les franchises nord-américaines ont trois solutions : la *draft* – la sélection des joueurs venant des championnats universitaires –, les échanges de joueurs et le recrutement de joueurs libres. D'une manière générale, les montants versés entre franchises sont très faibles car les échanges sont la règle avec des contraintes sur la valeur des joueurs : dans certaines ligues, un club souhaitant acheter un joueur à un autre club doit lui céder exactement des joueurs de même valeur. On pourrait donc imaginer de mettre fin aux transferts « payants » dans le football, ce qui permettrait à tous les clubs de se positionner sur les meilleurs joueurs. Néanmoins ce système ne fonctionne qu'à condition que les salaires soient plafonnés car les clubs les plus riches attireraient tout de même les meilleurs joueurs. Mais comme nous l'avons déjà vu, la mise en place d'un *salary cap* est impossible du fait des différences de salaires et de fiscalité entre les championnats européens.

En outre, parmi la totalité des joueurs transférés, une minorité est vendue et achetée par les clubs. Seuls environ 15 % des joueurs selon les années sont transférés depuis un club vers un autre alors qu'ils sont sous contrat, 65 % sont en fin de contrat et 20 % sont en prêt. Par définition, il est très difficile d'agir sur les joueurs libres. Pourquoi alors ne pas limiter les prêts de joueurs entre clubs ?

Il est difficile de changer la législation en vigueur qui autorise les entreprises à prêter des salariés. Les entreprises doivent respecter deux contraintes.

D'une part, le prêt doit être à but non lucratif pour l'entreprise qui prête la main-d'œuvre. Elle ne peut facturer que les salaires versés aux salariés et les charges sociales qui y sont liées (et éventuellement les frais professionnels). Pour les footballeurs, l'opération de prêt prend la forme d'un accord de mutation d'une durée maximale d'un an. Soit le joueur salarié est mis à disposition et payé par le club emprunteur, soit le salarié reste payé par le club prêteur qui se fait alors rembourser par l'emprunteur. Dans le premier cas, les conditions sont les mêmes que pour les autres salariés. Dans le second cas, c'est le prêteur qui reste débiteur de la rémunération et des charges sociales ; l'utilisateur doit reverser la somme correspondant à l'intégralité de sa rémunération. Dans le cadre de prêts internationaux, la pratique est de laisser le club du pays où les charges sociales sont les plus faibles payer le salaire du joueur.

D'autre part, le salarié doit être d'accord. Les footballeurs n'ont en général pas le choix car ils préfèrent être prêtés pour jouer et se montrer que de rester dans l'équipe sans jouer.

La charte du football professionnel autorise une durée du prêt maximale d'un an pour protéger les joueurs mais la FFF ne pourrait pas supprimer les prêts sans entraver la législation.

L'une des mesures possibles serait de limiter les effectifs des clubs, comme cela se fait également dans les sports nord-américains. Aujourd'hui, l'effectif des équipes de foot tourne autour de 25-30 joueurs. Limiter le nombre de joueurs aurait pour intérêt de lutter contre la prédation – acheter de bons joueurs pour qu'ils ne jouent pas pour les autres – et d'éviter la concentration de talents dans les équipes les plus riches qui doublent les postes. Cela limiterait les mouvements et permettrait de satisfaire les fédérations soucieuses de l'équilibre compétitif.

Une autre solution serait de limiter le nombre d'arrivées et de départs dans chaque club. Comme nous l'avons vu, certains clubs, notamment les clubs à petit et moyen budget, ont tendance à renouveler 50 % de leur effectif chaque année. Limiter ce nombre à 20 % permettrait une plus grande stabilité à la fois pour les joueurs et pour les équipes. Pour les joueurs, cela diminuerait le risque d'avoir des carrières très courtes, et pour les équipes, cela ferait baisser le risque de dépenser trop d'une façon inconsidérée.

Faut-il interdire les copropriétés de joueurs ?

Interdite par la FIFA en 2015, la tierce propriété ou *third-party ownership* (TPO en anglais) désigne la vente par un club d'une partie des droits économiques d'un joueur à un tiers. Celui-ci peut être une personne physique ou une personne morale, le plus souvent un fonds d'investissement, à l'image de Doyen Sports, le plus connu d'entre eux. En France et dans certains pays européens (notamment le Royaume-Uni), la TPO a toujours été interdite. Elle était très courante en Amérique du Sud à partir des années 1980 et s'était propagée au Portugal et en Espagne dans les années 2000. Les clubs utilisent ce mécanisme pour deux raisons : d'une part, ils peuvent vendre une « part de joueur » pour combler un déficit et d'autre part, ils peuvent utiliser ces fonds d'investissement pour acheter un joueur qu'ils n'ont pas les moyens d'acheter seuls. Dans les deux cas, les fonds se rémunèrent sur la plus-value réalisée lors de l'éventuel futur transfert des joueurs, à hauteur du pourcentage des droits qu'ils possèdent. Si les joueurs ne sont pas transférés, les fonds doivent en principe perdre leur mise, mais les Football Leaks[1] ont révélé que les fonds prennent d'autres garanties auprès des clubs pour éviter de perdre de l'argent.

Le cas du joueur brésilien Alexandre Pato illustre parfaitement le mécanisme du TPO. Lorsque le joueur évoluait au Brésil à Porto Alegre en 2005, 50 % de ses droits ont été rachetés par un tiers contre 200 000 euros. En 2007 il a été transféré au Milan AC pour un montant de 28 millions d'euros, ce qui a permis au fonds de récupérer 14 millions d'euros, soit un

---

1. Les Football Leaks sont des révélations sur l'évasion fiscale dans le monde du football.

bénéfice de 6 900 % en deux ans ! Le cas du joueur français Geoffrey Kondogbia est un autre exemple de forte plus-value pour les fonds. Lorsqu'il évolue au RC Lens, le fonds Doyen Sports acquiert 50 % des droits. En 2012, il est transféré au FC Séville pour la somme de 4 millions d'euros, avec une clause particulière : « Si une offre d'un montant supérieur ou égal à 6 millions d'euros est présentée au club, celui-ci sera dans l'obligation de vendre le joueur. » Un an après son arrivée à Séville, le club de Monaco achète les services du milieu de terrain pour un montant de 20 millions d'euros. Le joueur passe deux saisons sur la Côte d'Azur avant de prendre la direction de l'Inter Milan en 2015 pour un transfert d'un montant de 40 millions d'euros. Le bénéfice de Doyen Sports est considérable pour une mise de départ dérisoire. La valeur du joueur a été multipliée par 10 entre son premier transfert en 2012 pour le FC Séville et celui à l'Inter de Milan en 2015. Selon le Centre d'économie du droit et du sport (CDES), la pratique a représenté une affaire de 523 millions d'euros en 2013, avec 10 % des transferts qui étaient concernés.

Les deux principaux problèmes soulevés par la TPO sont d'une part que les clubs vendent leurs joueurs non pas en fonction de leurs intérêts sportifs mais en fonction de l'intérêt des fonds, qui est de transférer les joueurs le plus souvent possible pour faire des plus-values, et d'autre part que les joueurs (en conséquence) ne peuvent plus gérer leur carrière comme ils l'entendent.

N'ayant plus accès à la TPO depuis 2015, les fonds ont trouvé un autre moyen d'investir dans le football, le *third-party investment* (TPI). D'autant plus que les clubs des pays d'Amérique du Sud, portugais et espagnols avaient l'habitude de financer l'achat de joueurs de cette façon. Avec le TPI, les fonds ne sont plus propriétaires directement des joueurs mais détiennent des créances sur les actifs des clubs et se rémunèrent notamment grâce à des taux d'intérêt élevés. *A priori*, pour rembourser leurs dettes, les clubs n'ont plus besoin de vendre des joueurs mais ils peuvent finir par y être contraints si le poids de cette dette est trop lourd. Le transfert du joueur portugais Bernardo Silva, passé du Benfica Lisbonne à l'AS Monaco à l'été 2015 a procédé de ce type de transaction. Le prix du transfert de 15,75 millions d'euros devait être réglé par le club monégasque en trois échéances de

5,25 millions d'euros. Cependant la première échéance n'a pas été versée au Benfica mais directement à la société londonienne XXIII Capital. Celle-ci avait prêté de l'argent au Benfica qui a profité de cette rentrée pour régler ses dettes auprès de son créancier.

Le montage financier le plus inquiétant dans le football concerne la titrisation des dettes – regrouper les dettes des clubs et les découper – pour les revendre sous formes d'obligations, les *soccer bonds*. Le montage est le même que pour les dettes classiques dont la titrisation a été l'une des causes de la crise financière de 2008. Les investisseurs ne savent pas nécessairement ce que ces dettes contiennent mais connaissent le taux d'intérêt annuel. Tout le monde ignore le nombre d'obligations vendues et quelles garanties les clubs ont engagé pour obtenir les prêts des fonds d'investissement (créances toxiques ?). En cas de défaut de paiement, on imagine que les fonds se réservent le droit d'imposer la vente de joueurs pour se rembourser.

Il est clair qu'un défaut de paiement majeur ne se produirait que si les télévisions arrêtaient brutalement de financer les ligues professionnelles. Les meilleures équipes européennes dont l'investissement est massif seraient alors concernées au premier chef. Mais si les télévisions du monde entier sont prêtes à mettre environ 3,6 milliards d'euros par an (de droits nationaux et internationaux) pour le championnat anglais, 7 milliards d'euros par an pour le championnat de football américain et 2 milliards pour le championnat de basket américain, on ne voit pas pourquoi les télévisions arrêteraient de financer le sport le plus populaire de la planète, notamment la Ligue des champions avec les meilleurs clubs européens. C'est d'autant moins probable que certains observateurs prédisent une modification du paysage des droits TV qui serait redessiné par les ressources gigantesques des GAFA (Google, Amazon, Facebook, Apple).

Faut-il interdire la multipropriété des clubs de football ?

Dans le football, la multipropriété de clubs (en anglais *multi-club ownership* – MCO) concerne aussi bien les propriétaires individuels (ou leur famille) que les groupes ou les clubs. La MCO est un phénomène plutôt récent, qui date de la fin des années 1990 mais qui semble prendre de l'ampleur dans le football globalisé d'aujourd'hui. D'un point de vue sportif, cette pratique pose des problèmes évidents de conflit d'intérêts si deux équipes appartenant au même propriétaire sont amenées à participer et donc à se rencontrer dans une même compétition. Reprenons son historique depuis le début.

À la fin des années 1990, le portefeuille du groupe ENIC (English National Investment Company), propriétaire majoritaire aujourd'hui de Tottenham Hotspur, comprenait alors une participation majoritaire dans le club tchèque du Slavia Prague et du club italien du Vicenza Calcio, et une participation minoritaire dans d'autres clubs européens (Tottenham Hotspur, Rangers FC, FC Basel) mais aussi le club grec AEK Athènes. Après que Prague et Athènes se sont qualifiés pour la Coupe de l'UEFA lors de la saison 1999-2000, le tribunal arbitral du sport (TAS) a rendu une décision, adoptée par l'UEFA, interdisant à toute entreprise ou tout particulier d'avoir le contrôle ou l'influence sur plus d'un club dans une même compétition européenne : aujourd'hui, selon les règlements de l'UEFA, deux formations détenues par le même propriétaire ne peuvent donc être inscrites simultanément aux compétitions organisées par l'instance européenne.

Au niveau national, afin de garantir l'intégrité des compétitions domestiques, les ligues majeures ont mis en place des garanties juridiques sur la MCO. La multipropriété est le plus souvent interdite ou limitée, soit par le biais de règlements fédéraux, soit par des dispositions étatiques : interdiction au Portugal et en France (depuis 1984), limitée à 1 % du capital d'un autre club en Espagne, 9,9 % au Royaume-Uni, 49,9 % en Allemagne ; en Italie, elle est autorisée à condition que les clubs n'évoluent pas dans la même division. La MCO va donc essentiellement concerner des clubs de nationalité différente. Aujourd'hui selon l'UEFA (2018), la MCO concerne douze propriétaires individuels, cinq groupes et trois clubs.

Le club anglais de Watford est la propriété (depuis 2012) de l'homme d'affaires Gino Pozzo et son père Giampaolo détient le club italien de l'Udinese (depuis 1986) qui joue en Serie A. Le milliardaire belge Roland Duchâtelet détenait dans les années 2000 toute une galaxie de clubs : Saint-Trond et Standard de Liège (Belgique), Charlton (Angleterre), Alcorcón (Espagne),

Carl-Zeiss-Iena (Allemagne) et Ujpest Dosza (Hongrie) par l'intermède de son fils Roderick. Depuis, le Standard, Saint-Trond et Alcorcón sont sortis du portefeuille de l'homme d'affaires. D'autres propriétaires individuels « jouent » avec plusieurs clubs : l'homme d'affaires malaisien Vincent Tan (Courtrai, Sarajevo, Cardiff City et Los Angeles en copropriété) ; l'ex-trader anglais Matthew Benham (Brentford FC et FC Midtjylland) ; l'homme d'affaires indonésien Erick Thohir, (Inter Milan, DC United, Persib Bandung) ; l'homme d'affaires chinois Jiang Lizhang (Granada CF, Parma Calcio 1913, Chongqing Dangdai Lifan FC).

Les clubs de foot sont aussi concernés par la MCO : l'Ajax d'Amsterdam (Ajax Cape Town en Afrique du Sud), l'Atlético Madrid (Atlético San Luis au Mexique, RC Lens), la Fiorentina (Pune City en Inde) et l'AS Monaco (Cercle Bruges). Sans aller jusqu'à la MCO, des contrats sont parfois passés entre des clubs, en général un grand club et un autre moins huppé (clubs partenaires), où les deux équipes se mettent d'accord pour le prêt d'un certain nombre de joueurs (de la première vers la seconde). Chelsea est ainsi lié au club néerlandais du Vitesse Arnhem (première division néerlandaise) et Manchester City au NAC Breda (deuxième division dans le même pays). Le prêt de jeunes talents semble être l'un des objectifs des multipropriétaires et des clubs partenaires : l'équipe phare de l'écurie réduit ainsi des effectifs parfois pléthoriques en prêtant des jeunes espoirs à l'équipe « satellite », footballeurs qui pourront s'aguerrir dans d'autres championnats. Cette dernière se renforce ainsi à moindre coût.

Parmi les groupes « collectionnant » les clubs figurent le thaïlandais King Power International Group (Leicester et Leuven), le chinois Suning Group (Jiangsu Suning et Inter Milan), l'Aspire Academy qatarienne (Eupen, LASK Linz et Leonensa) et la firme de sport brésilienne Traffic Sport (Desportivo Brasil, Estoril Praia). Mais les exemples pour lesquels cette stratégie de MCO semble la plus avancée sont celui de Red Bull et surtout celui de City Football Group.

La « galaxie » de la société de boissons énergétiques autrichienne Red Bull rassemble le club de Red Bull Salzbourg en Autriche (depuis 2005), la franchise de MLS US des New York Red Bulls (depuis 2005), l'équipe du Red Bull Brasil (depuis

2007), la formation allemande du RB Leipzig (depuis 2009) et enfin le pensionnaire de seconde division autrichienne, le FC Liefering (depuis 2012). Lors de la saison 2016-2017, Salzbourg fut sacré champion d'Autriche et Leipzig termina deuxième de Bundesliga : cette situation, que l'UEFA voulait éviter, les deux clubs étant qualifiés pour la Ligue des champions, a donc été instruite. Contrairement à la décision du TAS concernant l'ENIC, le verdict a cette fois été favorable aux clubs : l'UEFA a fait remarquer qu'il n'y avait aucune preuve que Red Bull puisse exercer une « influence décisive » (« *decisive influence* ») sur l'une ou l'autre des équipes qui portaient son nom. Cette décision marque ainsi un tournant pour tous les MCO présents ou à venir, puisqu'elle est susceptible de faire jurisprudence. Cette année-là, les deux clubs n'ont pas pu se rencontrer car les champions autrichiens de Salzbourg ont été éliminés lors des tours de qualification. Mais lors de la saison 2018-2019 de l'Europa League, le RB Leipzig et le RB Salzbourg ont pu ainsi batailler dans le même groupe aux côtés du Celtic et de Rosenborg.

Manchester City est la propriété du richissime cheikh Mansour d'Abu Dhabi : la holding City Football Group possède Manchester City, New York City, Melbourne City, les Yokohama Marinos (Japon) ainsi que le Club Atletico Torque (Uruguay) ; elle a racheté fin août 2017 44,3 % des parts du club espagnol de Gérone (un des autres actionnaires n'est autre que le frère de Pep Guardiola, Pere) promu en Liga (cinq joueurs remplaçants de Manchester City ont été immédiatement prêtés à la filiale espagnole durant le mercato estival qui a suivi), ainsi que plus récemment un club chinois de troisième division, le Sichuan Jiuniu. On parle maintenant de l'acquisition éventuelle de l'équipe belge d'Anderlecht.

Comment analyser cette évolution (la MCO) qui accompagne depuis les années 1990 l'entrée du football professionnel dans sa période postmoderne marqué par sa forte croissance économique ? Après tout, les fusions-acquisitions de petites entreprises par de grandes sociétés sont une pratique courante dans une économie de marché : au sein de l'industrie du football en pleine expansion, la MCO est devenue de plus en plus courante au cours de la dernière décennie.

Mis à part peut-être la galaxie Red Bull et le City Football Group, l'acquisition d'un club satellite correspond davantage à une intégration verticale qu'horizontale : un des objectifs principaux est alors d'intégrer une « filière » de formation afin d'une part de réduire et d'optimiser (avantage géographique dans le recrutement, économies d'échelle…) les frais de « scoutisme », d'autre part de pouvoir faire jouer, de développer et de valoriser de jeunes talents du club phare. On peut penser que la participation de l'Atlético Madrid au RC Lens ou encore celle de l'AS Monaco à Bruges procède principalement de cette logique. Autre exemple, entre 2012 et 2017, au sein de la MCO Pozzo, 21 joueurs sont passés de l'Italie (Udinese) à l'Angleterre (Watford), et sept ont effectué le trajet inverse. Elle n'est pas non plus absente dans la stratégie des deux « géants », Leipzig et Salzbourg ; entre 2012 et 2017, 14 joueurs ont débarqué en Allemagne en provenance de l'Autriche, dont 13 depuis 2014 ; inversement, cinq joueurs ont emprunté le chemin inverse dont quatre d'entre eux étaient âgés de 19 à 20 ans. Cette stratégie peut également être avantageuse du point de vue du montant des transferts : le milieu de terrain guinéen Naby Keïta a été transféré de Leipzig à Liverpool en 2018 pour un montant de 60 millions d'euros, soit le double du prix de son transfert de Salzbourg à Leipzig, après avoir été acquis 1,5 million d'euros auprès du club d'Istres en 2014. Créer une « chaîne de production de talents » satisfait donc une certaine logique économique pour le *trading* joueurs.

Outre les problèmes d'éthique sportive liés à la pratique de MCO que l'UEFA a (pour l'instant) « réglés » avec la jurisprudence Red Bull, ou encore ceux du respect des règles du fair-play financier, la réussite de cette stratégie économique, si elle se généralise, va vraisemblablement accentuer encore davantage le fossé économique entre les top clubs et les autres, avec toutes les conséquences que cela pourra avoir du point de vue des compétitions (le projet d'une Super Ligue par exemple).

Vers la création d'une Super Ligue européenne (fermée) de football, concurrente de la Ligue des champions ?

Des championnats nationaux en Europe largement dominés par quelques clubs[1], une Ligue des champions dont les tours finaux (à partir des quarts de finale) sont réservés à une petite élite européenne, des inégalités de revenus qui, de fait, se creusent entre les grands clubs et les autres, des droits TV à répartir qui explosent, tous ces facteurs interrogent sur le devenir des compétitions actuelles, nationales et européennes[2].

L'idée d'un championnat regroupant les plus grands clubs européens date du début des années 2000, notamment émise par le G14 de l'époque, composé des quatorze équipes les plus « riches » d'Europe[3]. Avec le développement de la Ligue des champions – ses droits de retransmission et ses dotations –, le projet a été enterré pendant quelques années.

En 2016, le président de l'Association européenne des clubs (ECA) et du Bayern de Munich, Karl-Heinz Rummenigge, a remis un projet de Super Ligue sur la table pour presser l'UEFA d'augmenter la redistribution des droits de retransmission. La

1. J.-P. Gayant, dans son blog Moneytime, sur l'actualité de l'économie du sport, 2018, montre à partir d'un indicateur de concentration basé sur le nombre cumulé des points des 4 premiers des championnats du *Big Five* (C4) que l'écart moyen entre les quelques cadors nationaux et leurs poursuivants n'a jamais été aussi fort depuis la création de la Ligue des champions (en 1993).

2. Y. Rocaboy, dans « Competition among national football leagues. Does it exist ? Should we regulate ? », 2017, analyse théoriquement (théorie des jeux) les raisons d'une telle scission et en envisage les conséquences. La coexistence des compétitions nationales et continentales induit deux objectifs *a priori* contradictoires pour les ligues : privilégier l'équilibre compétitif du championnat national en adoptant une répartition égalitaire des droits TV ou au contraire adopter une division inégalitaire en faveur des meilleurs clubs nationaux afin qu'ils brillent en Ligue des champions. Dans ce contexte, Rocaboy analyse également les effets de l'émergence d'une ligue plus riche que les autres (la Premier League par exemple) et montre que ce déséquilibre pourrait conduire à faire se replier sur elles-mêmes les ligues dominées ou conduire à des dissolutions-réorganisations des ligues, notamment la création d'une Super Ligue.

3. Le G14 a été dissous en 2008 et remplacé par l'Association européenne des clubs (ECA, en anglais) regroupant, début 2020, 246 membres.

motivation du président de l'ECA est la suivante : si les télévisions du monde entier (et peut-être les GAFA) sont prêtes à mettre 3,6 milliards d'euros par an pour le championnat anglais et 7 à 8 milliards d'euros par an pour le championnat de football américain, combien seraient-elles prêtes à financer pour voir les vingt meilleures équipes européennes de football se confronter ? Le manque à gagner pour les clubs peut être important puisque les clubs européens ne se qualifient pas directement pour la Ligue des champions, cette qualification dépendant des résultats sportifs dans chacun des championnats nationaux.

En 2017, l'ECA est tombée d'accord avec l'UEFA pour entériner son projet de réforme des compétitions continentales, mettant fin à l'envie de création d'une Super Ligue. L'une des réformes envisagées à partir de la saison 2018-2019 prévoit de réserver quatre places directement qualificatives pour les quatre meilleures nations évaluées selon l'indice UEFA, c'est-à-dire en général l'Angleterre, l'Espagne, l'Allemagne et l'Italie. Si pour l'instant les parties prenantes ont trouvé un accord, il est à parier que la question de la création d'une Super Ligue sera de nouveau posée[1].

J.-P. Gayant, économiste du sport, envisage différents scénarios pour cette Super Ligue[2] :

1) la création d'une Super Ligue européenne qui pourrait néanmoins faire hésiter les meilleurs clubs anglais du fait de l'ampleur de leurs droits TV ;

---

1. Les contre-performances des clubs de Bundesliga en Ligue des champions (à l'exception du Bayern Munich) ont même conduit certains dirigeants du football germanique à remettre en cause le sacro-saint principe du « 50 + 1 » (un investisseur privé ne peut pas posséder plus de 49 % des parts puisque 51 % appartiennent de fait aux membres des clubs) qui régit le football professionnel outre-Rhin depuis 1998 (voir plus haut). Le directeur de la fédération, C. Seifert, s'est ainsi associé à K.-H. Rummenigge (président du conseil exécutif du Bayern Munich), pour revendiquer le droit pour les clubs de décider s'ils veulent s'ouvrir plus largement aux investisseurs externes.

2. J.-P. Gayant (*Moneytime*, 2018) voit aussi dans le récent verdict de la commissaire européenne à la concurrence, Margrethe Vestager, selon lequel une fédération sportive est infondée à infliger des sanctions à des athlètes ayant participé à des compétitions non organisées sous l'égide de ladite fédération, un nouvel élément en faveur d'une scission. Si l'Association européenne des clubs (ECA) se décidait à créer une Super Ligue, ni l'UEFA ni la FIFA ne pourraient alors sanctionner les joueurs qui y prennent part.

2) du fait du Brexit, la dislocation des ligues espagnoles, allemandes, italiennes et françaises et la constitution d'une ligue continentale regroupant les cadors de ces championnats (FC Barcelone, Real Madrid, Atlético de Madrid, Munich, Dortmund, Juventus, AS Roma, Paris Saint-Germain, Monaco...) et sans doute aussi des clubs portugais, néerlandais, russes et ukrainiens (avec une finale opposant le champion de la ligue continentale et le champion de la Premier League dans une sorte de Superbowl du soccer) ;
3) l'absorption de cinq ou six continentaux par la Premier League, le top du football mondial se concentrant aujourd'hui sur quatre ou cinq villes britanniques, deux espagnoles, une allemande, une française et une ou deux italiennes.

Nous ignorons quel sera l'avenir, mais si nous devions parier sur un scénario, ce serait vraisemblablement le premier. Pourquoi ? La principale raison de la création de cette Super Ligue est la volonté pour les grands clubs européens de faire des profits et de capter la rente que les footballeurs – certains en tout cas – se sont approprié.

Tout au long de ce texte, nous avons montré que l'objectif des clubs de football était de gagner des matchs pour se maintenir à un haut niveau, de recevoir des fonds pour s'offrir les meilleurs joueurs et gagner des matchs. Globalement, les clubs sont en moyenne à l'équilibre financier et le football n'a jamais vraiment été une activité qui permet aux propriétaires de s'enrichir, puisque les superstars en situation de monopole captent la rente.

La création d'une Super Ligue européenne aurait pour première conséquence de modifier le système de promotion-relégation, c'est-à-dire de le supprimer. En effet, la volonté des grands clubs est de limiter l'incertitude liée aux résultats des championnats nationaux pour être sûrs de participer à la compétition la plus importante en Europe – pour l'instant la Ligue des champions – et de recevoir une grosse somme d'argent qui provient des dotations et des droits de retransmission.

À partir du moment où la ligue devient fermée, on peut mettre en œuvre les systèmes qui permettent théoriquement d'augmenter l'incertitude de la compétition et qui sont impossibles à mettre en œuvre aujourd'hui, notamment à cause de la disparité salariale et de la fiscalité propre à chaque pays : *salary cap*, *draft* dans les championnats nationaux – qui continueraient d'exister avec les autres équipes –, fin des transferts mirobolants pour privilégier les échanges au sein de la ligue, limitation du nombre de joueurs par équipe, etc. Une ligue qui ressemblerait aux principales ligues nord-américaines. L'une des différences fondamentales entre les championnats européens pyramidaux et les ligues fermées américaines concerne la rente que se partagent les salariés (les joueurs) et les entreprises (les clubs) : la création d'une Super Ligue aurait donc également pour conséquence de modifier la répartition actuelle de la rente entre les footballeurs et les clubs.

En général, dans les ligues fermées[1], le fonctionnement est très planifié : l'organisation, les entrées des nouvelles franchises et surtout le marché du travail des joueurs permettent à la ligue de générer des profits. D'une part, il existe des restrictions au recrutement et à la mobilité des joueurs ; d'autre part, les salaires sont négociés (sous forme de contrats pluriannuels) entre les propriétaires de clubs et les syndicats de joueurs. Si, outre ces restrictions, la ligue interdit les transactions monétaires en privilégiant les échanges de joueurs et plafonne les salaires, cela diminuera d'une façon considérable ce qui coûte le plus cher aux clubs de foot : les salaires des joueurs. Ces mesures sur les mobilités et les salaires assureront à la ligue la captation de la rente que les footballeurs détiennent aujourd'hui. Les clubs pourraient maintenir les salaires actuels de leurs stars, voire les augmenter légèrement, car les droits de retransmission d'une Super Ligue de football européen seraient très élevés. Seule la répartition de la richesse serait modifiée : au lieu d'aller presque en totalité vers les salariés, une part reviendrait aux entreprises. Les investisseurs américains en Angleterre, mais aussi F. McCourt à Marseille, tablent sans aucun doute sur ce type de transformation.

Finissons sur deux points. Le premier concerne le plafonnement des salaires. Certains chroniqueurs ou politiques qui dénoncent le salaire de certains footballeurs et veulent introduire un salaire

1. W. Andreff, « Équilibre compétitif et contrainte budgétaire dans une ligue de sport professionnel », 2009, fait un bilan très précis du fonctionnement des ligues fermées.

« plafond », pour dénoncer l'idéologie de l'argent et l'ultralibéralisme, ne se rendent pas compte que le football est l'une des rares activités dans lesquelles, aujourd'hui, des individus d'origine populaire ont un certain « pouvoir » sur les propriétaires, grâce justement au non-plafonnement des salaires[1]. Le problème des rémunérations des joueurs n'est pas leur niveau mais plutôt leur répartition entre footballeurs. Réfléchir à un fonds qui permettrait une meilleure redistribution au sein de la profession, mais aussi entre actifs et retraités[2] ou encore entre actifs et jeunes en formation serait plus utile et efficace.

Le second point concerne « l'équilibre compétitif ». L'hypothèse d'incertitude du résultat est une hypothèse centrale de l'économie du sport pour expliquer la « consommation » des spectateurs. Les championnats ou les compétitions déséquilibrés ont un effet négatif sur la « demande » des supporters, entraînant une baisse de la fréquentation des stades et du nombre de téléspectateurs, et en conséquence, une baisse de revenu pour les clubs. La plupart des études empiriques concernant le football professionnel ne trouvent cependant aucun lien entre incertitude du résultat et demande des supporters[3]. Les spectateurs « demandent » du football pour d'autres raisons que l'incertitude, notamment voir de belles rencontres, admirer des stars du ballon rond ou assister aux victoires de leur équipe favorite. L'équilibre compétitif – lorsqu'il n'y a pas de ligue concurrente – est une notion économique qui n'existe qu'en théorie et n'est qu'un prétexte pour limiter les salaires des joueurs. Finalement,

1. « Le football aux footballeurs » était le slogan qui flottait aux fenêtres de la Fédération française de football en mai 1968 au moment des revendications des joueurs quant à leur contrat de travail (« contrat à temps ») : M. Correia, *Une histoire populaire du football*, 2018. Ce slogan avait été aussi le leitmotiv de Michel Platini lors de sa campagne pour l'élection à la présidence de l'UEFA en 2007.

2. Selon une étude de 2013 de l'association Xpro (Life after Football), qui regroupe des anciens joueurs professionnels britanniques, environ 3 joueurs de Premier League sur 5 se trouvaient ruinés dans les cinq ans qui suivent leur retraite sportive. Cette étude confirmait que beaucoup de sportifs sont en situation de faillite après avoir arrêté leur carrière sportive (en particulier aux États-Unis).

3. Pour la France et un survol de la littérature, voir L. Arrondel et R. Duhautois, « Les supporters français de football sont-ils sensibles à l'incertitude du résultat ? », 2019.

pour les propriétaires de clubs, il faut introduire la vidéo pour réduire l'incertitude des matchs (due aux erreurs d'arbitrage) mais introduire de l'incertitude dans les championnats pour gagner de l'argent.

Bibliographie

Abeles, M., *Les Nouveaux Riches. Un ethnologue dans la Silicon Valley*, Odile Jacob, 2002.

Aglietta, M., W. Andreff et B. Drut, « Bourse et football », *Revue d'économie politique*, 118(2), 255-296, 2008.

Anderson, C. et D. Sally, *The Numbers Game : Why Everything You Know About Soccer Is Wrong*, Penguin Books, 2013

Andreff, W., « Équilibre compétitif et contrainte budgétaire dans une ligue de sport professionnel », *Revue économique*, 60(3), 591-633, 2009.

Andreff, W. et P. Staudohar, « The Evolving European Model of Professional Sports Finance », *Journal of Sports Economics*, 1(3), 257-276, 2000.

Andreff, W., « French professional football : how much different ? », *in* J. Goddard et P. Sloane, *Handbook on the Economics of Professional Football*, Edward Elgar, 298-321, 2014.

Arrondel, L. et R. Duhautois, « États-Unis et football : pourquoi le soccer séduit (enfin) beaucoup d'Américains », *L'Obs Le Plus*, 2016.

Arrondel, L. et R. Duhautois, « Grande enquête sur le supportérisme », mimeo, 2016.

Arrondel, L. et R. Duhautois, « Les supporters français de football sont-ils sensibles à l'incertitude du résultat ? », *Économie et Statistiques*, 513, 5-26, 2019.

Baudrillard, J., *Le Système des objets*, Gallimard, Paris, 1968.

Baudrillard, J., *Pour une critique de l'économie politique du signe*, Gallimard, Paris, 1972.

Beaud, S. et P. Guimard, *Affreux, riches et méchants ? Un autre regard sur les Bleus*, La Découverte, 2014.

Bertrand, J., « Entrer en formation par la "petite porte" : les conditions sociales de l'apprentissage footballistique dans un club dominé », *Sciences sociales et sport*, (1), 167-188. 2014.

Bourg, J.-F., *Économie politique du sport*, Dalloz, 1989.

Breunig, R., B. Garrett-Rumba, M. Jardin, et Y. Rocaboy, « Wage dispersion and team performance : a theoretical model et evidence from baseball », *Applied Economics*, 46(3), 271-281, 2014.

Bromberger, C., *Football, la bagatelle la plus sérieuse du monde*, 1998.

Carlson, K., J. Kim, A. Lusardi et C. F. Camerer, « Bankruptcy Rates among NFL Players with Short-Lived Income Spikes », *American Economic Review*, 105(5), 381-84, 2015.

Carmichael, F., G. Rossi et R. Simmons, « Contract Duration and Player Performance in Italian Football », 4th European Conference in Sport Economics / XIV IASE, Birkbeck University of London, London, UK, 2012.

Caruso, R., F. Addesa et M. Di Domizio, « The Determinants of the TV Demand of Soccer : Empirical Evidence on Italian Serie A for the Period 2008-2015 », *Journal of Sports Economics*, 2017.

Chastain, A. J., S. F. Gohmann et E. F. Stephenson, « Beer availability and college football attendance : Evidence from mid-major conferences », *Journal of Sports Economics*, 18(6), 592-600, 2017.

Christiansen, N. A. et H. H. Sieversten, « The Exploitation of Talent », *Nationaløkonomisk Tidsskrift*, 146, 319-326, 2008.

Chupp, A., E. F. Stephenson et R. Taylor, « Stadium alcohol availability and baseball attendance : Evidence from a natural experiment », *International Journal of Sport Finance*, 2(1), 36-44, 2007.

Correia, M., *Une histoire populaire du football*, La Découverte, 2018.

Dauncey, H. (Dir.), *France and the 1998 World Cup : The National Impact of a World Sporting Event*, Routledge edition, 1999.

Deloitte, *Football Money Leagues*, 2006-2019.

Demazière, D. et M. Jouvenet, « Quel est le prix d'un footballeur ? Valorisation économique et mobilités sur le marché du travail », *in* L. Roulleau-Berger, Liu S. (ed.), *Sociologies économiques française et chinoise : regards croisés*, Paris, ENS Éditions, 265-283, 2014.

Dermit-Richard, N. « L'évolution juridique des clubs de football : de l'association à la société commerciale », RIMHE : *Revue Interdisciplinaire Management, Homme et Entreprise*, 6(2), 36-51, 2013.

DNCG, Rapports d'activité, 2003-2019.

Dobson, S. et J. Goddard, *The Economics of Football*, CUP, 2011.

Doeringer, P. et M. J. Piore, *Internal labor markets and manpower adjustment*, New York, DC Heath and Company, 1971.

Dolan, P., G. Kavetsos, C. Krekel, D. Mavridis, R. Metcalfe, C. Senik, S. Szymanski et N. R. Ziebarth, « The Host with the Most ? The Effects of the Olympic Games on Happiness », mimeo, PSE, 2016.

Drut, B. et R. Duhautois, « Assortative Matching Using Soccer Data : Evidence of Mobility Bias », *Journal of Sports Economics*, 18(5), 431-447, 2017.

Drut, B. et R. Duhautois, *Sciences Sociales Football Club*, de Boeck, 2015.

Drut, B., *Économie du football professionnel*, 2014, Repère, La Découverte.

Duhautois, R., « Le marché du travail des footballeurs professionnels : un miroir aux alouettes ? », Centre d'études de l'emploi, Connaissance de l'emploi, n° 122, 2015.

Duluc, V., *Le Cinquième Beatles*, Stock, 2014.

Dumini, A. et F. Ruffin, *Comment ils nous ont volé le football. La mondialisation racontée par le ballon*, Fakir Éditions, 2014.

Faure, J-M. et C. Suaud, « Un professionnalisme inachevé : Deux états du champ du football professionnel en France, 1963-1993 », *Actes de la recherche en sciences sociales*, 103, 7-26, 1994.

Feess, E., B. Frick et G. Muehlheusser, « Legal restrictions on outside trade clauses–theory and evidence from German Soccer », *IZA Discussion Paper* n° 1180, 2004.

Forrest, D, S. Szymanski et R. Simmons, « Broadcasting, attendance and the inefficiency of cartels », *Review of Industrial Organization*, 24(4), 243-265, 2004.

Franck, E. et F. Nüesch, « The Effect of Wage Dispersion on Team Outcome and the Way Team Outcome is Produced », *Applied Economics*, 43, 3037-3049, 2011.

Franck, E., « Private firm, public corporation or member's association governance structures in European football », *International Journal of Sports Finance*, 5, 108-127, 2010.

Frick B., G. Pietzner et J. Prinz, « Career duration in a competitive environment : The labor market for soccer players in Germany », *Eastern Economic Journal*, 33(3), 429-442, 2007.

Frick, B., « Performance, salaries, and contract length : Empirical evidence from German soccer », *International Journal of Sport Finance*, 6(2), 87-118, 2011.

Garcia-Del-Barro, P. et S. Szymanski, « Goal ! Profit maximization versus win maximization in soccer », *Review of Industrial Organization*, 34(1), 45-68, 2009.

Gayant, J-P., « Moneytime », Blog L'actualité de l'économie du sport, 2015-2018.

Giulianotti, R., *The Sociology of the Global Game*, 1999.

Goddard, J. et P. Sloane, *Handbook on the Economics of Professional Football*, Edward Elgar, 2014.

Goddard, J. et J. Wilson, « Free agency and employment transitions in professional football », mimeo, 2004.

Goddard, J., « The promotion and relegation system » in *Handbook on the Economics of Professional Football*, 23-40, 2014.

Helleu B, N. Scelles et C. Durand, « What is a club worth ? The evolution of the value of professional sports firms in Europe and North America », mimeo, University of Stirling, 2011.

Hirsh, F., *The Social Limits to Growth*, HUP, Harvard, 1976.

Hourcade N., L. Lestrelin et P. Mignon, *Livre vert sur le supportérisme*, Ministère des Sports, 2010.

Kleven, H. J., C. Landais et E. Saez, « Taxation and International Migration of Superstars : Evidence from the European Football Market », *American Economic Review*, 103(5), 1892-1924, 2013.

Kleven, H. J., C. Landais, C., E. Saez et E. Schultz, « Migration and wage effects of taxing top earners : Evidence from the foreigners' tax scheme in Denmark », *The Quarterly Journal of Economics*, 129(1), 333-378, 2013.

KPMG, *Évaluation financière des clubs de football européens*, 2017.

Kuper, S. et S. Szymanski, *Soccernomics : Why England lose : and other curious phenomena explained*, HarperSport, 2014.

Lazear, E. P. et S. Rosen, « Rank-Order Tournaments as Optimum Labor Contracts », *Journal of Political Economy*, 89(5), 841-864, 1981.

Lazear, E. P., « Pay equality and industrial politics », *Journal of Political Economy*, 97, 561-580, 1989.

Llopis-Goig, R., « Football clubs' ownership and management. The fans' perspective », *Revista internacional de ciencias del deporte*, 35(10), 16-33, 2014.

Llorca, M. et T. Teste, « Dépenses salariales et performance dans l'industrie du football », *Revue française d'économie*, 31(2), 125-145, 2016.

Lucifora, C. et R. Simmons, « Superstar effects in sport : Evidence from Italian soccer », *Journal of Sports Economics*, 4(1), 35-55, 2003.

Michéa, J.-C., *Le plus beau but était une passe*, Flammarion, 2014.

Milanovic, B., « Globalization and goals : does soccer show the way ? », *Review of International Political Economy*, 12 (5) : 829-850, 2005.

Noll, R. G., « The Economics of Promotion and Relegation in Sports Leagues - The Case of English Football », *Journal of Sports Economics*, 3(2), 169-203, 2002.

Oberhofer, H., P. Tassilo et H. Winner, « Firm survival in professional sports », *Journal of Sports Economics*, 16(1), 59-85, 2015.

Piketty, T., *Le Capital au XXIe siècle*, Seuil, 2014.

Piore, M. J., *Notes for a theory of labour market segmentation*, *in* R. Edwards, M. Reich et D.M. Gordon (ed.), *Labour market segmentation*, Lexington, MA : D.C., 1975.

Riolo, D., *Racaille football club*, Hugo et Cie, 2013.

Rocaboy, Y., « Competition among national football leagues. Does it exist ? Should we regulate ? », *Scottish Journal of Political Economy*, 64, 88-114, 2017.

Rosen, S., « The economics of superstars », *The American Economic Review*, 71(5), 845-858, 1981.

Ross, S. F. et S. Szymanski, « Open competition in league sports », *Wisconsin Law Review*, 3, 625-656, 2002.

Rottenberg, S., « The baseball players' labor market », *Journal of Political Economy*, 64, (3), 242-258 1956.

Scelles, N., B. Helleu, C. Durandet L. Bonnal, « Professional sports firm values : bringing new determinants to the foreground ? A study of european soccer, 2005-2013 », *Journal of Sports Economics*, 17(7), 688–715, 2014.

Schmidt, S. L., B. Torgler et V. Jung, « Perceived trade-off between education and sports career : evidence from professional football », *Applied Economics*, 49(29), 2829-2850, 2017.

Schokkaert, J. et J. Swinnen, « Uncertainty of outcome is higher in the champions league than in the european cup », *Journal of Sports Economics*, 17(2), 115-147, 2016.

Schumpeter J., *Impérialisme et classes sociales*, Flammarion, 1984.

Simmons, F. R. et S. Szymanski, « Broadcasting, attendance and the inefficiency of cartels », *Review of Industrial Organization*, 24(3), 243–265, 2004.

Sloane, P., « The economics of professional football : the football club as a utility maximiser », *Scottish Journal of Political Economy*, 18(2), 121-46, 1971.

Szymanski, S, *Money and Soccer*, Nation Books, New York, 2015.

Szymanski, S. et T. Kuypers, *Winners and losers. The business strategy of football*, Viking Press, 1999.

Terrien, M., N. Scelles, et C. Durand, « French 75 % tax rate : an opportunity to optimize the attractiveness of the french soccer league », *International Journal of Sport Finance*, 11(3), 183-203, 2016.

UEFA, *Panorama du football interclubs européen*, 2015.

Veblen, T., *Théorie de la classe de loisir*, Gallimard, Paris, 1970.

Veyne, P., *Le Pain et le Cirque*, Seuil, Paris, 1995.

Wahl, A. et P. Lanfranchi, *Les Footballeurs professionnels : des années trente à nos jours*, 1995.

Yamamura, E., « Wage dispersion and team performance in the process of industry development : evidence from japan's professional football league », *Journal of Sports Economics*, 16(2), 214-223, 2015.

6.

La polarisation de l'emploi en France

La structure de l'emploi en France a profondément évolué entre 1994 et 2013. La mondialisation et l'évolution technologique ont redessiné la composition de l'emploi en modifiant la demande de travailleurs. Nous rendons compte de cette transformation à partir des données administratives complètes couvrant l'ensemble du secteur privé français – tout en laissant de côté le secteur public, qui emploie près de 23 % de la population active, car les changements de ses niveaux d'emploi et de sa composition obéissent à d'autres facteurs. Nous nous intéressons à la période qui suit la crise de 2008, et étudions les évolutions qui diffèrent selon les secteurs, les types d'entreprise, les situations géographiques (départements). En dépit de cette complexité, ces éléments forment un ensemble qui explique les contours du paysage changeant de l'emploi en France au cours de cette période.

Quatre aspects importants du dynamisme français serviront de toile de fond à l'analyse de la polarisation, objet de cette étude. Tout d'abord, la mondialisation de la France s'est accrue. Ses niveaux d'exportations et d'importations sont passés de 20 % environ du PIB en 1990 à environ 30 % en 2013. Cette évolution reflète, entre autres, la participation plus importante de la France aux chaînes de valeurs mondiales, ainsi que la présence de sociétés multinationales sur son territoire et de meilleures performances compétitives. Ensuite, la diffusion des nouvelles technologies s'est développée. Le taux de diffusion de l'utilisation d'Internet est par exemple passé à plus de 80 % au sein de la population. Plus largement, la part d'emploi des travailleurs formés aux technologies qui possèdent des compétences dans le domaine des sciences, de la technologie, de l'ingénierie et des mathématiques (STEM) est passée de 9 % en 1990 à 14 % en 2013. Ces professionnels, que nous appellerons « *techies* », développent, selon Prasanna Tambe et Lorin Hitt, de nouvelles technologies, installent et entretiennent les nouvelles tout comme les anciennes, de même qu'ils forment et soutiennent leurs collègues dans l'utilisation de celles-ci. Ils représentent donc un lien essentiel entre les progrès technologiques à l'échelle de l'économie et l'adoption des technologies au niveau des entreprises[1].

La mondialisation et l'évolution technologique ne profitent jamais de manière égale à tous les salariés et elles s'accompagnent de répercussions en termes de répartition, ce qui entraîne des changements dans la demande adressée aux différents facteurs de production (capital *versus* travail, main-d'œuvre qualifiée *versus* main-d'œuvre non qualifiée, cadres *versus* ouvriers, etc.). Cela est dû au fait que toutes deux augmentent les opportunités économiques de certaines activités tout en réduisant celles des autres. En réponse, certaines activités se développent tandis que d'autres se contractent. Tant que les activités en expansion n'ont pas recours aux facteurs de production dans les mêmes proportions que les activités qui se contractent, c'est la demande relative à l'égard des facteurs qui change. Et tant que l'offre réagit plus lentement que la demande, comme c'est le cas pour l'offre de compétences, les changements dans la demande entraînent des résultats importants en termes de répartition. C'est l'idée fondamentale de la théorie du commerce international de Heckscher et Ohlin, mais elle peut s'appliquer de manière beaucoup plus générale. Par conséquent, l'émergence de gagnants et de perdants relève de la nature de ces forces à l'œuvre, même si, à long terme, tous peuvent en bénéficier[2].

1. P. Tambe et L. Hitt, « Now it's personal. Offshoring and the shifting skill composition of the US information technology workforce », 2012.

2. Par exemple, les tarifs douaniers sont généralement plus élevés dans les industries à bas salaires. La suppression des tarifs douaniers entraîne donc généralement des pertes de salaire pour ceux qui sont déjà moins bien rémunérés (voir les travaux de N. Gaston et D. Trefler, « Protection, trade and wages. Evidence from U.S. manufacturing », 1994, et ceux de P. Goldberg et N. Pavcnik, « Trade, wages, and the political economy of trade protection. Evidence from the Colombian trade reforms », 2005).

Dans ce contexte, il faut garder à l'esprit que les coûts d'ajustement sont importants : ils peuvent avoir des conséquences négatives persistantes pour certains, voire à terme empêcher les perdants de tirer un bénéfice de ces évolutions, même après une longue période[1]. Ces conséquences négatives peuvent aller bien au-delà de la perte d'emploi et toucher, par exemple, la santé individuelle et la disponibilité des services publics[2]. Le coût global de l'ajustement dépend par exemple des conditions macroéconomiques (plus faibles en période de forte croissance économique), des institutions d'accompagnement (plus réduites là où il existe plus de flexibilité du marché du travail et plus de prestations sociales) et des politiques publiques spécifiques (aide aux perdants du commerce international). Les coûts d'ajustement ont tendance à être géographiquement concentrés : les secteurs et les entreprises ne sont pas uniformément répartis sur un territoire, mais ont plutôt tendance à se regrouper. Outre leur incidence inégale, les coûts d'ajustement varient selon les groupes démographiques. Ils sont plus élevés chez les travailleurs relativement peu qualifiés et plus âgés, de même que chez ceux dont les professions sont globalement plus touchées. L'un des objectifs des politiques publiques devrait être de minimiser ces coûts d'ajustement. Une façon d'y parvenir consiste à résister au changement, mais cela entraîne d'autres coûts pour l'économie. Il s'agira plutôt d'examiner ici la nature des changements qui ont bel et bien eu lieu et sont encore à l'œuvre. Nous évoquons dans les pages qui suivent des politiques qui pourraient permettre de tirer des profits plus importants de ces changements, tout en réduisant les coûts qui y sont associés.

Depuis le milieu des années 1990, le marché du travail du secteur privé français a connu une forte polarisation de l'emploi. Cela signifie que la part de l'emploi des professions rémunérées

1. Cela a été mis en évidence par D. Autor, D. Dorn et G. Hanson, « The China syndrome. Local labor market effects of import competition in the United States », 2013, par R. Dix-Carneiro et B. Kovak, « Trade reform and regional dynamics. Evidence from 25 years of Brazilian matched employer-employee data », 2015, et par M. Amior et A. Manning, « The persistence of local joblessness », 2018.

2. Voir les travaux de D. Autor, D. Dorn, G. Hanson et J. Song, « Trade adjustment. Worker-level evidence », 2014, et de L. Feler et M. Senses, « Trade shocks and the provision of local public goods », 2017.

à un niveau intermédiaire a diminué (par exemple, les employés de bureau et les techniciens de niveau intermédiaire), tandis que celle de l'emploi des professionnels et des cadres à hauts salaires, de même que les emplois dans la vente au détail et les services à la personne, a augmenté. En d'autres termes, les emplois de la classe moyenne ont disparu ou se sont raréfiés, tandis que ceux des classes supérieures et inférieures prenaient leur place. Au sein de ces grandes catégories, il existe des différences importantes selon les communautés territoriales, les secteurs et, surtout, les entreprises.

La polarisation des emplois est une force qui a tendance à accroître les inégalités de salaires. C'est le résultat mécanique du recul des emplois à salaire intermédiaire et de l'augmentation des emplois à hauts et à bas salaires. Nos estimations montrent que cet effet est considérable. Globalement, la polarisation de l'emploi selon les grandes catégories professionnelles contribue massivement à une augmentation des inégalités salariales en France, représentant plus que l'augmentation des inégalités telle qu'elle est mesurée par les statistiques (au moins 84 % de plus). D'autres forces et politiques publiques ont contrebalancé cet effet, de sorte que l'inégalité globale n'a pas augmenté autant qu'elle l'aurait pu.

La polarisation des emplois est plus importante dans le secteur non manufacturier qui représente désormais plus de 81 % des emplois du secteur privé. En revanche, le secteur manufacturier, qui est plus directement touché par la mondialisation, présente une tendance différente, en particulier une tendance à l'élévation des qualifications. Dans le secteur manufacturier, le poids des cadres et des techniciens à hauts salaires dans l'emploi augmente, en grande partie aux dépens du nombre d'ouvriers. Les ouvriers industriels qualifiés sont moins touchés que les ouvriers industriels peu qualifiés. Les secteurs manufacturier et non manufacturier affichent des augmentations importantes et persistantes des parts de l'emploi des *techies*.

Le rythme de polarisation des emplois en France a été particulièrement rapide, ce qui peut potentiellement conduire à des tensions économiques et sociales. Bien que cette polarisation ait été observée dans d'autres économies, comme aux États-Unis et au Royaume-Uni, le rythme des changements français a, dans les faits, été plus rapide[1]. L'une des raisons en est la rigidité relative de la structure des salaires. Lorsque les salaires s'ajustent moins, l'emploi réagit davantage. En outre, la crise de 2008 a accéléré le processus de polarisation de l'emploi, qui était déjà en progression. Pendant et après la crise, les entreprises ont, plus qu'avant, ajusté la composition de leur masse salariale. Dans le même temps, certains secteurs et certaines régions ont été plus touchés que d'autres, ce qui a entraîné des divergences importantes entre eux.

Les forces de la mondialisation et de l'évolution technologique opèrent plus par une augmentation des grandes opportunités de croissance des entreprises que par un ajustement interne aux entreprises. La polarisation est omniprésente. Elle se produit pour l'essentiel (à 80 %) au sein de chaque secteur et département français, plutôt que par une recomposition du tissu économique et régional. En parallèle, les changements globaux s'expliquent principalement – également dans 80 % des cas à peu près – par la recomposition des tailles relatives des entreprises plutôt que par des modifications de la structure de l'emploi au sein des entreprises. Cela est lié à la concentration extrême de l'emploi dans un nombre relativement faible d'entreprises, ce qui est manifeste dans l'ensemble des secteurs et des départements.

La polarisation des emplois et la manière spécifique dont elle se manifeste ont des implications considérables sur les politiques publiques. À cet égard, il faut reconnaître que le phénomène de polarisation de l'emploi diffère des évolutions précédentes du

1. Plusieurs projets de recherche menés aux États-Unis (voir, par exemple, D. Autor et D. Dorn, « The growth of low-skill service jobs and the polarization of the US labor market », 2013) et au Royaume-Uni (voir M. Goos et A. Manning, « Lousy and lovely jobs. The rising polarization of work in Britain », 2007) ont mis en lumière la polarisation à l'œuvre dans le marché du travail. Le phénomène a également été étudié en Allemagne par A. Spitz-Oener, « Technical change, job tasks and rising educational demands. Looking outside the wage structure », 2006, en France par J. Harrigan, A. Reshef et F. Toubal, « The march of the techies technology, trade, and job polarization in France, 1994-2007 », 2016, et dans d'autres pays européens par A. Adermon et M. Guvstasson, « Job polarization and task-biased technological change. Evidence from Sweden, 1975-2005 », 2005, ainsi que par M. Goos, A. Manning et A. Salomons, « Job polarization in Europe », 2009.

marché du travail français et qu'il n'est pas anodin. La France a connu par le passé une augmentation massive d'offres de travail qualifié. Ce qui constitue à long terme une évolution positive, car des travailleurs plus nombreux finissent par être plus qualifiés et mieux rémunérés, même s'il y a, naturellement, des coûts d'ajustement importants à court ou à moyen terme. En revanche, la polarisation de l'emploi entraîne à long terme la division sociale, avec une masse de travailleurs pauvres, de travailleurs aisés et, entre les deux, un nombre limité de travailleurs faisant le lien tant sur le plan économique que social, voire politique. À l'ère de Donald Trump et du Brexit, c'est un constat à ne pas prendre à la légère. Nous concluons en évoquant les implications de cette situation.

Que disent les données sur la polarisation de l'emploi ?

Notre principale source est la Déclaration annuelle des données sociales (DADS) qui se fonde sur les rapports annuels obligatoires déposés par les entreprises employant des salariés en France. Nous nous intéressons ici aux travailleurs du secteur privé, y compris les indépendants. Notre unité d'analyse du facteur travail est constituée par les heures annuelles payées par une entreprise. Le nombre d'heures rémunérées est une meilleure mesure économique du facteur travail que le nombre de travailleurs employés, car il prend en compte aussi bien les heures travaillées des travailleurs à temps partiel que celles des travailleurs à temps plein. Nous nous focalisons sur le secteur privé, qui représente 77 % du total des heures travaillées en France en 2002, c'est là en effet que nous nous attendons à observer les répercussions des forces du marché telles que la mondialisation et l'évolution technologique.

Description des données

Nous utilisons des données longitudinales détaillées sur l'activité économique des entreprises du secteur privé français entre 1994 et 2013. Nous fusionnons deux ensembles de données confidentielles relatives aux entreprises fournies par différentes administrations françaises. Le « poste » de la DADS dispose d'informations sur l'emploi dans l'entreprise tandis que les douanes fournissent des données sur l'entreprise avec des informations sur les importations et les exportations. Le processus d'appariement est simple car les entreprises françaises sont identifiées par le même numéro (SIREN), qui peut être suivi sur plusieurs années dans les deux ensembles de données.

La DADS est obligatoire pour toutes les entreprises employant des salariés, les employeurs fournissant des informations sur les salariés de chacun de leur établissement. Le fichier de déclaration a une finalité administrative à la fois fiscale et sociale. Pour tout contrat de travail, chaque entreprise doit déclarer les informations suivantes : la profession pour laquelle le travail rémunéré a été effectué, les dates de début et de fin de la période de travail rémunéré, le nombre d'heures rémunérées, le montant versé, le sexe du travailleur, le département géographique et le secteur dans lequel le travail a été effectué (ainsi que de nombreuses autres informations). Depuis 1993, les données DADS sont révisées pour permettre un traitement complet de tous les salariés. En 2002, certaines améliorations du traitement des données sont introduites, entraînant de petites ruptures, ou « sauts », dans les séries temporelles des parts professionnelles globales entre 2001 et 2002. Les ruptures sont minimes en termes relatifs pour nos grandes catégories professionnelles, car chaque grande catégorie représente des parts importantes de l'emploi. De plus, ces ruptures ne modifient pas les tendances à moyen et à long terme. Pour les plus petites catégories professionnelles, les ruptures ne sont pas entièrement négligeables, mais elles ne changent pas pour autant les tendances générales.

Nous nous concentrons sur l'échantillon du secteur privé en reportant le nombre d'heures travaillées dans les entreprises manufacturières et non manufacturières de ce secteur. Le secteur manufacturier représente moins de 9 % du nombre total d'entreprises et environ 19,2 % du nombre total d'heures rémunérées en 2013.

L'ensemble des données de la DADS fournit une description complète des tâches effectuées par les travailleurs dans chacun des codes de classification PCS-ESE (nomenclature des professions et catégories socioprofessionnelles des emplois salariés des employeurs privés et publics). Une refonte du système de codification est réalisée dans l'application de gestion DADS pour parvenir à une PCS-ESE comme indication de la qualification. Ces changements intervenus en 2009 ont été pris en compte dans notre analyse.

Nous fusionnons l'ensemble des données sur les travailleurs de la DADS avec la base de données des douanes françaises qui répertorie toutes les importations et exportations au niveau de l'entreprise. L'échantillon fusionné DADS-douanes sur les entreprises privées couvre 84 % des importations et 83 % des exportations en 2013. Étant donné que certaines entreprises privées sont enregistrées à l'étranger, elles ne sont pas obligées de déclarer leurs données à la DADS, bien qu'elles figurent dans les douanes et se voient attribuer un identifiant SIREN. C'est ce qui explique la correspondance imparfaite entre les deux ensembles de données.

La France a connu un changement structurel rapide au cours des dernières décennies, comme en témoigne l'évolution graduelle de la part de l'emploi dans les services par rapport à l'emploi total entre 1994 et 2013 (Figure 1). La part des heures payées dans le secteur non manufacturier (principalement les services) au sein du secteur privé est passée de 72 % en 1994 à 81 % en 2013. Cette tendance quasi linéaire et ininterrompue laisse entrevoir une explication tout aussi persistante. La croissance de la productivité dans le secteur manufacturier étant beaucoup plus rapide que dans le secteur non manufacturier, alors que la demande des ménages en produits manufacturés par rapport aux services reste à peu près constante, un nombre relativement moins élevé de travailleurs est nécessaire au secteur manufacturier[1]. L'origine

1. Voir W. Baumol, « Macroeconomics of unbalanced growth. The anatomy of urban crisis », p. 415-426. Cette explication est cohérente avec les conclusions de F. Buera et J. Kaboski, « Can traditional theories of structural change fit the data ? », 2009, et d'A. Reshef, « Is technological

Figure 1. Part des heures payées du secteur non manufacturier (% du nombre total d'heures, 1994-2013)

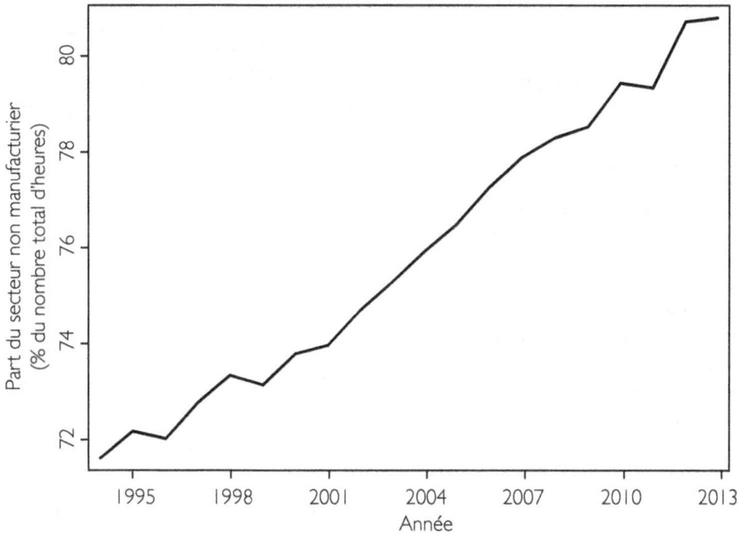

Source : DADS, calcul des auteurs.

de l'augmentation de la productivité différentielle est à la fois technologique et liée à la mondialisation, avec des complémentarités non négligeables entre eux.

L'évolution de l'emploi dans le secteur non manufacturier représente la plus grande partie de l'économie et de la composition de l'emploi au niveau global. Nous examinons ici l'évolution de l'emploi en France principalement à travers les modifications structurelles des professions. Dans la DADS, chaque emploi est classé selon un code de profession PCS (nomenclature des professions et catégories socioprofessionnelles). Après avoir exclu les catégories des secteurs agricole et public ainsi que les professions libérales[1], nous regroupons toutes les heures travaillées en sept grandes catégories (Tableau 1).

---

change biased towards the unskilled in services ? An empirical investigation », 2013.

1. Cette catégorie socioprofessionnelle n'apparaît qu'en 2002 et ne représente que 0,11 % du total du nombre d'heures payées et 0,18 % de la masse salariale en 2013.

Tableau 1. Répartition et évolution des professions et catégories socioprofessionnelles

Catégorie socioprofessionnelle (PCS-ESE)	Part dans l'emploi (%, 1994)	Changement (point de pourcentage, 1994-2013)	Salaires relatifs (1994)
Propriétaires d'entreprise, postes de direction et professionnels hautement qualifiés	9,95	2,74	1,96
Artisans	1,11	– 0,74	1,32
Commerçants et assimilés	0,98	– 0,53	1,39
Chefs d'entreprise de 10 salariés ou plus	0,86	– 0,01	2,70
Professeurs, professions scientifiques	0,45	– 0,02	1,54
Professions de l'information, des arts et des spectacles	0,52	0,14	1,48
Cadres administratifs et commerciaux d'entreprise	6,04	3,90	2,04
Techies	9,16	5,18	1,59
Ingénieurs et cadres techniques d'entreprise	4,24	4,06	2,04
Techniciens	4,92	1,12	1,13
Professionnels de niveau intermédiaire	4,81	– 0,36	1,15
Professeurs des écoles, instituteurs et assimilés	0,34	0,10	1,05
Professions intermédiaires de la santé et du travail social	1,25	0,24	0,95
Contremaîtres, agents de maîtrise	3,22	– 0,70	1,19
Travailleurs des services	11,19	3,95	0,66
Policiers et militaires	0,75	0,59	0,7
Employés de commerce	6,71	1,49	0,65
Personnels des services directs aux particuliers	3,73	1,87	0,63
Employés de bureau	24,46	– 4,05	1,00
Professions intermédiaires administratives et commerciales des entreprises	11,73	– 3,53	1,12
Employés administratifs d'entreprise	12,73	– 0,52	0,84
Ouvriers qualifiés	26,63	– 3,32	0,82
Ouvriers qualifiés de type industriel	11,15	– 2,86	0,87
Ouvriers qualifiés de type artisanal	8,78	– 0,80	0,73
Chauffeurs			
Ouvriers qualifiés de la manutention,	4,44	0,26	0,74
du magasinage et du transport	2,26	0,08	0,78

Catégorie socioprofessionnelle (PCS-ESE)	Part dans l'emploi (%, 1994)	Changement (point de pourcentage, 1994-2013)	Salaires relatifs (1994)
Ouvriers non qualifiés	13,81	– 4,14	0,70
Ouvriers non qualifiés de type industriel	9,98	– 4,77	0,71
Ouvriers non qualifiés de type artisanal	3,83	0,63	0,61

Note : le salaire relatif de chaque profession est défini par rapport au salaire médian dans l'économie en 1994. Les *techies* représentent 9,16 % du nombre total d'heures payées dans le secteur privé français. Leur part dans l'emploi augmente de 5,18 points de pourcentage pour atteindre 14,34 % en 2013. Ils gagnent 59 % de plus que le salaire médian (c'est-à-dire que leur salaire correspond à 1,59 fois le salaire médian).
Source : DADS, calcul des auteurs.

Si on examine la période complète pour l'ensemble du secteur privé français, le Tableau 1 montre que les emplois des cadres supérieurs et des *techies* ont fortement progressé par rapport aux emplois du secteur privé. La part des ingénieurs et des cadres techniques a presque doublé sur la période. Celle des emplois des professionnels de niveau intermédiaire diminue, de même que la part des employés de bureau, qui était l'une des catégories les plus importantes en 1994, soit alors environ un quart de l'emploi du secteur privé français. Pour les emplois les moins rémunérés, on constate une forte polarisation et des indices en lien avec le déclin des emplois fragilisés par l'automatisation et la délocalisation. La part des emplois dans les services augmente considérablement, tandis que celle des ouvriers qualifiés et non qualifiés, qui représentent une part importante de l'emploi en 1994, diminue fortement. Les travailleurs des services occupent les emplois les moins bien rémunérés en 1994 et gagnent environ 30 % de moins que le salaire médian (leur salaire est égal à 0,70 du salaire médian), tandis que les propriétaires d'entreprise, les directeurs et les cadres gagnent 96 % de plus que le salaire médian (leur salaire correspond à 1,96 fois le salaire médian).

Afin de visualiser la tendance globale, la Figure 2 montre les modifications des parts horaires de travail par profession pour l'ensemble de l'économie de 1994 à 2013. Ce graphique associe des informations utiles selon deux dimensions. La première dimension, sur l'axe vertical, représente les variations de chaque catégorie professionnelle en points de pourcentage entre 1994 et 2013 (voir la deuxième colonne du Tableau 1). La seconde dimension, sur l'axe horizontal, correspond à la distribution des parts de l'emploi par catégorie socioprofessionnelle dans l'économie. Ces parts s'additionnent pour représenter la totalité de l'économie en 1994. Les emplois sont classés de gauche à droite en fonction de leur position dans la répartition des salaires (voir la dernière colonne du Tableau 1). Les travailleurs des services représentent environ 11 % des emplois en 1994 avec le salaire relatif le plus faible. Les ouvriers non qualifiés représentent autour de 14 % de l'emploi et ont le deuxième salaire relatif le plus faible, jusqu'aux propriétaires d'entreprise, postes de direction et professionnels hautement qualifiés qui ont le salaire relatif le plus élevé.

La Figure 2 illustre un modèle clair de polarisation de l'emploi. La part des professions à hauts et bas salaires augmente, alors que celle des professions à salaires intermédiaires diminue. Ce déplacement polarisant de l'emploi de niveau intermédiaire dans la distribution des salaires vers les extrêmes a augmenté mécaniquement les inégalités.

Figure 2. Changement des parts de l'emploi (1994-2013)

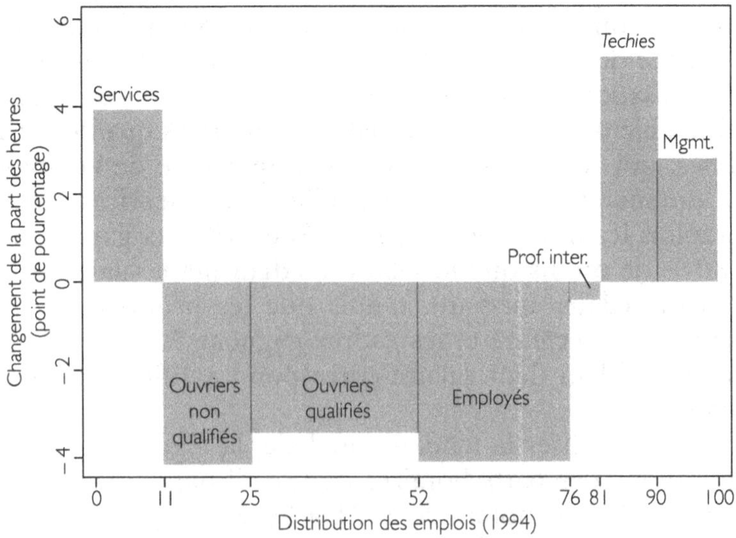

Source : DADS, calcul des auteurs.

Pour évaluer ce phénomène, nous utilisons une mesure particulière des inégalités des revenus salariaux entre les professions, l'écart-type pondéré des salaires professionnels, avec les parts de l'emploi comme pondération, que nous appelons σ. Dans le contexte de polarisation de l'emploi et des parts de l'emploi par professions, ce choix est pertinent. Nous calculons la variation de σ comme elle apparaît dans les données et nous avons trouvé une augmentation de 6,6 %. Ce qui est cohérent avec d'autres travaux fondés sur les données de la DADS, qui constatent une augmentation des inégalités en France à partir du milieu des années 1990[1]. Cette augmentation est principalement due aux centiles supérieurs de la répartition des salaires, qui sont pris en compte dans nos mesures des salaires[2]. En dehors des centiles supérieurs, la répartition des salaires se compresse quelque peu dans notre échantillon, principalement en raison de l'augmentation du salaire minimum par rapport au salaire médian[3].

Nous comparons le changement observé dans σ à deux scénarios contrefactuels. Dans le premier, nous nous demandons quel serait le changement dans les inégalités si les salaires étaient fixés à leurs valeurs de 1994 et que seules les parts horaires évoluaient comme indiqué dans les données. Dans ce cas, la polarisation des parts horaires augmente le σ contrefactuel de 12,1 %, soit 84 % de plus que la véritable augmentation de σ. Dans le second scénario contrefactuel, nous nous demandons quel serait le changement dans les inégalités si les parts horaires étaient fixées à leurs valeurs de 1994 et que seuls les salaires évoluaient comme dans les données, éliminant ainsi la force déséquilibrante de la polarisation. Dans ce cas, le σ contrefactuel diminue de 2,4 %, soit une réduction des inégalités, ce qui représente 37 % de plus que l'augmentation réelle de σ.

1. Voir, par exemple, O. Godechot, « Is finance responsible for the rise in wage inequality in France ? », 2012.

2. Pour connaître les parts de revenu en centiles les plus élevées et d'autres mesures de l'inégalité, voir la base de données sur les inégalités dans le monde de Thomas Piketty, https://wid. world/. Celles-ci sont globalement conformes à nos constatations.

3. Voir, par exemple, G. Verdugo, « The great compression of the French wage structure, 1969-2008 », 2014.

Dans l'ensemble, en utilisant les deux méthodes, la polarisation des emplois contribue de manière importante aux inégalités, et représente plus que l'augmentation réelle des inégalités dans les données. Si cette polarisation n'avait pas lieu, les inégalités diminueraient. Mais il faut lire ces chiffres avec une certaine prudence, car les salaires (le prix du travail) et les heures (la quantité) sont déterminés conjointement par les forces de l'offre et de la demande. Cependant, ces estimations donnent une bonne idée des grandeurs approximatives et elles ne sont pas très éloignées de la réalité[1].

Notre période d'analyse, qui s'étend de 1994 à 2013, inclut la crise financière de 2008. Dans les années suivant la crise, la France connaît une récession profonde, avec une contraction de 2,6 % de son PIB et un effet négatif sur le niveau de l'emploi. Il est vraisemblable que la structure de l'emploi, et non pas seulement son niveau, a évolué différemment dans la période relativement calme qui mène à 2007, par rapport aux années postérieures à la crise. Au cours des années postérieures à la crise en particulier, nous prévoyons une moindre croissance de l'emploi des professions à bas salaires, tout simplement parce que ces emplois sont les premiers à payer le prix fort de la crise. En revanche, les années qui ont précédé la crise de 2008 ont été marquées par une réduction du chômage global, principalement due aux chômeurs qui ont trouvé des emplois faiblement rémunérés.

Pour examiner les effets de la crise financière sur les variations de l'emploi par profession, la Figure 3 présente l'évolution de l'emploi global par profession avant et après 2008. Afin de faciliter la comparaison, nous indiquons dans le Tableau 2 les parts des professions au cours de la première année de chaque période, le total des changements dans les parts des professions et les variations sur la période divisée par le nombre d'années que compte la période. Cela permet de comparer la vitesse du changement sur des périodes de durée différente.

---

1. Une dimension absente des calculs est la variation des inégalités de revenus au sein d'une profession. Leur incorporation ne modifie pas le message, à savoir que la polarisation des emplois est une force importante qui augmente les inégalités. Voir pour le détail des calculs A. Reshef et F. Toubal, « La polarisation de l'emploi en France, ce qui s'est aggravé depuis la crise de 2008 », Cepremap, 50.

La partie gauche de la Figure 3 représente les variations par profession survenues au cours de la période de calme relatif allant de 1994 à 2007, tandis que la partie droite montre ces variations pour la période postérieure à la crise. Les axes horizontaux des deux parties de la Figure 3 indiquent la distribution de la part des emplois pour les années de références 1994 et 2008. Les calculs des variations des parts horaires tiennent cependant compte des différentes années de base, 1994 et 2008. Ces variations sont représentées sur les axes verticaux. En comparant la partie gauche à la partie droite de la Figure 3, il faut prendre en compte le fait que les variations survenues entre 1994 et 2007 se produisent sur une période de treize années, soit une durée près de trois fois plus longue que la période qui s'étend de 2008 à 2013. En d'autres termes, une chute de 1 % sur la seconde période se produit trois fois plus rapidement que sur la première période.

Figure 3. Changement des parts de l'emploi (1994-2007 et 2008-2013)

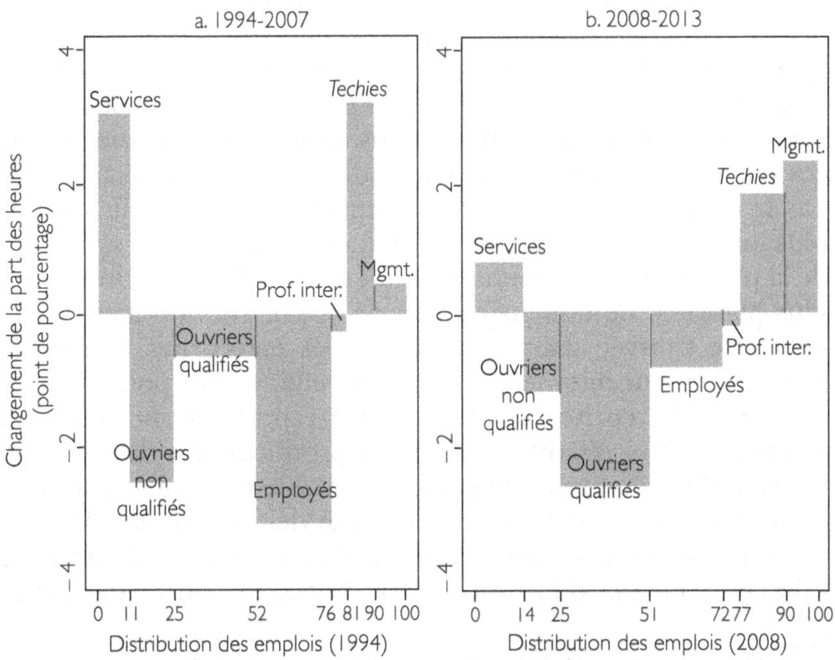

Source : DADS, calcul des auteurs.

La Figure 3 montre que le nombre d'emplois qualifiés diminue considérablement depuis 2008. Non seulement la chute est beaucoup plus importante qu'auparavant (– 2,6 contre – 0,63 point de pourcentage), mais elle se produit encore plus rapidement et sur une période plus courte. Les baisses de la part des heures des travailleurs non qualifiés et des employés de bureau sont moins fortes, mais sur une base annuelle (en divisant la variation par le nombre d'années au cours desquelles cette variation a lieu), les taux de diminution sont très similaires. La crise ne semble donc pas avoir eu d'incidence majeure sur le rythme des variations pour les travailleurs non qualifiés et les employés de bureau. Dans l'ensemble, parallèlement à la diminution beaucoup plus importante de la part des travailleurs qualifiés, la baisse des emplois de salaires intermédiaires s'est intensifiée après 2008 par rapport à la période précédente. La crise a aggravé les forces profondes et structurelles de la mondialisation et de l'évolution technologique qui entraînent ces pertes d'emplois. L'intensification de la polarisation due à la crise est également documentée aux États-Unis[1]. Cette crise touche les industries de manière différenciée avec, par exemple, un impact négatif particulièrement intense sur la construction et la production industrielle. Ces industries emploient plus de travailleurs qualifiés que d'autres branches de l'économie, ce qui peut donc contribuer à expliquer le déclin plus important et plus rapide de ces travailleurs après 2008. Cependant, ce n'est probablement pas la cause majeure du changement. Comme nous le verrons plus loin, le rôle de la composition industrielle dans l'explication de la polarisation est identique avant et après la crise. Une raison plus plausible de l'intensification de la polarisation après 2008 peut être trouvée dans la tendance des entreprises à reporter leur ajustement interne jusqu'à ce qu'elles soient poussées à le faire. Les entreprises ont tendance à reporter le licenciement des travailleurs relativement moins productifs ou de ceux qui peuvent être remplacés de manière rentable par la délocalisation ou les nouvelles technologies en raison des institutions du marché du travail ou de considérations d'accumulation de la masse salariale – en cas d'incertitude sur le rythme du changement,

1. N. Jaimovich et H. Siu, « The trend is the cycle. Job polarization and jobless recoveries », 2014.

les entreprises risquent alors de ne pas pleinement réagir en se séparant de ces travailleurs. Mais lorsqu'une crise majeure se produit, ces considérations sont éclipsées par la nécessité de s'adapter rapidement et de réduire les coûts. Dans notre cas, cela concerne les travailleurs qualifiés. Conformément à ce point de vue, nous verrons que l'ajustement au sein des entreprises est devenu relativement plus important après la crise de 2008.

Tableau 2. Changement structurel de l'emploi au niveau agrégé au cours des périodes 1994-2014, 1994-2007 et 2008-2013

Catégorie socioprofessionnelle	Part de l'emploi en 1994 (%)	Changement de la part de l'emploi	
		Total	Par an
1994-2014			
Management	9,95	2,74	0,14
Techies	9,16	5,18	0,27
Professionnels de niveau intermédiaire	4,81	– 0,36	– 0,02
Travailleurs des services	11,19	3,95	0,21
Employés de bureau	24,46	– 4,05	– 0,21
Ouvriers qualifiés	26,63	– 3,32	– 0,17
Ouvriers non qualifiés	13,81	– 4,14	– 0,22
1994-2007			
Management	9,95	0,37	0,03
Techies	9,16	3,17	0,24
Professionnels de niveau intermédiaire	4,81	– 0,26	– 0,02
Travailleurs des services	11,19	3,04	0,23
Employés de bureau	24,46	– 3,15	– 0,24
Ouvriers qualifiés	26,63	– 0,62	– 0,05
Ouvriers non qualifiés	13,81	– 2,56	– 0,2
2008-2013			
Management	10,4	2,29	0,46
Techies	12,53	1,81	0,36
Professionnels de niveau intermédiaire	4,64	– 0,19	– 0,04
Travailleurs des services	14,39	0,75	0,15
Employés de bureau	21,27	– 0,85	– 0,17
Ouvriers qualifiés	25,91	– 2,6	– 0,52
Ouvriers non qualifiés	10,87	– 1,2	– 0,24

Remarque : la variation totale en parts horaires correspond à la période dans chaque partie. La variation annuelle représente la variation totale divisée par le nombre d'années au cours duquel le changement a lieu et indique la vitesse du changement.
Source : DADS, calcul des auteurs.

L'augmentation des emplois de services est bien moins prononcée après la crise de 2008. Cela est dû à la contraction des activités en France, mais aussi, mécaniquement, à la période d'analyse relativement plus courte comprise entre 2008 et 2013. Même sur une base annuelle, cet accroissement durant la période postérieure à la crise est plus lent d'un tiers. Notons que nous observons une augmentation importante de la part horaire des propriétaires d'entreprise, des dirigeants et des cadres au cours de la période de contraction. Cette variation est une conséquence de l'incidence de l'augmentation du chômage, provenant de manière disproportionnée des travailleurs des services employés avant la crise, qui entraîne une hausse mécanique du nombre de cadres et de professionnels hautement qualifiés. Comme pour les cadres, la part horaire des *techies* augmente plus rapidement dans la période postérieure à la crise sur une base annuelle – bien que l'effet cumulatif soit plus faible en raison de la période plus réduite. Les travailleurs appartenant à ces professions étant généralement plus protégés que les autres – en raison de leurs contrats de travail, de l'utilité de leurs compétences ou de leur position plus élevée dans la hiérarchie des entreprises –, la crise a augmenté mécaniquement leurs parts, de la même manière qu'elle a réduit l'emploi en général.

Dans l'ensemble, la polarisation s'est poursuivie ou même intensifiée après la crise de 2008 à presque tous les égards.

Nous allons maintenant analyser les secteurs manufacturiers et non manufacturiers. La Figure 4 montre que la polarisation dans le secteur non manufacturier suit un schéma similaire à celui du secteur privé global. Cela n'est pas surprenant, car le secteur non manufacturier représente l'essentiel des emplois du secteur privé.

Mais la tendance est très différente pour le secteur manufacturier, comme le montre la Figure 5. Tout d'abord, il faut noter que l'échelle des changements est beaucoup plus grande dans le secteur manufacturier que non manufacturier. Dans l'industrie manufacturière, au cours des deux périodes, le facteur essentiel est une amélioration substantielle des compétences. Entre 1994 et 2007, le progrès des compétences revêt trois dimensions. Tout d'abord, chez les travailleurs de l'industrie, la part des heures travaillées des travailleurs qualifiés augmente tandis que celle

Figure 4. Changement des parts de l'emploi dans le secteur non manufacturier (1994-2007 et 2008-2013)

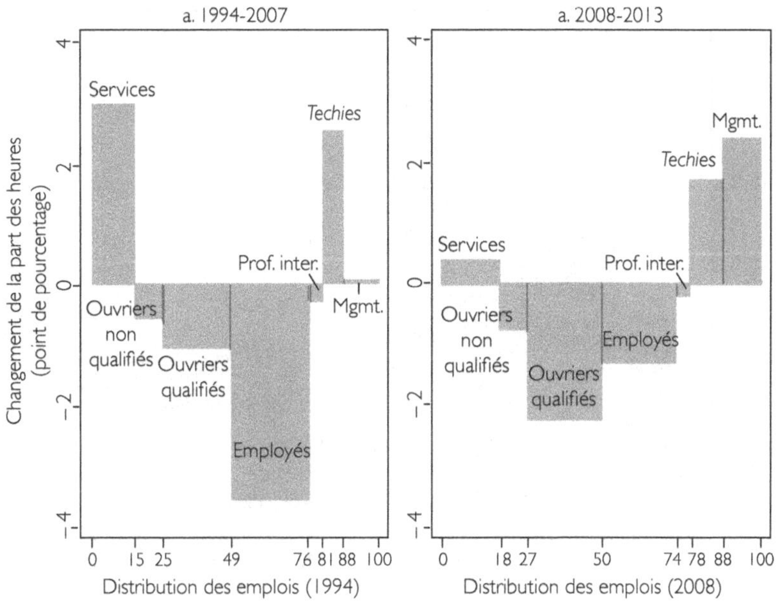

Source : DADS, calcul des auteurs.

des travailleurs non qualifiés diminue. Ensuite, on constate une réduction du nombre des parts horaires des employés de bureau et, enfin, une augmentation de la part de l'emploi des *techies.*

Les tendances décrites précédemment masquent de profondes différences entre les travailleurs au sein de chacune des grandes catégories socioprofessionnelles. Ainsi, aux États-Unis, par exemple, la polarisation est principalement liée aux tendances de l'emploi des femmes[1]. Dans leur opuscule du CEPREMAP, Reshef et Toubal montrent que contrairement à la tendance en cours aux États-Unis, les hommes comme les femmes structurent le phénomène de polarisation, avec toutefois des différences importantes selon les professions. Par ailleurs, ils montrent que le phénomène de polarisation est surtout observé chez les femmes

1. F. Cerina, A. Mauro et M. Rendall, « The role of gender in employment polarization », 2017.

Figure 5. Changement des parts de l'emploi dans le secteur manufacturier (1994-2007 et 2008-2013)

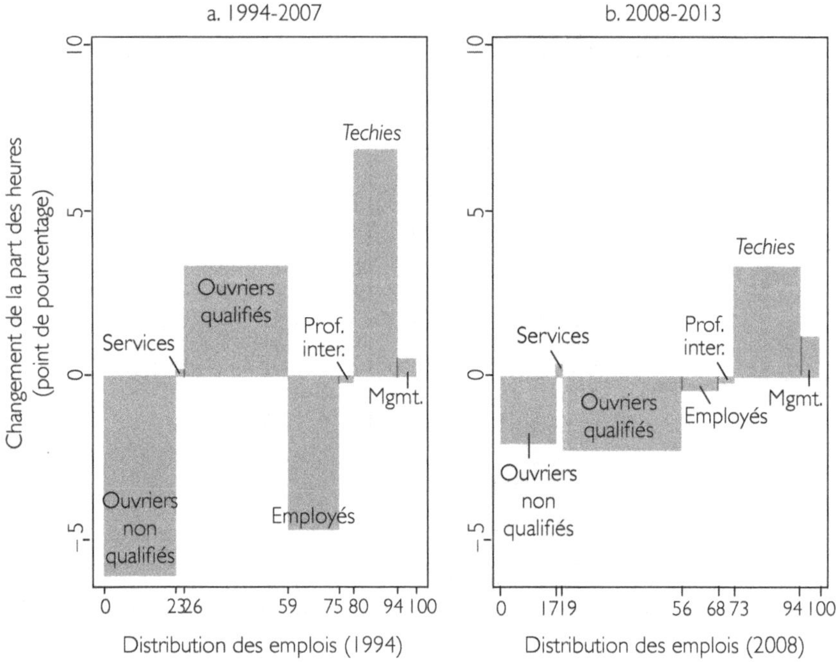

Source : DADS, calcul des auteurs.

au cours de la période avant la crise de 2008. La crise a eu un impact négatif sur les femmes dans toutes les professions en bas de l'échelle de salaire ainsi que dans la grande catégorie des employés de bureau. La croissance de la part horaire des femmes cadres et des professionnels hautement qualifiés, ainsi que des *techies*, se fait au cours des deux périodes.

Le message général résultant de ces divisions par période, par secteur et par sexe est que la polarisation est omniprésente. Elle est surtout manifeste dans le secteur non manufacturier, elle s'intensifie dans la période après la crise et, dans ce cas, elle est plus imputable aux variations de la composition de l'emploi des hommes qu'à celle des femmes.

Décomposition des variations globales : départements, industries et entreprises

Les tendances globales décrites plus haut se manifestent dans les départements français, ainsi qu'au niveau des industries et des entreprises. Dans cette section, nous posons la question du rôle des variations dans la composition des départements, des industries et des entreprises dans la polarisation globale, que nous comparons au rôle des variations au sein des départements, des industries et des entreprises, respectivement.

Certains départements peuvent connaître plus de changements en raison de leur composition industrielle et ainsi contribuer de manière différentielle à la polarisation au niveau global. Une partie de cette contribution peut s'expliquer par des taux distincts de croissance de l'emploi entre départements, compte tenu de leurs modèles d'emploi. Les industries sont touchées par la mondialisation et l'évolution technologique de manière différente à cause de la nature de leurs activités. Des industries qui bénéficient d'un avantage comparatif vont plus se développer en raison de la diminution des obstacles à l'exportation, tandis que d'autres, comparativement désavantagées, se contracteront à cause de la concurrence des importations. Certains de ces effets ont été étudiés dans des zones géographiques aux États-Unis et en France[1].

La mondialisation peut affecter la composition professionnelle au sein des industries, notamment en raison des complémentarités qui existent entre main-d'œuvre exportatrice et main-d'œuvre qualifiée ou à cause des délocalisations remplaçant la main-d'œuvre non qualifiée. Des effets similaires se produisent d'une entreprise à l'autre et au sein même d'une entreprise et l'évolution technologique peut aussi toucher la composition professionnelle globale à travers ces dimensions.

1. D. Autor, D. Dorn et G. Hanson, « The China syndrome. Local labor market effects of import competition in the United States », 2013 et C. Malgouyres, « The impact of Chinese import competition on the local structure of employment and wages. Evidence from France », 2017.

Pour étudier ces questions, nous avons appliqué une décomposition exacte des variations globales des parts d'heures travaillées en deux composantes : la première en raison de variations dans la composition des unités économiques, la seconde en raison de variations au sein de ces unités, qui peuvent être des départements, des industries ou des entreprises[1].

La contribution des unités intra-économiques aux variations globales utilise une composition constante d'unités économiques tout en permettant à la composition intra-unité des professions de varier en fonction des données. Ce qui répond à la question suivante : dans quelle mesure la variation globale de la part d'une profession est prise en compte par les variations des parts professionnelles au sein des unités, en maintenant constante la composition des unités ? La contribution de la composition des unités économiques utilise une composition fixe de professions au sein des unités tout en permettant aux unités économiques de varier en taille comme dans les données. Cela répond à la question suivante : dans quelle mesure la variation globale de la part d'une profession est prise en compte par les variations de la composition des unités en maintenant constantes les parts professionnelles au sein des unités (ce qu'on appelle parfois simplement le composant « *within* ») ?

Savoir quelle dimension est la plus importante peut aider à prêter attention aux explications théoriques pertinentes et aux mécanismes susceptibles de conduire au changement global. Cela peut aussi éclairer les politiques publiques.

Les résultats de ces décompositions sont résumés dans le Tableau 4. Globalement, les variations dans la taille relative des départements et des secteurs contribuent peu aux évolutions globales observées dans la Figure 2 et dans la première partie du Tableau 2. En revanche, 81 % des variations globales peuvent être attribuées à des variations dans la taille relative des entreprises, tandis que les ajustements intra-entreprises ne représentent que 19 % des variations globales. Ces chiffres impliquent que la majeure partie du changement structurel est provoquée par des variations dans la composition des entreprises, qui se

1. Voir A. Reshef et F. Toubal, *op. cit.*, pour un point méthodologique.

manifeste au sein des secteurs et des départements. Notons que les créations et les disparitions d'entreprises contribuent peu à ce processus : bien que les créations et les disparitions soient nombreuses, elles sont le fait de petites entreprises et leur répercussion nette totale sur l'économie en termes de composition professionnelle est faible.

Conjuguée à la grande concentration de l'emploi, la forte part de la variation globale attribuée aux variations de la composition des entreprises implique que ce sont les variations dans la taille relative de ces grandes entreprises, compte tenu de leur structure d'emploi particulière par profession, qui entraîne la majorité des variations. Leur grande taille peut laisser supposer un fort potentiel d'ajustement au sein de l'entreprise, mais cela ne représente pas une contribution importante au changement structurel. En d'autres termes, dans ce contexte, les grandes entreprises jouent un rôle important en raison de l'évolution de leurs tailles relatives compte tenu de leurs compositions professionnelles différentes, mais pas parce qu'elles se réorganisent en interne au fil du temps.

Pourquoi est-ce le cas ? Un mécanisme subtil et non mesuré est lié au fait que les entreprises réagissent différemment aux changements de l'environnement. Celles qui comptent de nombreux emplois dans des professions devenues relativement moins productives perdent tout d'abord leur compétitivité et risquent de se contracter par rapport à celles qui emploient ces professions en moindre nombre. Bien que ces entreprises suppriment également des emplois dans ces professions devenues relativement moins productives, la réponse est assez limitée à cause de la résistance au changement organisationnel des entreprises et des institutions rigides du marché du travail. En outre, l'effet sur la perte de compétitivité est important – en raison d'une grande élasticité de substitution dans la demande[1]. Cela signifie que la tendance à la réduction de l'emploi dans les professions à salaires intermédiaires se concentre dans la contraction générale des entreprises qui

1. On peut trouver des preuves d'élasticités de substitution de la demande bien plus grandes par rapport aux élasticités de substitution dans les entreprises chez J. Harrigan, A. Reshef et F. Toubal, « Techies, trade, and skill-biased productivity. Firm level evidence from France », 2018.

emploient ces mêmes professions en plus grand nombre. Cela explique l'importance de la composition des entreprises dans son ensemble.

Nos résultats sur les effets de composition pourraient impliquer que les entreprises en croissance sont celles qui emploient des professions relativement plus productives. Ces effets de composition pourraient renforcer le phénomène conceptualisé dans les travaux d'Olivier Godechot et ses coauteurs qui montrent le déclin des interactions au travail entre le haut et le bas de la hiérarchie salariale[1]. Cette polarisation au sein des entreprises avec des cadres localisés dans un lieu et des travailleurs dans un autre aurait, au-delà de la dimension économique, des effets notables sur les interactions sociales.

Les messages clairs venant de la décomposition des années 1994-2013 masquent des différences importantes d'une période à l'autre. Entre 1994 et 2007, nous observons une dichotomie encore plus extrême : près de 100 % des variations globales sont dues à des fluctuations qui se produisent au sein des départements et des secteurs (107 % pour les départements), alors que plus de la totalité de la variation (126 %) est due aux modifications de la taille relative des entreprises, en maintenant constantes les organisations des professions au sein des entreprises. Ces parts extrêmement importantes sont beaucoup plus réduites dans la période qui suit la crise : 80 % des variations globales sont dues aux fluctuations qui se produisent au sein des départements et 75 % au sein des secteurs, tandis que seulement 63 % sont dues aux variations de la taille relative des entreprises.

Pourquoi ces différences ? La crise a touché certaines activités bien plus que d'autres, comme la production industrielle et la construction. Ces industries se contractent et, compte tenu de la composition particulière de leurs professions, cela ajoute beaucoup à la contribution de la composition de l'industrie aux variations globales. Ces activités, ainsi que celles d'autres branches, n'étant pas réparties de manière égale entre les départements, cela contribue aux variations de composition. Les externalités au sein des départements peuvent exacerber l'effet industriel : un

1. O. Godechot *et al.*, « The great separation. Inequality, segregation, and the role of finance », 2018.

département présentant une chute particulièrement importante de son activité principale subira également des pertes d'emploi dans d'autres branches, en raison, par exemple, de revenus plus faibles dans le département qui sont dépensés en services locaux. En revanche, la contribution de l'ajustement au sein des entreprises après la crise est de 37 %, soit presque le double de cette contribution avant la crise (19 %). La crise a donc incité les entreprises à ajuster la composition de l'emploi, bien plus qu'avant 2008.

Le message général du Tableau 4 fait écho à celui des comparaisons de la Figure 3 avec le Tableau 2. Les forces persistantes de la mondialisation et de l'évolution technologique ont façonné la structure de l'emploi en France avant et après la crise de 2008. La crise a déclenché des forces supplémentaires qui ont affecté la direction du changement et le mécanisme par lequel cela se produit, sans modifier la tendance générale.

Tableau 3. Décomposition du changement structurel agrégé

Période	Départements		Industries		Entreprises	
	Changement au sein des départements	Changement de la composition des départements	Changement au sein des industries	Changement de la composition des industries	Changement au sein des entreprises	Changement de la composition des entreprises
1994-2013	0,89	0,11	0,78	0,22	0,19	0,81
1994-2007	1,07	– 0,07	0,99	0,01	– 0,26	1,26
2008-2013	0,8	0,2	0,75	0,25	0,37	0,63

Source : DADS, calcul des auteurs.

Quelles sont les causes du changement structurel ? Les deux facteurs les plus importants sont l'évolution technologique et la mondialisation, car ils déterminent conjointement la demande de masse salariale dans les économies de marché. Avec les réponses de l'offre, ils spécifient la manière dont la structure de l'emploi évolue au fil du temps. Étant donné que l'évolution technologique et la mondialisation ont un impact qui n'est jamais égal sur les différentes catégories de travailleurs, les changements structurels sont presque inévitables. La France ne fait pas exception à cela, comme nous le mettons en évidence dans la section suivante.

Évolution technologique et mondialisation

Des statistiques simples confirment la participation accrue de l'économie française aux marchés mondiaux. Comme le montre la Figure 6, la part des exportations dans le PIB est passée de 21,5 % en 1994 à 29,3 % en 2016. Au cours de la même période, celle des importations dans le PIB est passée de 20 % à 31,2 %. Cette progression importante de la participation internationale affecte l'ensemble de l'économie, mais ses effets directs se font surtout sentir dans le secteur manufacturier, car ce secteur est à l'origine de la plupart des exportations et fait directement face à la concurrence des importations. C'est

Figure 6. Exportations et importations françaises (% du PIB)

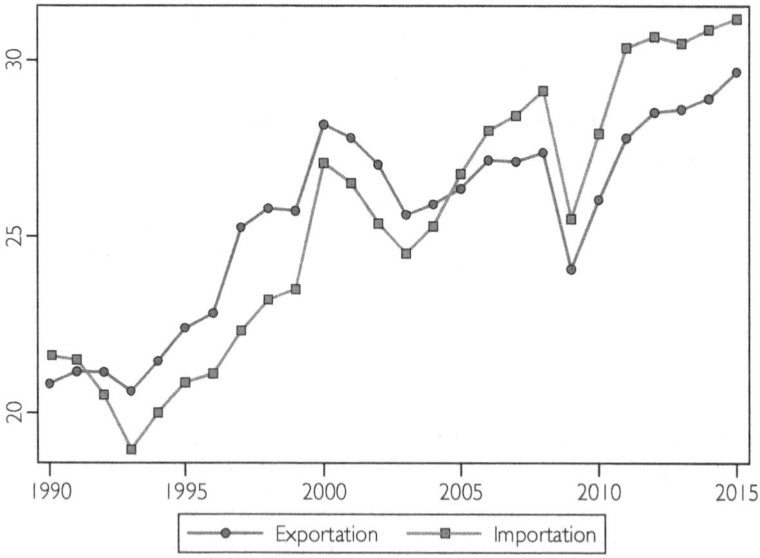

Source : World Bank, *World Development Indicators.*

pourquoi nous examinons séparément le secteur manufacturier ci-dessous.

Bien qu'il soit difficile de mesurer l'évolution technologique, certaines de ses manifestations sont observables. La Figure 7 illustre l'augmentation de l'utilisation d'Internet en France. Le pourcentage de la population qui utilise Internet est passé de seulement 0,9 % en 1994 à 85,6 % en 2016. Les abonnements au haut débit (y compris les particuliers et les entreprises) sont passés de seulement 0,02 à 42,7 pour 100 personnes en 2016. Ces chiffres indiquent un tournant dans la manière dont la communication se fait désormais, avec des résultats potentiellement profonds sur les entreprises et la consommation.

Une autre manifestation de l'évolution technologique est la progression de la part dans l'emploi des travailleurs spécialisés dans les technologies – les *techies* – possédant des compétences dans le domaine des STEM (sciences, technologie, ingénierie et mathématiques). La part des heures payées à cette catégorie de travailleurs et son évolution indiquent le rythme de l'adop-

Figure 7. Internet et abonnement au haut débit

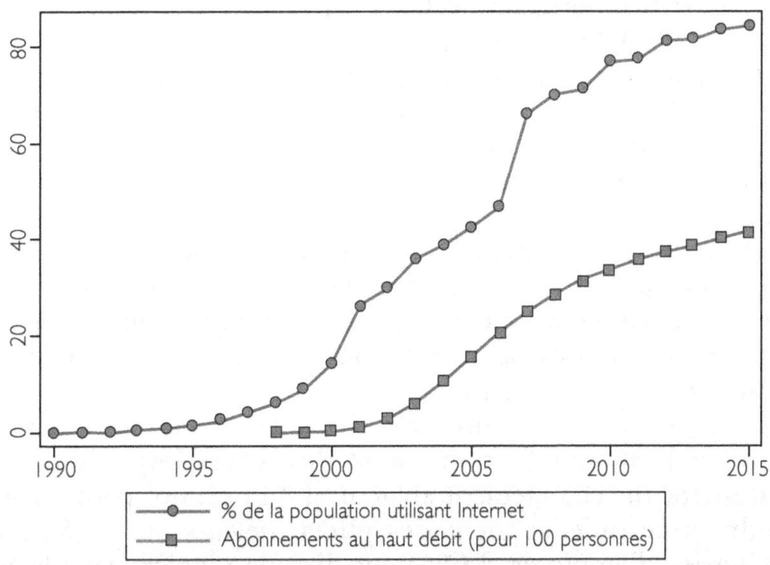

Source : World Bank, World Development Indicators.

Figure 8. Part des *techies* dans l'emploi (% du nombre d'heures, 1994-2013)

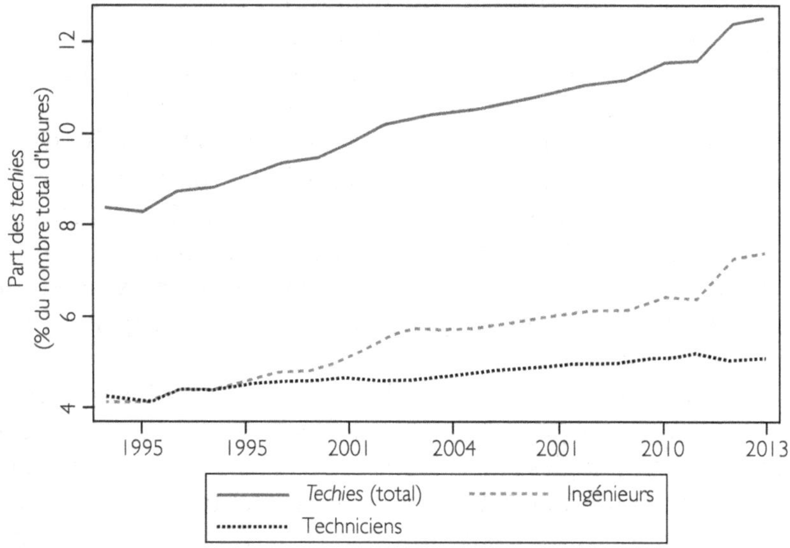

Source : DADS, calcul des auteurs.

tion de la technologie et sa diffusion dans l'économie française. La Figure 8 montre que celle-ci est passée de 9 % en 1994 à 14 % en 2013 (de 14 % à 20 % de la masse salariale) avec une forte augmentation dans l'emploi des ingénieurs plutôt que celle des techniciens qui constituent cette catégorie. L'augmentation importante de la part des *techies* est une indication de l'accroissement du niveau de technologie en France et de son taux de diffusion.

Dans ces deux dimensions, la mondialisation et l'évolution technologique, il semble que la France ne stagne pas. Si ces forces puissantes affectent l'économie française en interaction avec les institutions du marché du travail, elles sont omniprésentes et leur impact est fort.

Pourquoi peut-on s'attendre à ce que l'évolution technologique et la mondialisation soient des forces importantes qui entraînent un changement structurel ? Pourquoi peut-on s'attendre à ce qu'elles aient des effets inégaux sur différentes catégories d'employés ? On peut dire de manière simple que ces deux phénomènes modifient les opportunités selon les types d'activités économiques, entraînant l'expansion de certaines activités et la contraction d'autres, ce qui aboutit à des changements dans la composition des activités économiques. Étant donné que tous les types d'activités n'emploient pas tous les types de travailleurs dans les mêmes proportions, les variations de la demande relative de travailleurs sont le résultat de ces changements dans la composition. En outre, l'évolution technologique et la mondialisation modifient aussi les proportions de la demande de différents types de travailleurs au sein des activités économiques (régions, industries ou entreprises).

Par exemple, la réduction globale des obstacles au commerce profite aux branches manufacturières orientées vers l'exportation (avantage comparatif) et nuit aux industries concurrençant les importations ; les premières se développent et les secondes se contractent. Dans une même logique, au sein des industries, ce qui est peut-être encore plus important, les entreprises tournées vers l'exportation se développent, tandis que les autres se contractent ou disparaissent. Les branches et les entreprises orientées vers l'exportation ont tendance à employer plus de cadres et d'employés hautement qualifiés/formés, de sorte que l'on peut s'attendre à ce que la réduction des obstacles au commerce augmente leur emploi.

Le commerce international d'intrants et de produits intermédiaires peut également permettre à certains types de tâches d'être plus délocalisés que d'autres. Ce qui peut affecter la demande relative de travailleurs qualifiés/formés par rapport aux autres. Les importations d'intrants se substituent à certains types de travailleurs généralement moins formés et moins qualifiés, mais ont également un effet de réduction des coûts qui peuvent accroître la demande de travailleurs dont les emplois ne sont pas délocalisés. Ces travailleurs ont généralement des niveaux de formation plus élevés. En remplaçant la main-d'œuvre nationale par une main-d'œuvre étrangère, la délocalisation a un impact sur la composition de l'emploi et pourrait avoir des effets plus importants sur les emplois manufacturiers plus exposés au commerce d'inputs. Compte tenu de la mobilité relativement faible des travailleurs les moins qualifiés dans les différents secteurs et les régions, la délocalisation peut contribuer de manière significative au chômage, en particulier lorsque les salaires sont rigides.

L'évolution technologique a potentiellement des effets similaires à la mondialisation, bien qu'elle fonctionne selon des mécanismes quelque peu différents. Certaines industries et entreprises ont plus à gagner à utiliser les technologies de l'information et de la communication (TIC) entraînant des changements dans la demande de différents types de travailleurs. L'augmentation de la puissance de calcul disponible et la réduction de son prix réel ont permis à de plus nombreuses tâches d'être prises en charge par les ordinateurs et les autres TIC. Étant donné que les ordinateurs sont particulièrement puissants – et ils le seront de plus en plus – dans l'exécution de tâches répétitives et codifiables, ces technologies remplacent les professions qui en étaient chargées. Ces tâches existent à la fois dans le secteur manufacturier où les robots remplacent de plus en plus certains types de main-d'œuvre et dans le secteur des services où un nombre croissant de tâches intellectuelles de routine sont remplacées par des logiciels de plus en plus sophistiqués. En outre, les TIC peuvent épauler des cadres et des professionnels hautement qualifiés en leur permettant de mieux rassembler, traiter et analyser les informations[1].

Les entreprises situées dans les différentes régions françaises ont toutes accès aux mêmes technologies, mais le progrès technologique a des conséquences diverses sur les marchés du travail locaux en raison de la composition de l'industrie, des professions et des tâches, qui diffèrent toutes sur ces marchés. Les spécialisations locales sont principalement héritées du passé, les caractéristiques géographiques étant parfois leur raison principale. Par exemple, la disponibilité régionale d'une matière première essentielle telle que le charbon dans le nord de la France, la proximité d'une rivière ou l'accès aux infrastructures expliquent en grande partie ces combinaisons locales. Cependant, en réduisant les coûts de communication,

1. Les évolutions récentes de l'intelligence artificielle et de l'apprentissage automatique devraient élargir la gamme des tâches que les ordinateurs et autres matériels informatiques peuvent remplacer. Voir H. Varian, « Artificial intelligence, economics, and industrial organization », 2018.

le progrès technologique peut également amplifier les disparités spatiales en accentuant les spécialisations fonctionnelles des bassins d'emploi. La mondialisation a un impact sur les marchés du travail régionaux tout comme le progrès technologique. Ces effets varient selon les endroits où les entreprises internationalisées choisissent de s'implanter et ils dépendent de la croissance ou du déclin de ces dernières. Un effet induit affecte les territoires à des degrés divers, en fonction de l'intensité de leur exposition à la mondialisation.

Évolution des tendances de la participation à la population active, de l'emploi et du chômage

Au cours de notre période d'étude - 1994-2013 -, deux évolutions importantes, complémentaires et liées entre elles, se sont produites sur le marché du travail français. Premièrement,

Figure 9. Participation au marché du travail (% de la population, 15-64 ans)

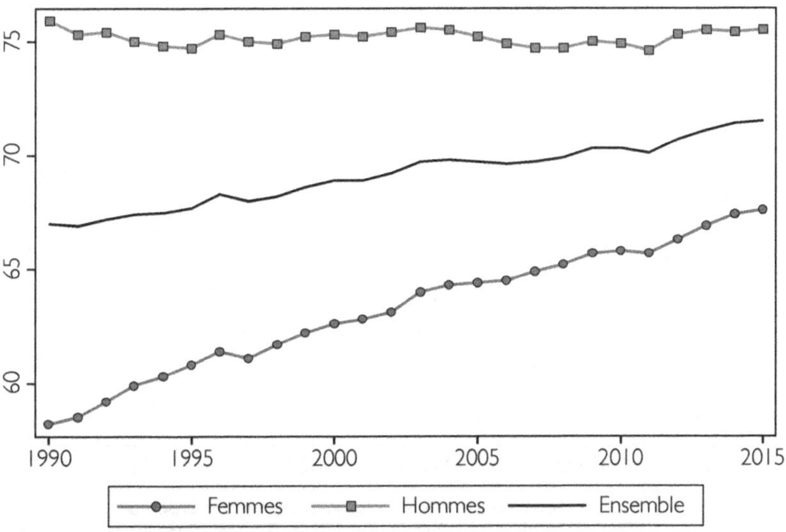

Source : Insee. *Labor force participation.*

la participation à la population active (en prenant en compte l'ensemble des salariés et des personnes sans emploi) est passée de 67,5 % en 1994 à 71,1 % en 2013. La Figure 10 illustre cette évolution et le fait que l'augmentation de cette participation est entièrement menée par les femmes. Alors que la participation des hommes à la population active est stable, se situant autour de 75 %, celle des femmes passe de 60,3 % en 1994 à 67 % en 2013. Autrement dit, beaucoup plus de femmes travaillent ou sont à la recherche d'un travail.

Deuxièmement, l'évolution du chômage est marquée par la crise financière qui suit l'année 2008. La Figure 10 met en évidence deux grandes périodes. Au cours de la première période, le taux de chômage présente une baisse graduelle, passant de 10,3 % en 1994 à 7,1 % en 2008. Ensuite, ce taux augmente pour atteindre 10,1 % en 2013, un niveau presque identique à celui de 1994. Pour cette raison, nous étudions séparément deux périodes : 1994-2007 et 2008-2013. Au cours de la première période, la mondialisation et l'évolution technologique opèrent dans un environnement macroéconomique relative-

Figure 10. Taux de chômage
(% de la population active, 15-64 ans)

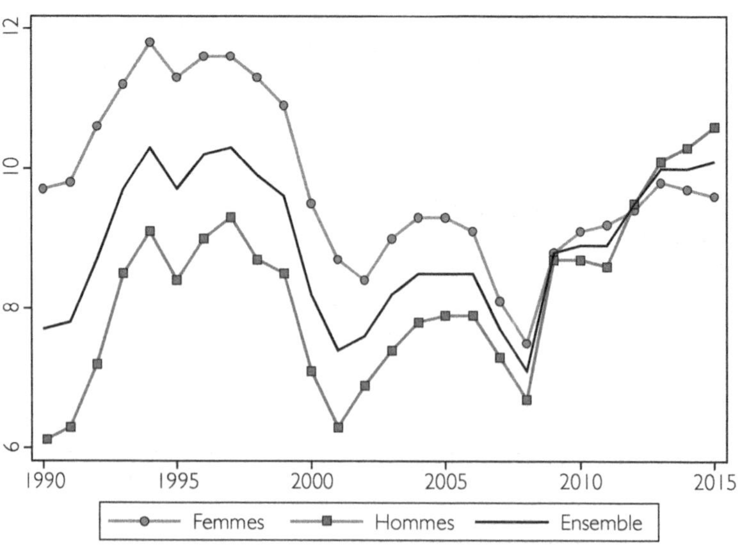

Source : Insee. *Unemployment rate.*

ment inhibé. Dans la seconde période, la crise est un facteur supplémentaire important qui peut aider à expliquer l'évolution des changements structurels.

L'évolution conjointe de la participation à la population active et du chômage a des implications sur le changement structurel. En temps de crise, ce sont généralement les travailleurs les moins qualifiés et les moins formés qui paient le prix fort de la contraction économique. La France ne fait pas exception à cela, comme l'indiquent les données de l'Insee sur le chômage et la participation par catégories de compétences. Cela signifie qu'après 2008, on ne peut pas s'attendre à voir d'augmentation importante du niveau ou de la part de l'emploi à bas salaires. La même logique s'applique à la période relativement calme qui a précédé la crise. L'augmentation de la participation à la population active et la baisse du chômage sont principalement dues à la hausse des emplois moins qualifiés. La participation des travailleurs hautement qualifiés est toujours élevée et leur taux de chômage est presque toujours très faible. Là encore, les données de l'Insee illustrent ce propos (tableaux non présentés ici). Cela signifie qu'une partie de la polarisation observée de 1994 à 2007 est due à une augmentation de l'offre relative d'emplois à bas salaires.

Les réformes institutionnelles et réglementaires au cours de la période 1994-2013 pourrait également avoir eu des effets différenciés sur les types de travailleurs et de professions. Cependant, notre analyse utilise le nombre d'heures, et non les personnes employées, comme unité d'observation. Nous ne pensons pas que ces réformes ont eu un effet considérable sur les tendances à long terme de la structure professionnelle telles que nous les mesurons.

Impact de la technologie et du commerce sur l'emploi

L'évolution technologique et la mondialisation ne sont presque jamais neutres, elles ne profitent jamais de manière égale à tous les travailleurs. C'est dans la nature même de ces forces de créer à la fois des gagnants et des perdants, même si, à long terme, tous pourront en bénéficier. Les coûts d'ajustement peuvent toutefois empêcher les perdants de tirer un bénéfice de ces forces.

Par exemple, les technologies peuvent compléter ou remplacer les travailleurs. Les logiciels d'analyse de données et de relations avec la clientèle sont de bons exemples de technologies qui améliorent la productivité du travail. Cependant, l'utilisation de ces logiciels nécessite des compétences spécifiques et des connaissances précises. Seuls les travailleurs possédant ces compétences bénéficient directement du progrès technologique. Les technologies peuvent également remplacer les travailleurs, souvent en prenant en charge les tâches répétitives et routinières. C'est le cas des robots dans le secteur industriel qui, associés aux outils numériques, électroniques et informatiques, peuvent effectuer de nombreux types de tâches routinières sans intervention humaine. Ces technologies ont beaucoup progressé ces dernières années[1]. Les effets s'en font sentir au-delà des industries manufacturières. Le développement des nouvelles TIC peut affecter les emplois dans les services en automatisant davantage les tâches intellectuelles, comme dans les secteurs financiers, les services juridiques, etc.

Il est toutefois très difficile d'évaluer les effets des technologies sur l'emploi total. Les technologies favorisent le développement de nouveaux produits et services. Cette nouvelle production augmente la demande de main-d'œuvre dans les secteurs élaborant de nouveaux produits et en diminue la

1. G. Graetz et G. Michaels, « Robots at work », 2018.

demande dans ceux produisant les anciens produits. La destruction d'emplois dans les secteurs « traditionnels » peut être plus que compensée par la création d'emplois résultant de l'expansion de nouveaux produits. À moyen terme, l'effet net dépendra de la demande de nouveaux produits et de la mobilité des travailleurs entre les secteurs, les professions et les entreprises, et donc des coûts d'ajustement.

Les coûts d'ajustement sont très difficiles à quantifier car nous ne disposons pas d'informations précises sur leurs composants (par exemple, le coût de la formation des travailleurs ou les coûts liés à la mobilité géographique et sectorielle, à la fois pécuniaire et psychologique). L'importance des coûts d'ajustement dépend des conditions macroéconomiques, de la flexibilité et de l'efficacité des institutions du marché du travail et de la protection sociale. Notons que les technologies de remplacement pourraient même promouvoir l'emploi à moyen terme en réduisant les coûts de production et en augmentant la demande de produits finis. L'effet total sur l'emploi dépend de l'ampleur des coûts et des effets de la demande. Nous estimons un impact net positif sur l'emploi français pour la période 1994-2007[1]. Cependant, il est important de reconnaître que les coûts d'ajustement peuvent être élevés et donc avoir des effets négatifs persistants sur l'emploi, au moins au niveau régional, comme le suggèrent plusieurs auteurs[2].

Si les progrès technologiques peuvent avoir des effets incertains sur l'emploi global à moyen terme, tout porte à croire qu'ils modifieront la composition de l'emploi en termes de spécialisation et de qualification des travailleurs. L'une des hypothèses privilégiées dans les études récentes est celle d'un progrès technologique « biaisé » vers des travailleurs exécutant des tâches intellectuelles analytiques non répétitives, plutôt

1. J. Harrigan, A. Reshef et F. Toubal, « The march of the techies. Technology, trade, and job polarization in France, 1994-2007 », 2020.

2. Notamment les travaux de D. Autor, D. Dorn et G. Hanson, « The China syndrome. Local labor market effects of import competition in the United States », 2013, l'étude de R. Dix-Carneiro et B. Kovak, « Trade reform and regional dynamics. Evidence from 25 years of Brazilian matched employer-employee data », 2015, et les travaux de M. Amior et A. Maning, « The persistence of local joblessness », 2018.

que ceux qui exécutent des tâches routinières[1]. Cette hypothèse appelée « hypothèse de routinisation » suggère que l'adoption et la diffusion des TIC réduisent la demande de main-d'œuvre pour les tâches répétitives, routinières et prévisibles pouvant être codifiées et reproduites par des logiciels[2]. Par ailleurs, les TIC peuvent directement augmenter la demande de tâches non répétitives, analytiques et intellectuelles, car les tâches de routine qui leur sont complémentaires sont exécutées plus efficacement par des machines (virtuelles ou physiques), rendant les résultats des tâches intellectuelles non répétitives plus abondantes et de meilleure qualité. Enfin, les TIC peuvent avoir des effets directs, créant de nouvelles tâches nécessitant de plus en plus de capacités intellectuelles non répétitives.

Le remplacement des tâches routinières concerne surtout les travailleurs situés au milieu de la distribution des salaires. Ils occupent des emplois relativement intensifs en traitement de l'information et d'autres tâches de routine, pouvant être exécutées par des ordinateurs et des machines - et ce à un coût de plus en plus bas. En revanche, les TIC augmentent probablement la demande d'emplois nécessitant des compétences intellectuelles spécifiques, telles que la pensée abstraite, l'apprentissage, l'innovation ou la prise de décision. La complémentarité entre la technologie et les tâches non routinières et intellectuelles accroît la demande de travailleurs capables d'exécuter de telles tâches, principalement des salariés très qualifiés qui occupent des emplois situés dans la tranche supérieure de la distribution des salaires.

De nombreuses tâches manuelles non routinières, ainsi que les tâches sociales exigeant des compétences interpersonnelles, restent difficiles à effectuer par des machines, des ordinateurs et des logiciels. Ces tâches manuelles impliquent une coordination motrice et une dextérité précises, ainsi qu'un jugement subtil que les machines ne sont toujours pas en mesure d'effectuer

1. Voir les travaux de D. Autor, F. Levy et R. Murnane, « The skill content of recent technological change. An empirical exploration », 2003.

2. Le terme « hypothèse de routinisation » a été introduit par M. Goos et A. Manning, « Lousy and lovely jobs. The rising polarization of work in Britain », 2007.

aussi bien que les humains. Les tâches sociales nécessitent des contacts interpersonnels qui se sont aussi révélés difficiles à codifier et à automatiser, car les gens ont tendance à préférer être pris en charge par une autre personne plutôt que par une machine. Les progrès technologiques récents ont donc eu peu d'impact direct sur les emplois utilisant des tâches manuelles ou sociales non routinières. Ces tâches sont souvent exécutées par des travailleurs occupant des emplois situés au bas et au sommet de la distribution des salaires. La réduction de la demande d'emplois à salaires intermédiaires entraîne une augmentation mécanique de l'emploi dans les postes à bas salaires, à la fois par un effet de dislocation des travailleurs à salaires intermédiaires se retrouvant au bas de l'échelle salariale et par les changements des opportunités d'emploi pour les jeunes arrivant sur le marché du travail.

Ainsi, sur la base de l'hypothèse de routinisation et de la distribution des tâches entre les professions, nous devrions observer une polarisation des emplois.

Outre le rôle de la routinisation et du progrès technologique, de nombreux auteurs ont associé le phénomène de polarisation à la mondialisation[1]. La mondialisation peut être définie comme une augmentation de l'intensité du commerce international de biens, de services, de capitaux et de connaissances. Dans la mesure où la mondialisation contribue à la prolifération des nouvelles technologies, elle offre également aux entreprises la possibilité de réorganiser leurs activités au niveau mondial, soit par le biais du commerce, soit en localisant l'ensemble ou une partie de leurs activités à l'étranger. La question de l'impact global de la mondialisation sur l'emploi ou sa composition ne peut être que partiellement

1. Il existe plusieurs contributions importantes à ce sujet, notamment celles de D. Autor, D. Dorn et G. Hanson, « The China syndrome. Local labor market effects of import competition in the United States », 2013, de D. Autor, D. Dorn et G. Hanson, « The geography of trade and technology shocks in the United States », 2013, de D. Autor, D. Dorn et G. Hanson, « Untangling trade and technology. Evidence from local labour markets », 2015, de M. Goos, A. Manning et A. Salomons, « Explaining job polarization. Routine-biased technological change and offshoring », 2014 et de C. Malgouyres, « The impact of Chinese import competition on the local structure of employment and wages. Evidence from France », 2017.

résolue. L'absence de données détaillées rend difficile l'examen conjoint des différentes influences de la mondialisation sur l'emploi. Nous disposons toutefois de plus d'informations pour analyser l'impact spécifique du commerce international de marchandises.

En ce qui concerne les technologies, le commerce international peut réduire ou augmenter l'emploi. L'accès à de nouveaux marchés et aux exportations est généralement considéré comme créateur d'emplois, tandis que les importations sont perçues de manière ambiguë. Elles peuvent remplacer la production et l'emploi de certaines entreprises, mais en même temps accroître la compétitivité et la croissance d'autres entreprises en leur permettant un meilleur accès à des produits intermédiaires relativement moins chers. Les ajustements des entreprises au commerce impliquent des coûts, qui sont en partie à la charge des travailleurs. Ces travailleurs peuvent changer d'entreprise ou de secteur, se déplacer d'une région à l'autre ou se retrouver au chômage. L'impact net sur l'emploi dépend de l'ampleur des coûts d'ajustement. Nous nous attendons à observer des effets plus importants dans les secteurs plus exposés tels que le secteur manufacturier. En utilisant des données pour la France, nous montrons que la croissance de l'emploi des entreprises internationalisées n'est pas si différente de celle des entreprises qui ne le sont pas. Ces effets moyens masquent toutefois des différences importantes qui dépendent du type de biens échangés et de leur pays d'origine ou de destination. Alors que les exportations ont invariablement très peu d'effet sur la croissance de l'emploi dans les entreprises (quel que soit le type de produit ou le pays de destination), une analyse plus fine révèle une croissance plus faible des entreprises qui importent des produits intermédiaires, principalement depuis des pays pratiquant des bas salaires[1]. Ces effets tendent à confirmer l'impact négatif de la concurrence des bas salaires sur l'emploi, du moins à court et à moyen terme[2].

1. J. Harrigan, A. Reshef et F. Toubal, *op. cit.*
2. Également observé dans l'étude de D. Autor, D. Dorn et G. Hanson, « The China syndrome. Local labor market effects of import competition in the United States », 2013.

En ce qui concerne la composition de l'emploi, nous nous attendons à un effet plus important du commerce international sur les professions qui y sont plus directement exposées. Les importations pourraient expliquer le déclin des emplois à salaires intermédiaires, car elles se substituent aux tâches pouvant être effectuées par une main-d'œuvre moins chère à l'étranger, un phénomène appelé délocalisation. Étant donné que les tâches concernées sont effectuées à une longue distance, elles sont plus susceptibles d'être délocalisées si elles nécessitent moins d'interactions en face à face[1]. Le commerce international peut également favoriser les travailleurs à salaires élevés en augmentant la demande de tâches intellectuelles non routinières, de tâches associées à des changements organisationnels au niveau de l'entreprise ou liées à la gestion et à la communication entre les filiales de l'entreprise situées dans différents pays.

L'utilisation de données appariées employeurs-employés détaillées permet non seulement d'établir un lien plus direct entre le progrès technologique et la polarisation de l'emploi, mais également de distinguer les effets des progrès technologiques d'autres facteurs économiques importants.

Pour examiner les effets potentiels du commerce et de la technologie sur la polarisation, nous construisons des mesures d'exposition des travailleurs aux exportations, aux importations et à la technologie qui indiquent la part du commerce ou de la technologie globale associée à chacune des sept grandes catégories de professions que nous avons utilisées ci-dessus. La part des heures travaillées par les *techies* représente une bonne approximation du niveau d'adoption de la technologie. Nous avons donc utilisé cette part pour construire une mesure de l'exposition à la technologie par profession[2].

La Figure 11 illustre l'exposition aux importations, aux exportations et à la technologie pour les sept grandes catégories professionnelles en séparant les secteurs manufacturier et non manufacturier. Étant donné que les informations contenues dans l'ensemble de données des douanes concernent le commerce international de biens, nous nous attendons à ce que la

1. A. Blinder, « Offshoring. The next industrial revolution ? », 2006.
2. Voir A. Reshef et F. Toubal, *op. cit.* pour les détails méthodologiques.

mondialisation soit plus répandue dans l'industrie manufacturière, où de nombreux secteurs participent au commerce, que dans l'industrie non manufacturière, où le commerce de biens est principalement concentré dans le secteur du commerce de gros. Par conséquent, les indices pour la même profession d'un secteur à l'autre ne sont pas comparables. En revanche, les indices au sein du secteur sont comparables d'une profession à l'autre.

Il est important de comprendre que ces indices ne reflètent pas mécaniquement la prévalence relative des professions dans l'emploi. Par exemple, très peu d'entreprises importent ou exportent directement et leur composition en termes d'emplois est différente de celle du reste de l'économie. De même, peu d'entreprises emploient directement des *techies* et les différences de composition professionnelle sont également évidentes entre les entreprises qui les emploient et les autres.

La Figure 11 montre que l'exposition aux exportations, aux importations et aux *techies* varie beaucoup d'une profession à l'autre. L'exposition aux importations et l'exposition aux

Figure 11. Exposition aux importations, aux exportations et à la technologie

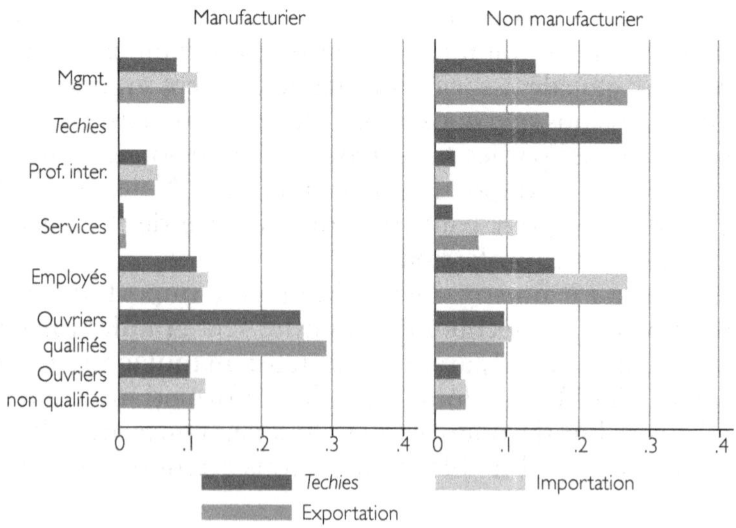

Source : DADS, calcul des auteurs.

exportations sont corrélées. Cela reflète le fait bien connu que les entreprises impliquées au plan international qui exportent importent également, et inversement[1]. Dans le secteur manufacturier, les professions les plus exposées au commerce sont les *techies* et les travailleurs qualifiés – l'une des professions les plus importantes de ce secteur. Les deux types de professions sont donc concentrés dans les entreprises internationalisées. En ce qui concerne les *techies*, nous nous attendons à ce que les échanges contribuent à l'augmentation de la part de leurs heures travaillées dans le secteur manufacturier. Les travailleurs qualifiés étant aussi principalement exposés à la technologie, la mondialisation tout comme la technologie expliquent la diminution de leur part horaire. Les ouvriers non qualifiés du secteur manufacturier sont moins exposés au commerce et à la technologie. Parmi les professions les moins exposées au commerce et à la technologie, on trouve les professionnels de niveau intermédiaire et les travailleurs des services. Cela se reflète dans les très faibles variations de leurs parts dans l'emploi au sein du secteur manufacturier.

En dehors de l'industrie manufacturière, la vaste catégorie des cadres, des *techies* et des employés de bureau est la plus exposée aux importations et aux exportations. Les *techies* sont beaucoup plus nombreux dans les entreprises exportatrices que dans les entreprises importatrices, ce qui suggère une plus grande complémentarité entre leurs tâches et les exportations du secteur non manufacturier. Il convient de noter que le commerce dans le secteur non manufacturier est en grande partie concentré dans le commerce de gros, qui représentait 74 % des exportations non manufacturières et 64 % des importations non manufacturières en 2013. Globalement, l'exposition au commerce et aux *techies* peut aider à expliquer les modèles de polarisation professionnelle dans le secteur non manufacturier et donc de l'ensemble de l'économie, puisque le secteur non manufacturier représente l'essentiel de l'emploi dans le secteur privé français. Les augmentations des parts horaires des cadres et des professionnels, très exposés au

1. A. Bernard, J. Bradford, S. Redding et P. Schott, « Firms in international trade », 2007.

commerce et à la technologie, et des *techies* peuvent s'expliquer par la complémentarité de ces activités, tandis que la diminution du nombre d'employés de bureau, fortement exposés aux *techies*, peut s'expliquer par leur remplacement par les nouvelles technologies. Les travailleurs des services sont plus exposés aux importations qu'aux exportations ou aux *techies*, et leurs parts augmentent car les tâches de vente (comprises dans cette vaste catégorie professionnelle) viennent en complément des importations plus importantes de biens. Comme dans le secteur manufacturier, les professionnels de niveau intermédiaire sont les moins exposés au commerce et aux *techies*, et nous constatons en effet des changements moins importants de leurs parts horaires.

Dans l'ensemble, les mesures d'exposition au commerce et aux *techies*, associées aux arguments théoriques exposés plus haut, participent de la compréhension des mécanismes qui sous-tendent l'évolution de la polarisation de l'emploi et du changement structurel, et aident à apprécier le pouvoir et la présence des forces de la mondialisation et de l'évolution technologique.

Conclusion. Ajustement du marché du travail, changements dans la répartition et implications pour les politiques publiques

L'économie française a connu des changements structurels rapides dans tous les secteurs d'activité au cours des dernières décennies. Elle est principalement devenue une économie de services, ces derniers représentant jusqu'à 81 % du total des emplois du secteur privé en 2013. La France est non seulement spécialisée dans certaines industries manufacturières, mais plus encore dans la recherche et le développement, les services commerciaux et financiers, les services de commerce de détail et de gros. Ces changements se manifestent au niveau des secteurs, mais également en termes de compétences et de composition professionnelle, ainsi que par l'évolution de la répartition des salaires.

Nous montrons que le marché du travail s'est polarisé entre 1994 et 2013. En d'autres termes, les emplois de la classe moyenne ont disparu, tandis que les emplois des classes supérieures et inférieures ont augmenté. Le rythme de la polarisation de l'emploi en France a été plus rapide que dans d'autres pays développés tels que les États-Unis et le Royaume-Uni ; il a même été accéléré par la crise depuis 2008. Ce qui a entraîné des tensions économiques et sociales. La polarisation de l'emploi en France est notamment un facteur déterminant des inégalités de revenus salariaux.

Dans les grandes catégories d'emploi que nous avons analysées, les divergences entre départements et entre secteurs d'activité sont des facteurs déterminants du changement structurel de l'économie. Cependant, et contrairement aux analyses précédentes sur la polarisation des emplois, qui insistaient sur la réallocation des emplois entre régions et entre branches, nos résultats indiquent que les mécanismes sous-jacents à la polarisation et au changement structurel en général opèrent au niveau de l'entreprise. Les transferts d'emplois entre les entreprises expliquent l'essentiel de l'évolution globale de la structure de l'emploi par profession.

La France s'est mondialisée et poursuit son adoption des nouvelles technologies. Nous montrons que la technologie exerce un impact omniprésent sur la répartition des emplois, tandis que l'effet direct du commerce international est plus nuancé et concentré dans le secteur manufacturier. À l'avenir, de nouveaux progrès en intelligence artificielle (IA) et en robotique, ainsi que la montée rapide des pays émergents, devraient probablement accroître la pression sur les travailleurs jusqu'à présent les moins concernés par ces changements : ceux dont les qualifications sont les plus hautes et les plus basses.

Ces changements vont-ils entraîner la fin du travail ? En ce qui concerne l'impact du progrès technologique, des articles récents suggèrent que l'intelligence artificielle, les robots et l'automatisation pourraient créer un avenir caractérisé par un taux de chômage structurel élevé et qu'ils ont déjà des effets sur une grande partie des travailleurs[1]. Carl Benedikt Frey et Michael Osborne estiment que 47 % des emplois aux États-Unis devraient disparaître d'ici à 2021[2]. Cependant, les rapports de l'OCDE publiés par Melanie Arnzt, Gregory Terry et Ulrich Zierahn montrent qu'en moyenne, seulement 9 % des emplois aux États-Unis sont réellement menacés par l'automatisation[3]. En France, le Conseil d'orientation pour l'emploi estime que « moins de 10 % des emplois existants présentent un cumul de vulnérabilités susceptibles de menacer leur existence dans un contexte d'automatisation[4] ». De nombreuses études soutiennent toutefois que bien que le progrès technologique déplace certains travailleurs, il crée également une demande de travail[5]. L'analyse historique de Joel Mokyr, Chris Vickers et Nicolas Ziebarth corrobore ce point de vue[6]. Les révolutions industrielles passées, en provoquant des changements structurels, ont produit du chômage technologique, mais celui-ci n'a pas duré longtemps et n'a pas constitué un phénomène de grande ampleur.

Le progrès technologique et la mondialisation créent des perdants et des gagnants. L'ensemble de l'économie tirera un maximum de profit de ces changements en favorisant la mobilité des travailleurs entre les emplois et les professions, et en mettant à niveau leurs compétences. De nombreuses sources de frictions potentielles peuvent entraver la capacité

1. Voir les livres de E. Brynjolfsson et A. McAfee, *Race against the Machine. How the Digital Revolution is Accelerating Innovation, Driving Productivity, and Irreversibly Transforming Employment and the Economy*, 2014, et de M. Ford, *The Rise of the Robots. Technology and the Threat of Mass Unemployment*, 2015.

2. C. B. Frey et M. Osborne, « The future of employment. How susceptible are jobs to computerization ? », 2017.

3. M. Arntz, G. Terry et U. Zierahn, « The risk of automation for jobs in OECD countries. A comparative analysis », 2016.

4. Conseil d'orientation pour l'emploi, « Automatisation, numérisation et emploi – Tome 1 : Les impacts sur le volume, la structure et la localisation de l'emploi », 2017, p. 165.

5. Voir les contributions intéressantes de D. Autor, « Why are there still so many jobs ? The history and future of workplace automation », 2015 et de D. Acemoglu et P. Restrepo, « Artificial intelligence, automation and work », 2018.

6. J. Mokyr, C. Vickers et N. Ziebarth, « The history of technological anxiety and the future of economic growth. Is this time different ? », 2015.

des marchés du travail à opérer une transition en douceur vers un nouvel équilibre. Plus ces coûts seront faibles pour les travailleurs déplacés, plus la volonté d'accompagner les changements économiques sera forte, et plus les avantages pour l'économie seront importants. En réalité, les politiques d'ajustement devraient viser à amener le marché du travail et l'économie en général à réagir plus efficacement aux changements structurels. Cela peut être fait à la fois indirectement, en améliorant l'efficacité et l'équité du système éducatif initial, mais aussi directement, en développant des programmes de formation et de reconversion ciblés. La formation professionnelle tout au long de la vie est ce qui permet aux individus de prévenir l'obsolescence des compétences, le déclassement et le chômage. Les gains engendrés par le progrès technologique et la mondialisation doivent également être mieux répartis entre les travailleurs (plus de gagnants, moins de perdants), de manière à accroître la demande et, partant, à promouvoir la création d'emplois.

En règle générale, les politiques de l'emploi qui ciblent les secteurs d'activité ou les départements doivent prendre en compte leurs effets sur certaines grandes entreprises. Les subventions générales risquent, par exemple, d'exacerber la polarisation des emplois car les entreprises qui favorisent cette polarisation peuvent être les mieux à même de tirer profit de ces politiques.

La formation professionnelle est importante pour permettre au plus grand nombre de travailleurs de bénéficier des gains résultant de la mondialisation et de l'évolution technologique. Alors que la polarisation des emplois oblige les travailleurs à changer de profession, il est important de disposer d'un système de formation professionnelle flexible et réactif. Celui-ci doit également viser à aider les personnes qui perdent leur emploi à acquérir rapidement les compétences nécessaires pour leur retour vers l'emploi. Ce système devrait être attentif aux besoins fluctuants du marché du travail.

Au-delà de la protection de ceux qui supportent les coûts d'ajustement, la France doit préparer la prochaine génération à être mieux équipée pour pouvoir faire face aux nouvelles réalités qui seront certainement différentes de celles que l'on connaît aujourd'hui. L'avenir est très incertain et cette tâche n'est donc pas facile, notamment en raison de la résistance potentielle du système éducatif lui-même. Certains aspects sont toutefois moins confus que d'autres. Ainsi, à l'avenir, de plus en plus de travailleurs seront en prise directe avec les logiciels et devront les utiliser efficacement. Dans une certaine mesure, il faudra plus de travailleurs pour pouvoir écrire et comprendre le codage informatique.

La mutation a déjà eu lieu et les forces du changement continuent de frapper à nos portes. Que ce soit pour le meilleur ou pour le pire relève, dans une large mesure, d'une décision et non d'un fait accompli. Pour la France, le défi est de trouver les moyens de tirer le meilleur parti de l'évolution technologique et de la mondialisation, et de veiller à ce que les fruits en soient partagés d'une manière équitable entre tous.

Bibliographie

Acemoglu, D et Restrepo, Pascual, « Artificial intelligence, automation and work », NBER Working Paper n° 24196, 2018.

Adermon, Adrian et Guvstasson, Magnus, « Job polarization and task-biased technological change. Evidence from Sweden, 1975-2005 », *The Scandinavian Journal of Economics*, 117 (3), 2005, p. 878-917.

Amior, Michael et Maning, Alan, « The persistence of local joblessness », *American Economic Review*, 108 (7), 2018, p. 1942-1970.

Arntz, Melanie, Terry, Gregory et Zierahn, Ulrich, « The risk of automation for jobs in OECD countries. A comparative analysis », OECD Social, Employment and Migration Working Papers, n° 189, 2016, OECD Publishing, Paris.

Askenazy, Philippe, « Working time regulation in France from 1996 to 2012 », *Cambridge Journal of Economics*, 37 (2), 2013, p. 323-347.

Autor, David, « Why are there still so many jobs ? The history and future of workplace automation », *Journal of Economic Perspectives*, 29 (3), 2015, p. 3-30.

Autor, David, Levy, Frank, et Murnane, Richard, « The skill content of recent technology change. An empirical exploration », *The Quarterly Journal of Economics*, 118 (4), 2003, p. 1279-1333.

Autor, David et Dorn, David, « The growth of low-skill service jobs and the polarization of the US labor market », *American Economic Review*, 103 (5), 2013, p. 1553-1597.

Autor, David, Dorn, David et Hanson, Gordon, « The China syndrome. Local labor market effects of import competition in the United States », *American Economic Review*, 103 (6), 2013, p. 2121-2168.

–, « The geography of trade and technology shocks in the United States », *American Economic Review*, 103 (3), 2013, p. 220-225.

–, « Untangling trade and technology. Evidence from local labour markets », *The Economic Journal*, 125 (May), 2015, p. 621-646.

– et Song, Jae « Trade adjustment. Worker-level evidence », *The Quarterly Journal of Economics*, 2014, p. 1799-1860.

Baumol, William J. (1967), « Macroeconomics of unbalanced growth. The anatomy of urban crisis », *The American Economic Review*, 57 (3), p. 415-426.

Bernard, Andrew, Bradford, Jensen, Redding, Stephen et Schott, Peter, « Firms in international trade », *Journal of Economic Perspectives*, 21 (3), 2007, p. 105-130.

Blinder, Alan « Offshoring. The next industrial revolution ? », *Foreign Affairs*, mars/avril 2006.

Brynjolfsson, Erik et McAfee, Andrew, *Race against the Machine. How the Digital Revolution is Accelerating Innovation, Driving Productivity, and Irreversibly Transforming Employment and the Economy*, Lexington (Mass.), Digital Frontier Press, 2014.

Buera, Francisco et Kaboski, Joseph, « Can traditional theories of structural change fit the data ? », *Journal of the European Economic Association*, 7 (2-3), 2009, p. 469-477.

Cerina, Fabio, Mauro, Alessio et Rendall, Michelle, « The role of gender in employment polarization », Working Paper n° 250, 2017.

Conseil d'orientation pour l'emploi, « Automatisation, numérisation et emploi – Tome 1 : Les impacts sur le volume, la structure et la localisation de l'emploi », 2017.

Cowell, Franck, *Measuring Inequality, LSE Perspectives in Economic Analysis*, Oxford, Oxford University Press, 2008.

Dix-Carneiro, Raphael et Kovak, Brian, « Trade reform and regional dynamics. Evidence from 25 years of Brazilian matched employer-employee data », NBER Working Paper n° 20908, 2015.

Feler, Leo et Senses, Mine, « Trade shocks and the provision of local public goods », *American Economic Journal : Economic Policy*, 9 (4), 2017, p. 101-143.

Ford, Martin, *The Rise of the Robots. Technology and the Threat of Mass Unemployment*, OneWorld Publications, 2015.

Frey, Carl Benedikt et Osborne, Michael, « The future of employment. How susceptible are jobs to computerization ? », *Technological Forecasting and Social Change*, 114, 2017, p. 254-280.

Gaston, Noël et Trefler, Daniel, « Protection, trade and wages. Evidence from US manufacturing », *ILR Review*, 47 (4), 1994, p. 574-593.

Godechot, Olivier, « Is finance responsible for the rise in wage inequality in France ? », *Socio-Economic Review*, 10 (3), 2012, p. 447-470.

–, « The great separation. Inequality, segregation, and the role of finance », *in* Jenny Andersson et Olivier Godechot, *Destabilizing Orders-Understanding the Consequences of Neoliberalism : Proceedings of the MaxPo Fifth-Anniversary Conference Paris*, January 12-13, 2018, p. 57-62.

Goldberg, Pinelopi et Pavcnik, Nina, « Trade, wages, and the political economy of trade protection. Evidence from the Colombian trade reforms », *Journal of International Economics*, 66 (1), 2005, p. 75-105.

Goos, Maarten et Manning, Alan, « Lousy and lovely jobs. The rising polarization of work in Britain », *The Review of Economics and Statistics*, 89 (1), 2007, p. 118-133.

– et Salomons, Anna, « Explaining job polarization. Routine-biased technological change and offshoring », *American Economic Review*, 104 (8), 2014, p. 2509-2526.

–, « Job polarization in Europe », *American Economic Review*, 99 (2), 2009, p. 58-63.

Graetz, Georg et Michaels, Guy, « Robots at work », *The Review of Economics and Statistics*, 100 (5), 2018, p. 753-768.

Harrigan, James, Reshef, Ariell et Toubal, Farid, « The march of the techies. Technology, trade, and job polarization in France, 1994-2007 », Research Policy, *à paraître.*

–, « Techies, trade, and skill-biased productivity. Firm level evidence from France », NBER, Working Paper n° 25295, 2018.

Jaimovich, Nir et Siu, Henry, « The trend is the cycle. Job polarization and jobless recoveries », *Review of Economics and Statistics*, 2014.

Malgouyres, Clément, « The impact of Chinese import competition on the local structure of employment and wages. Evidence from France », *Journal of Regional Science*, 57 (3), 2017, p. 411-441.

Mokyr, Joel, Vickers, Chris et Ziebarth, Nicolas, « The history of technological anxiety and the future of economic growth. Is this time different ? », *Journal of Economic Perspectives*, 29 (3), 2015, p. 31-50.

Reshef, Ariell, « Is technological change biased towards the unskilled in services ? An empirical investigation », *Review of Economic Dynamics*, 16 (2), 2013, p. 312-331.

– et Toubal, Farid, « La polarisation de l'emploi en France. Ce qui s'est aggravé depuis la crise de 2008 », *Opuscule du Cepremap*, 50, Éditions Rue d'Ulm.

Spitz-Oener, Alexandra, « Technical change, job tasks and rising educational demands. Looking outside the wage structure », *Journal of Labor Economics*, 24 (2), 2006, p. 235-270.

Tambe, Prasanna et Hitt, Lorin, « Now it's personal. Offshoring and the shifting skill composition of the US information technology workforce », *Management Science*, 58 (4), 2012, p. 678-695.

Varian, Hall, « Artificial intelligence, economics, and industrial organization », NBER Working Paper n° 14017, 2018.

Verdugo, Gregory, « The great compression of the French wage structure, 1969-2008 », *Labour Economics*, 28, 2014, p. 131-144.

Table

Composition : Nord Compo
Impression : CPI Bussière en mars 2021
Éditions Albin Michel
22, rue Huyghens, 75014 Paris
www.albin-michel.fr

ISBN : 978-2-226-45981-7
N° d'édition : 24388/01 – N° d'impression : 2054450
Dépôt légal : avril 2021
Imprimé en France